2008

中国城市轨道交通年度报告

中国城市轨道交通年度报告课题组　编写

中国铁道出版社

2009年·北　京

图书在版编目(CIP)数据

中国城市轨道交通年度报告.2008/中国城市轨道交通年度报告课题组编写.—北京:中国铁道出版社,2009.11

ISBN 978-7-113-10785-7

Ⅰ.中… Ⅱ.中… Ⅲ.城市铁路—研究报告—中国—2008 Ⅳ.U239.5

中国版本图书馆CIP数据核字(2009)第211324号

书　　名:**中国城市轨道交通年度报告 2008**
作　　者:中国城市轨道交通年度报告课题组　编写

策　　划:鲁　放
责任编辑:熊安春　陈若伟　　　　**电话**:010-51873078
封面设计:冯龙彬
责任校对:孙　玫
责任印制:陆　宁

出版发行:中国铁道出版社（100054，北京市宣武区右安门西街8号）
网　　址:http://www.tdpress.com
印　　刷:北京市昌平开拓印刷厂
版　　次:2009年11月第1版　2009年11月第1次印刷
开　　本:889 mm×1194 mm　1/16　**印张**:18.75　**字数**:323千
印　　数:1～2000册
书　　号:ISBN 978-7-113-10785-7/F·635
定　　价:80.00元

《中国城市轨道交通年度报告2008》

参编人员及单位名单

首 席 顾 问：

施仲衡

高 级 顾 问：

沈子钧 张 弥 沈景炎 周庆瑞

课题组组长：

韩宝明

副 组 长：

冯爱军 鲁 放

主要研究人员：（按拼音排序）

曹雪明 戴树森 高云胜 郭 洁 李得伟
李 刚 刘润招 刘树亚 刘委路 彭宇拓
施 翃 佟丽华 王 莹 吴焕君 许巧祥
晏雪梅 尹 伟 袁敏正 袁 媛 张 慧
张 琦 张 薇

主 持 单 位：

《都市快轨交通》杂志社

参 与 单 位：

北京交通大学
北京城建设计研究总院
中国土木工程学会城市轨道交通技术推广委员会
中国地铁工程咨询公司
北京市轨道交通建设管理有限公司
广州市地下铁道总公司
重庆市轨道交通总公司
深圳市地铁有限公司
深圳市轨道交通建设指挥部办公室
南京地下铁道有限责任公司
天津市地下铁道集团有限公司
武汉地铁集团有限公司
长春市轨道交通有限责任公司
沈阳地铁有限公司
西安市地下铁道有限责任公司
哈尔滨市人民政府轨道交通建设办公室
杭州市地铁集团有限责任公司
乌鲁木齐轨道交通建设领导小组办公室
北京市地铁运营有限公司
北京市基础设施投资有限公司
北京城市铁路股份有限公司
北京京港地铁有限公司
香港铁路有限公司
成都地铁有限责任公司
东莞市轨道交通建设工作领导小组办公室
青岛市地下铁道公司
上海地铁运营有限公司
上海申通集团有限公司
苏州轨道交通有限公司

序

抓住机遇，又好又快地建设城市轨道交通

在国家和地方政府的高度重视下，截至2008年底，全国10个城市的轨道交通运营总里程达到770 km，15个城市近期建设规划线路达61条、长1700 km，总投资超过6 000亿元。同时，受国际金融危机的影响，中央及时提出了扩大内需，加大基础设施建设力度的决策，为城市轨道交通大发展创造了千载难逢的极好机遇。如何抓住机遇，把我国的城市轨道交通建设成资源节约型、环境友好型、技术创新型和安全便捷型的新型城市轨道交通，走出一条又好又快的发展道路，是建设者们面临的重大挑战。本年度报告力图为行业提供一个交流平台，为各城市、各理事单位了解国内城市轨道交通发展的相关信息，提高我国城市轨道交通工程的规划、设计、设备、车辆制造、施工、运营及管理水平提供参考。并希望在以科学发展观理论的指引下，抓好以下几方面的工作：

1. 统筹规划，科学决策，严格把握建设规模和技术标准

加强领导，统筹规划，充分做好前期工作，切实把好勘测、规划、设计各环节，确定合理的建设规模、技术标准。对线路走向、敷设方式、站位、车站规模、行车密度、设备配置等进行多方案比选；在决策上体现科学性、适用性、先进性、前瞻性和战略性；各城市应根据城市自身特点，遵照国家批复的建设规划，做到超前规划，适时建设，建成通车后应有较好的经济和社会效益；国务院已批复的建设规划不能随意变更，应维护规划的严肃性。

2. 严格遵守建设程序，确保工程质量

当前城市轨道交通建设快速发展，呈现出规模大、标准高、速度快、时间紧、造价高、效益低的情况，使轨道交通工程设计、施工技术更加复杂化。尤其是施工进度要求快，将造成边设计、边施工及赶进度的局面，给工程的设计、施工以及将来的运营管理带来很大的质量隐患。因此，要强调“百年大计、质量第一”的建设理念。加强工程地质勘察、设计文件评审（含强审）、施工组织审查、施工质量风险评估、危险点监测；建立工程应急、施工监

理、设备监造和工程验收等机制，确保工程建设质量，为安全运营提供可靠保证。

3. 建立风险意识，避免工程灾难

近几年，城市轨道交通建设出现了多起严重事故，造成了重大生命财产损失，究其原因主要是人员素质低、安全生产意识不强、无证上岗、对事故苗头不重视、监测不力、预警体系不完整、思想麻痹大意、措施不力等。鉴于目前大规模、高速度建设的形势，设计施工技术力量不足是突出的问题。因此，要加强勘测、设计力量的统筹，提供数据可靠的地质、测量资料和设计文件，防止引发地质灾害、结构灾害。施工部门要加强施工人员的培训和安全教育，对施工风险进行全方位评估和研究对策。建设部门要加强安全检查，组织排除安全隐患和制定应急预案，做好制度建设，健全相关的安全体制、机制、法规、标准和规范，建立城市轨道交通安全预测评估、规避、防范体系和安全管理制度，避免工程灾难的出现。

4. 节能、环保、以人为本

城市轨道交通是能耗大户，据已通车线路的统计，地下线的能耗是地上线（含高架）的2.5～4倍。因此，凡有条件出地面的线路，应首先考虑采用高架或地面方式，同时选用节能设计、节能设备和工艺；城市轨道交通的建设将对周边环境造成一定影响，应在规划和设计阶段采取相应措施，将其对环境的影响降到合理范围；城市轨道交通工程要确保安全、快捷和环保的可持续发展；要突出“以人为本”的理念，一切从乘客出行方便出发，注重交通一体化，创造良好的换乘条件、设施和环境，充分发挥城市轨道交通的优势。

5. 坚持国产化，鼓励技术创新

大规模的城市轨道交通建设，需要大批车辆、机电设备和施工机械。要抓住机遇，加速引进国外的关键技术和先进的制造工艺，加强组织原始创新、集成创新和引进吸收再创新，加快技术革新步伐，提高装备水平，加快产品的升级换代，形成完整的城市轨道交通产业链，降低车辆及机电设备的价格及零配件的价格，进一步降低工程造价和运营维修费用。

6. 完善政策法规体系，保障可持续发展

城市轨道交通建设要顺利进行，必须有完整的政策法规体系，确保有序发展。尽快制定和完善包括设计规范、产品标准、安全控制、安全评价在内的具有我国特色的轨道交通建设与运营标准体系，并保证在规划、设计、施工和运营中得到认真贯彻执行。同时，建立健全政府监管体系，理顺投融资体制机制，规范运营模式，完善技术经济、土地征用和沿线商业开发等相关政策，健全专业技术、管理人才的培养机制，为城市轨道交通可持续发展提供有力的政策法规保障。

总之，目前我国城市轨道交通处于重要高速发展时期，各建设单位应加强领导、统筹规划、完善政策、积极创新，不断提高技术水平和社会经济效益，走出一条适合中国国情的城市轨道交通发展道路，抓住机遇，实现又好又快的建设目标。

中国工程院院士　施仲衡
2009 年 5 月

前　　言

中国城市轨道交通的发展进入了快速发展期，在大陆地区，已有10个城市拥有了建成并运营的城市轨道交通线路，另有20余个城市正在建设或规划建设城市轨道交通线路。相关产业也随之蓬勃发展，积极参与了中国城市轨道交通的发展历程。

为了促进社会各界对我国城市轨道交通的整体了解，《都市快轨交通》组织成立了“中国城市轨道交通年度报告”课题组，出版了这本《中国城市轨道交通年度报告2008》，希望能为行业内相关单位介绍中国城市轨道交通目前的大体发展状况。主要内容包括中国大陆地区（不含港澳台地区）的10个已建成轨道交通线路的城市，25个建设或规划建设轨道交通线路城市的整体情况，城市轨道交通行业构成情况，以《都市快轨交通》理事单位为主体的中国城市轨道交通主要参与单位的简介等。

这本《年度报告》是在征集了大量资料的基础上完成的，为了更广泛地征求意见，还专门在2008年11月份出版了内部征求意见版，向《都市快轨交通》理事会成员单位和业内专家征求意见。

需要特别说明的是，由于中国城市轨道发展日新月异，资料更新很快，报告中的数据无法保证绝对的准确和完整，仅供行业内相关人士参考之用。除特别说明外，所有数据均截止到2008年底。值得欣慰的是，大部分城市的资料都得到了相关城市地铁公司的确认和支持，应该具有一定的可信度。

这次是《年度报告》第一次出版，由于水平有限，加之时间仓促，报告中的错误一定不少，还望大家批评指正，共同促进完善以后年度报告。报告将每年出版一本，欢迎行业内相关人士积极参与报告的研究和撰写工作，共同促进我国城市轨道交通事业的健康发展。

“中国城市轨道交通年度报告”课题组
2009年3月

目录 CONTENTS

第三章 中国城市轨道交通行业信息汇总

第四章 2008 年大事记

附录 城市轨道交通行业部分单位一览

第一章

中国城市轨道交通发展概况

ZhongguoChengshiGuidaoJiaotongFazhangGaikuang

- 概述及汇总
- 拥有运营城市轨道交通线路的城市
- 在建及规划建设城市轨道交通的城市

1.1 概述及汇总

自20世纪60年代北京建成第一条地铁线路以来，经过40多年的发展，中国进入了城市轨道交通的蓬勃发展时期。目前在中国内地，已有10个城市拥有了建成并运营的城市轨道交通线路，总里程超过800 km。另有15个城市正在建设，在建里程近1 300 km，有35个城市在规划新的城市轨道交通线路，规划里程超过7 500 km。

截至2008年12月31日，中国城市轨道交通概况统计如下所示。

1.1.1 运营线路统计

表1－1 中国大陆城市轨道交通运营线路统计

<table>
<tr><th rowspan="2">序号</th><th rowspan="2">城市</th><th rowspan="2">线　路</th><th colspan="2">里程(km)</th><th rowspan="2">通车时间</th><th rowspan="2">备　注</th></tr>
<tr><th>运营</th><th>总里程</th></tr>
<tr><td rowspan="8">1</td><td rowspan="8">北京</td><td>1号线</td><td>31.2</td><td rowspan="8">200.944</td><td>1969年9月</td><td></td></tr>
<tr><td>2号线</td><td>23.61</td><td>1984年</td><td></td></tr>
<tr><td>5号线</td><td>27.6</td><td>2007年1月</td><td></td></tr>
<tr><td>10号线一期</td><td>24.65</td><td>2008年7月</td><td></td></tr>
<tr><td>13号线</td><td>40.92</td><td>2003年1月</td><td></td></tr>
<tr><td>八通线</td><td>18.964</td><td>2003年12月</td><td></td></tr>
<tr><td>奥运支线</td><td>5.9</td><td>2008年8月</td><td></td></tr>
<tr><td>机场线</td><td>28.1</td><td>2008年7月</td><td></td></tr>
<tr><td rowspan="8">2</td><td rowspan="8">上海</td><td>1号线(含北延线)</td><td>36.638</td><td rowspan="8">261.6</td><td>1995年</td><td></td></tr>
<tr><td>2号线一期</td><td>19.06</td><td>2000年</td><td></td></tr>
<tr><td>2号线西延伸</td><td>6.2</td><td>2006年</td><td></td></tr>
<tr><td>明珠线一期(3号线)</td><td>24.45</td><td>2000年</td><td></td></tr>
<tr><td>3号线北延伸</td><td>15.7</td><td>2006年</td><td></td></tr>
<tr><td>4号线</td><td>22.267</td><td>2005年</td><td></td></tr>
<tr><td>5号线(莘闵线)</td><td>17.206</td><td>2003年</td><td></td></tr>
<tr><td>6号线</td><td>33.13</td><td>2007年12月</td><td></td></tr>
</table>

续上表

序号	城市	线路	里程(km)		通车时间	备注
			运营	总里程		
2	上海	8号线(一期)	23.218	261.6	2007年12月	
		9号线(一期)	30.731		2007年12月	
		磁浮线	33		2002年12月	
3	广州	1号线	18.5	116.05	1999年	
		2号线	19.95		2003年	
		3号线	36.35		2006年	
		4号线	41.25		2005年	
4	天津	1号线	26.552	71.961	2006年	
		津滨轻轨	45.409		2004年	
5	深圳	1号线东段(一期)	17.44	21.45	2004年12月	
		4号线南段(一期)	4.01		2004年12月	
6	南京	1号线一期	21.72	21.72	2005年9月3日	
7	重庆	单轨2号线	18.58	18.58	2005年6月	
8	武汉	1号线一期	10.234	10.234	2004年7月	
9	长春	轻轨环线一期工程	14.6	31.99	2002年	
		轻轨环线二期工程	17.39		2003年	
10	大连	大连快轨3号线工程	49.08	49.08	2002年	
合计		30		803.609		

1.1.2 在建线路统计

表1-2 中国大陆城市轨道交通在建线路统计

城市	线路	起始站	里程(km)		预计通车时间
			在建	站数	
北京	4号线	公益西桥—安河桥北	28.2	24	2009年
	6号线一期	五路—草房	29.074	19	2012年
	9号线	世界公园—国家图书馆	16.5	13	2011年
	10号线二期	劲松—万柳	32.49	23	2013年
	大兴线	马家楼—黄村	21.8	11	2010年

续上表

城市	线路	起始站	里程(km) 在建	站数	预计通车时间
北京	8号线二期	回龙观—森林公园(北段) 熊猫环岛—美术馆东街(南段)	17.46	12	2012年
	亦庄线	宋家庄—亦庄火车站	23.2	14	2010年
	合计		168.724	116	
上海	2号线西延伸段二期	淞虹路站—诸光路站	8.58	3	2010年
	2号线东延伸段	龙阳路站—浦东国际机场	29.89	11	2010年
	7号线一期	祁华路站—花木路站	35.05	28	2009年
	7号线北延伸	祁华路站—美兰湖站	9.97	5	2010年
	8号线二期	耀华路站—航天博物馆	14.5	8	2009年
	9号线二期	宜山路—杨高中路	14.5	10	2010年
	10号线(正线) 10号线(支线)	新江湾城—虹桥火车站 九溪路站—航天博物馆站	36	31	2010年
	11号线北段	城北路—罗山路站	58.97	27	2012年
	11号线支线	嘉定新城站—安亭站	12.8	4	2012年
	12号线	七莘站—金穗路站	39.5	32	2012年
	13号线(世博段)	卢浦大桥站—长清路站	5	3	2010年
	13号线一期	华江路站—南京西路站	16.07	13	2010年
	14号线	东西通道重合段	7.8	6	
	合计		288.63	181	
广州	3号线北延段	广州东站—新机场	30.9	12	2010年
	2号线延长线	嘉禾—三元里、江南里—新客站	31	24	2010年
	5号线	芳村滘口—文冲	31.9	24	2009年
	6号线	浔峰岗—长湴	24.3	22	2012年
	8号线延长	晓岗—文化公园	5.24	6	2010年
	广佛线	魁奇路—沥滘	32.2	22	2012年
	合计		155.5	110	
天津	2号线	曹庄—李明庄	22.657	19	2010年
	3号线	华苑产业园—小淀	29.655	22	2011年
	9号线	天津站—七经路站	6.856	6	2010年
	合计		59.168	47	
深圳	1号线续建	世界之窗站—深圳机场东	23.37	15	2011年
	2号线首期	赤湾—世界之窗	15.13	29	2010年
	2号线东延	世界之窗—新秀	20.65		2011年

续上表

城市	线　路	起 始 站	里　程(km)		预计通车时间
			在建	站数	
深圳	3 号线首期	红岭—双龙	32.91	30	2010 年
	3 号线西延	益田—红岭	8.75		2010 年
	4 号线二期	少年宫—清湖	15.95	10	2010 年
	5 号线	前海湾—黄贝岭	40.00	27	2011 年
	合计		156.76	111	
南京	1 号线南延线	安德门站—城东路站	24.7	15	2010 年
	2 号线一期	汪家村—马群	25.15	19	2010 年
	2 号线东延线	马群—仙林大学城	12.4	7	2010 年
	合计		62.25	41	
重庆	地铁 1 号线	朝天门—大学城	36.08	23	2011 年
	轨道 3 号线(一期)	二塘—龙头寺	20.2	18	2010 年
	合计		56.28	41	
武汉	1 号线二期	宗关—吴家山(西延伸) 黄埔路—堤角(东延伸)	18.45	15	2010 年
	2 号线(一期)	常青花园—光谷广场	27.73	21	2012 年
	4 号线(一期)	武昌火车站—武汉火车站	16.06	15	2012 年
	合计		62.24	50	
沈阳	1 号线一期	张士—黎明广场	22.241	18	2010 年
	1 号线一期延伸段	十三号街—四号街	5.685	4	2010 年
	2 号线一期	松山路—上深沟	21.86	19	2011 年
	合计		49.786	41	
成都	1 号线(一期)	红花堰—孵华园	18.2	17	2010 年
	2 号线 (一期)	成灌客运站—经干学院站	22.38	20	2012 年
	合计		40.58	37	
杭州	杭州 1 号线	临平—萧山湘湖	52.5	33	2011 年
	杭州 2 号线	丰潭路—朝阳村站	30.035	24	2012 年
	合计		82.535	57	
西安	西安 1 号线	后围寨—纺织城	23.9	19	2013 年
	西安 2 号线	北客站—韦曲	26.714	21	2011 年
	合计		50.614	40	
哈尔滨	哈尔滨 1 号线	医大二院站—哈尔滨东站	14.33	16	2010 年

续上表

城市	线 路	起 始 站	里 程(km) 在建	站数	预计通车时间
苏州	1 号线	灵天路—钟南街	25.739	24	2012 年
	2 号线	高铁站—迎春南路	26.386	22	2012 年
	合计		52.125	46	
郑州	1 号线(一期)	西流湖公园—穆庄	26.34	22	2010 年
合计	58 条		1293.808	935	

1.1.3 规划线路统计

表 1-3 主要城市轨道交通线路规划情况表

序号	城市名	规划期	线路条数(条)	总长度(km)	备 注
1	上海	2003—2012 年	13	510	远期将达 970 km
2	北京	2003—2015 年	18	561	三环、四横、五纵、七放射
3	广州	2003—2010 年	8	237.6	投资额度 890 亿元
4	深圳	2005—2011 年	5	156.77	投资额度为 727 亿元
5	天津	2003—2020 年	9	234.7	呈环放射结构
6	杭州	远期	8	278	在 2035 年左右完成
7	重庆	2003—2020 年	7	364	一环六线布局
8	南京	远期	14	433	规划年限至 2050 年
9	武汉	2003—2020 年	7	227	2008 版的轨道交通规划
10	成都	远期	7	274.15	1、2 号线均已批复
11	苏州	远期	4	135.3	形成“井”字形总体布局
12	宁波	远期	6	247.5	1、2 号线获批
13	哈尔滨	2003—2013 年	7	143	投资额 800 亿元，建设期为 20 年
14	西安	远期	6	251.8	建设期为 20 年
15	沈阳	2003—2020 年	7	210	二横三纵两 L
16	长春	远期	5	179	放射式线网
17	大连	2003—2020 年	6	193.1	远景年为 2030 年，规划 9 条线路
18	郑州	远期	6	202.53	形成“井”字形布局
19	青岛	远期	8	514.9	其中包括四条市域线

续上表

序号	城市名	规划期	线路条数(条)	总长度(km)	备注
20	东莞	远期	5	264.2	包括一条市郊线
21	昆明	远期	6	162.6	第二批待批城市首位
22	无锡	远期	5	157.82	其中1号线将2009年动工
23	合肥	近期	3	103	远期规划长度为364Km
24	南昌	近期	2	50	远期规划5条线路
25	南宁	远期	6	161	骨干网+辅助网
26	石家庄	远期	5	150	一环内地下,一环二环间高架,二环外至卫星城地面
27	乌鲁木齐	远期	5	151.2	全为轻轨线路
28	厦门	远期	5	181	三主、一辅、连四轴、连海湾
29	长沙	近期	3	69.33	远景为4条线路
30	福州	远期	7	193.83	/
31	贵阳	近期	2	56.67	/
32	济南	远期	6	262	/
33	太原	远期	7	282	/
34	兰州	近期	2	25	/
35	大同		3		/
合计			223	7623	规划年限不同,仅供参考

1.2 拥有运营城市轨道交通线路的城市

1.2.1 北京城市轨道交通发展概况

20世纪50年代后期,北京开始考虑地铁规划与建设问题,结合当时的城市建设发展需要,提出了“一环两线”的轨道交通规划线网雏形。在其后的规划中,又研究了多个线网方案。至1981年,轨道交通线网规划作为专项规划正式纳入城市总体规划,当时的线网长度为236 km。此后对轨道交通规划线网又进行了两次调整,第一次是在1992年城市总体规划修编时,为了与调整后的城市布局相适应,对轨道交通线网进行了扩充与调整，线网规模增加到338 km。第二次是在1999年，为了缓解城市中心区人口和交通压力、引导城市向北部地区发展，市政府决定增设一条串联城市北部三大边缘集团（为规划城市建设用地）地区的城市铁路，线网规模又增至408 km。此后不久，根据北京城市发展需要，在2001～2002年，北京市对城市轨道交通线网再次进行了优化调整工作。调整后的市区轨道交通规划线网由地铁线路和轻轨线路组成，线网布局总体上呈双环棋盘放射形态。

一、北京市城市总体规划和轨道交通线网规划

1. 北京市概况

北京是中华人民共和国的首都，是中国的政治、文化与国际交往的中心，是综合性产业城市。全市面积16,801.25 km²，其中市区面积735 km²，兴建城区面积1 180 km²。全市人口1 743万，人口密度1,037人/km²。其中户籍人口1 213.3万，市区人口849.5万。

2008年北京市实现地区生产总值10 488亿元，按可比价格计算，比2007年增长9%，增幅比2007年回落4.3%。按常住人口计算，全市人均GDP达到63 029元（按年平均汇率折合9075美元），比2007年增长5.2%。全市完成地方一般预算财政收入1837.3亿元，比2007年增长23.1%，增幅比2007年回落10.5%。

2. 北京市城市总体规划

1993年国务院批准的《北京城市总体规划（1991—2010年）》提出，北京城市规划区按照市区（即中心城市）、卫星城（含县城）、中心镇、一般建制镇四级城镇体系布局。

新北京规划提出了“两轴—两带—多中心”的城市空间布局。新城是新的城市空间结构中的重要节点，根据新规划，发展新城11个，以疏解中心城区的压力。这些新城分别是：通州、顺义、亦庄、大兴、房山、昌平、怀柔、密云、平谷、延庆、门头沟。未来将重点发展位于东部发展带上的通州、顺义和亦庄3个新城。3个新城应成为北京中心城人口和职能疏解及新的产业聚集的主要地区，形成规模效益和聚集效益。

规划中的“两轴”指沿长安街的东西轴和传统中轴线的南北轴。“两带”指包括怀柔、密云、顺义、通州、亦庄、平谷的“东部发展带”和包括延庆、昌平、门头沟、房山、大兴的“西部发展带”。“多中心”是指在北京市域范围内建设多个服务全国、面向世界的城市职能中心，提高城市的核心功能和综合竞争力。其中，包括中关村高科技园区核心区、奥林匹克中心区、中央商务区、海淀山后地区科技创新中心、顺义现代制造业基地、通州综合服务中心、亦庄高新技术产业发展中心和石景山综合服务中心等八大城市职能中心区。

3. 北京市城市轨道交通线网规划

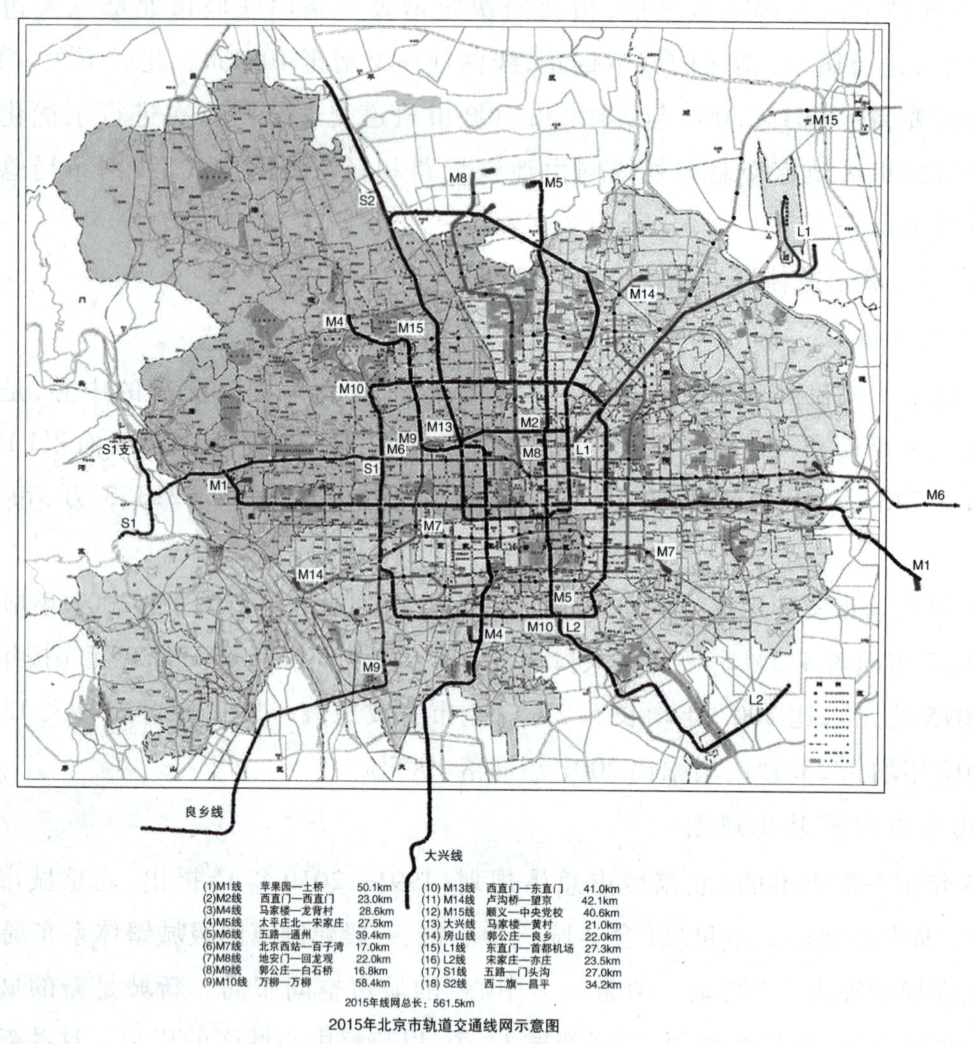

2015年北京市轨道交通线网示意图

2015 年，北京市将建成“三环、四横、五纵、七放射”总长 561 km 的轨道交通网络。三环：2 号、13 号、10 号线；四横：1 号、6 号、7 号线和 14 号线一期；五纵：4 号、5 号、8 号、9 号线和 14 号线二期；七放射：亦庄、机场、昌平、顺义、良乡、大台(门头沟)、八通线。

二、北京市的轨道交通建设现状

1. 兴建线路

(1)北京地铁 4 号线

北京地铁 4 号线：是北京市道路交通网络中一条贯穿市区南北的轨道交通主干线，预计在 2009 年 9 月开通，正线全长约 28.2 km，设 24 座车站，分别为公益西桥、角门西、马家堡、北京南站、陶然亭、菜市口、宣武门、西单、灵境胡同、西四、平安里、新街口、西直门、动物园、国家图书馆、魏公村、人民大学、黄庄、中关村、北京大学东门、圆明园、西苑、北宫门和安河桥北。除安河桥北站为地面站外，其余均为地下站。沿线设换乘站10座，主要集中在城市中心区，分别与既有的1号线、2号线、13号线、10号线和在建的9号线、6号线以及规划中的7号线、12号线、14号线相换乘。在南端的马家堡设车辆段、北端的龙背村设停车场。指挥控制中心设在小营基地。

(2)地铁6号线一期

北京地铁6号线一期是一条贯穿中心城东西方向轨道交通线，西起五路，东至草房，全线长约29.18 km。线路主要沿玲珑路、车公庄西路、车公庄大街、平安里西大街、地安门西大街、地安门东大街、北河沿大街、东四西大街、朝阳门内大街、朝阳门外大街、朝阳北路敷设，主要经由海淀区、西城区、东城区、朝阳区等四个城区。6号线一期设站19座，全部为地下站，分别为慈寿寺站、花园桥站、白石桥南站、二里沟东口站、车公庄站、平安里站、后海西站、南锣鼓巷站、隆福寺站、朝阳门站、东大桥站、呼家楼站、金台路站、星火路站、青年路站、褡裢坡站、黄渠站、常营站、草房站；其中换乘站11座，与规划地铁S1、10、9、12、2、4、16、8、3、5、2、10、14、L4号线分别在慈寿寺站、白石桥南站、二里沟东口站、车公庄站、平安里站、地安门站、隆福寺站、朝阳门站、呼家楼站、金台路站、褡裢坡站等形成换乘。设停车场2座，即海淀五路、朝阳五里桥。6号线一期已于2007年12月8日举行开工仪式。

(3)地铁9号线

地铁9号线起点设在丰台区的郭公庄（北京世界公园），沿万寿路南延向北，从丰台火车站东侧穿过并一直向北至广安路路口右转，并沿广安路向东，下穿六里桥，至羊坊店路左转再向北，穿过北京西站以及玉渊潭公园，沿首都体育馆南路继续向北，过长河桥后至终点站国家图书馆站与4号线衔接。线路全长约16.5 km，全部为地下线路，其中已建线路长度约1.6 km；共设地下车站13座，其中已建车站2座，为北京西站、国家图书馆站。其中北京西站有直接通向北京站的地下联络线，军事博物馆可换乘1号线，国家图书馆站可换乘4号线，郭公庄站可换乘房山线。线路在南端的六圈地区设车辆段一处。

(4)10号线二期工程

地铁10号线二期1段工程：北起劲松站，南到石榴庄，线路长度7.57 km，车站6座，全部是地下线路，宋家庄停车场1座。二期2段工程：东起石榴庄，向西至首都经贸大学向北到万柳，与10号线一期闭合，线路长度24.92 km，车站17座，全部是地下线路，五路居停车场1座。

线路全长约32.49 km，车站23座，已于2007年12月8日举行开工仪式。

(5)大兴线

大兴线起点在4号线马家楼站南侧，线路沿途经过丰台区南苑地区、大兴区西红门地区、大兴新城主城区、生物医药产业基地，终点位于大兴新城南部建设区边缘的南兆路；线路主要沿丰台区马家堡西路、槐房西路、范家庄路，大兴区京良公路、西红门西环路、兴华大街、新源大街敷设。正线线路全长21.8 km，其中地下线7.4 km，高架线3.7 km，过渡段0.7 km。

全线新建车站11座，其中地下车站10座，高架车站1座，并于线路终点设出入段线与南兆路车辆段相连。大兴线已于2007年12月8日举行开工仪式。

(6)亦庄线

亦庄线起点位于5号线丰台区宋家庄站，经起点宋家庄，穿越四环路、五环路及京津塘高速公路到达京津城际铁路亦庄火车站，贯穿丰台、朝阳、大兴、亦庄开发区及通州。终点位于亦庄火车站，线路全长23.2 km，共设车站14座，其中地下车站5座，路堑车站1座，高架车站8座。亦庄线已于2007年12月8日举行开工仪式。

(7)8号线二期

8号线二期工程分为南北两段，北段线路北起自回龙观小区东侧的黄平西侧路，顺黄平西侧路西侧绿化带南行，之后转向西南沿黄平东路行进，穿城铁13号线后沿西三旗东路向东南过清河、穿五环路、林萃路进入森林公园，与既有奥运支线的森林公园站相接。南段从8号线一期的熊猫环岛站引出后，沿北辰路、鼓楼外大街、旧鼓楼大街、地安门外大街行进，在地安门东大街折向东，在美术馆后街折向南至二期终点。

线路全长约17.46 km，车站12座，全部是地下线路，在平西府车辆段1座。8号线二期已于2007年12月8日举行开工仪式。

2. 待建线路

(1)北京地铁7号线：地铁7号线工程为横贯东西的直径线，西起西客站，途经菜市口、珠市口、广渠门、双井桥、大郊亭桥，至化工路口向南，经欢乐谷、垡头最后到达焦化厂，沿线经过丰台、宣武、崇文、朝阳等四个区。线路全长约24 km，共设车站23座，全部为地下线，线路在东端设置车辆段一座。

(2)北京地铁14号线：北京地铁14号线西起丰台区长辛店东河沿路，向东跨越永定河，经张仪村，沿丰台北路、丽泽路东行，至菜户营桥转向东南，沿凉水河北岸至北京南站，出南站沿安乐林路、蒲方路进入方庄地区，穿过十里河桥沿弘燕路西大望路北行过CBD，穿越朝阳公园、东四环北路进入酒仙桥地区。沿酒仙桥路向北，至大山桥转向西北进入望京地区，沿广顺北大街至来广营地区。14号线线路总长45.93 km，其中地面和高架线

3.4 km,地下线 42.53 km;车站 36 座,其中高架站 1 座,换乘站 15 座;新建车辆段、停车场各 1 座。

(3)北京地铁 15 号线:地铁 15 号线从颐和园出发,穿过清华大学,沿大屯路至望京后沿京顺路、顺于路至顺义城区。线路全长约 43.3 km,共设车站 22 座。线路主要经过圆明园南路、清华大学、清华东路、奥林匹克公园、大屯路、望京地区、新国展、京顺路、顺于路、顺安路。一期工程由大屯路至府前街,线路全长约 32 km,设车站 15 座,预计投资 129 亿元。

(4)房山线:初期起点为房山区苏庄大街站,终点丰台区为郭公庄站,线路全长 24.7 km,其中高架线约 21.6 km(现浇约 6.0 km,预制约 15.0 km),地下线约 2.8 km,过渡段约 0.3 km。共设车站 11 座,其中高架站 9 座,地下双层站 1 座(郭公庄站),地下单层站 1 座(世界公园站)。

(5)昌平线一期:昌平线一期工程为城南站至西二旗站段,线路长 21.094 km,其中高架线 15.78 km,地下线 3.45 km,地面线 1.394 km,过渡 0.47 km。设车站 7 座,其中地下站 1 座,高架站 6 座。一期工程设定泗路停车场 1 座。

(6)西郊支线:西郊支线从香山到海淀巴沟,全长 9.8 km,全部为高架及地面线路,共设车站 4 座。

(7)S1 线: 五路—门头沟。全长 27 km,是 6 号线的轻轨延长线,计划与 6 号线合并。

(8)S2 线:北京轨道交通 S2 线南起北京北站,经沙河、昌平、南口、康庄至延庆,线路全长 107 km,车站 19 座。线路沿线分别利用了国铁资源京包线、京通线及康延支线,2008 年 8 月 1 日初步通车。该线大致站位:西直门(北京北站)—清华园—清河—昌平—居庸关—八达岭。

3. 远期计划

(1)北京地铁 3 号线:在计划中,北京地铁 3 号线西端终点位于石景山区玉泉路砂石场附近,仍有西延计划。东端终点在朝阳区东坝附近,尚未确定;城内走向基本确定,自玉泉路起,沿阜石路向东,途经定慧寺、航天桥、白堆子,转向三里河路,后在二里沟附近转向平安大街,经过姚家园,最后到达北京首都国际机场,成为机场第 2 条地铁线路。3 号线将在甘家口商场与地铁 6 号线、12 号线换乘,将建设北京第一座地下三层同站台换乘车站。在东四十条和车公庄换乘 2 号线,在团结湖衔接 10 号线,在平安医院与 16 号线换乘,在地安门东侧锣鼓巷附近与 8 号线换乘,为同站台换乘。3 号线已知设置站点有:玉泉路站、永定路站、定慧寺站、航天桥站、白堆子站、甘家口商场站、二里沟东口站、车公庄站、平安医院站、平安里站、北海后门站、地安门东站、宽街站、张自忠路站、东四十条站、工人体育场站、团结湖站、姚家园站、北京首都国际机场站等。

(2)北京地铁8号线3期:一开始8号线就被设计为纵穿京城中轴线的线路兼旅游线路。受丰台区的影响,8号线3期被搁置。8号线三期包含两个部分:中段和南段,其中中段为美术馆—金鱼胡同—天安门东—前门;南段未定,初步计划延伸至南四环。

(3)北京地铁12号线:地铁12号线起自四季青桥,大致走向为西北—东南斜向穿越北京城,终点在马驹桥。规划中12号线在车道沟与11号线换乘,在白石桥与9号线换乘,在动物园与4号线换乘,在甘家口与6号线换乘,在月坛与16号线换乘,在灵境胡同与4号线换乘,在和平门与2号线换乘,在天坛东门与5号线换乘,在方庄与14号线换乘,在分钟寺与10号线换乘,在开发区内与亦庄线换乘。

(4)北京地铁16号线:北京地铁16号线北起回龙观,南至丰台纪家庙,是为方便回龙观地区行人出行设计的线路。经学院路,花园东路,新街口外大街,赵登禹路,月坛南街,西二环南段等。

(5)北京地铁17号线:该线属于尚未明确的线路。北起牛栏山,向南在天竺附近和机场线汇合,共用轨道至东直门站,沿小街向南穿过北京站,终点广渠门。其中共用段将会采取伪快慢车的方式,由L1负责大站,17号线负责小站。因为L1和地铁使用的轨道不同,17号线也可能会被确定为轻轨。大致站位为牛栏山站、顺义会展中心站、五元桥站、丽都站、三元桥站、东直门站、东四十条西站、朝内小街站、金宝街站、北京站、广渠门站。

(6)S6线:初步规划是北苑—亦庄。原是13号线的一部分,后因需要调整。构成东北半环。

三、北京市城市轨道交通运营现状

1. 已运营的线路

北京已建成并投入运营的轨道交通有:1号线、2号线、5号线、10号线一期、奥运支线、13号线、八通线、机场线8条线路,总达约200 km。

(1)北京地铁1号线

西起苹果园,东至四惠东,大部分线路与长安街重合,全长31.2 km,于2000年6月28日全线开通。1号线设站苹果园站、古城路站、八角游乐园站、八宝山站、玉泉路站、五棵松站、万寿路站、公主坟站、军事博物馆站、木樨地站、南礼士路站、复兴门站、西单站、天安门西站、天安门东站、王府井站、东单站、建国门站、永安里站、国贸站、大望路站、四惠站、四惠东站。

(2)北京地铁2号线

全长 23.61 km,设有西直门站、车公庄站、阜成门站、复兴门站、长椿街站、宣武门站、和平门站、前门站、崇文门站、北京站、建国门站、朝阳门站、东四十条站、东直门站、雍和宫站、安定门站、鼓楼大街站、积水潭站共 18 座车站。

(3)北京地铁八通线

北京地铁八通线是北京地铁 1 号线的东段延长线,全长 18.964 km,设四惠站、四惠东站、高碑店站、传媒大学站、双桥站、管庄站、八里桥站、通州北苑站、果园站、九棵树站、梨园站、临河里站、土桥站共 13 座车站。全线均为地面或高架线路。2001 年 12 月开工,2003 年 12 月全线通车试运营。

(4)北京地铁 5 号线

该线路全长 27.6 km,连接了丰台、崇文、东城、朝阳、昌平 5 个区。共设车站 23 座,设站从南向北分别为宋家庄、刘家窑、蒲黄榆、天坛东门、磁器口崇文门(换乘 2 号线)、东单(换乘 1 号线)、灯市口、东四、张自忠路、北新桥、雍和宫(换乘 2 号线)、和平里北街、和平西桥、惠新西街南口、惠新西街北口、大屯桥东、北苑路、北立水桥、南立水桥(换乘 13 号线)、天通苑南、天通苑、天通苑北。于 2003 年 12 月 27 日开工建设,2007 年 10 月 7 日正式通车试运营。

(5)北京地铁 8 号线一期

北京地铁 8 号线一期又称奥运支线。奥运支线位于北京市南北中轴线下,奥林匹克中心区内。一期工程全长为 5.9 km,共设 4 座车站,从南向北分别为北土城站、奥林匹克中心站、奥林匹克公园站和森林公园南门站,全部为地下站。奥运支线已经于 2008 年 7 月 19 日正式通车试运营。

(6)北京地铁 10 号线一期

北京地铁 10 号线一期是一条由西北至东南呈倒“L”形的线路,10 号线分一、二两期,一期西起海淀区巴沟,沿元代土城径直向东,在芍药居和亮马河之间转了 90 度的大弯,然后向南经东三环路直到劲松站。一期线路全长 24.65 km,全部为地下线,共设车站 22 座,车辆段 1 座。22 座车站为巴沟站、苏州街站、海淀黄庄站、知春里站、知春路站、西土城站、牡丹园站、健德门站、北土城站、安贞门站、惠新西街南口站(换乘 5 号线)、芍药居站(换乘 13 号线)、太阳宫站、三元桥站、亮马桥、农业展览馆站、团结湖站、呼家楼站、金台夕照站、国贸站(换乘 1 号线)、双井站、劲松站。北京地铁 10 号线一期工程 2003 年 12 月 27 日开工建设,2008 年 7 月 19 日正式开通试运营。

(7)北京地铁 13 号线

西起西直门,东至东直门,全路线呈倒 U 字形,全长 40.92 km,共设 16 座车站。全线除西二旗到龙泽、柳芳到东直门部分区间(约 3 km)为地下段外,均为地面或高架线路。地铁 13 号线设站有西直门、大钟寺、知春路、五道口、上地、西二旗、龙泽、回龙观、霍营、立水桥、北苑、望京西、芍药居、光熙门、柳芳、东直门。2003 年 1 月 28 日,地铁 13 号线全线通车试运营。

(8)北京地铁机场线

机场线项目起点为东直门站,沿途另设三元桥站、T2 航站楼站和 T3 航站楼站。其中,东直门站和三元桥站为地下车站。东直门至三元桥为地下轨道,长约 4 km;三元桥至首都机场为地上轨道,长约 28.1 km。2008 年 7 月 19 日,机场线正式开通试运营。

2. 已运营线路运营图

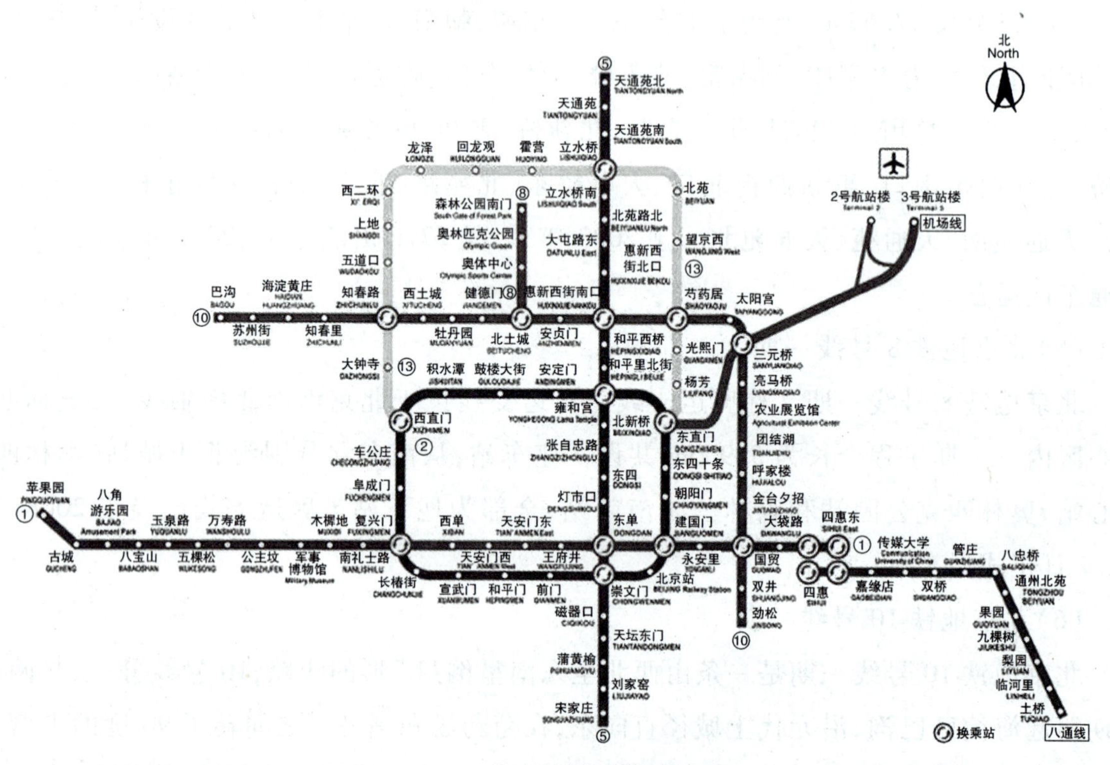

北京地铁运营线路图

四、北京市轨道交通工程建设的主要技术标准

1. 正线数目:双线,轨距:1 435 mm

2. 车辆技术特征

(1)地铁列车:北京地铁 1 号、2 号、5 号、10 号、奥运支、13 号、八通线使用北京地铁车辆厂和长春轨道客车股份有限公司制造的列车,采用第三轨供电方式,1 号、2 号线为全部动车组,列车编组为 4 节或 6 节车厢。车辆长 19.5 m,宽度 2.6 ~ 2.8 m,设计最高时速为

80 km。运营时速为60 km左右。地铁5号线列车宽度增加为2.8 m,采用国家标准B型车6辆编组,3动3拖配置。

(2)供电方式:常规地铁线路均采用第三轨上部受流方式。

(3)票制:单程车票,单一票制2元/人次,取消地铁专用月票卡,2008年6月9日起,北京地铁停用纸质车票而改用非接触式磁卡单程票,同时启用新型AFC检票售票系统。2008年7月,北京地铁新开8号、10号一期、机场线三条线路,其中8号线与10号线执行地铁统一票价2元,可随意在除机场线外的7条线路中换乘,机场线执行单一票价25元。

北京市政交通一卡通(简称"一卡通"):北京市政交通一卡通是一种非接触式IC卡,持卡可以乘坐所有地铁线路和公交线路。持卡乘坐地铁的计价方式与现金购票相同,没有折扣。

五、北京市城市轨道交通建设和运营管理单位

北京市基础设施投资有限公司

北京市基础设施投资有限公司是由北京市国有资产监督管理委员会出资并依照《公司法》成立的国有独资公司,承担北京市基础设施项目的投融资和资本运营,近期以北京市轨道交通投融资及线网管理为主。截至2007年末,公司注册资本271.73亿元,总资产707.47亿元,净资产399.68亿元。

公司自2003年11月成立以来,认真履行市委、市政府赋予的基础设施投融资和资本运营职能,并充分发挥政府投资的主导作用,通过创新投融资体制、模式,吸引社会投资者、专业经营者共同参与北京市基础设施项目的建设和运营管理。

目前,公司拥有或通过控股公司拥有北京地铁运营线路200.944 km,日均运量280多万人次。其中包括1号、2号、5号、13号线以及八通线,2007年,公司还承担地铁4号线、10号线一期(含奥运支线)、机场线等新线项目的投融资工作,同时担负已运营线路改造等投融资工作,并根据市政府关于北京市轨道交通"保四争六"工作目标,陆续投资建设地铁9号线、亦庄线、10号线二期、8号线二期、大兴线、6号线一期等6条轨道交通新线项目,累计投资总额达773.2亿元。此外,公司还参与投资京沪高速铁路、京津城际铁路、京石客运专线、北京市政交通一卡通、北京市信息基础设施建设等项目。到2015年,公司在轨道交通新线项目的静态投资将达到约2200亿元,总体动态投资将超过3000亿元。

北京市轨道交通建设管理有限公司

北京市轨道交通建设管理有限公司是经北京市市委、市政府批准,由市国资委出资设立,于2003年11月成立的国有独资公司,主要承担北京市轨道交通建设管理任务。

根据市政府赋予的职责和与业主签订的相关合同契约,公司主要承担轨道交通新建线路的建设管理,组织初步设计、施工设计、采购招标;组织轨道交通新建线路的土建结构、建筑装修、设备安装工程及相应市政配套工程的实施;组织轨道交通新建线路的系统调试、验收、开通、直至交付运营全过程的管理。

公司拥有一支500多人,开拓进取、作风优良的员工队伍,有一大批优秀的具有长期从事轨道交通建设经验的项目管理和专业技术人员,土建、设备等各专业技术人才齐备。

公司负责建设管理的北京轨道交通5号线、10号线一期及奥运支线、机场线已经顺利通车试运营,目前北京地铁通车里程已经达到约200 km。

目前,公司负责建设管理的在建线路有北京轨道交通线路4号线、6号线一期、8号线二期、9号线、10号线二期、大兴线、亦庄线等。这些线路对缓解首都公共交通拥挤,推动首都经济和社会发展具有十分重要的作用。

公司将利用北京大力发展轨道交通的有利契机,发挥轨道交通建设管理的优势地位,依托政府委托建设管理,大力进行市场运作,进一步提高公司的科学管理水平,在北京轨道交通建设工程中保持90%以上的市场占有份额,同时将发挥自身优势,适时向外埠发展,参与更多城市的地铁建设咨询业务。

北京市地铁运营有限公司

北京市地铁运营有限公司前身为北京市地下铁道总公司,是国有独资的特大型专门经营城市轨道交通运营线网的专业运营商。拥有职工一万余名。

目前,公司经营的线路包括1号线、2号线、5号线、10号线一期、13号线、八通线、奥运支线和机场专线,运营线路总里程200 km,共有123座运营车站。公司运营业务涉及专业有车辆运输、客运组织、行车电力调度、供电、通信信号、机电和线路等。另外,公司还经营以地铁相关资源开发为主的多元化业务,主要包括经济技术贸易、广告、地下通信、房地产开发、商贸、旅游度假、教育培训、建筑安装、车辆制造、工程监理、出租汽车、设计研究咨询及文化产业等。这些多角化经营业务扩大了地铁的服务领域,也满足了广大乘客的服务需求。

北京京港地铁有限公司

2004年12月4日,北京市基础设施投资有限公司(BII)和北京首都创业集团有限公司(BCG)以及香港地铁公司签署原则性协议,以特许经营模式合作投资、建设和运营北京地铁4号线。北京地铁4号线的特许经营权为30年,项目总投资约153亿人民币,其中

70% 由北京市政府出资,30% 由特许经营公司出资。

2005 年 2 月 7 日,合作三方与北京市政府草签特许协议,经营期为 30 年,由工程项目完竣起计算。北京市政府负责征地拆迁和土木建造工程等方面的工作,京港合作成立的地铁公司则负责提供列车和相关机电系统,以及新线运营和管理工作。香港地铁公司在为京港地铁公司提供建设运营方面优良及先进经验的同时,将结合北京市的实际情况,创造出对城市对企业对乘客更为优良的效益模式。北京地铁 4 号线特许经营公司北京京港地铁有限公司,总投资 46 亿元,注册资金 13.8 亿元,北京首都创业集团有限公司和香港地铁公司各占 49%,北京市基础投资有限公司占 2%。

1.2.2 上海城市轨道交通发展概况

上海轨道交通,又称为上海地铁。是继中国大陆北京地铁、天津地铁建成通车后建造的第三个城市轨道交通系统,也是中国线路最长的城市轨道交通。最早的 1 号线于 1995 年 4 月间投入试运营,至 2006 年全网统计客运量为 6.49 亿人次。

到 2010 年上海"世博会"举办之际,轨道交通运营里程将达到 400 km,客流占公共交通客运总量的 40% 左右。2012 年,将计划建成由 13 条线组成、运营里程超过 500 km 的轨道交通基本网络,运营规模将在世界各大城市中居于前列。

一、上海城市总体规划和轨道交通线网规划

1. 上海市城市概况

上海位于亚洲大陆东沿,太平洋西岸,中国大陆海岸线中段,长江入海口,长江三角洲东部,东海之滨。其西、北两面邻江苏省,西南邻浙江省,东眺大海。地貌以平原为主,河湖纵横,主要有城西的淀山湖和流经市境的黄浦江。

辖区总面积 6 340.5 km^2,其中市区面积 749 km^2。总人口 1 464 万,其中城市人口 869 万。

上海是西太平洋地区重要的国际港口城市,中国对外开放的龙头城市。2008 年上海全年实现生产总值 13 698.15 亿元,比上年增长 9.7%,完成地方财政收入 2 382.34 亿元,比上年增长 13.3%。市居民家庭年人均可支配收入 26 675 元,比上年增长 12.9%,农村居民家庭年人均可支配收入 11 385 元,增长 11.4%。就业形势总体保持稳定。

2. 上海城市总体规划

拓展沿江沿海发展空间,形成宝山新城、外高桥港区(保税区)、空港新城、海港新城、上海化学工业区、金山新城等组成的滨水城镇和产业发展带。继续推进浦东新区功能开发和形象建设，集中建设新城和中心镇，将崇明作为21世纪上海可持续发展的重要战略空间。

市域城镇体系：形成“中心城—新城（含县城，下同）—中心镇—集镇”组成的多层次的城镇体系及由沿海发展轴、沪宁、沪杭发展轴和市域各级城镇等组成的“多核、多轴”空间布局结构。中心城是上海政治、经济、文化中心，也是上海市城镇体系的主体，以外环线以内地区作为中心城范围，人口控制在800万人，城市建设用地600 km^2；新城是以区（县）政府所在城镇，或依托重大产业及城市重要基础设施发展而成的中等规模城市。规划新城11个，分别是宝山、嘉定、松江、金山、闵行、惠南、青浦、南桥、城桥及空港新城和海港新城。新城人口规模一般为20万～30万人；中心镇是由市域范围内分布合理、区位条件优越、经济发展条件较好的集镇，依托产业发展而成的小城市。规划朱家角、泗泾、周浦（康桥）、奉城、枫泾、堡镇、南翔及罗店等22个左右中心镇，规划人口规模一般为5万～10万人；集镇由现有建制镇根据区位、交通、资源条件等适当归并而成（现状约170个），规划约80个左右的一般镇，人口规模一般为1万～3万人；中心村是在合理归并自然村后形成的具有地方特色、环境优美、布局合理、基础设施和服务设施较完善的现代化农村新型社区，规模在2000人左右。

中心城布局：中心城空间布局结构为“多心、开敞”。规划按现状自然地形和主要公共中心的分布以及对资源优化配置的要求，合理调整分区结构。中心城公共活动中心指中央商务区和主要公共活动中心。

3. 城市轨道交通网总体规划

规划中的上海轨道交通共有18条线路（不包括磁悬浮线路）。2010年上海世界博览会前先建成11条线路，即1—11号线。2012年前建成1—13号线，总里程510 km。远期规划18条线路及延伸线全部建成后总里程将达到970 km，设有524座车站，其中3线换乘站16个，2线换乘站95个。

目前已建成、正在建设及准备建设的有1—13号线路：1—6号线及8—9号线为已建成或部分建成线路；7号、10号、11号线为在建中线路；12、13号线正在进行环境影响公众调查评价。14—18号线为远景规划，目前尚未确定具体走向。

二、上海市的轨道交通建设现状

1. 兴建线路

（1）2号线东延伸及西延伸二期：建设中的2号线向东将延伸至浦东国际机场站（远期延伸至浦东火车站），西端连接高速铁路虹桥站及徐泾。西延伸段二期长8.58 km。共设3个车站。东延伸段29.89 km，共设11个车站。

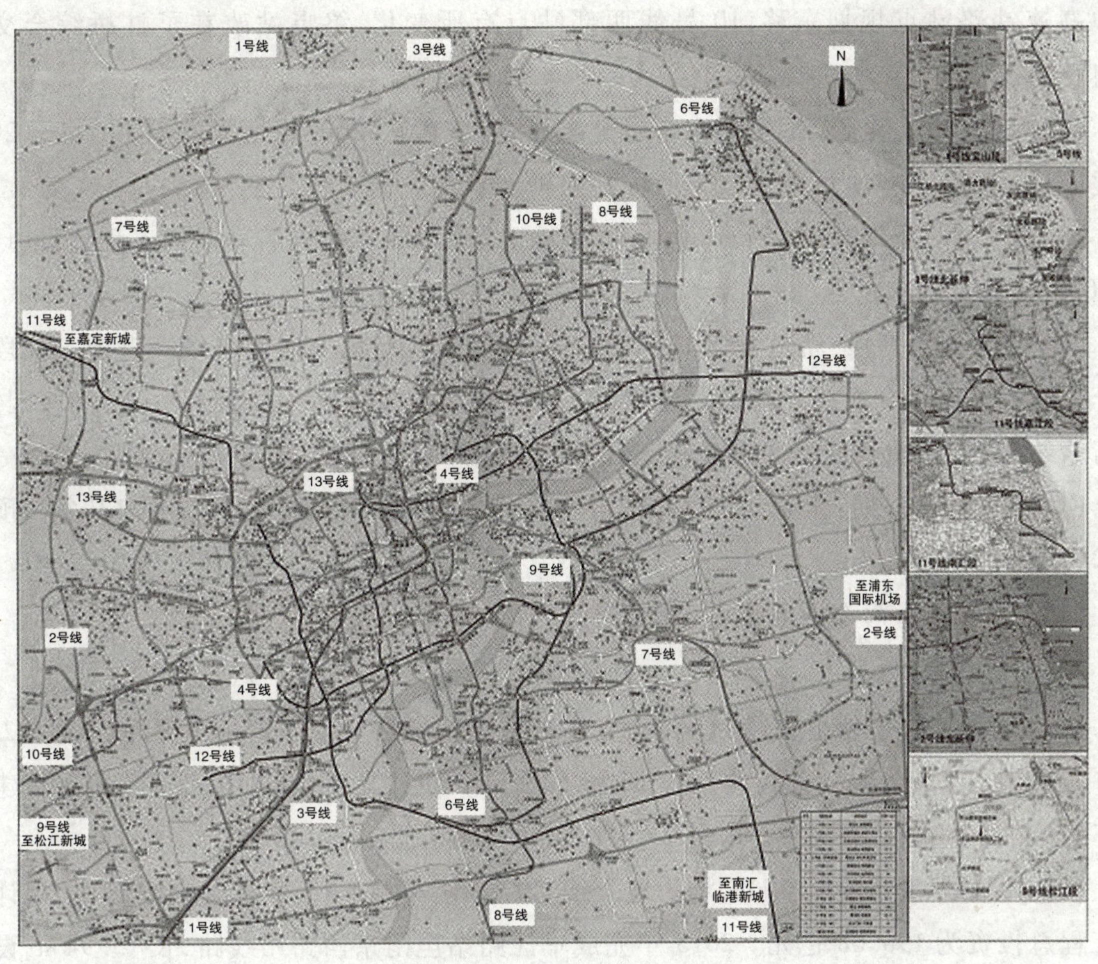

上海城市轨道交通网规划图

(2)7 号线一期:上海轨道交通 7 号线从宝山外环路站起,途经普陀、静安、徐汇至浦东的国际博览中心延伸段。全长 35.05 km,设站点 28 个,其中地下车站 27 座,地面车站 1 座。2005 年 11 月 24 日正式开工建设,2009 年底前试运行。

(3)7 号线北延伸段:全长 9.97 km,自祁华路,共设 5 个站,至美兰湖。

(4)8 号线二期(南延伸):新设 8 个车站,全长 14.5 km,由耀华路站通往航天公园站,整条线路将于 2008 年底前建成。

(5)9 号线二期工程:自徐家汇至浦东杨高中路,全长 14.5 km,共计 10 个车站。计划将在 2008 年底实现贯通,2010 年(世博之前)通车。

(6)10 号线:是上海世博会期间的一条运送大客流的重要轨道交通干线,正线全长 36 km。一期北起杨浦新江湾城,西至七宝高速铁路客运站,是一条由上海东北至西南的大动脉,计划于 2010 年建成通车。二期延伸段,将从新江湾城至外高桥保税区。但由于京沪高速铁路站点规划东移，10 号线西部站点有所变化，终点站改在了虹桥综合交通枢纽。

(7)11 号北段：全长 58.97 km，车站全线设 27 座车站，2007 年已开工建设，将于 2012 年建成试运营。

(8)12 号线：全线长 39.5 km，设有 32 座地下车站，08 年年内启动前期工程建设，计划于 2012 年基本建成。

(9)13 号线世博段：轨道交通 13 号线工程世博园区专用交通联络线—世博过江段工程，于 2008 年 1 月全面展开施工。该项目主要由 3 座地铁车站(卢浦大桥站、世博园站、长清路站)和 4 个地铁隧道区间组成，全长约 5 km，计划于 2010 年初投入运营。

(10)13 号线一期：全长 16.07 km，自华江路站至南京西路站，共设站 13 个。预计 2010 年通车。

(11)14 号线上海东西通道重合段：全长 7.8 km，共设站 6 个。

2. 规划线路

(1)11 号线支线：轨道交通 11 号线，支线自嘉定新城站至安亭镇墨玉路站，长约 12.81 km。全线总长 59.41 km，全线共设有 27 座车站。二期计划于 2008 年开工，2011 年建成通车，总工期 3 年半。

(2)13 号线：全长 31.07 km，均为地下线，设 26 座车站。13 号线将分段修建，预计全线工程总投资为 198.68 亿元。2015 年完成华江路站至南京西路站线路，长 15.9 km，设车站 13 座；2022 年完成华江路站至罗山路站线路。

(3)14—18 号线：为远景规划，目前尚未确定具体走向，预计在 2020 年内全部建设完成。

三、上海市的轨道交通运营现状

1. 已运营线路

上海已拥有 8 条轨道交通线，共计 160 座运营车站，累计运营线路长度达到 261.6 km，形成了“一环七射八换乘”的网络运营格局，线网规模居全国之首。据介绍，到 2012 年，上海将建成总长 500 km 左右的轨道交通基本网络。

(1)1 号线：地铁 1 号线是上海城市轨道交通网络中的南北主干道。线路由莘庄起始，沿沪闵路一侧平行北上，在漕宝路前穿越漕河泾，沿漕溪路北上到达徐家汇，转向东北沿衡山路到达淮海路，再向东到黄陂路，向北到上海市中心—人民广场，之后继续向北穿越苏州河后到达上海火车站。

南段 1993 年 5 月建成通车，1 号线全线 1995 年 4 月试运营。南、北延伸段分别于

1997 年 7 月、2004 年 12 月和 2007 年 12 月开通试运营。1 号线总长增至 36.638 km,共设 28 座车站,是一条纵贯上海南北走向的交通大动脉。

(2)2 号线:2 号线是上海地铁网络中的东西线路。规划西起虹桥机场,经过上海闹市区,在南京东路外滩穿越黄浦江到达浦东陆家嘴金融贸易区,再向东延伸至线路终点——张江高科站,在龙阳路站可与在建的磁悬浮线换乘,直达浦东国际机场。

2000 年 6 月一期工程建成试运营,线路长为 19.06 km,西延伸 2006 年 12 月 30 日开通,线路长为 6.2 km。2 号线全长约 25.2 km,共设 17 座车站。

(3)3 号线:3 号线是一条环绕中心城区以高架为主的线路,2000 年 12 月建成试运营。北延伸 2006 年 12 月 18 日开通,3 号线一期工程全长 24.45 km,随着北延伸线的贯通,全新的 3 号线长 40.2 km 和 29 座车站,将成为上海市贯通东北—西南的交通大动脉。

(4)4 号线:4 号线工程项目总投资约 130 亿元人民币,途经徐汇、卢湾、黄浦、浦东、虹口和杨浦等 6 个区,全长 22.267 km,共 17 座车站(不含共线段车站)。2005 年 12 月试运营,2007 年 12 月 29 日实现“O”字形环通运营。

申字型路网 4 号线建成后,在宝山路站和虹桥路站分别与已经运营的轨道交通 3 号线接轨,与 3 号线的 9 个车站“共线运营”,这种 2 条轨道交通线“共线运营”的模式在我国尚属首次。与轨道交通 1 号线、2 号线以及 3 号线共同构成“申”字型轨道交通路网。

(5)6 号线:全长 33.13 km,北起港城路,途经张扬路,经世纪大道转至东方路,南至济阳路,其中高架线路 12 km,地下线路 21 km,全线 28 座车站。通车时间 2007 年 12 月 15 日。

(6)8 号线一期工程:2007 年 12 月 29 日建成试运营。全长 23.218 km,共 20 座车站,8 号线在人民广场与 1、2 号线形成大型轨道交通换乘枢纽,并在西藏南路站与 4 号线立体“十字”交叉换乘。

(7)9 号线一期工程:2007 年 12 月 29 日建成试运营。全长 30.731 km,共设 12 座车站,是上海轨道交通网络中重要的市域级骨干线路。开通初期,在桂林路站与 3 号线宜山路站之间设立公交驳接,实现一票换乘。

(8)轨道交通 5 号线(即莘闵轻轨交通线):是上海市“十五”计划期间率先建成的城市轨道交通线。于 2000 年 8 月 8 日开工建设,并于 2002 年 12 月 28 日基本建成,2003 年 11 月 25 日正式投入试运营,是上海城市轨道交通实行投资、建设、运营、监管“四分开”体制后第一条建成的线路。轨道交通 5 号线北起莘庄站(与地铁 1 号线同站换乘),沿沪闵路往南至交通大学附近，折向东川路至天星路（闵行开发区）止，全长17.206km，除起点段的410m为地面站外，均为高架线路。

（9）磁浮示范运营线：上海磁浮示范运营线是世界上第一条投入商业化运营的磁浮示范线，具有交通、展示、旅游观光等多重功能。2002年12月31日投入运营，西起上海地铁2号线龙阳路站，东到上海浦东国际机场，主要解决连接浦东机场和市区的大运量高速交通需求。线路正线全长约33km，双线上下折返运行，设计最高运行速度为每小时430km/h，单线运行时间约8min。

2. 运营线路图

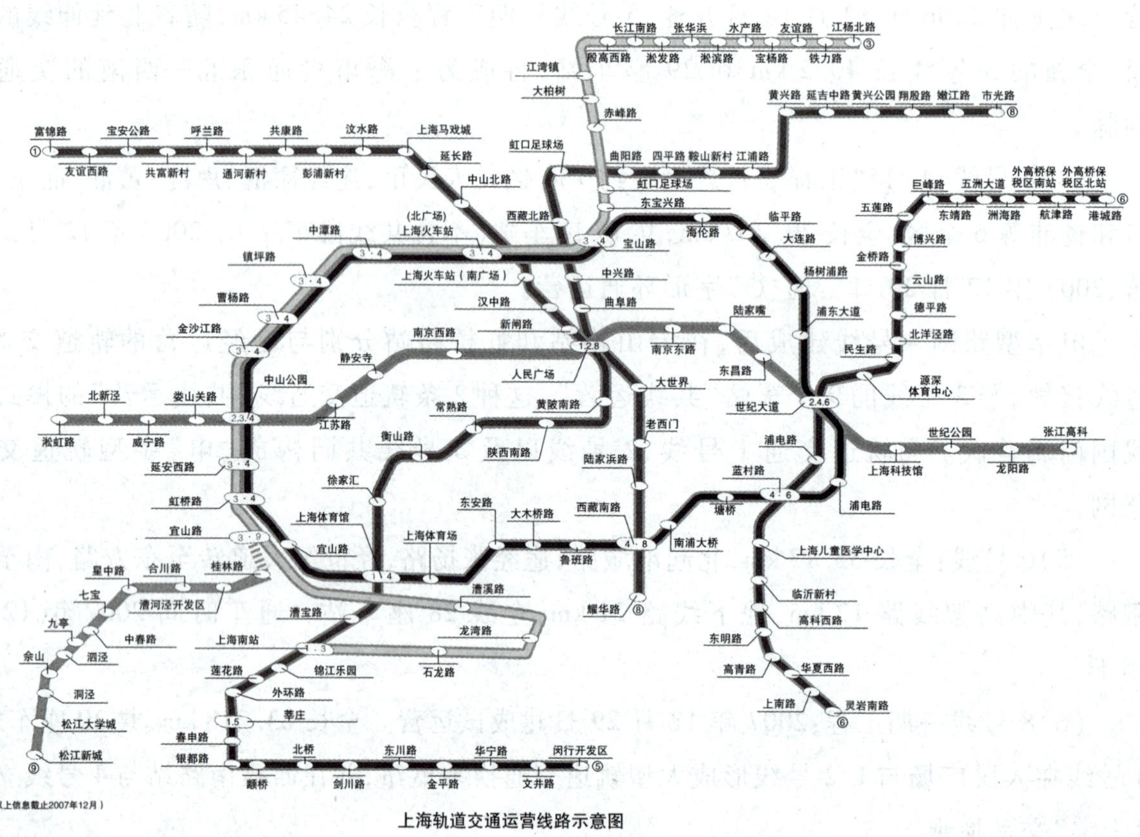

上海轨道交通运营线路示意图

3. 票价情况

上海轨道交通之票价在中国来说比较昂贵，车费6km以内3元，6km以上4元，然后每10km跳升1元。

4. 客运量

上海轨道交通6号线、8号线、9号线，以及1号线北延伸段、4号线修复段，于2007年12月29日同时建成通车。上海市轨道交通日客运量从此前的约230万人次上升为超过300万人次。

四、上海轨道交通工程建设和运营管理

1. 建设管理模式

第一，地铁总公司进行转制。其主要职能为地铁1号线、2号线、明珠线的运营，实现投资、建设、运营三权分离，相互制衡，以促进轨道交通事业大发展。

第二，放松对地铁票价的管制。按“无实质增长的长期车费政策”，通过地铁方面提议、听证会通过、主管机关批准的手续确定票价，以充分利用因地铁规划线路组合调整所带来的地铁运营直接收益的增加，提高票务收入在地铁运营收入中所占的比重。

第三，精简运营管理系统。在地铁网络形成之初，政府采取一定的新兴产业保护政策，允许运营公司独家经营一个过渡时间，以便使一家公司可以只设置一个调度中心，指挥运营3~4条线路，节约运营成本，这也符合轨道准军事化的特征。当然，政府保护并不是不监管，可以通过各种方式，督促地铁运营提高服务质量，加强成本管理。

第四，全额返还地铁运营业务的税收，降低运营成本。

第五，加强立法进度，完善配套法规。

2. 运营管理模式的探索与创新

8号线将采取“6+1”的运营模式：“6+1”方案应对客流量提供连接杨浦、虹口、闸北、黄浦和浦东的主要线路。8号线一期是通向世博的第一条轨交线路，也是通向杨浦区的第一条轨交线。它沟通了浦江两岸、串联了南京路、淮海路、西藏路、四川北路四大市级商业街，以及老西门区级商业中心和虹口足球场世博会、人民广场等重要客流集散点，并与现行建设的1、2、3、4号线等有机衔接，其“主干线”的作用不容小觑。

3. 上海城市轨道交通运营管理单位

上海地铁运营有限公司

上海地铁运营有限公司是一个以地铁运营管理、服务为主，多元化投资的企业。公司目前负责上海轨道交通1号线、2号线和3号线近65 km线路的运营管理任务。公司已通过ISO9001:2000质量管理体系认证和国家级计量检测体系认证，拥有一批专门的技术与管理人才。现有职工4000余人，掌握了轨道交通运营管理中大量的先进技术，积累了丰富的经验。

上海地铁运营有限公司隶属申通地铁集团公司，是上海城市轨道交通运营管理的骨干企业。公司目前负责轨道交通1号、2号、3号、4号、8号、9号线的运营管理，运营线路总长186 km，车站123座，日均客运总量超过270万人次。随着轨道交通迈入超常规、网络化发展阶段，公司还承担了7号线、10号线等多条线路的运营接管任务，客运总

量不断上升。公司传承开创上海地铁从无到有再到网络运营新纪元的历史,努力打造世界一流的地铁运营商。

上海现代轨道交通有限公司

上海现代轨道交通股份有限公司由上海巴士实业(集团)股份有限公司、大众交通(集团)股份有限公司、上海强生控股股份有限公司、上海交运股份有限公司、上海交通投资(集团)有限公司五家单位于2000年4月28日发起设立,注册资本为人民币一亿元。

上海现代轨道交通股份有限公司的设立是上海市轨道交通体制改革的成果,是落实市政府关于轨道交通投资、建设、经营、监管纵向四分开和横向适度竞争原则的重大举措。公司成立后,首期受上海莘闵轨道交通线发展有限公司的委托,负责轨道交通5号线(莘闵线)的经营管理。

现代轨道交通股份有限公司是从事轨道交通运营的股份制企业,公司目前承担轨道交通5号线(莘闵线)、6号线(浦东线)、11号线(申嘉线)的运营管理工作。

公司本着诚信透明、优质服务、科学管理、和谐现代的经营理念,努力实现畅达、安全、舒适、清洁的国际大都市一体化交通战略发展目标,不断提高公司的社会服务效益和企业经济效益,以保证投资各方的利益。

1.2.3 广州城市轨道交通发展概况

广州市于1992年成立广州市地下铁道总公司,负责地铁的规划、建设与运营。1997年6月28日,广州市第一条地铁线路——1号线建成开通,经过十多年的发展,目前已有1号线(西朗至广州东站)、2号线(三元里至万胜围)、3号线(广州东站至番禺广场和天河客运站至体育西路)及4号线(万胜围至金洲)开通运营。2005年7月,国家批复了广州市近期建设规划,预计2010年左右,建成开通7条线路,开通里程超过200 km。

一、广州城市总体规划和轨道交通线网规划

1. 广州城市概况

广州市地处中国大陆南部,广东省中南部,珠江三角洲北缘,邻近香港特别行政区和澳门特别行政区;是中国通往世界的南大门。广州属丘陵地带,地势东北高,西南低,北部和东北部是山区,中部是丘陵、台地,南部是珠江三角洲冲积平原。

全市面积7 434.4 km²。市区面积3 843.43 km²,人口9 754 600(2006年,中国城市第5名)。人口密度1 277 人/km²(2006年)。户籍人口760.72万人,城镇人口占全市人口的91.51%。

改革开放以来,广州经济建设取得了显著成绩。工农业生产持续稳定地增长,对外经济贸易蓬勃发展,综合经济实力居全国大城市第三位。广州已成为工业基础较雄厚,第三产业发达,国民经济综合协调发展的中心城市。2008年广州市地区生产总值(GDP)突破8 000亿元,达8 215.82亿元,比上年增长12.3%,经济总量在全国主要城市中位居第三。广州市人均GDP为81 233元(按常住人口平均数计算,折11 696美元),提前两年完成“十一五”目标(到2010年全市人均GDP达到1万美元),同比增长10.0%。

2. 广州市城市总体规划

建立由都会区、片区中心、中心镇、一般镇构成的市域城镇体系,形成以都会区为中心,以高、快速路网与轨道交通体系为依托,各级城镇辐射范围合理、空间分布均衡的大中小城镇相结合的多层次、星座式市域城乡布局结构。

规划确定城市空间发展的基本策略为:“南拓、北优、东进、西联”,南部、东部为城市发展的主要方向。形成以山、水、城、田、海的自然格局为基础,主要沿珠江水系发展的多中心组团式网络型城市结构。确立珠江作为城市空间景观发展的纽带。沿珠江前后航道发展带、沙湾水道发展带、蕉门水道发展带,与广州传统城市中轴线、新城市中轴线以及沿轨道交通用地发展轴交汇,共同形成多中心网络型发展形态。2006年底,中共广州市委九届五次全会上,在上述发展方针的基础上又增加了“中调”战略,提出进一步提升中心城区环境和生活品质,强化城市配套功能,有力支撑中心城市集聚辐射功能,优先发展公共交通,加快实现各种交通方式的便捷接驳等。

规划确定中心组团的发展性质为“广州市域金融业、服务业、传统产业核心区,将继续担负广州传统城市中心的功能,是广州历史文化名城的重要组成部分”;发展策略为依据“南拓、北优、东进、西联、中调"的发展战略,调整城市空间结构,完善城市功能,使城市由单中心向多中心转变,促进产业化水平的提高和经济健康增长,保持社会稳定。

3. 广州市轨道交通线网规划

广州市政府于2005年批准的《广州市轨道交通线网规划》,规划了由城市轨道线、市郊列车线、城际轨道线三层线网组成的全长726 km的轨道交通线网。其中城市轨道线15条,总长619 km;市郊列车线1条,长67 km;城际轨道线3条,线路总长40 km。线网密度

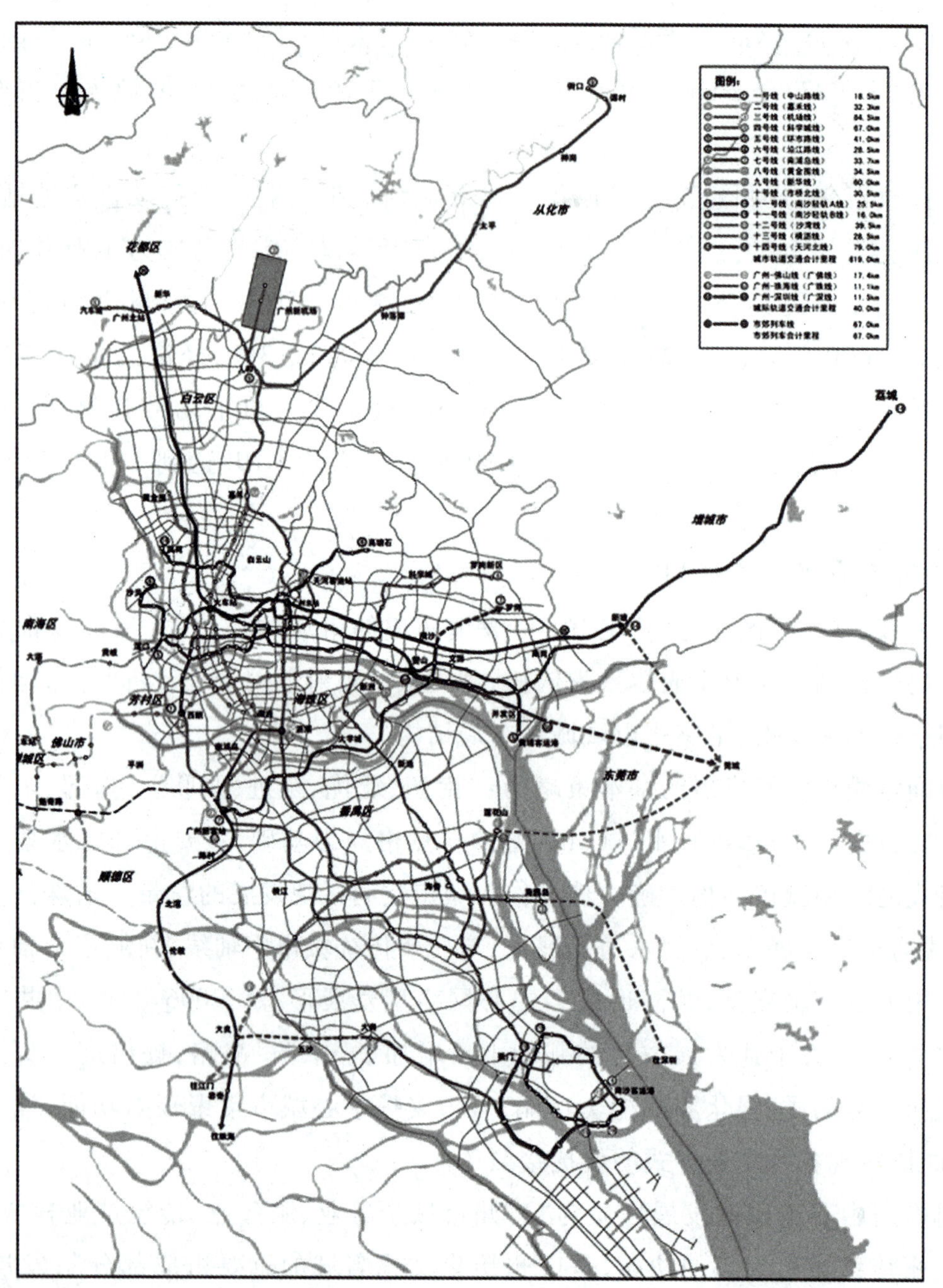

广州市轨道交通线网规划

达到内环路以内为 1.27 km/km²，环城高速公路以内为 0.77 km/km²，都会区以内为 0.26 km/km²。线网基本构架由“交通疏导型”和“规划引导型”两类线路构成，形成既向心又交织的轨道交通系统，并有良好的辐射能力。

轨道交通线网将使中心城区与人口大于 50 万人口的边缘组团、卫星城(除南沙片区)的时空距离，基本控制在 30 min 以内，与佛山、东莞等周边地区交通时间基本控制在1 h内。

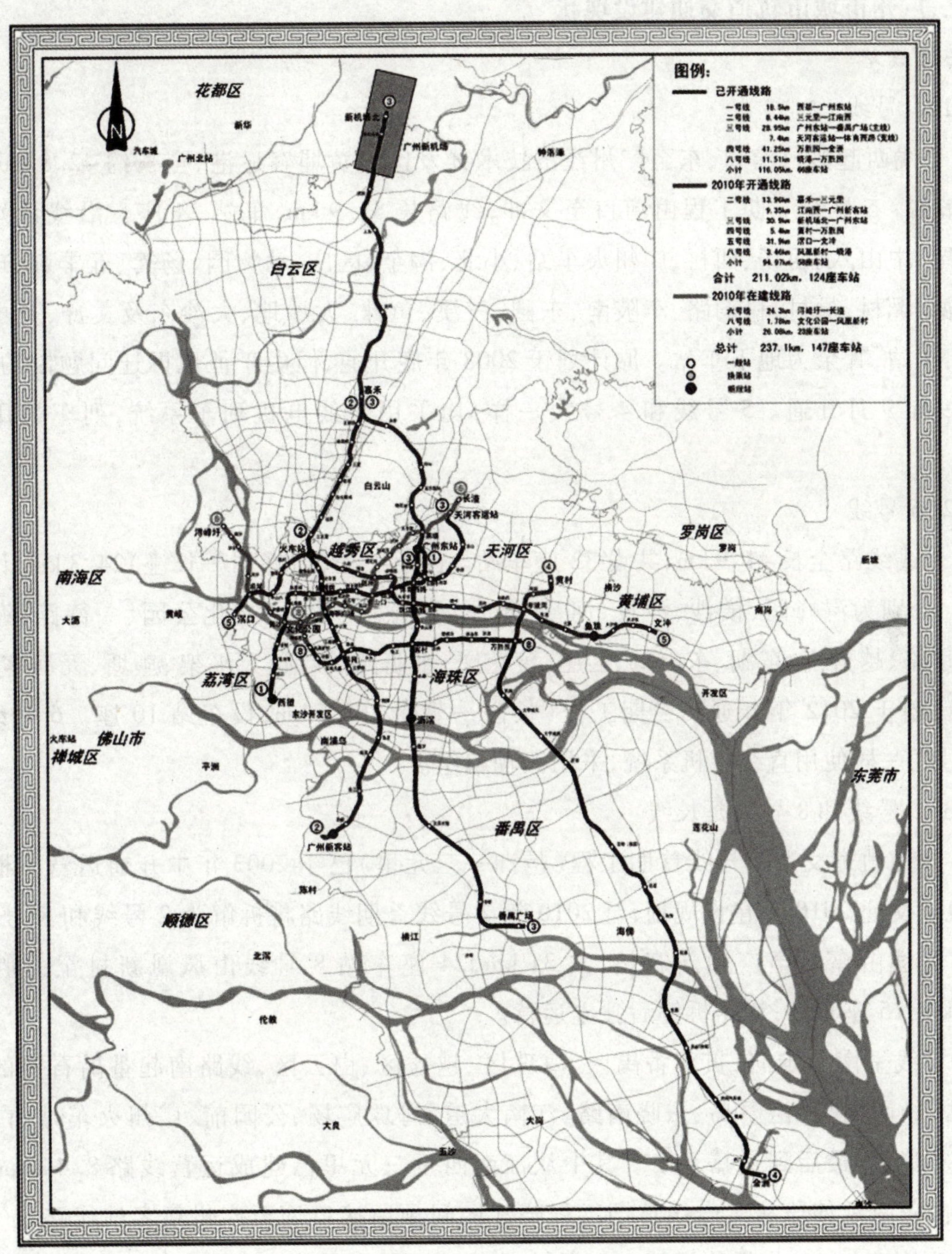

广州市轨道交通 2010 年建设目标图

4. 广州市轨道交通近期建设规划

根据国家批复的轨道交通近期建设规划，至 2010 年左右，广州市将建成 1 号线、2 号线、3 号线、4 号线、5 号线、6 号线、8 号线共 7 条城市轨道线，开通里程达到 237. 1 km，车站 148 座。加上广佛城际线，将达 273 km，车站 179 座。

二、广州市城市轨道交通建设现状

兴建线路

(1)5 号线

5 号线西起芳村滘口,东至广州经济技术开发区的黄埔客运港,全长约 42.8 km,共设 29 座车站。5 号线一期工程由滘口至文冲,线路长 31.9 km,车站 24 座。沿线设站为滘口、坦尾、中山八、西场、西村、广州火车站、小北、淘金、区庄、动物园、杨箕、五羊邨、珠江新城、猎德、谭村、员村、科韵路、车陂南、东圃、三溪、鱼珠、大沙地、大沙东及文冲,其中滘口为高架车站,其余为地下车站。原计划于 2008 年底开通,但由于征地拆迁问题制约,调整为 2009 年 9 月开通。5 号线和 4 号线一样,均采用直线电机列车系统,列车采用六辆编组。

(2)6 号线

6 号线线路全长 41.9 km,共设 32 座车站。首期工程(浔峰岗—长湴)24.3 km,设车站 22 座。分别为浔峰岗、横沙、沙贝、河沙、坦尾、如意坊、黄沙、文化公园、一德路、海珠广场、北京路、越秀南、东湖、东山口、区庄、黄花岗、水荫路、沙河、天平架、燕塘、天河客运站、长湴、计划于 2012 年开通。二期工程(长湴—萝岗)17.6 km,设车站 10 座。6 号线和 4 号、5 号线一样使用直线电机系统,采用四辆编组。

(3)2 号线和 8 号线延长线

广州市轨道交通 2 号线首期工程(琶洲—三元里)已于 2003 年中开通运营。根据广州市轨道交通 2010 年建设规划,至 2010 年 2 号线首期线路将拆解为 2 号线和 8 号线,拆解后 2 号线由嘉禾至广州新客站,共 31 km,24 座车站 8 号线由凤凰新村至万胜围共 16.75 km,15 座车站;线路拆解后独立运营。

2 号线呈南北走向,贯穿番禺区、海珠区、越秀区、白云区,线路南起番禺石壁的广州新客站,经南浦岛、洛溪岛、东晓南路、江南大道、海珠广场、公园前、广州火车站、白云新城、江夏等地,最后到达嘉禾镇。其中从江南西至三元里已建成运营线路 8.44 km,设 8 座车站,向南延伸段从 2 号线首期工程晓江区间预留接口处至广州新客站线路长 13.96 km,设 9 座车站,向北延伸段从三元里站后折返线至嘉禾线路长 9.35 km,设 7 座车站。

8 号线已建成的万胜围至晓港段 11.51 km,9 座车站;晓港至文化公园段,新建 5.24 km地下线,设 6 座车站(2010 年开通晓港至凤凰新村段 3.46 km,4 座车站)。

2 号线车辆段选址在嘉禾,停车场选址在广州新客站西侧大洲村以北。2 号、8 号线控制中心设置在公园前,与 1 号线共用。与 2 号线共使用两座主变电站向全线供电,已建成运营的有瑶台主变电站,南段在沙园新建一座主变电站,与广佛线、8 号线共用。8 号线从万胜围至凤凰新村由既有河南主变电站和新建沙园主变电站供电。2 号、8 号线均采用 A 型车,六辆编组。延长线新建的车站、系统均按与首期工程基本一致的原则进行设计,两线的装修风格基本统一。

(4)广佛线

广佛线西起佛山市魁奇路与汾江南路交叉处,终点到广州市轨道交通 3 号线沥滘站。线路全长 32.16 km,全部为地下线路,共设车站 21 座,分别为魁奇路站、季华园路站、同济路站、祖庙站、普君北路站、朝安站、桂城站、南桂路站、虫雷岗公园站、海五路站、南海汽车站、龙溪站、菊树站、西朗站、鹤洞站、沙涌站、燕岗站、石溪站、南洲站、沥滘站。佛山市境内线路长度 14.797 km、车站 11 座,广州市境内线路长度 17.363 km、车站 10 座。设车辆段一处,位于佛山市南海区夏南村附近。广佛线采用 B 型车,四辆编组。

广佛线把珠三角紧邻的两个城市地区更加紧密地连接起来,形成一个以广州为中心的包括户籍人口 1033 万,流动人口 363 万的广佛都市圈,可以优化两个城市的资源利用和产业结构,有利于提高广佛都市圈乃至珠三角的竞争力。

三、广州市城市轨道交通运营情况

1. 已运营线路

(1)1 号线

广州地铁 1 号线于 1993 年 12 月 28 日正式动工,1997 年 6 月 28 日起开始试运营,首段开通西塱至黄沙段,全线于 1998 年 12 月 28 日竣工,到 1999 年 6 月 28 日正式通车,标志着中国大陆继北京、天津及上海后,第 4 座城市建有地铁系统。

广州地铁 1 号线全线设有 16 个车站,分别是:广州东站、体育中心、体育西路、杨箕、东山口、烈士陵园、农讲所、公园前、西门口、陈家祠、长寿路、黄沙、芳村、花地湾、坑口、西塱,线路全长约 18.50 km。其中西朗和坑口是地面车站,其他为地下车站。

(2)2 号线首期工程

广州地铁 2 号线首通段(三元里—晓港)于 2002 年 12 月 29 日开始运营。2003 年 6 月 28 日地铁 2 号线三元里—琶洲段开始试营运。2005 年 12 月 30 号,为了配合 4 号线大学城专线的开通,万胜围站正式启用。广州地铁 2 号线共有 17 车站,分别为:三元里、广州火车站、越秀公园、纪念堂、公园前,海珠广场,市二宫,江南西,晓港,中大,鹭江,客村,赤岗,磨碟沙,新港东,琶洲,万胜围,全部为地下车站。

根据广州市轨道交通 2010 年建设规划,至 2010 年 2 号线首期线路将拆解为 2 号线和 8 号线,拆解后各自独立运营。其中正在运营三元里—江南西成为 2 号线一部分,而晓港—万胜围段成为 8 号线的一部分。

(3)3 号线

3 号线作为广州市南北向轨道交通骨干线,可充分满足中心城区天河、海珠与南部番禺地区大石、市桥及北部新机场、白云区、花都区等多组团间的乘客出行要求。3 号线沿线以组团式规划发展,地铁主要解决组团与组团之间以及组团与城市中心区的客流运送,因此,采用大站距快速线的设计思路,是国内第一条最高运行速度达 120 km/h 的地铁线路,采用 120 km/h B 型车,旅行速度为 57.5 km/h,比常规地铁高 45% 左右,快速效果明显。目前,3 号线(广州东至番禺广场、天河客运站至体育西)已经建成,3 号线北延段正在建设。

3 号线一期工程呈南北"Y"字形走向,主线北起广州东站,南到番禺广场;支线北起天河客运站,在体育西路与主线汇合。线路全长 36.35 km(其中主线全长 28.80 km,设 13 座车站;支线全长 7.55 km,设 5 座车站),于 2001 年 12 月开工,于 2005 年 12 月开通广州东至客村段,于 2006 年 12 月全线开通。3 号线日均客流已超过 40 万人次,充分满足了中心城区天河、海珠与番禺地区大石、市桥多组团的乘客出行要求,发挥了轨道交通的骨干作用。

3 号线共设 18 座车站,全部为地下车站。其中主线的 13 个站分别为:广州东站、林和西、体育西路、珠江新城、赤岗塔、客村、大塘、沥滘、厦滘、大石、汉溪长隆、市桥和番禺广场;支线站名如下:天河客运站、五山、华师、岗顶、石牌桥。

正在建设的 3 号线北延段由新机场至广州东站。线路全长 30.9 km,共设 11 个车站,分别为广州东站、燕塘、梅花园、京溪南方医院、同和、永泰、嘉禾、龙归、人和、高增、机场南及机场北,计划于 2010 年 10 月建成通车。

(4)4 号线

4 号线由萝岗至南沙,全长 68.96 km。4 号线黄村至金洲段全长 46.65 km,其中地下线 16.462 km、地面线 1.418 km、高架线 28.769 km。4 号线目前已开通万胜围至金洲段共 41.25 km,正在建设黄村至万胜围段共 5.4 km,其中,车陂南至万胜围段将于 2009 年下半年与 5 号线同期开通,黄村至车陂南段将在 2010 年 9 月建成开通。4 号线共设 18 座车站,从北向南依次是:黄村站(建设中)、车陂站(建设中)、车陂南站(建设中)、万胜围站、官洲站、大学城北站、大学城南站、新造站、官桥站(预留)、石碁站、海傍站、低涌站、东涌站、庆盛站(预留)、黄阁汽车城站、黄阁站、蕉门站、金洲站。其中黄村至新造共 10 座地下站,石碁至金洲共 8 座高架站。

4 号线是世界首条中大运量的直线电机线路,也是全国第一条采用直线电机车辆技术的轨道交通线路。车辆段设在番禺区新造镇、临近兴业大道,4 号线控制中心设置在新造车辆段内。4 号线车辆最高运行速度 90 km/h,初、近、远期均采用四辆编组。

2. 运营线路图

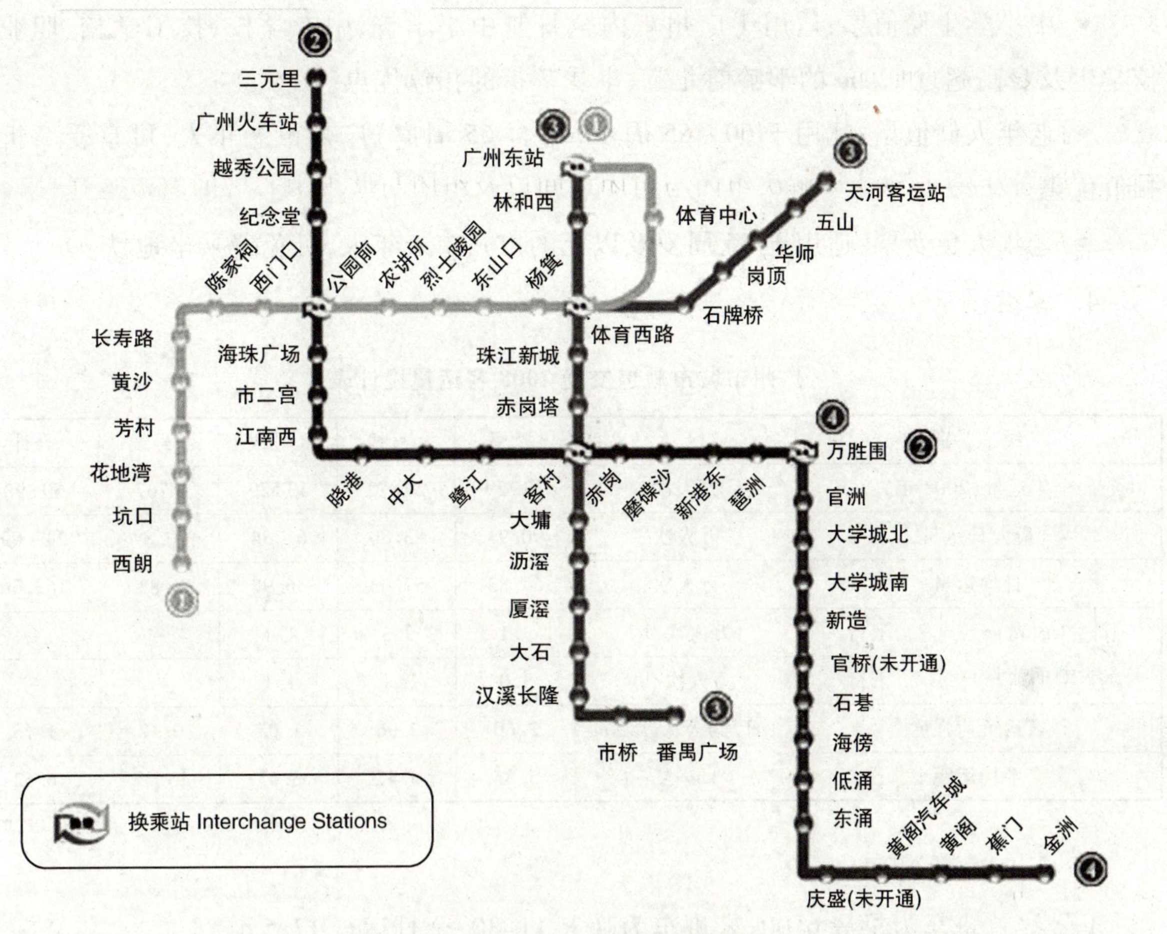

广州市城市轨道交通运营线路图

3. 票价情况

自 2006 年 12 月 30 日起，广州地铁线网票价由原来的按站计算票价改为按里程分段计算票价。里程分段计价办法为：起步 4 km 以内 2 元；4 至 12 km 范围内每递增 4 km 加 1 元；12 至 24 km 范围内每递增 6 km 加 1 元；24 km 以后，每递增 8 km 加 1 元。

广州城市轨道交通里程与票价关系表

里程(km)	0 ~ 4	4 ~ 8	8 ~ 12	12 ~ 18	18 ~ 24	24 ~ 32	32 ~ 40	40 ~ 48	48 ~ 56
票价(元 RMB)	2	3	4	5	6	7	8	9	10
里程(km)	56 ~ 64	64 ~ 72	72 ~ 80	80 ~ 88	88 ~ 96	96 ~ 104	104 ~ 112	112 ~ 120	
票价(元 RMB)	11	12	13	14	15	16	17	18	

车票种类：

- 单程票：于各个地铁站的自动售票机发售，适用于所有乘客。
- 羊城通：享受 9.5 折的扣值优惠。

- 中小学生储值票：适用于广州市内全日制中小学校、中专学校、技工学校、职业学校学生及身高超过1.1m的学龄前儿童，享受7折的扣值优惠。
- 老年人储值票：适用于60～65周岁（不含65周岁）广州市老年人，可享受5折的扣值优惠。
- 老年人免费票：适用于65周岁及以上的广州市老年人，可免费乘坐地铁。

4. 客运量

广州市城市轨道交通2008客运量统计表

线别			1号线	2号线	3号线	4号线	合计
全年运量(2008年)		万人次	23 729	20 872	13 529	1 767	59 898
最大日运量		万人次	90.91	83.80	61.54	10.84	247.09
日均运量		万人次	64.83	57.03	36.97	4.83	163.66
高峰小时单向最大断面流量	上行	万人次/h	3.1	3.3	1.1	–	–
	下行	万人次/h	3.0	3.1	1.1	–	–
客运负荷强度		(日均)万人次/km	3.60	2.96	1.05	0.12	1.45
平均运距		km/人	5.35	5.47	8.65	15.62	6.52

5. 全日运营时间

1号线首班车为早晨6:00，末班车为晚上11:30，全日运行17.5 h。

2号线首班车为早晨6:00，末班车为晚上11:30，全日运行17.5 h。

3号线首班车为早晨6:00，末班车为晚上11:30，全日运行17.5 h。

4号线首班车为早晨6:16，末班车为晚上10:53，全日运行16 h37 min。

四、广州市轨道交通建设主要技术标准

1. 线路

目前运行的四条线路，正线数目均为双线，轨距采用标准轨距1 435 mm。正线最小曲线半径1号线为300 m，2号线为300 m，3号线为700 m，4号线为150 m；辅助线最小曲线半径1号线为150 m，2号线为150 m，3号线为150 m，4号线为100 m。正线最大坡度1号线为35‰，2号线为35‰，3号线为35‰，4号线为60‰；辅助线最大坡度1号线为40‰，2号线40‰，3号线40‰，4号线70‰. 正线采用60 kg/m钢轨，车场线为50 kg/m钢轨。

2. 车辆

1、2号线均采用A型车，6辆编组，车辆设计寿命30年，最高运行速度为80 km/h。车体长度为24 m，宽度为3 m，高度3.86 m。采用VVVF主逆变器。1号线的21列车是由德

国阿迪全斯(Adtrans)公司生产。2号线的26列中第一、二列车由德国庞巴迪公司生产,其余由长春长客—庞巴迪轨道车辆有限公司组装生产。

3号线采用40列B型车,初期3辆编组,远期6辆编组,车辆设计寿命30年,最高运行速度为120 km/h。车体长度为19.98 m,宽度为2.8 m,高度3.8 m。采用VVVF主逆变器。由中国南车株洲电力机车有限公司和德国Siemensag公司联合制造。

4号线是直线电机系统,采用30列L型车,4辆编组,车辆设计寿命30年,最高运行速度为90 km/h。车体长度为17 m,宽度为2.8 m,高度3.625 m。采用VVVF主逆变器。由中国南车四方机车车辆股份有限公司和川崎重工株式会社联合制造。

3. 车站建筑

防震烈度均为Ⅶ度,车站主体一级防水,区间二级防水。车站站厅公共区净高不小于3 000 mm,有效站台长度1、2、3号线为140 m,四号线为75 m。侧式站台宽度不小于2 500 mm,岛式站台宽度不小于8 000 mm。

4. 接触网(轨)系统

1号线采用英国BB公司的DC 1500 V柔性接触网,2号、3号线是国产化的DC 1500 V刚性接触网,四号线采用DC 1500 V第三轨供电。

5. 信号系统

1、2号线信号系统采用德国西门子公司的基于报文式轨道电路的准移动闭塞系统;3号线采用法国阿尔法特公司的基于感应环线通信的移动闭塞系统;4号线采用德国西门子公司的基于无线通信的移动闭塞系统。

6. 机电监控系统(BAS/EMCS)

1号线采用美国CSI公司供应的BAS系统;2号线采用上海通华自动化工程有限公司和广州复旦奥特公司的EMCS系统;3号线采用清华同方股份有限公司的EMCS系统;4号线采用南京南瑞集团公司的EMCS系统;此外,在2号、3号、4号线增设了集中冷站监控系统,3、4号线在原有EMCS基础上增设了北京和利时系统工程股份有限公司供应的主控系统(MCS),MCS通过集成或互联信号、供电、环控、消防、屏蔽门、通信等各系统,形成统一监控软、硬件平台,实现地铁全线的资源共享,信息互通,以支持和实现地铁现代化运营管理,提高地铁综合运营水平。

五、广州城市轨道交通建设与运营单位

广州市地下铁道总公司

广州市地下铁道总公司成立于1992年12月28日,是广州市政府全资大型国有企业,

拥有员工8600多名。公司担负着广州市快速轨道交通系统建设及运营管理的重责,同时经营以地铁相关资源开发为主的多元化产业。公司成立以来,坚持改革创新,科学管理,加强企业文化建设,形成了"恪守诚信、服务顾客、尊重员工、管理科学、品质效益、学习创新"的企业核心价值观,在地铁建设、运营管理和多种经营等方面取得了令人瞩目的成就。

广州地铁已建成开通四条线路,总里程116 km,运营日均客运量超100万人次。在建线路包括广州市轨道交通4号线、5号线、6号线、2/8号线延长线、3号线北延段,珠江新城旅客自动输送系统,珠江三角洲城际快速轨道交通广佛线等。

伴随着地铁线网的延伸,公司一直探索着企业发展壮大之路。尤其是在1999年地铁1号线正式通车后,公司审时度势,进行了全面深入的企业改革,大胆进行理念创新、体制创新、管理创新、科技创新、经营创新,为建立现代企业制度奠定了坚实的基础,为公司步入可持续发展道路创造了条件。

公司坚持建设、运营、资源开发"一体化"经营模式,能高效地整合各类资源,发挥协同效应,形成了强有力的多条线建设组织协调能力和资源整合集成能力,提高了工作效率,缩短了建设工期,降低了工程投资,成为国内地铁建设的典范之一。

六、广州轨道交通发展大事记

1984年9月	国务院批准在2000年实施的广州市城市总体规划中包括了广州地铁的规划。
1989年9月19日	广州市人民政府批准广州市地铁规划路网方案(十字路网)。
1990年7月	广州市城市规划勘测设计研究院、法国索非图公司共同完成广州地铁1号线沿线规划可行性研究。
1990年11月20日	国家计委正式批准广州地铁首期工程黄沙至广州东站段项目建议书。
1992年6月20日	受国家计委委托,中国国际工程咨询公司组织的专家组对广州地铁首期工程可行性研究报告进行评估。6月25日通过了国家评估。
1992年10月	黄沙试验段正式动工。
1992年12月28日	广州市地下铁道总公司正式成立。
1993年3月30日	国家计委正式批复广州地铁1号线工程可行性研究报告。
1993年12月28日	广州地铁1号线工程在花地湾举行开工典礼。
1994年6月1日	国家建设部批复授权广州市人民政府负责审批广州地铁1号线工程初步设计的工作。

1994 年 6 月 27 日	广州市人民政府批复同意广州地铁 1 号线工程初步设计通过终审。
1997 年 6 月 28 日	广州地铁 1 号线首期段(西朗至黄沙)通车仪式在西朗站举行。
1997 年 8 月	广州市政府上报国家申请广州地铁 2 号线立项。
1997 年 11 月 12 日	广州地铁 1 号线盾构隧道贯通,实现全线贯通。
1998 年 5 月	国家计委批准广州地铁 2 号线首期工程项目建议书。
1998 年 7 月	广州地铁 2 号线海珠广场站正式开工。
1999 年 2 月 16 日	广州地铁 1 号线全线开通,接待市民观光。
1999 年 6 月 28 日	广州地铁 1 号线全线开通试运行。
1999 年 10 月	国家计委批准广州地铁 2 号线首期工程可行性研究报告。
2001 年 3 月 23 日	广州地铁 1 号线通过国家竣工验收。
2001 年 12 月 26 日	广州市轨道交通 3 号线试验段正式动工。
2002 年 7 月 23 日	国家发展计划委员会以“计投资[2002]1215 号”文批准广州市轨道交通 3 号线可行性研究报告。
2003 年 2 月 17 日	广州市人民政府以“穗府函[2003]12 号”文批复广州市轨道交通 3 号线工程初步设计。
2003 年 4 月 13 日	中共中央总书记、国家主席胡锦涛乘坐广州地铁,对广州地铁的运营服务等工作表示满意。
2003 年 6 月 28 日	广州地铁 2 号线首期工程琶洲至三元里段开通试运营。
2003 年 11 月 28 日	广州地铁 2 号线首列国产列车在长春下线。这是国内制造的首列 A 型铝合金地铁客车。标志着中国地铁生产制造技术达到国际水平。
2004 年 1 月 6 日	广州市轨道交通 4 号线大学城专线试验段工程正式开工。
2004 年 6 月 11 日	广州地铁 2 号线入选“首届全国十大建设科技成就”。
2005 年 9 月 14 日	国家发改委以“发改规划确字[2005]711 号”文确认,由原国家计委以“计投资[2002]1215 号”文批复的广州市轨道交通 3 号线项目,符合国家产业政策,同意按规定到项目主管地直属海关办理进口设备免税手续。
2005 年 9 月 19 日	《广州地铁 2 号线建设与创新》科技成果获“二〇〇四年度广东省科学技术奖特等奖”。

2005 年 10 月 25 日	国家发改委以“发改投资[2005]1308 号”文批复，同意广州市城市快速轨道交通近期建设规划（2005 年—2010 年）。
2005 年 11 月 18 日	广州市轨道交通 3 号线 3 列新车在中国南车集团株洲电力机车有限公司顺利下线。
2005 年 12 月 26 日	广州市轨道交通 3 号线首通段大学城专线（实验性工段）开通。
2005 年 12 月 26 日	乘客信息服务系统（简称 PIDS）与广州市轨道交通 3 号线首通段同步开通，标志着广州地铁乘客服务、科技创新再上新台阶。
2006 年 12 月 30 日	广州市轨道交通 3 号线顺利开通，四号线新造至黄阁段顺利开通。
2007 年 1 月 12 日	广州市轨道交通 3 号线广州东站获中国建筑业协会颁发的“2006 年度中国建筑鲁班奖（国家优质工程）”。
2007 年 2 月 27 日	《广州地铁 2 号线节能、环保和安全技术集成与应用》荣获“2006 年度国家科学技术进步奖二等奖”。
2007 年 6 月 28 日	广州市轨道交通 4 号线万胜围至金洲段开通。
2007 年 8 月 21 日	《广州市轨道交通线网资源共享系列专题研究》荣获得“2007 年度广东省优秀工程咨询成果奖一等奖”。
2008 年 1 月	广州地铁总公司被授予“广东省五一劳动奖状”和“2007 年度广东省十项工程劳动竞赛模范集体”称号。
2008 年 3 月	城市轨道交通直线电机运载系统科研项目通过专家验收。广州地铁 2 号线被评选为“十五”期间广州市十大建设科技成就。
2008 年 6 月	《广州市轨道交通线网资源共享系列专题研究》获全国优秀工程咨询成果二等奖。广州地铁 2 号线首期工程设计（琶洲—三元里段）获“全国优秀工程设计奖银质奖”。
2008 年 7 月	广州轨道交通线网规划深化研究方案通过全国专家预审查。广州地铁联合广州移动共同开发的“手机地铁票”正式投入试用，“手机地铁票”属国内首创，开创了移动电子商务技术应用领域先河。广州地铁总公司联合地铁公安分局开展列车爆炸事件处置联合演练。国家发改委正式批复广州市轨

	道交通3号线北延段工程可行性研究报告。
2008年8月	共青团中央、国家建设部联合下发通知,广州地铁公园前站团支部被评为“国家级青年文明号”集体。8月份广州地铁客运量为4923.33万人次
2008年9月	广州地铁位居全省九大服务行业满意度首位。国家发改委正式批复了广州轨道交通3号线及北延段增购车辆项目。广州地铁2008年上半年乘客总体满意度8.03分。
2008年10月	全面启动公交地铁票价优惠,通过财政补贴引导市民更多地选择公共交通出行。地铁月票卡分55元/20次、88元/35次、115元/50次三种优惠。9月份广州地铁客运量为5208.67万人次
2008年12月9日	受建设部委托,广东省建设厅组织全国专家审查通过《广州市城市轨道交通近期建设规划调整》。到2012年广州轨道交通线网有望达到290 km,基本实现轨道交通线网覆盖城市中心区、连接城市外围地区的综合交通规划目标。

1.2.4 天津城市轨道交通发展概况

在快速轨道交通建设方面,天津市第一条地铁线始建于1970年,于1984年建成通车,该线为规划地铁1号线的中段,全长7.4 km,这是我国第二条地铁线路,2001年10月9日停止运营。在规划的指导下,至2003年底,津滨轻轨市郊段及地铁9号线中山门至外环线45.4 km已建成投入试运营,2004年4月正式运营。地铁1号线于2006年6月12日建成通车,全长26.552 km。

一、天津市城市总体规划和轨道交通线网规划

1. 天津市城市概况

天津市地处华北平原东北部,环渤海湾的中心,东临渤海,北依燕山。对内腹地辽阔,辐射华北、东北、西北13个省市自治区,对外面向东北亚,是中国北方最大的沿海开放城市。天津海陆空交通便捷,铁路、公路四通八达。长期以来,天津港与170多个国家和地区的300多个港口保持贸易往来,是连接亚欧大陆桥距离最近的东部起点。

天津市域面积11760.26 km^2,疆域周长约1290.8 km,海岸线长153 km,陆界长1137.48 km。人口1075万(2006年,中国省级行政区第27名)。人口密度859人/km^2

(中国省级行政区第5名)。城镇人口783.06万人,占全市人口75.11%。

天津是华北一大工业城市,油气、海盐资源丰富,又有一定的工业技术基础,现有工业门类多达154个,综合性较强,主要有化工、冶金、军事、仪表、电子、纺织、地毯、自行车、缝纫机、手表、造纸、服装、制药、食品等,并有一批畅销国内外的拳头产品。2008年天津市生产总值完成6354.38亿元,比上年增加1303.98亿元,增量首次超过1000亿元,按可比价格计算,增长16.5%,增幅比上年提高1.3个百分点。财政收入完成1489.89亿元,比上年增加285.24亿元,增长23.7%,连续4年净增额超过200亿元。其中地方一般预算财政收入675.55亿元,增长25.1%,人均GDP达47972元。

2. 天津城市总体规划

《天津市城市总体规划(2005—2020)》(以下简称《规划》),确定天津的城市性质为:是环渤海地区的经济中心,要逐步建设成为国际港口城市、北方经济中心和生态城市。确定城市发展目标为:将天津建设成为技术先进、制造业发达、服务水平一流、综合竞争力强、对外开放度高、创业环境优越的我国北方经济中心;适应全球一体化发展趋势、对外联系便捷、信息网络高效、辐射能力强的国际港口城市;资源利用高效、安全体系完善、生态环境良好、宜人居住的生态城市;历史文化底蕴深厚、近代史迹特色突出、社会和谐、教育文化科技发达的文化名城。

《规划》在深化完善"一条扁担挑两头"的空间布局结构的基础上,结合近几年天津城市发展的现状和今后的发展趋势,提出了"一轴两带三区"的市域空间布局结构。"一轴"指由"武清新城、中心城区、滨海新区核心区"构成的城市发展主轴。"两带"指由"宁河、汉沽新城、滨海新区核心区、大港新城"构成的东部滨海发展带和由"蓟县新城、宝坻新城、中心城区、静海新城"构成的西部城镇发展带。"三区"指北部蓟县山地生态环境建设和保护区,中部"七里海、大黄堡洼"湿地生态环境建设和保护区,南部"团泊洼水库、北大港水库"湿地等三个生态环境建设和保护区。

3. 天津市城市轨道交通线网规划

天津地铁始建于1970年4月7日,地铁工程由于中国当时实行的停缓建政策,再加上资金限制被迫停建。1981年重新启动,于1984年12月28日建成通车(最初一段于1976年开通),2001年10月9日停止运营进行既有线改造,改造工程于2002年11月21日正式开工,经南延北伸形成地铁1号线。按照线网规划,中心城区快速轨道交通线网由9条线组成,呈环放式结构,线网总长234.7 km,设车站180座,换乘站30处,核心区线网密度0.938 km/km^2,中心城区线网密度0.536 km/km^2,其中:地铁1号、2号、3号线为轨道交通骨干线;地铁4号、5号、6号线为轨道交通填充线;地铁7号、8号线为轨道交通外

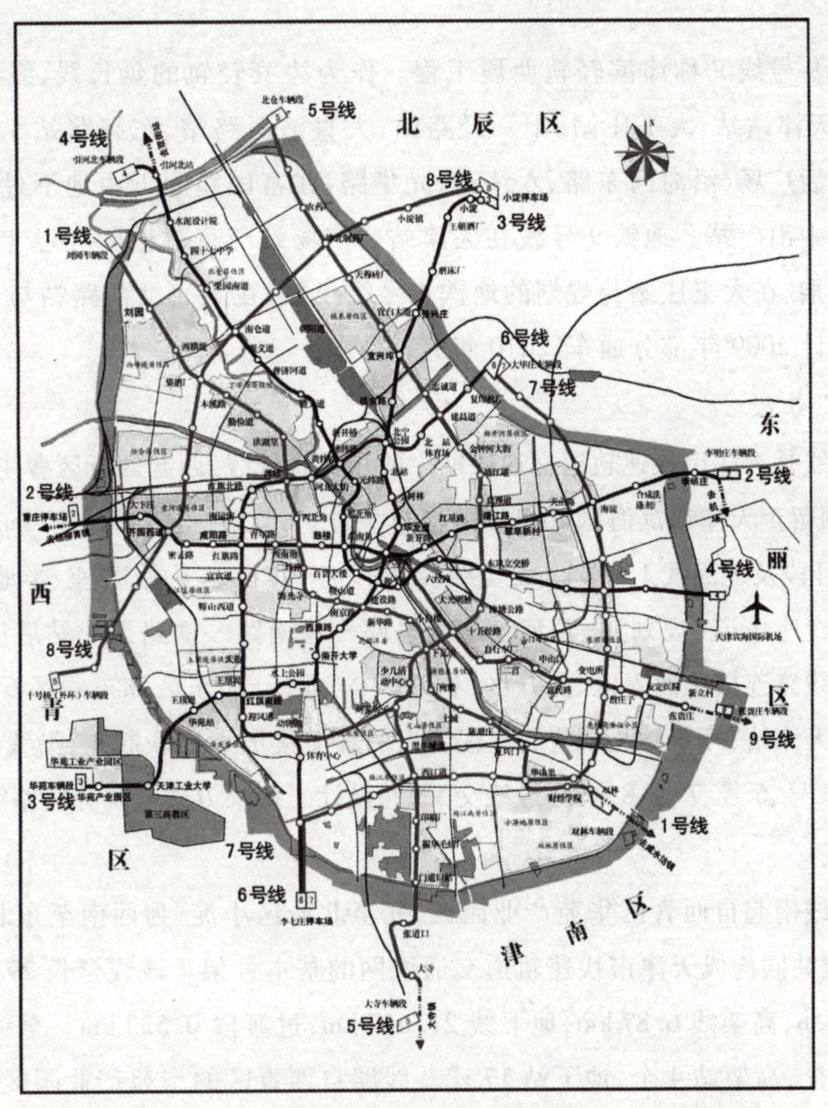

天津市快速轨道交通线网规划图

围线;地铁 9 号线为津滨轻轨线的延长线。

4. 天津市城市轨道交通近期建设规划

截至 2009 年,已经开通地铁 1 号线及津滨轻轨两条线路。2006 年 6 月 12 日地铁 1 号线已建成试运营,全长 26. 552 km,设 22 座车站;地铁 9 号线 7. 5 km 正在建设;2010 年底,地铁 2 号线、3 号线建成试运营,届时,全市快速轨道交通通车运营线路将达到 4 条,轨道线网长度达到 130 km。2009 年至 2013 年,计划进行地铁 5 号线和 6 号线的建设,完善快轨线网,使天津市的交通发生质的转变。

二、天津市的轨道交通建设现状

兴建线路

1. 9 号线

天津地铁 9 号线又称津滨轻轨西段工程。作为津滨轻轨的延长线,线路全长 6.856 km,沿线设有天津站站、大王庄站、十一经路站、大直沽西路站、东兴路站 5 座地下车站。起点为天津站后广场,沿海河东路、六纬路、光华路、在富民路附近由地下过渡到高架段,直至津滨轻轨中山门站。地铁 9 号线在天津站后广场站与京津城际客运专线、地铁 2 号线和 3 号线换乘、在大王庄站与规划的地铁 4 号线换乘,在大直沽西路站与规划的地铁 5 号线换乘。预计 2009 年部分通车,2010 年完工。

2. 地铁 2 号线

地铁 2 号线是天津市快速轨道交通线网中的东西骨干线,西起西青区曹庄,东至东丽区李明庄,东端预留至天津市滨海国际机场的接口条件。该线路全长 22.657 km,其中地下线 21.641 km,敞开段及地面线 1.016 km。全线设站 19 座,其中地下站 17 座、半地下站 1 座、地面站 1 座。途经广乐道(规划)—黄河道—南马路—通南路—铁路天津站后广场—华昌大街—卫国道。线路连接了西青区、南开区、和平区、河北区、河东区和东丽区 6 个行政区,将西南角、南市、天津站、万新村及丽苑居住区等大的客流集散点串联起来,沿线还与规划的 1 号、3 号、4 号、5 号、6 号、7 号、8 号、9 号线交叉,并设计了换乘方式及部分联络线。

3. 3 号线

地铁 3 号线南起自西青区华苑产业园区,北至北辰区小淀,为西南至东北方向的骨干线,与 1、2 号线共同构成天津市快速轨道交通线网的基本骨架。该线全长 29.655 km,其中地面线 0.605 km,高架线 6.87 km,地下线 21.647 km,过渡段 0.533 km。全线设站 22 个,其中地面站 1 个,高架站 4 个,地下站 17 座。线路自西青区的华苑产业园区引出,过外环线进入市区,沿迎水道、经水上公园、沿水上北路、气象台路、营口道、赤峰道、经天津站及天津站后广场附近的居住小区,沿昆纬路、三马路、下穿天津北站及北宁公园,沿张兴庄大街、穿过北环铁路,沿宜兴埠镇规划路,过外环线后沿津围公路前行,过丰产河后,进入小淀停车场。沿线经过西青、南开、河西、和平、河东、河北、北辰 7 个行政区。

三、天津市城市轨道交通运营现状

1. 已运营线路

1)1 号线

天津地铁 1 号线:北起北辰区刘园,南至津南区双林,总长度为 26.552 km,为天津市快速轨道交通线网中西北至东南方向的骨干线。其中天津西站至新华路段为既有线,长 7.4 km,既有线以北新建路段长 7.5 km,以南新建路段长 11.4 km。全线共设 22

座车站（刘园、西横堤、果酒厂、本溪路、勤俭道、洪湖里、西站、西北角、西南角、二纬路、海光寺、鞍山道、营口道、小白楼、下瓦房、南楼、土城、陈塘庄、复兴门、华山里、财经大学、双林），其中高架站有 8 座，地下站有 13 座，地面车站有 1 座。刘园设停车场，双林设车辆段。该线路自 2006 年 6 月 12 日通车试运营以来，从行车安全、运营服务等方面深受广大市民好评。

2）天津地铁 9 号线（津滨轻轨）

津滨轻轨始建于 2001 年 1 月 18 日，一期工程东段于 2003 年 9 月 30 日建成通车，2004 年 3 月 28 日开始运营。津滨轻轨东段（一期工程），即中山门至东海路段，设中山门、1 号桥、2 号桥、新立镇、东丽开发区、小东庄、军粮城、钢管公司、胡家园、洋货市场、洞庭路、市民广场、会展中心、东海路等共 14 座车站，全长 45.409 km，其中高架线 39.915 km，地面线 5.494 km。

2. 运营线路图

天津市城市轨道交通运营线路图

3. 票价情况

自2006年6月12日起为试运营阶段，实行分段计程票制，全程票价每人每张5元。本站计为乘坐首站，起步票价为乘坐5站以内（含5站）每人每张2元；乘坐5站以上10站以下（含10站）票价每人每张3元；乘坐10站以上16站以下（含16站）票价每人每张4元；乘坐16站以上票价为每人每张5元。

车票种类：

- 单程票：只在发售当天有效，一次性使用，乘客出站时通过闸机进行回收。
- 普通储值票：为不记名可充值的车票，出站时不回收，普通储值票乘车时享有9折的票价优惠。
- 学生优惠票：适用于天津市中小学校、中专、技工、职业学校学生。购买学生优惠票 须提供学生证及学校开具的证明信，享有7折的票价优惠。
- 老人优惠票：60周岁至69周岁的老人凭《天津市老年优待证》（绿色），购买老人优惠票享有8折优惠；70周岁（含70岁）以上的老人凭《天津市老年优待证》（紫红色），购买老人优惠票享有7折优惠。

此外天津地铁还有多种优惠票种供乘客选用。同时，残疾军人、市视残人员、外埠视残人员（盲人、低视力人）、离休老干部持证免费乘坐地铁；由家长带领一名身高1.1m以下的儿童乘车时，儿童可以免费乘坐地铁。

4. 全日运营时间

1号线首班车每日6:00从两端始发站始发，末班车每日22:00从两端始发站始发，全日运营16h。

四、天津轨道交通工程建设和运营管理

天津市地下铁道总公司

2000年9月1日经市政府批准，“天津市地下铁道总公司”组建成立，隶属于天津城市基础设施建设投资集团有限公司。成立以来，天津地铁按照市委、市政府确定的“政府支持、企业化运作、专业化管理、多元化融资、特许经营”的指导方针，认真履行规划、融资、建设、运营、开发五大板块和各项管理职能，致力于创造高品质公共服务，努力实现天津地铁事业的又好又快发展。

2008年10月1日，天津市地下铁道总公司更名为天津市地下铁道集团有限公司。

五、天津轨道交通发展大事记

1970年著名的“7047”破土动工，天津开始修建地铁，并成为继北京之后全国第二个

拥有地铁的城市。

2001 年

4 月 25 日 国务院办公会审查通过了《天津地铁 1 号线项目建议书及预可行性研究报告》。

5 月 30 日 国家计委批准天津地铁 1 号线立项。

10 月 9 日 天津地铁原既有线于晚 19 时全线停运。

11 月 14 日 上午 10 时,天津地铁 1 号线建设打下第一棵桩。

2002 年

4 月 17 日 地铁 1 号线指挥部成立大会在市政府召开。

8 月 14 日 国务院批准 1 号线可行性研究报告。

11 月 11 日 国家计委下达地铁 1 号线开工令。

2003 年

7 月 17 日 《天津市快速轨道交通线网规划修编》通过市内审查。

10 月 20 日 地铁 2 号、3 号线《可行性研究报告》通过专家评审。

2004 年

9 月 22 日 地铁新标识新闻发布会召开。

12 月 29 日 地铁 1 号线盾构全线贯通。

2005 年

6 月 28 日 地铁 1 号线首列客车在长春市下线。

8 月 4 日 首列客车抵达双林车辆段。

10 月 27 日 国家发改委批准地铁 2 号、3 号线立项。

2006 年

6 月 1 日 《天津市轨道交通管理规定》正式实施。

6 月 12 日 地铁 1 号线通车试运营。

6 月 20 日 国家发改委批准 2 号线可行性研究报告。

12 月 31 日 国家发改委批准 3 号线可行性研究报告。

1.2.5 深圳城市轨道交通发展概况

深圳地铁作为中国广东省深圳市的城市轨道交通系统始建于 1999 年,于 2004 年 12 月 28 日正式通车。随着深圳地铁的开通,深圳已成为中国继北京、香港、天津、上海及广州后第六个拥有地铁系统的城市。现已投入运行的有 1 号线和 4 号线，全长 21.45 km，并设有 19 个车站。

深圳地铁与香港九广东铁均接驳到罗湖。罗湖为深圳经济特区与香港特别行政区边界的陆路口岸之一，乘客可通过铁路到达该口岸，然后再换乘铁路。除此之外，深圳地铁 1 号线亦接驳到深圳市内著名旅游点"世界之窗"，这是深圳地铁第一期工程中 1 号线的终点站。

深圳地铁的服务口号是"地道服务，贴心一路"。车厢内的报站以及站台内的语音提示，依次采取普通话、粤语、英语。

一、深圳城市总体规划和轨道交通线网规划

1. 深圳城市概况

深圳市地处广东省南部沿海，珠江东岸，东临大鹏湾，西连珠江口，南与香港接壤，北与东莞市、惠州市为邻。深圳市是珠江三角洲的核心城市之一，是香港与内地陆路联系的必经通道，具有区位上的独特优势。

深圳市作为全国改革开放的前沿，经过 20 多年的发展，从一个小渔村迅速成长为拥有千万人口的特大城市，在各个领域都已经取得了令人瞩目的成就，深圳基本建成"以高新技术产业、先进制造业为基础，以现代服务业为支撑的适应现代化中心城市功能"的新型产业体系，高新技术产值居国内城市首位。2008 年，深圳市地区生产总值达 7 806.54 亿元，比上年增长 12.1%；全市地方财政一般预算收入 800.36 亿元，增长 21.6%，完成了市政府制定的全年经济发展目标。

2. 深圳城市总体规划

深圳城市总体规划构筑了以自然生态和人工生态两个层次的空间构架：一是城市建设发展用地，呈"W"型；二是保护与保护型发展用地，以山体、水系、植被和组团分隔用地为因素联成系统，呈"M"型。这样做的优点是既结合了深圳的自然条件，又顺应了市场条件下的城市开发模式，而且保证了城市具有良好的生态环境效果，最终实现可持续发展目标。

以特区为中心，由北向西、中、东三个方向发展，形成辐射状的城市基本骨架。在此基础上，将全市划分为 9 个功能组团和 6 个需控制建设规模的独立城镇，并以组团为基本单位进行产业布局，使各产业区像颗颗明珠镶嵌于发展轴上。

西部发展轴由特区出发沿珠江口向广州伸展，为全市重要的产业密集区；中部发展轴向龙华、观澜方向发展，为全市的物流走廊，并为特区中心组团配套；东部发展轴沿布吉、龙岗一线向惠阳方向发展，为全市 21 世纪最具潜力的增长点。

3. 深圳市轨道交通线网规划

深圳市轨道网络由组团快线、城市干线、局域线三层次总长约 585.2 km 的 16 条线路组成(见图 1),共设车站 356 座。各层次线路情况如下:

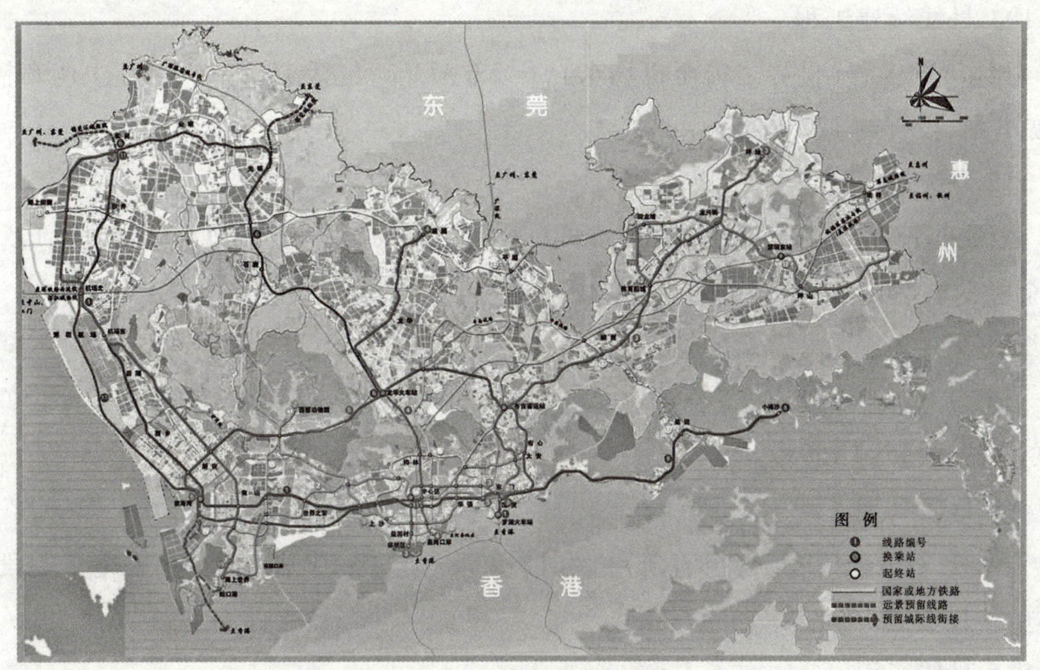

深圳市轨道交通线网规划图

1. 组团快线,联系城市核心区与外围组团,或联络多个外围组团,以长距离出行客流为主;车站分布内稀外密,站距约 2 ~ 3 km;以 1 h 运营目标定旅行速度,并考虑与小汽车交通的竞争,速度目标值一般在 100 ~ 120 km/h。规划 4 条城市组团快线(6 号线、11 号线、13 号线、14 号线),总长约 185.7 km,规划设站 68 座。

2. 城市干线,联系城市主中心和主要发展轴的沿线片区,以中心区与相邻组团间的客流为主,站距约 1 km,车辆最高速度一般在 80 ~ 100 km/h,旅行速度不低于 35 km/h。规划 6 条城市干线(1 号线、2 号线、3 号线、4 号线、5 号线、10 号线),长约 236.3 km,规划设站 171 座。

3. 局域线,联系相邻组团或组团内部各片区,是城市干线的补充线路,车辆最高速度一般在 80 ~ 100 km/h。规划 6 条局域线(7 号线、8 号线、9 号线、12 号线、15 号线、16 号线),长约 163.2 km,规划设站 116 座。

轨道线网密度全市约 0.3 km/km^2,按全市可建设用地计算,线网密度约 0.65 km/km^2;核心区(罗湖和福田)线网密度约 0.89 km/km^2。

二、深圳市的轨道交通建设现状

兴建线路

深圳市目前建设的轨道交通线路为二期工程，共 5 条线路（见图 2），情况如下：

(1)1 号线续建工程

1 号线续建工程（世界之窗至机场东），长 23.37 km，包括 15 站 15 区间、1 座车辆段，2 个主变电站，投资约 127 亿元。

(2)2 号线工程

2 号线工程（蛇口西至新秀），长 35.8 km，包括 29 站 28 区间、1 座车辆段、1 个停车场、1 个主变电站，投资约 176 亿元。

(3)3 号线工程

3 号线工程（益田至双龙）长 41.66 km，包括 30 站 29 区间、1 座车辆段、1 个停车场，2 个主变电站，投资约 159 亿元。

(4)4 号线二期工程

4 号线二期工程（少年宫至清湖）长约 15.95 km，包括 10 站 10 区间、1 座车辆段，1 个主变电站，投资约 59 亿元。

(5)5 号线工程

5 号线工程（前海湾至东门），长 40 km，包括 27 站 26 区间、1 座车辆段、1 个停车场、1 个主变电站，投资约 206 亿元。

三、深圳市城市轨道交通运营现状

1. 已运营线路

目前深圳市投入运营的线路为地铁一期工程，于 2004 年 12 月 28 日建成开通试运营（其中 4 号线福民—皇岗区间及皇岗站于 2007 年 6 月 20 日开通），运营管理工作由深圳市地铁有限公司负责。深圳地铁一期工程由 1 号线东段和 4 号线南段组成，全长 21.45 km。1 号线由罗湖站至世界之窗站，共 15 个车站，全长 17.44 km；4 号线由福田口岸站至少年宫站，共 5 个车站，全长 4.01 km，其中会展中心站为两线换乘站。

截止 2008 年 12 月 31 日，深圳地铁累计实现安全运营 1 465 天、安全行车 5 057 万车公里，安全运送乘客 4 亿人次，列车正点率 99.9% 以上。地铁客流逐年稳步上升，2008 年总客运量 13550 万人次，日均客运量 37 万人次。2008 年 5 月 8 日深圳迎奥运火炬传递活动日当天，最大日客流达到 63.4 万人次。

2. 运营线路图

深圳市城市轨道交通运营线路图

四、深圳轨道交通工程建设的主要技术标准

以下均为地铁 1 号线一期工程的主要技术标准

1. 车辆

深圳地铁一期工程使用的 A 型地铁车辆是由 长春长客－庞巴迪轨道车辆有限公司生产的。一期工程共配备了 22 列车，一列车由六辆车辆组成，两端均有司机室。每列车长不大于 140 m，最大宽度为 3.0 m，设计速度为 80 km/h。

2. 列车编组

深圳地铁 1 号线共 6 辆，长度 140 m，每列定员载客容量为 1 860 人。

3. 车站

各站均设自动扶梯及供残疾人和工作人员使用的电梯。

4. 供电

供电方式：集中供电，两级电压制。架空网 DC 1500 V 牵引供电。

5. 信号

列车自动控制 ATC 系统。区间采用自动闭塞、数字式音频无绝缘轨道电路

6. 通信

在控制中心设 ISDN 程控交换机构成单所制地铁专用公务通信网。控制中心和车站间采用 SDH 光缆接入网传输。深圳地铁一期工程通信系统是指提供地铁行车指挥、运营管理、行政办公等有关部门和有关工作人员使用的通信设施，以及支持这些设施所需的相关网络。工程还包括地铁通信网与深圳市电信局市话中继线联网工程，与供电、消防等指挥部门之间业务所需要的直通电话工程和沟通地面与地下之间的有线、无线

传输通道等。

7. 票制及售检票

票制采用计程、计时收费模式;售检票采用自动售检票系统。

8. 环境控制

采用屏蔽门系统(由奥的斯公司提供)。

9. 综合监控系统

深圳地铁一期工程综合监控系统是由设备监控系统(EMCS)、防灾报警系统(FAS)和电力监控系统(SCADA)三个子系统组成的集成化的、一体化的计算机系统，是一个地理上分散的数据采集和监控系统,对全线20个车站及1个车辆段的供电、环控、防灾报警、电扶梯、屏蔽门、照明等系统设备实施全面、有效的自动化监控及管理,确保设备处于高效、节能、可靠的最佳运行状态,创造一个舒适的地下环境,并能在火灾等灾害及事故情况下,更好地协调车站设备的运行,充分发挥各种设备应有的作用,保证乘客的安全和设备的正常运行。

集成系统的各个子系统能够互不影响地独立运作,同时能够实现信息共享和子系统间的信息无障碍传递,从而实现深圳地铁全范围的综合监视和协调控制,集成系统采用分层分布式结构,系统从中央级、车站级和就地级三个层次对系统进行有效管理。

10. 地铁票制

深圳地铁的车票分为单程票和“深圳通”两种。单程票是绿色或黄色的圆形射频识别(RFID)塑料硬币,而“深圳通”为非接触式智能卡,可多次使用,购买时要付40元押金。“深圳通”的储值可以通过增值机完成。机器只接受50元和100元的纸币,故每次最低增值额为50元。若使用“深圳通”在深圳地铁与某些公交线路之间换乘,出站时使用“联程优惠通道”出站,在票价上可享受一定优惠。换乘优惠有效时间间隔为5~90 min。深圳地铁的最低票价是2元,每搭乘超过4个车站加1元,现时最高收费5元,另外设“深圳通”学生优惠价(半价)和老年人免费乘车优惠。

11. 车辆选型

深圳地铁第一期所提供服务的列车为数22列,由加拿大的庞巴迪公司及长春轨道客车股份有限公司负责制造。列车总长约140 m,最高运行速度为每小时80 km。一组列车共六节车厢,其中头尾两节是设有驾驶室的拖车,其余四节是动力车厢,集电弓设在第2节和第5节。列车全使用交流牵引电动机及IGBT VVVF逆变器。

五、深圳轨道交通工程建设和运营管理模式

为形成政府主导、多家竞争的良性发展机制,深圳市成立了以市长为指挥长的轨道交

通建设指挥部,对全市轨道交通发展重大问题进行决策。指挥部下设轨道交通建设办公室(轨道办),承担指挥部的日常工作,负责全市轨道交通规划设计和建设运营中日常事务的协调管理,行使协调、服务、督促、检查的职责。

同时成立了深圳市地铁有限公司、深圳市地铁 3 号线投资有限公司两家政府全资公司,引进了香港地铁公司,形成了 3 家地铁建设运营主体相互竞争,互相促进的局面。在建设运营方面主要形成了 3 种模式。

(1)政府直接投资模式

1 号、2 号、3 号线工程为传统的政府投资建设运营管理模式。其中 1 号、2 号线建设和运营单位为政府全资的深圳市地铁有限公司,3 号线建设和运营单位为政府全资的深圳市地铁 3 号线投资有限公司,资金采用政府投资和企业贷款方式筹措。建设单位从可行性研究阶段开始介入,按时顺依次完成初步设计、施工图设计、招投标、工程施工和竣工验收、试运营和正式运营等全过程。

(2)BOT 模式

4 号线二期工程(少年宫至清湖)由港铁轨道交通(深圳)有限公司(以下简称港铁公司)承担建设。2004 年,市政府积极探索推进地铁投资、建设、运营市场化进程,引入港铁公司投资、建设、运营和管理地铁 4 号线,双方签署了涉及 4 号线市场化经营投资、建设、运营及沿线地块授权物业开发的一揽子 BOT 协议,后因国家土地政策的调整,要求将沿线土地开发权补偿运营亏损方式,修改为现金直接补偿运营亏损方式。4 号线二期通车之日始,4 号线全线将由港铁公司统一运营,该公司拥有 30 年的特许经营权。在整个建设和经营期内,由香港地铁公司绝对控股,自主经营、自负盈亏,运营期满,全部资产无偿移交深圳市政府。

(3)BT 模式

5 号线工程通过招标和协议谈判方式引入了国有特大型企业中国中铁股份有限公司采用 BT 方式带资建设。BT 范围包括 5 号线工程的土建工程、常规安装和装修工程,是国内目前投资规模最大的 BT 项目。5 号线的 BT 建设不同于传统意义的 BT 模式,是根据深圳地铁建设实际情况而确定的“投融资—建设—回报”创新 BT 模式,其中的“建设”又采用了施工图设计 + 施工总承包模式。5 号线建设采用 BT 方式对探索在大型市政工程建设中引入设计施工总承包模式、总结国内外地铁建设过程中的经验教训、促进地铁建设事业健康发展都具有重要意义。

六、深圳市城市轨道交通建设和运营管理

深圳市地铁有限公司

深圳市地铁有限公司成立于1998年7月31日,注册资本10亿元人民币(2008年增至29.9亿元),经营范围为城市轨道交通项目的建设、经营、开发和综合利用。

地铁公司成立以来承担建设了深圳市地铁一期工程1号线东段和4号线南段建设项目,是深圳市第一个国家级重点工程、深圳市历史上投资最大的市政工程和国家地铁设备国产化依托项目。在建设过程中,公司连续多年超额完成市政府下达的工程建设计划,投资控制良好,工程质量优良。2004年12月28日,地铁一期工程"如期、安全、顺利、高水平、高质量"建成通车。开通运营后,客运量、客运收入、开行列次、平均满载率、正点率等均达到或超过国内同行同期水平。

从2006年开始,地铁公司已全力投入深圳地铁二期项目建设。主要由地铁公司负责建设的地铁二期工程包括1号线续建项目、2号线首期工程及东延线和5号线,线路总长度近100 km,计划于2011年6月底以前全部建成通车,届时地铁公司的运营将迈入一个新的网络化发展阶段。

经过不懈努力,地铁公司目前已初步形成地铁建设、地铁运营和资源开发等三大主营业务,企业管理水平不断加强,企业精神文明建设得到长足发展。同时,地铁公司也注重研究企业的中长期发展战略,积极创造良好的企业管理体制和机制,以迎接深圳地铁的进一步繁荣和发展。

深圳市地铁3号线投资有限公司

深圳市地铁3号线投资有限公司成立于2004年4月,是隶属于深圳市龙岗区人民政府的国有独资公司,注册资本1亿元人民币。公司现有员工200人。

目前承担了深圳市轨道交通二期地铁3号线工程及西延段、国道205深圳段改造工程、深圳市福田综合交通枢纽、布吉综合交通枢纽、龙岗综合交通枢纽和地铁12号线等7项深圳市重大市政设施建设管理任务,工程总投资约250亿元人民币。其中,地铁3号线首期工程计划于2010年10月建成通车,3号线西延段工程计划于2011年6月建成通车。

公司连续两年超额完成市政府下达的工程建设任务。2008年,地铁3号线首期段、西延段、205国道改建、福田综合交通枢纽、布吉客运枢纽五大项目均圆满完成市政府下达的年度任务。在进行地铁工程建设的同时,公司正有序开展地铁3号线运营筹备的各项工作。

港铁轨道交通(深圳)有限公司

港铁轨道交通(深圳)有限公司(以下称项目公司)是香港地铁公司全资拥有附属公司,

于2004年3月成立,负责开展深圳轨道交通4号线二期项目的建造工程、项目管理以及全线开通后的车务营运工作。在项目公司成立初期,公司注册资金为1亿元人民币,员工约100人。时至今日,项目公司注册资金为24亿元人民币,公司员工人数已达300人。公司经营范围是负责深圳市轨道交通4号线项目(包括土地开发)的前期筹备工作,委托和组织具有相应资质的公司开展前期设计、施工、勘察、招投标等工作,并开展相关的工程咨询与管理工作。目前,项目公司已培养了一批专业的运营管理人员,并以引进香港地铁建设运营成功的经验为基础,大力推动国内同行业的建设运营水平为目标,为深圳、为国家地铁建设作出贡献。

项目公司成立以来,以"安全、诚信、主动、和谐"作为公司的企业文化,建立主要负责轨道交通4号线二期的建设及运营。

1.2.6 南京城市轨道交通发展概况

南京地铁项目规划工作于1984年启动,先后历经多次调整修改。新确定的南京轨道交通线网规划为14条线,其中10条线为地铁,4条线为轻轨,总长度达到了433 km。目前地铁1号线一期工程已完成建设,2005年5月至8月进行了观光运行,8月12日开始载人模拟试运行,9月3日开始正式试运营。地铁2号线一期工程也于2002年8月经中华人民共和国国务院总理办公会批准立项,2005年12月开工建设试验段,2006年全线开工建设。

一、南京市城市总体规划和轨道交通线网规划

1. 南京市城市概况

南京是江苏省省辖市,古称金陵,简称宁,是江苏省省会。地处长江中下游平原东部苏皖两省交界处,江苏省西南部。东邻镇江市,西邻安徽省马鞍山市、芜湖市,南接安徽宣城市,北连扬州市。

南京地跨长江两岸,南北最大纵距140余千米,东西最大横距80余千米。辖区总面积6 582.31 km^2,其中市区面积4 723.07 km^2,建成区面积513 km^2。2007年末全市常住人口741.3万人,户籍总人口为617.2万人,比上年末增加10.0万人,其中市区534.4万人,增加9.7万人。

南京的工业以电子信息、石油化工、汽车机械、生物制药、食品饮料、仪器仪表等产业占有重要地位。南京市2008年GDP值为3775亿元,较2007年增长12.1%,其中财政总收入742.4亿元,增长18%。居民收入保持平稳增长,城市居民人均可支配收入达到23 123元,增长13.8%;农民人均纯收入达到8 950元,增长11%。

2. 南京市城市总体规划

南京城市总体规划的特点是,既重视市区(中心城区)的用地布局,又考虑了区域的城镇布局,并使两者有机地结合起来。规划前的南京城镇布局:工业城镇如大厂、板桥、龙潭、栖霞、浦镇等,都位于中心城区外围 8~17 km 处;城市近郊分布着钟山、燕子矶、雨花台、牛首山、栖霞山等风景区,加上远郊的县城和小城镇,形成“众星拱北辰”的城镇布局形态。总体规划根据城镇布局的这一基本形态提出城市基本结构形式为“圈层式城镇群体”。这个群体以南京市区(中心城区)为主体,围绕中心城区由内向外形成五个圈层。第一圈层为中心城区;第二圈层为蔬菜等副食品基地,近郊主区和县整个地域分为各具功能、相互联系的“市—郊(绿带)—城(卫星城)生产—乡(农要风景游览区和绿化带;第三圈层为县城和卫星城镇;第四圈层为郊县的农田、山林、村落;第五圈层为远郊集镇。

3. 南京市轨道交通线网规划

南京市目前城市规划,到 2050 年南京市的轨道交通线网将由 10 条地铁线、四条轻轨线构成共计 433 km 的网络,其中南京主城区共 8 条地铁线路,总长度 200 km,总投资将达 1 800 亿元。最新的南京城市远景轨道交通线网是在 2002 年编制的《南京城市轨道交通网线规划》的基础上进行了局部的调整,并保持规划的连续性。调整后,南京都市发展区共有 13 条轨道线路,总长度 433 km。其中 9 条地铁线(含 4 条过江线),4 条轻轨线,线网密度 0.15 km/km^2。主城的线网密度达到 0.76 km/km^2,其中老城 1.21 km/km^2。据分析,远景线网可基本划分为两个层次:即由骨干线路组成的骨干网络和其他线路组成的预留发展网络。骨干网络共有 8 条主要线路,由 1 号、2 号、3 号、4 号、5 号、6 号线和江北轻轨、南城轻轨所构成,总长约 248 km。

远期轨道交通网线相关线路占公共交通出行比重为 45.3%,全日客流量 728 万人次,占公共交通客运总量的 49%。远期轨道交通线网相关线路直接可减少地面公交客运量约 619 万人次,可以减少运行中的公交车辆约 113 480 辆次,约减少地面公交出行时间约 111 万人小时。由此可见,远期规划的轨道线网形成后,将大大改善沿线地面道路交通拥挤状况。

4. 南京市轨道交通近期建设规划

2005 年 12 月 31 日《南京市城市快速轨道交通建设规划》正式通过国务院审批,标志着南京地铁 2 号线、1 号线南延线、2 号线东延线、2 号线西延线和 3 号线等 5 条线路的正式立项。据此规划,除已经建成通车的地铁 1 号线外,2015 年前,南京市还将建成地铁 2 号一期工程、地铁 1 号线南延工程、地铁 2 号线东延工程、地铁 2 号线西延工程以及地铁 3 号线,线路总长 119.3 km,预算投资 453.1 亿元。在近期的规划中,以目前建成的 1 号线一期工程和

南京市轨道交通线网远景规划图

国家已批准立项的2号线一期工程为基础，将依次建成2号一线期工程、1号线南延线、2号线东延线、2号线西延线和3号线，其中计划在2010年前基本形成由1、2号线及其延伸线组成的“十”字形骨架。1号线南延线、2号线、2号线东延线在2010年前建成。

近期建设总里程为97.6km，其中包括2010年前规划建成的51.93km线路，其将与已建成的 1 号线一期 21.72 km 线路率先构成南京市轨道交通“十”字形骨干网络，以及计划于 2015 年建成的总长 45.65 km 的 2 号线西延线和 3 号线。届时近期规划建设线路与 1 号线一期一同构成南京市轨道交通 119.3 km“两纵一横”的骨干网络。

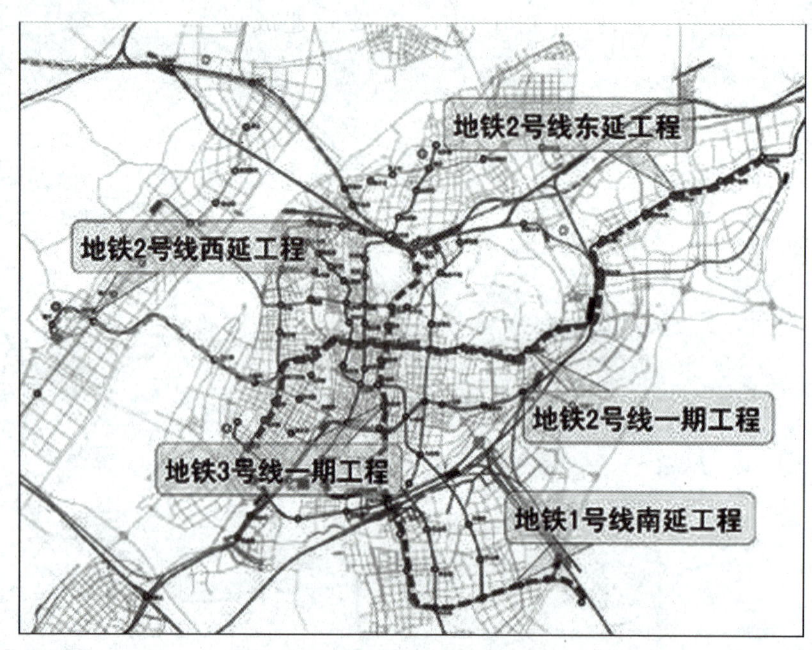

南京市轨道交通近期建设规划图

二、南京市城市轨道交通建设现状

兴建线路

目前南京市在建三条地铁线路，总长 62.25 km，分别为地铁 1 号线南延工程、地铁 2 号线一期工程和地铁 2 号线东延工程。

1. 地铁 1 号线南延线

南京地铁 1 号线南延工程由 1 号线安德门站向南延伸至东山新市区，经过建设中京沪高速铁路南京站，穿越雨花台区和江宁区，止于城东路站，车辆段设在江宁大学城内。线路全长 24.70 km，共设车站 15 座(不含安德门站)，其中地下车站 8 座，高架车站 7 座。南延工程采用与 1 号线相同的 A 型车 6 辆编组，在既有 1 号线的基础上在城东路新建停车场 1 座，在小龙湾新建主变电站 1 座，控制中心设在珠江路控制中心大楼内，工程概算投资约 85.68 亿元，造价为 3.47 亿元/km。工程于 2006 年底开工建设试验段，预计将于 2010 年 6 月建成通车。

2. 地铁 2 号线一期工程

南京地铁 2 号线一期工程起于河西新区的汪家村，途经向兴路、所街、茶亭、汉中门、新街口、明故宫、孝陵卫，止于紫金山麓的马群，贯穿南京主城区的东西向中轴线，连接河西新城区和城东地区，与地铁1号线分别在新街口和元通换乘。线路全长25.15 km，共设车站19座，其中地下站18座，高架站1座，在油坊桥和马群分别设停车场和车辆段一处，控制中心设在珠江路，项目概算总投资约128.35亿元，造价为5.10亿元/km。地铁2号线于2006年10月全面开工，预计将于2010年5月建成通车。

3. 地铁2号线东延线

南京地铁2号线东延工程由2号线一期工程马群站延伸至仙林新市区，全长12.40 km，共设车站7座(不含马群站)，其中高架车站6座，地面车站1座，车辆采用A型车，6辆编组。东延线计划与2号线一期工程同时建成通车，贯通运营。工程总投资约为30.94亿元，造价为2.5亿元/km。地铁2号线东延工程于2007年10月7日开工建设，计划将于2010年5月份建成通车。

三、南京市城市轨道交通运营现状

1. 已运营线路

1号线一期

南京地铁1号线一期工程全长21.72 km，上下行运里程43.86 km。南起于奥体中心，北至迈皋桥，途经元通、中胜、小行、安德门、中华门、三山街、张府园、新街口、珠江路、鼓楼、玄武门、新模范马路、火车站、红山动物园，共16个站，平均站距1.4 km。16个车站开通出入口76个，其中地下车站11座，地面及高架车站5座，项目总投资83.83亿元，平均每千米造价3.92亿。地铁1号线于2005年9月3日开始正式运营。

与国内其他城市的地铁建设与运营相比，南京地铁1号线有以下几大特点和亮点：一是综合造价最低，平均每千米综合造价3.72亿元；二是国产化率高，平均设备国产化率超过70%；三是运营用工人数全国最少，每千米用工不超过46人；四是在不还本付息、不提取折旧的情况下，运营首年即实现收支平衡略有节余；五是地铁开通当日就实现公交、地铁、出租车、轮渡等一卡通，开创国内先河；六是充分挖掘了六朝古都、十朝都会的文化底蕴，车站公共艺术品在全国独树一帜；七是客流运输稳步增长，单线运营日客流迅速达到30万人次，高峰近45万人次。开通运营至2008年底，共计安全运送乘客2.5亿多人次。年度日均客流量分别为：2005年12.5万人次，2006年为15.88万人次，2007年为21.96万人次，2008年为28.5万人次，呈现持续增长的态势，大大缓解了城市交通压力，提高了市民出行的舒适度，增强了城市竞争力。

2008年1月20日，南京地铁"人文地铁"获得中国第四届公共事业行业十大影响力品牌。

2. 运营线路图(见下页)

3. 票价情况

从2005年9月1日南京地铁1号线开通运营起，实行全线分段票价，即起步价2元，

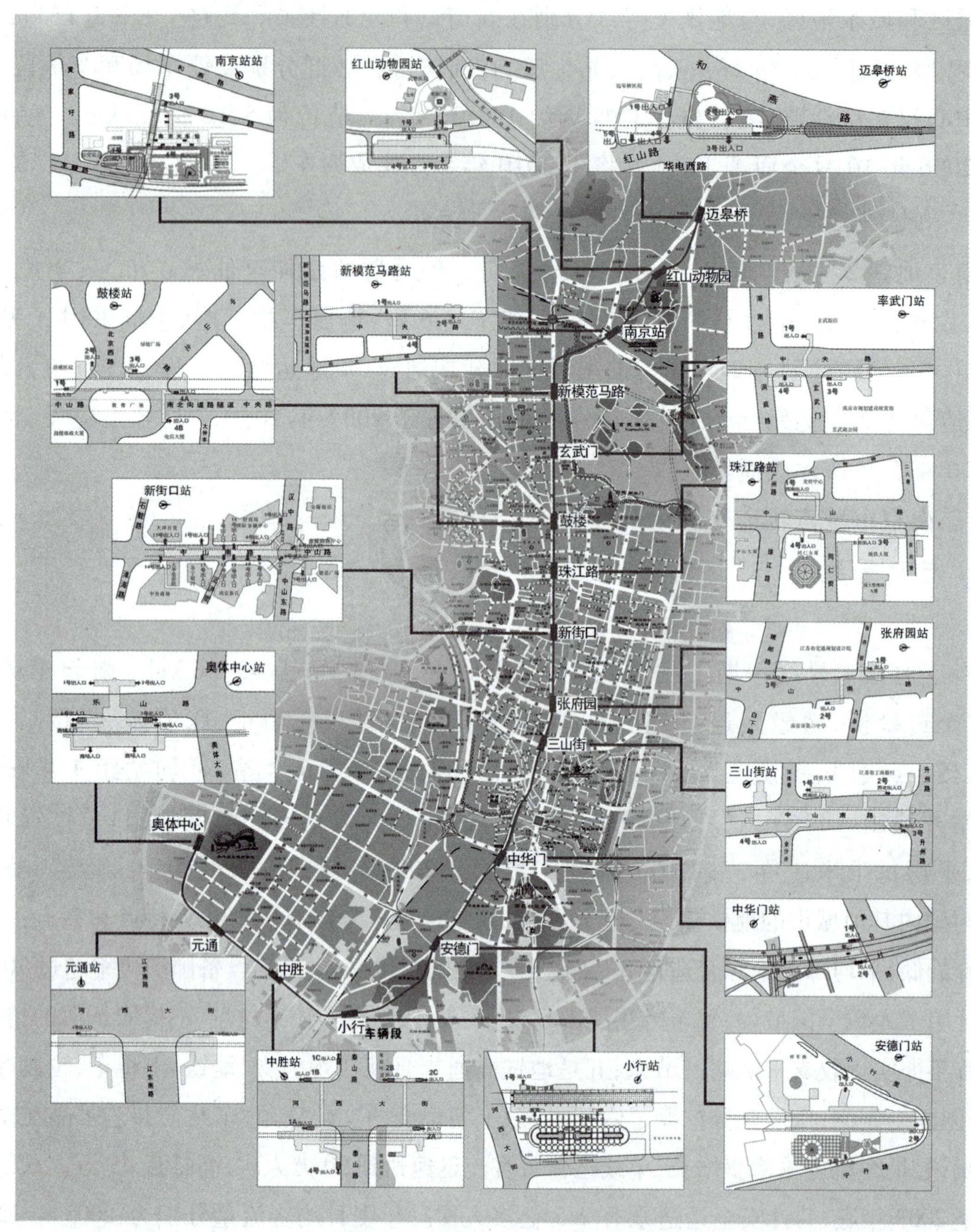

南京市城市轨道交通运营线路图

相邻两站之间为一区间，可乘坐 7 个区间；以后每 4 个区间为一段，每进入下一段增加 1 元，全程收费 4 元。南京地铁设计票种分为两种，包括一次性使用、不打折的单程票和打九五折的 IC 卡储值票。对离休干部、革命伤残军人、盲人实行免票；中、小学生实行半票。除了最南端的奥体中心站需要 3 元，其余站点均只需 2 元就可到达该市中心商业区和最大的交通换乘枢纽——新街口站。

4. 客运量

南京市城市轨道交通客运量统计表

线别		单位	1号线
全年运量(2008年)		万人次	10 387
最大日运量		万人次	44.77
日均运量		万人次	28.5
高峰小时单向最大断面流量	上行	万人次/h	1.2
	下行	万人次/h	1.1
客运负荷强度		(日均)万人次/km	1.3
平均运距		km/人	6.91

以上数据除标注外均为2008年1~11月的统计数据。

5. 全日运营时间

1号线首班车为早晨6点,末班车为晚上11点,全日运行17个小时。

四、南京轨道交通工程建设和运营管理

南京市地下铁道总公司

南京市地下铁道总公司成立于1999年5月28日,为正局级事业单位,主要负责承担南京市地铁工程的规划、设计、筹资、建设、运营及与地铁相关的物业开发等。总公司按照建设、运营、资源开发三位一体的发展需要共设8个机关处室,以及地铁土地储备分中心、建设分公司、运营分公司和城市地铁实业集团公司、地铁房地产开发有限责任公司和城市轨道交通科技咨询有限公司6个下属单位。南京地铁目前已建成全长21.72 km的地铁1号线,在建地铁2号线一期工程、地铁1号线南延工程、地铁2号线东延工程三条线路,总长62.25 km。至2010年,南京的城市轨道交通总里程将达到84 km。

南京地铁1号线一期工程是第十届全国运动会的重点配套项目,也是江苏省的首条地铁,该线贯穿南京城市的南北向中轴线,线路全长21.72 km,共设16座车站,总投资约80.75亿元。该线于1999年4月15日通过国务院立项,2000年12月12日开工建设,2005年9月3日正式通车。工程建设先后获得国家优质工程奖、中国詹天佑土木工程奖、中国市政金杯工程奖等国家重要奖项。南京地铁1号线有以下几大特点和亮点:一是综合造价低,平均每千米综合造价3.72亿元;二是国产化率高,平均设备国产化率超过70%;三是运营用工人数少,每千米用工不超过46人;四是在不还本付息、不提取折旧的情况下,运营首年即实现收支平衡略有节余;五是地铁开通当日就实现公交、地铁、出租

车、轮渡等一卡通，开创国内先河；六是充分挖掘了六朝古都、十朝都会的文化底蕴，车站公共艺术品在全国独树一帜。

2006 年 10 月，公司在南京成功举办了首届中国城市轨道交通关键技术论坛。

五、南京轨道交通发展大事记

1990 年 2 月 12 日　南京市地下铁道工程筹建处成立。

1999 年 4 月 15 日　南京地铁南北线一期工程项目经国务院批准正式立项。

1999 年 5 月 28 日　南京市地下铁道总公司成立。

1999 年 10 月　国家计委批复了南京地铁南北线一期工程可行性研究报告。

2000 年 4 月 8 日　南京地铁南北线一期工程三山街试验站工程开工。

2002 年 4 月 29 日　南京地铁南北线一期工程开工以来的首条隧道—菊花台 1 号隧道胜利贯通。

2004 年 6 月 26 日　南京地铁 1 号线实现全线轨道贯通。

2005 年 5 月 15 日　南京地铁 1 号线观光运营开通。

2005 年 8 月 12 日　南京地铁 1 号线模拟运营正式开。

2005 年 8 月 16 日　南京地铁 1 号线工程通过竣工初步验收。

2005 年 9 月 3 日　南京地铁 1 号线正式通车试运营。

2005 年 12 月 28 日　南京地铁 2 号线试验段正式开工。

2005 年 12 月 31 日　国务院批准《南京市城市快速轨道交通建设规划》(近期)。

2006 年 7 月 16 日　国家发改委批复了南京地铁 2 号线一期工程可行性研究报告。

2006 年 11 月 20 日　南京地铁 1 号线南延线试验段正式开工。

2006 年 11 月　南京地铁南北线一期鼓楼至玄武门区间隧道工程荣获“第六届詹天佑土木工程大奖”。

2007 年 3 月 14 日　南京地铁 1 号线南延线工程可行性研究报告通过国家发改委审批。

2007 年 4 月 12 日　南京地铁 1 号线一期工程荣获 2006 年度江苏省“扬子杯”优质工程荣誉称号。

2007 年 10 月 7 日　南京地铁 2 号线东延线工程正式开工。

2007 年 12 月 5 日　南京地铁 1 号线一期工程获得“国家优质工程银质奖”荣誉称号。

2008 年 1 月 28 日　国家发改委批复了南京地铁 2 号线东延线工程可行性研究报告。

2008 年 5 月 28 日　南京地铁 1 号线一期工程通过竣工验收。

1.2.7 重庆城市轨道交通发展概况

重庆市于1992年经重庆市政府批准成立重庆市轨道交通总公司，负责地铁的规划、建设与运营。重庆轨道交通主城区内规划有10条线路（九线一环），总长513 km，重庆轨道交通2号线2006年07月01日正式通过验收，至此2号线全线贯通并投入运营。1号、3号线正在建设，地铁1号线起于朝天门，近期止于大学城，全长36.08 km；3号线（轻轨）正在加紧建设将于2010年开通。4号、5号、6号、7号、8号、9号、环线还在规划中。

一、重庆市城市总体规划和轨道交通线网规划

1. 重庆市城市概况

重庆辖区主要分布在长江沿线，以丘陵、低山为主，平均海拔为400 m。地势从南北两面向长江河谷倾斜，起伏较大，多呈现"一山一岭"、"一山一槽二岭"的形貌，地质多为"喀斯特地貌"构造。重庆市区坐落在长江与嘉陵江交汇处，四面环山，江水回绕。地界东临湖北、湖南，南接贵州，西靠四川，北连陕西。

城市面积82,403 km^2。重庆全市面积为北京、天津、上海三市总面积的2.39倍，是我国面积最大的直辖市。全市人口3 144.23万人（2005年，中国省级行政区第20名）。人口密度379人/km^2（中国省级行政区第12名）。人口自然增长率为3.3‰（2002年）。

重庆是中国四大中央直辖市之一，是中国西部地区重要经济增长极，中国六大工业基地之一，经济综合实力在西部领先，按重庆直辖市的经济总量在西部12个省级地区列第五位，主城区居第一位。2008年全市生产总值比上年增长14.3%，达到5 096.6亿元；全市财政收入达963亿元，增长22.1%；地方财政一般预算收入增长30.4%，达到577亿元。人均GDP达到2 573美元。

2. 重庆城市总体规划

重庆市是具有"都市定位、省域特征"的直辖市。重庆市城市总体规划分为两个部分：《重庆市市域城镇体系规划》和《都市区城市总体规划》。市域城镇体系规划的范围为重庆市行政辖区，面积8.24万km^2，规划至2020年，形成1个特大城市、5个大城市、26个中等城市和小城市、495个左右小城镇；都市区城市总体规划范围为主城九区，面积5 473 km^2。

《都市区城市总体规划》确定了经济、社会与环境可持续发展，生态空间发展，集中紧凑发展，多中心组团式发展，旧城更新与新区拓展相结合，交通适应与引导发展六大发展策略。规划在空间上将都市区划分为主城和郊区两个层次，主城为城市密集发展的区域，郊区为小城镇和农业发展的区域，主城空间结构为"一城五片、多中心组团式"。

3. 重庆市城市轨道交通规划

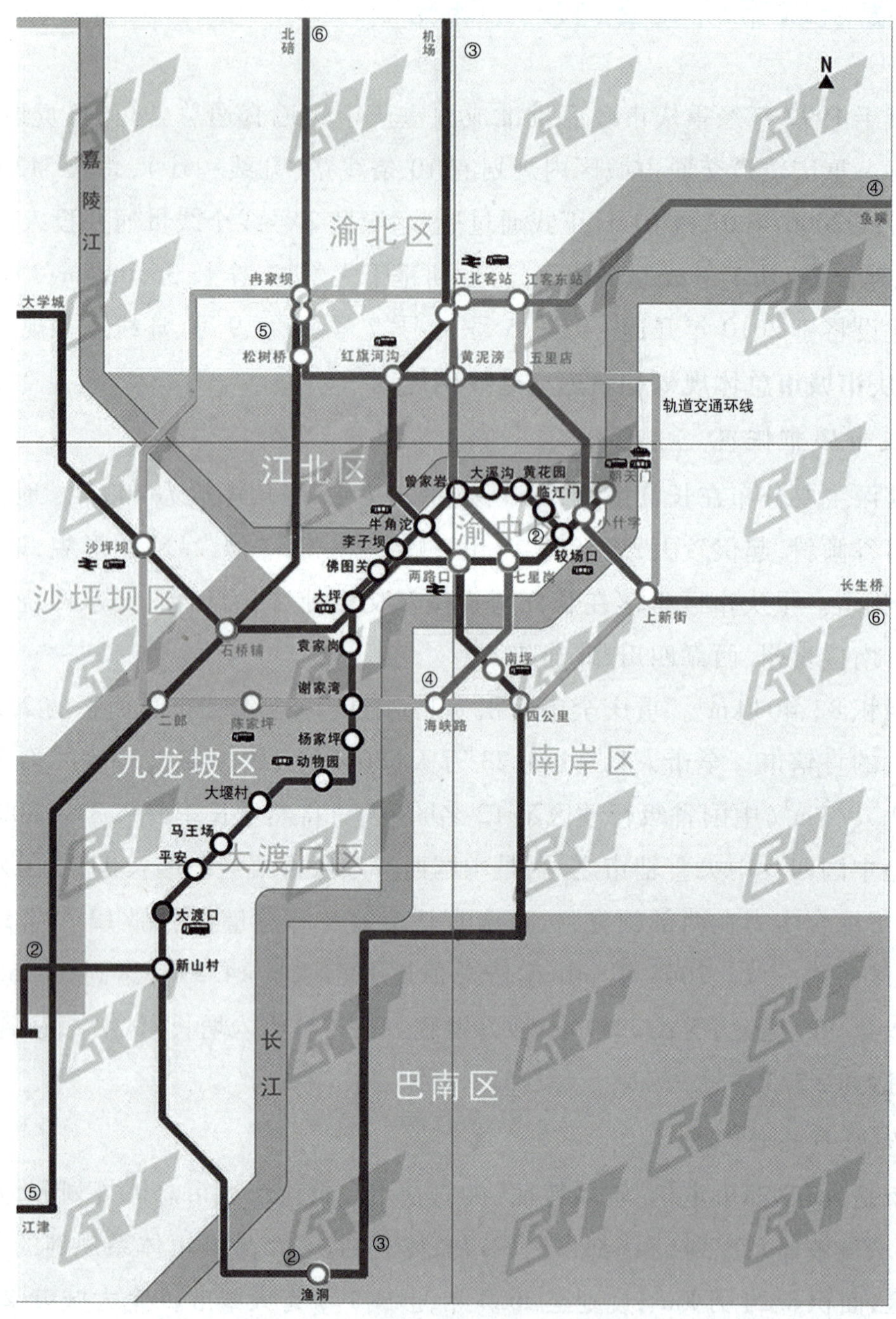

重庆市城市轨道交通线网规划图

《重庆市城乡总体规划(2007—2020)》中明确:重庆市将建立以大运量快速轨道交通为骨干,地面快速公交和普通公交为主体,其他方式为辅助,多种方式并存且有效衔接的公共客运交通系统。重庆市轨道交通规划基本线网约 364 km,呈“一环六线”布局形态;

远景轨道交通主城区线网长度约513 km,呈“九线一环”布局形态。

重庆轨道交通主城区内规划有10条线路(九线一环)。九线一环线路总长513 km,地下线长度为220.9 km,高架线(含地面线)长度为292.1 km。车站数270座,其中枢组站108座,一般站162座,或高架(或地面)站152座,地下站118座。

二、重庆市的轨道交通建设现状

1.兴建线路

(1)轨道交通1号线

重庆轨道交通1号线指重庆市所规划之九线一环轨道交通系统中人流量最大,路线最长的一条。地铁1号线起于朝天门,近期止于大学城,全长36.08 km,总投资125.14亿元。远期延至璧山。根据市政府批复的《重庆市主城区轨道交通线网控制性详细规划》,地铁1号线主城范围内全部站点如下:朝天门站、小什字站、较场口站、七星岗站、两路口站、鹅岭站、大坪站、歇台子站、石桥铺站、高庙村站、马家岩站、小龙坎站、沙坪坝站、烈士墓站、磁器口站、双碑南站、双碑北站、赖家桥站、土主站、虎溪站、大学城站、尖顶坡站。平均1.2 km就有一个站,重庆市第一条开建的地铁线路。

重庆轨道交通1号线按“一次组织实施,分段建运营”的原则,分两期建设,先期建设朝天门至沙坪坝(购物广场)段,全长36.08 km,共有23座车站。二期工程由沙坪坝向西延伸至重庆高等学府积聚的大学城,届时全长将超过44 km。该条线路采用地铁系统,地铁B型车辆,设计时速约100 km/h,每列车载客1 440人(6车编组,每车载客240人),单向高峰运送乘客4.32万人次/h。该线路设有车站23座,其中地下站15座,高架站7座,半高架半地下站1座。工程总投资约125.14亿元。重庆市首条地铁轨道交通1号线预计2011开通运行。1号线的建设将构建起重庆轨道交通的基本网络,从而改善城市拥挤的公共交通环境。重庆地铁是中西部地区路线最长、设计客流量最大的地铁,共有8座换乘站与其他轨道交通互联。

(2)轨道交通3号线

目前在建的3号线一期工程线路全长20.2 km,途经南坪、菜园坝、两路口、牛角沱、观音桥、红旗河沟、新牌坊、龙头寺等客流集散点,设18座车站,初期车辆配置120辆。工程采用与轻轨2号线同样的跨座式单轨交通方式。工程预计总投资为54亿元,建设工期4年。重庆轨道交通3号线(轻轨)正在加紧建设将于2010年开通。

轻轨3号线工程共分为三期建设完成。一期工程起于南岸的二塘止于江北的龙头寺,途经菜园坝长江大桥、嘉陵江渝澳大桥、北部新区的江北客站(渝怀铁路新客站的站地);二期向北延伸至江北国际机场;三期向南延伸至鱼洞。

轻轨 3 号线是重庆乃至国内最长的一条轻轨线路，建成后将有效地克服重庆市地形起伏及长江、嘉陵江分隔带来的交通上的困难，彻底缓解重庆的交通拥堵状况。该线路横跨巴南、南岸、渝中、江北、渝北五区，并与在建的龙头寺火车站对接，成为重庆南北方向交通的主动脉。将大大方便沿线数十万人的出行，使两岸市民真正享受到“半小时主城”的快捷。

2. 规划中的线路

(1)4 号线：鱼嘴、唐家沱、寸滩、江北客站、海峡路，线路全长 39 km。连接 4 个行政区各组团，形成轨道交通客运走廊，引导和促进城市拓展。

(2)5 号线：冉家坝、松树桥、石桥铺、中梁山、西彭、江津，线路全长 62 km。途经 4 个行政区，连接中心组团和外围组团，形成客运交通走廊，促进城市拓展。

(3)6 号线：长生、上新街、江北城、五里店、松树桥、冉家坝、蔡家、北碚，线路全长 62 km。连接 6 个行政区，加强中央商务区和周边组团的联系。

(4)7 号线：陶家、石板、西永、凤凰、歇马、北碚，线路全长 62 km。

(5)8 号线：跳蹬、建胜、白居寺大桥、李家沱、茶园、鱼嘴，线路全长 55 km。

(6)9 号线：三角碑、大石坝、观音桥、江北城、弹子石、黄桷沱大桥、唐家沱、江北国际机场，线路全长为 40 km。

(7)环线：四公里、上桥、三角碑、冉家坝、江北客站、五里店、弹子石、四公里，线路全长 47 km。连接 4 个行政区和城市副中心，形成各副中心间的快捷通道，衔接 6 条轨道交通线，发挥交通网络的整体效应。

三、重庆市的轨道交通的运营及主要技术标准

1. 已运营的线路

轨道交通 2 号线也称为轻轨 2 号线或较新线，途经 4 个行政区(渝中区、九龙坡区、大渡口区、巴南区〈远期规划〉)，服务于核心城区的商业区、公共活动区等大型客流集散点。重庆轨道交通 2 号线线路全长 18.58 km(地下 2.5 km)，设 18 座车站(地下 3 座)，维修基地一座，控制中心一座，主变电站两座，一期工程初期配车 21 列 84 辆(每列车四节车厢，远期根据客流情况最多可以加挂 8 列车厢)。

重庆轨道交通 2 号线(重庆轻轨 2 号线)为中国第一条跨座式胶轮单轨高架轻轨线路，也是西部地区第一条城市轨道交通线，工程分二期建设实施，其中一期工程由较场口至动物园，设较场口、临江门、黄花园、大溪沟、曾家岩、牛角沱、李子坝、佛图关、大坪、袁家岗、谢家湾、杨家坪、动物园 13 个车站，设主变电站 2 座。线路长 14.35 km，其中 3 座地下站，11 座高架站，有 2 处隧道，地下线路长 2.5 km，平均站间距离为 1 km；延伸段线路由大堰村至新山村，4.8 km，设大堰村、马王场、平安、大渡口、新山村五个车站。一期工程

14.35 km,2004 年 11 月开始试运行,2005 年 6 月 18 日正式开通,二期工程于 2006 年 7 月 01 日正式通过验收,至此 2 号线全线贯通并投入运营。

线路建成对疏导客流和发展沿线经济起着十分有利的作用。全线建成后,可形成单向 3 万人次/h 的客运能力,年客运量可达 3 亿人次,将吸引城区客流的 21%,减少地面交通压力 50%。较大程度地缓解沿线区域交通紧张矛盾,改善居民出行条件和乘车环境,同时也起到改善投资环境和提升城市形象的积极作用。

2. 运营线路图(见下页)

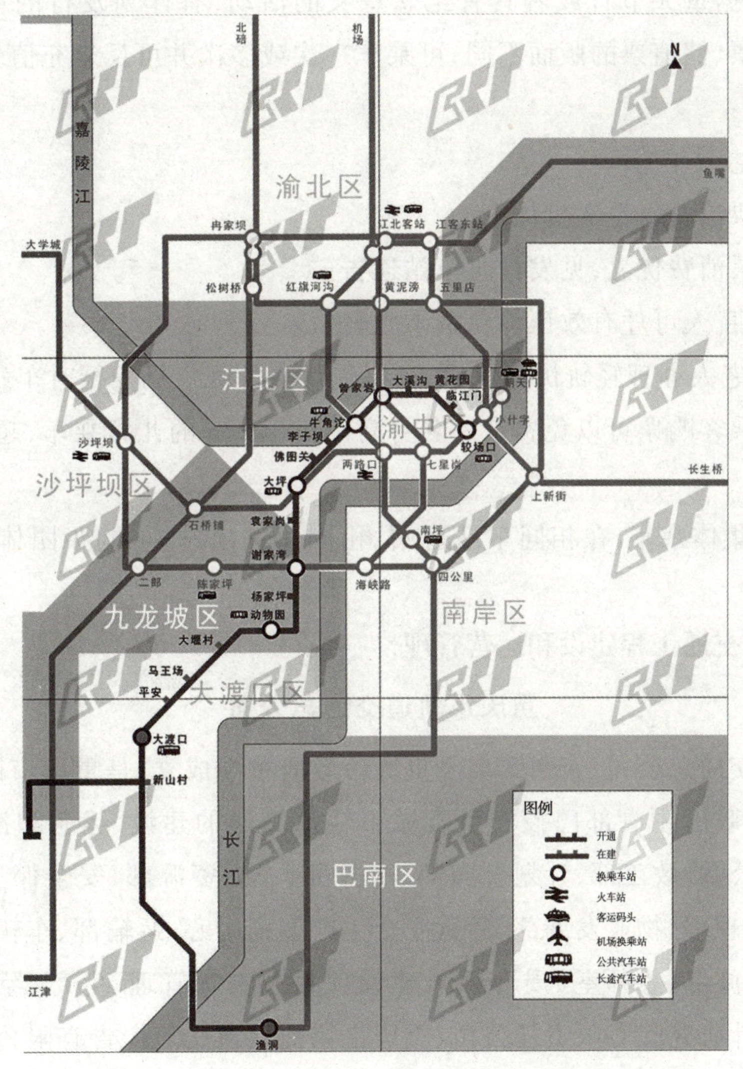

3. 票价情况

(一)重庆轨道交通的基本票制

实行分段制票价:根据乘客乘坐区段的数量,分段计价(2 个车站之间,称为 1 个区段)。最低票价2元,最高票价5元。具体票价为:乘坐区段在6个以内的,票价为2元;乘坐区段在7~10个以内的,票价为3元;乘坐区段在11~14个以内的,票价为4元;乘坐区段在15~17个以内的,票价为5元。

(二)车票种类

1.单程票:乘客购买后,限本站当日一次使用,出站时回收即失效的票证。

2.储值票:可一次购买,每次乘坐即扣减相应票款,可反复充值,直至票内储值余额不足最低票价时失效的票证。

3.纪念票:根据重大节日或者具有纪念意义的活动,有计划发行的单程车票或储值票。此类与单程票、储值票的版面不同,可乘车一次或多次并可反复充值使用。

4.其他车票。

(三)车票优惠政策

1.普通储值票消费享受9折优惠。

2.学生储值票消费优惠,见发行时车站通告。

3.残疾军人、盲人可凭有效证件免费乘坐轻轨。

4.70岁以上老人办理轻轨优惠票后,可享受优惠的规定见发行时车站通告。

5.一名成人乘客购票可以免费带一名身高不足1.2 m的儿童乘车,超过一名的,按超过人数购票。

6.30人以上集体乘车,在相同车站进站、相同车站出站,可购买团体单程票,享受单程票价9折优惠。

四、重庆轨道交通工程建设和运营管理

重庆市轨道交通总公司

重庆市轨道交通总公司于1992年经重庆市政府批准成立,是重庆市国有独资轨道交通客运企业,经市政府主管部门授权负责城市轨道交通的建设、运营和沿线资源开发工作。公司下设办公室、政工部、计划合同部、财务部、人力资源部、安全保卫部、物资部、前期工作部、信息管理部、物业发展部、运营安全生产调度中心、运输部、车辆段、运营综合设备部、运营线路设施部、总师室(质环部)、建设项目各部等管理、生产、经营机构,以及重庆市轨道交通设计研究院有限责任公司、重庆市快捷轨道交通广告有限公司、重庆市捷运设备工程有限公司等多种经营的控股子公司。

公司现有资产56亿,职工1900人,拥有专门技术与技能人才近1000名,其中有150多名工程建设管理、交通运输管理的研究生,以及国内唯一经过日本JICA专家系统培训的轨道交通高中级专业技术人才;有一批长期从事轨道交通技术研究与工

程建设管理经验的技术骨干和接受过国内外大型地铁公司系统培训的轨道交通运营管理队伍。

公司具有甲级工程管理资质,甲级设备监理资质,乙级工程咨询资质,三级房地产开发资质;具有承担城市轨道交通规划、建设和运营管理以及轨道交通技术咨询的能力。

为了改善重庆核心城区交通拥挤状况,提高城市居民生活质量,建立安全、快捷、舒适的城市现代化客运骨干交通系统,公司承担的西部大开发重点项目、国内首条跨座式单轨交通重庆轨道交通2号线已开通运营,为缓解沿线地面交通的压力、提高市民的出行质量、促进城市经济发展做出了贡献。

公司计划用20~30年的时间建设六线一环364 km的重庆轨道交通线网规划,已得到重庆市政府的批准并经国家立项,至2013年将完成轨道交通3号线(轻轨)和轨道交通1号、6号线(地铁)共82 km的轨道交通建设任务,实现日客运量百万人次。

五、重庆轨道交通发展大事记

1987年	完成重庆市轨道交通2号线线路规划、预可行性研究、工程可行性研究及各项前期准备工作。
1988年	市政府宣布将建设市中心区到新山村的轨道交通线路。
1990年	重庆市轨道交通建设领导小组成立。重庆市轨道交通线网规划完成。
1992年8月	重庆市轨道交通2号线项目建议书获国务院批准。
1992年	较场口—新山村轨道交通线路预可行性研究报告通过评审。日本海外协力事业团开展重庆轨道交通项目可行性调查。
1994年	重庆高架轻轨交通较场口—新山村线路工程项目建议书通过国家评估,重庆轻轨项目被国家列入日本政府贷款计划。
1996年	完成重庆轻轨项目可行性研究报告,完成环境评价报告。
1998年	完成重庆轻轨项目国产化研究工作报告。PC梁及支座系统研制成功。日本海外协力基金开展重庆轻轨项目特别帮助调查。
1999年	国家批准重庆轻轨项目建议书。工程可行性研究报告获国家评估通过。6月试验段动工,9月批准初步设计,12月26日正式全面开工。
2000年	重庆轻轨项目一期工程被列为国家西部开发十大重点工程,被列为国债项目,6月试验段动工,9月批准初步设计,12月正式全面开工。

2001 年	重庆轻轨项目 271 亿日元贷款签约,开始国际招标采购机电设备。
2002 年	重庆轻轨项目大堰村—新山村延伸段工程获国家批准。车辆采购合同签署。开始轨道梁架设工作。
2003 年 10 月 27 日	一期工程实现"轨通"目标。
2003 年 12 月 29 日	变电所最后一组开关柜安装到位,实现"电通"目标。
2004 年 4 月 15 日	第一辆在日本定做的样车到重庆。
2004 年 6 月 28 日	第一批车辆上线调试,实现了"车通"目标。
2005 年 1 月	《重庆市轨道交通 1 号线(朝天门—大学城)工程可行性研究报告》最终稿完成 。
2006 年 6 月	包括重庆轨道交通 1 号线在内的《重庆市快速轨道交通建设规划》获国务院批准立项。
2005 年 6 月 18 日	一期工程正式开通。
2006 年 7 月 1 日	二期工程正式开通。
2007 年 4 月	《重庆市轨道交通 1 号线(朝天门—大学城)工程可行性研究报告》(最终报告)通过中国咨询公司。

1.2.8 长春城市轨道交通发展概况

1999 年,长春轻轨一期工程经国家批准立项后,于 2002 年开始试运营。二期工程净月线目前也正在施工。然而随着城市的进一步发展,目前的轻轨线路已经不能满足需求。针对这种情况,长春市于 2003 年编制了长春市快速轨道交通建设规划,提出不仅要建设轻轨三、四、五期工程,而且还要发展两条地铁线路。专家组认为,长春的城市人口规模和经济条件达到了申报建设城市轨道交通项目的条件,轨道交通的建设对加强长春市中型城市地位、构塑合理的城市布局具有重要的作用。根据规划,长春市将在 2010 年完成轻轨 3 号、4 号线工程;2020 年完成全长为 41.98 km 的南北、东西两条地铁线;到 2050 年,完成最后的外围支线 5 号轻轨线,届时长春市全长 179 km 的城市轨道交通网将全部建成。

一、长春市城市总体规划和轨道交通线网规划

1. 长春市城市概况

长春市是吉林省省会,是全省政治、经济、文化、商贸中心,是全国重要的汽车工业、农产品加工业基地和科教文贸城市。全市土地总面积 20 571 km²,下辖 4 个县市、6 个区,总人口 868.72 万人。市区建成面积 642.07 km²,人口 487.6 万人。长春市国民经济持续快速增长,综合经济实力显著增强。2008 年实现国内生产总值 2588 亿元,地区生产总值增长 16.5%、财政收入增长 30%、固定资产投入增长 40%、财政收入超过 370 亿元。

2. 长春市城市总体规划

长春市规划局组织编制完成了东方广场、长春国际会展中心、南部中心城区核心区等城市设计规划,以及住房建设、农博园等专项规划和近期建设规划。

南部新城建设:南部中心城区核心区是长春市的新中心,是以金融、信息、服务、交流等现代服务业为主的城市商务平台,也是结合办公、商业、居住、休闲、生态等功能共同构筑的"人与自然共生,产业之间共融"的现代化城市中心。核心区的城市设计保留长春市"宽马路、四排树、圆广场、小别墅"的景观要素。

建一条经济"金腰带":在广场的西侧将建设南部新城的"金腰带",南部新城集金融、商业、娱乐于一体的中央商务区,将带动南部新城经济腾飞。

长春市在城市总体规划中确定,遵循可持续发展战略。至 2020 年,把长春市建设成经济实力较强,社会文明进步,科学技术先进,城市布局合理,基础设施完善,生态环境良好的开放型、多功能、具有北方特色的区域性中心城市。在总体规划中确定城市交通发展战略目标是:"市区基本建立以快速路、快速轨道交通和准快速公共交通为骨干、功能多样化和结构合理的现代化交通网络,基本建成现代化的城市综合交通体系"。

3. 长春市城市轨道交通线网规划

根据城市总体规划,长春市对城市快速轨道交通线网也进行了相应的调整和修编。2002 年 8 月由长春市规划设计院、北京市城市规划设计院、北京中城捷咨询公司完成了《长春市快速轨道交通线网规划》,并经过中国国际工程咨询公司专家参与的专家评审,经市政府批准,纳入新修编的长春市城市总体规划和综合交通规划。长春市城市快速轨道交通线网规划由 5 条地铁和轻轨线路组成放射式的线网,其中 3 条放射线为地铁线(1 号、2 号、5 号线),2 条半环线为轻轨线(3 号、4 号线)。线网总长度 179 km,中心城区线网密度为 0.36 km/km²;核心城区线网密度为 1.1 km/km²。

4. 长春市的轨道交通近期建设规划

2006 年 5 月国务院正式批准了《长春市快速轨道交通近期建设规划》。在建设规划中,长春市确定了 2010 年前分三期工程完成轻轨 3 号、4 号线建设,届时轻轨线路总长 52 km;2010 年至 2020 年建设长春地铁 1 号、2 号线市区段工程,届时地铁线路总长42 km;

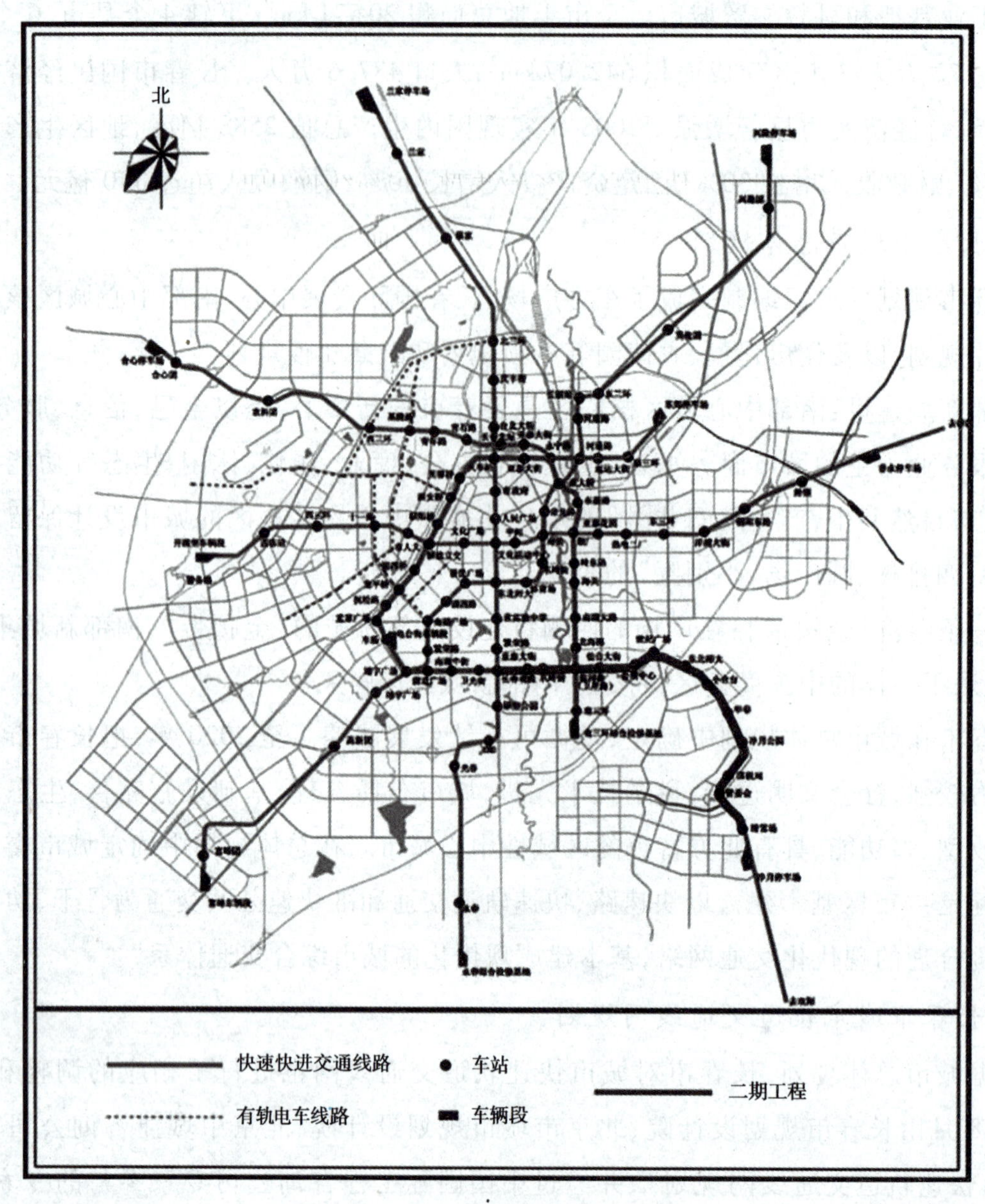

长春市快速轨道交通线网规划图

到2020年完成全长为41.98 km的南北、东西两条地铁线；到2050年，完成最后的外围支线5号轻轨线，使长春市中心城区远景轨道交通线网总长179 km，由3条放射线、2条半环线共5条线组成，5条线路共同构成三主两辅两个层次的轨道交通线网。中心城区线网设换乘站12处，与城市形态结构与发展方向相吻合，形成以公共交通为主体、轨道交通为骨干的综合交通体系。

二、长春市城市轨道交通建设现状

1. 兴建线路

轻轨4号线：线路位于城市核心边缘北、东两边，向西、向南延伸呈L形线。主要经过合心团、农科团、长春北站、伪皇宫等客流集散点，是线网中的中运量级辅助线。全长16.98 km，其中高架线长12 450 m，占全线的73%；地面线长3 230 m，隧道长1 300 m，占全线的8%。计划2007年开工建设，工期为两年，2009年工程完工。四环和长春北站间将有16座轻轨车站，有一个车站还将建在地下，13座车站建设在高架之上，地面车站只有2座，预计总工程投资2.3亿美元。

2. 待建线路

(1)1号线：长春地铁1号线工程是长春市轨道交通线网规划中的1号线，位于市区中部。线路贯通城市南北方向，贯穿宽城区、朝阳区和南关区，北起兰家，途经北三环、台北大街、长春火车站、沿人民大街、经人民广场、文化活动中心、东北师大、吉林大学南岭校区、工农广场、长春明珠居住区、雕塑公园等大型客流集散点，至永春终点。线路全长37.8 km，是轨道交通线网中大运量级骨干线路。在线网规划中，计划在2010年至2015年建设长春地铁1号线的北三环至南绕城高速公路段，全长约20 km(在城市中心区为地下线路，其余为高架线路和地面线路)，设车站18座，车场一座，预计估算总投资61.87亿元，单位造价3.09亿元/km。根据最新的线路方案和规划思路，市区段20 km线路均为地下线路，造价有所提高，预计估算总造价为84.5亿元，单位造价为4.2亿元/km。

(2)2号线：线路贯通城市东西方向，贯穿绿园区、朝阳区、二道区、经济开发区。主要经过西客站、文化广场、亚泰花园居住区、长春经济技术开发区等大的客流集散点，是线网中大运量级骨干线。

(3)5号线：线路是东北至西南方向的放射线，贯穿高新区、朝阳区、南关区、二道区、宽城区。主要经过富锋团、高新团、南湖公园、东北师大、体育场、英俊团、兴隆团等客流集散点，是线网中大运量级骨干线。

三、长春市的轨道交通运营现状

1. 已运营的线路

(1)轻轨一期工程

长春轻轨一期工程是《长春市快速轨道交通线网规划》中3号线的西段，长度14.6 km，从长春火车站起，沿京哈铁路经辽宁路、西安桥、朝阳桥、解放桥、宽平桥至长春南站,向东经电台街至卫星路,沿卫星路经前进大街等站至终点卫光街。设17座车站、车场、控制中心各1座,牵引变电所6座,配备国标C型轻轨电动客车32辆。一期工程于2002年10月投入运营。

(2)长春轻轨二期(净月线)工程

长春轻轨二期(净月线)工程,2003年5月开始实施"试验段"工程。2005年全线贯通净月线,于2006年投入试运营。

轻轨净月线工程全长17.36 km,其中地下线1.5 km,高架线10 km,平均站间距1.1 km,设17座车站,是《长春市快速轨道交通线网规划》中3号线的东段,与一期工程衔接为一体。净月线工程起点位于一期工程终点卫光街,沿卫星路向东,经人民大街、亚泰大街、伊通河、临河街、东盛大街、会展中心转世纪广场南侧,越过长伊公路进入净月潭旅游开发区,沿净月大街向南经东北师大、净月公园、福祉路、滑雪场至长影世纪城。

2. 运营线路图(见下页)

3. 票价情况

单程票长春轻轨采用阶梯票价,有2元、3元、4元3种票价,全程4元。

对于轻轨的票价,目前选择的是"1元、2元、3元、4元"的阶梯票价,正在等待物价部门审批。票价的多少和乘客乘坐的距离成正比。

四、长春轨道交通工程的主要技术标准

(1)正线数目:双线 轨距:1 435 mm 钢轨:正线及辅助线采用60 kg/m钢轨;车场线采用50 kg/m钢轨

(2)最小曲线半径:

正线300 m;困难地段200 m。

辅助线250 m;困难地段150 m。

(3)最大坡度:正线不大于30‰;辅助线不大于35‰。

(4)有效站台长度:120 m。

(5)车辆:选用B型车,车体长度19 m,车体宽度2.8 m,车辆6辆编组,列车额定载员146人。

(6)信号系统:采用ATC系统。

(7)供电方式:采用分散供电方案,由城市电网直接引入10 kV电源为电动车组供电。牵引网系统的供电制式为直流750 V供电方式。设有电力监控系统(SCADA),对全线的供电设备实施调度管理。

(8)车场设置:地铁车场为综合检修基地,承担定修、月修、周检及停放地铁列车的功

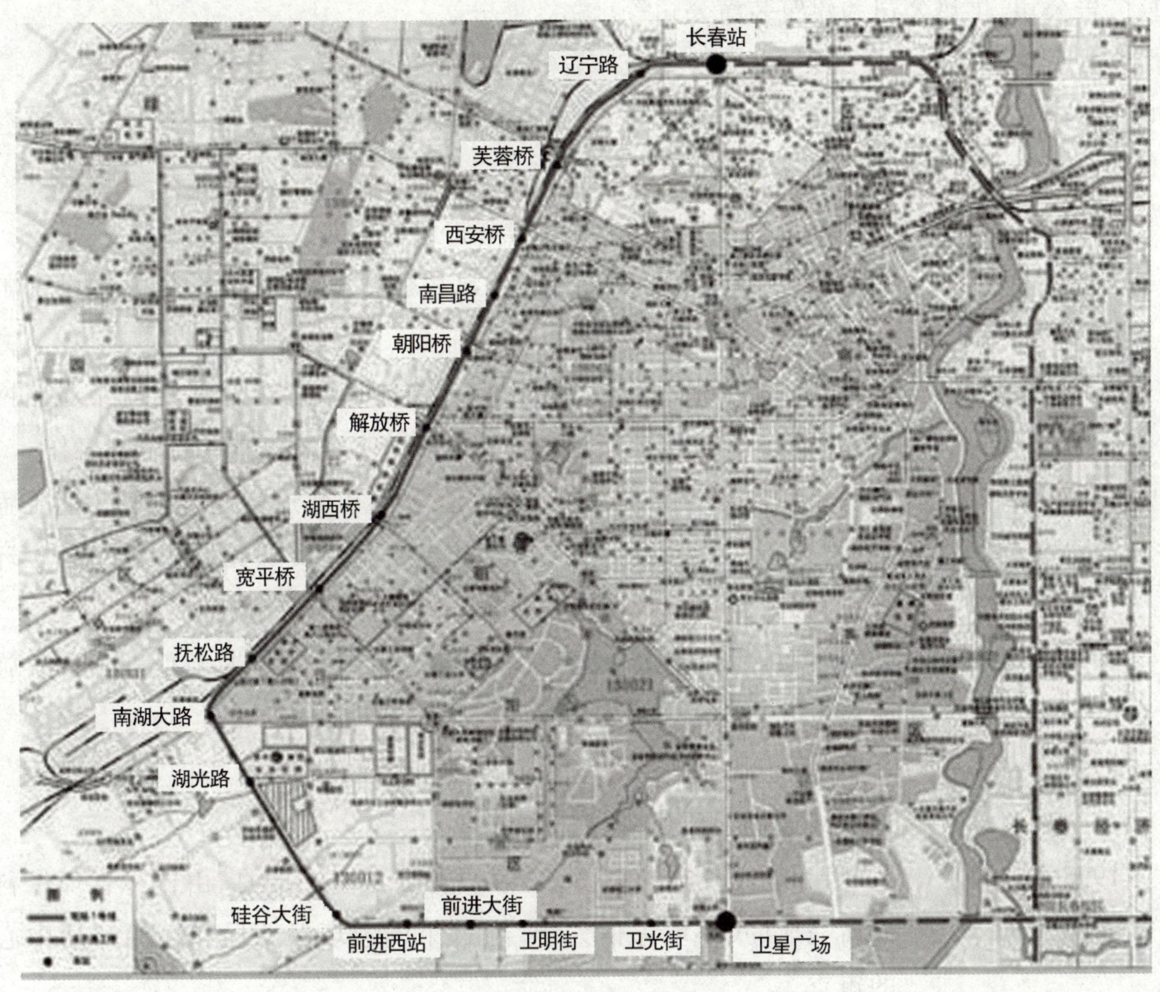

长春市城市轨道交通运营线路图

能，设置综合维修中心、材料总库和培训中心。车场规划控制用地约 20 hm^2。

(9)通信系统：由传输、公务电话、专用电话、无线、电视监视、广播、时钟和电源子系统组成，并准确传递语言、文字、图像和数字等信息。

五、长春轨道交通工程建设和运营管理

长春轨道交通有限责公司

为了实施长春轻轨工程建设，1998 年 7 月长春市政府批准成立了轻轨建设的项目法人单位长春市轨道交通有限责任公司。企业性质为国有独资，注册资本为 5.894 亿元；经营范围为轨道交通建设、经营和管理。目前，公司现有在职员工 700 名左右。公司设置办公室、劳动人事处、财务处、计划处、工程处、材料办、保卫处（安全监督处）、总工办、土地规划处、经营处、企业管理办公室 11 个处室，下设轻轨运营公司、房地产开发公司、物业公

司、广告公司、供热公司和建筑装潢公司等。

六、大事记

1981 年　全国第一次轻轨工作会议后，长春市政府开始着手快速轨道交通建设的准备工作。

1985 年　市政府组建了“长春市轻轨筹备办公室”。

1986 年　市政府向建设部申请实施“轻轨科研实验线路”，并获得建设部的批准。

1994 年　完成《长春市轨道交通线路走向方案》、《长春市快速轨道交通路网规划》、《长春市轨道交通一期工程简介》等最初文本的编制工作。

1997 年 3 月　长春市政府第 30 次专题会议决定：长春市轨道交通 3 号线一期工程列入“九五”计划/此后完成了《长春市轨道交通路网规划说明》、环线工程的《预可行性研究报告》及《客流调查与预测》。

1997 年 10 月　长春市政府第 99 次专题会议确定长春市轻轨一期工程进入可实施阶段。

1998 年 4 月　在“长春市快速轨道交通一期工程”可行性研究报告的初评估会上，专家组通过了预评估。

1998 年 7 月　“长春市轨道交通有限责任公司”注册成立。同月，由吉林省环保科研所完成的《环境评估大纲》通过了国家环保总局和环保评估中心的审查。

1998 年 9 月　长春市政府第的次专题会议把快速轨道交通工程作为重点项目列入工作目标。宣告成立“长春市轨道交通工程建设领导小组”，同时成立“长春市轨道交通建设指挥部”及“长春市轨道交通筹建办公室”‘全面启动了长春轻轨环线工程的前期准备工作。

1999 年 1 月　时任市长李述在长春市十一届人大二次会议的政府工作报告中，把兴建快速轨道，启动绿色交通列入为市民办好的 12 件实事之一。

1999 年 2 月　时任副市长刘元俊主持召开市政府第 2 次专题会议，全面部署快速轨道交通一期工程前期准备工作。

1999 年 3 月　受国家计委委托，中国国际工程咨询公司召开“长春市轨道交通环线一期工程项目建议书”的评估会议。

1999 年 6 月　中国国际工程咨询公司向国家计委发出对长春轻轨工程的评估报告。

1999 年 9 月　国务院批准长春轻轨工程正式立项。

1999 年 10 月　建设部、国家环保总局环评专家组对长春轻轨《环境影响报告书》进行评估。

1999 年 11 月　国家计委委托中咨公司对长春轻轨一期工程作可行性研究报告的评审。

1999 年 12 月　长春轻轨一期工程的初步设计通过审查。

2000 年 5 月　长春轻轨一期工程试验段开工建设。时任市委书记米凤君,时任市长李述等领导为工程奠基。

2000 年 6 月　国家计委转发了国务院对可研报告的批复。

2000 年 8 月　国家计委下达关于长春市快速轨道交通环线一期工程地方财政预算内专项资金 3.54 亿元债券的通知,以保证工程进度。同月,省计委转发了国家计委对长春轻轨的开工批准。至此,完成了长春轻轨工程的全部前期准备工作,即国家的审批程序。

2001 年 12 月　轻轨一期工程竣工试通车。

2002 年 10 月　轻轨一期工程试运营。

2003 年 5 月　轻轨二期工程试验段开工。

2005 年 10 月　轻轨二期工程贯通试车。

2006 年 6 月　国务院批准《长春市快速轨道交通建设规划》。

2006 年 12 月　轻轨二期工程试运营。

1.2.9 武汉城市轨道交通发展概况

武汉轨道交通(武汉地铁)是指中国武汉市的城市轨道交通线网,将由七条线组成。线网总长约 227 km,设站 182 座。位于汉口地区的 1 号线一期线路已经于 2004 年 9 月 28 日开始通车。现在 1 号线二期工程,2 号线一期工程和 4 号线一期工程正在施工中。预定于 2012 年前建成轨道交通 1 号线、2 号线一期和 4 号线一期三条线路,形成约 70 km的线网骨架,届时武汉三镇,7 个主城区以及东西湖区(远城区)将实现轨道交通互联。

一、武汉市城市总体规划和轨道交通线网规划

1. 武汉市城市概况

武汉是中国湖北省的省会,人口约为 970 万,是华中地区最大的城市,中国大陆七大中心城市之一。位于江汉平原东部，长江中游与长江、汉水交汇处。全市面积8467.11 km^2，人口密度1145.6人/km^2。市区人口660万。

武汉经济高度发达，全市2008年生产总值（GDP）将完成3960亿元，比上年增长15.1%，全年全市财政收入预计787.6亿元，增长24.2%，城镇居民人均可支配收入16718元，同比增长16.4%，农民人均纯收入6349元，同比增长18.2%，均创12年来最高水平。

2. 武汉市城市总体规划

武汉市发展的总体目标是：在规划期内，武汉市的城市建设与发展要坚持可持续发展战略，完善城市功能，发挥中心城市作用，把武汉市建设成为经济实力雄厚、科学教育发达、服务体系完备、城市布局合理、基础设施完善、生态环境良好、社会高度文明并具有滨江、滨湖城市特色的现代城市，为把武汉建成为城乡一体化、开放型、多功能的现代化国际性城市奠定坚实的基础。

武汉具有滨水城市特色，由于长江、汉水的分隔，主城已形成汉口、汉阳、武昌相对独立的城市格局，利用江、河、湖、山等自然条件分隔，规划江北、江南两个核心区，在核心区周围布局10个中心区片，在主城边缘布局10个综合组团，核心区、中心区片、综合组团之间以轨道交通线、快速路及主次干道相联系，形成"多中心组团式"的布局结构。

规划的核心区要集中体现现代化国际性城市和中国中部地区中心城市的职能，重点布局以商业、金融、贸易、办公、信息咨询服务为主的第三产业用地。其中江北（汉口）核心区规划范围为东至大智路、兰陵路，南至长江、汉水，西至武胜路，北至京汉大道，面积6.35 km^2；江南（武昌）核心区规划范围为东至武青三干道，南至中山路，西至长江，北至规划的武车路过江隧道，面积3.50 km^2。各中心区片重点布局行政、文化、娱乐、体育、商业等公共设施及居住用地。各综合组团重点布局大中型工业区、居住区、大型对外交通设施、市级商业副中心、教育科研设施、博览中心、体育中心和全国性、区域性大型市场用地。

3. 武汉市城市轨道交通规划

（1）武汉市轨道交通线网规划

为适应武汉市新一轮城市总体规划调整及构建资源节约型和环境友好型社会的需要，支持以城市公共交通为导向的土地开发策略，促进城市可持续发展，在稳定近期建设线路的基础上，武汉市邀请一流规划机构法国赛思达（SYSTRA）、北京中城捷与本地机构合作，开展了武汉市轨道交通线网规划修编工作。新的轨道交通线网规划于2008年5月通过审批。

新修编的轨道交通线网规划由3条城市快线和9条干线组成，线路总长540 km，设站

309 座，过江通道 7 条。根据 2008 年最新的轨道交通线网规划，到 2012 年底之前，武汉市将建成 1 号线、2 号线一期和 4 号线一期工程，线路里程达 72 km，形成连通长江两岸的“工”字型线网；2020 年前，规划建设 7 条线路，总长 227 km，设站 157 座，其中过江通道 4 条，建成后，武汉轨道交通日客流量将达到 580 万人次，轨道交通占公交的比例为 38%，能够满足武汉城市交通发展战略的要求；至 2040 年，武汉市轨道交通线网由 3 条城市快线和 9 条干线组成，线路总长 540 km，设站 309 座，过江通道 7 条。规划 3 条快线贯穿主城和六大新城组群，加快引导区域一体化建设；9 条市区线加密线网，支撑主城用地结构优化调整。建成后，有 66% 的人口和岗位位于地铁站点 600 m 步行半径范围内，居民选择轨道出行可实现 60 min 穿城，30 min 到达中心城的目标，轨道线网承担客运比重占公共交通的 50% 以上。

(2)武汉市轨道交通线网规划图(见下页)

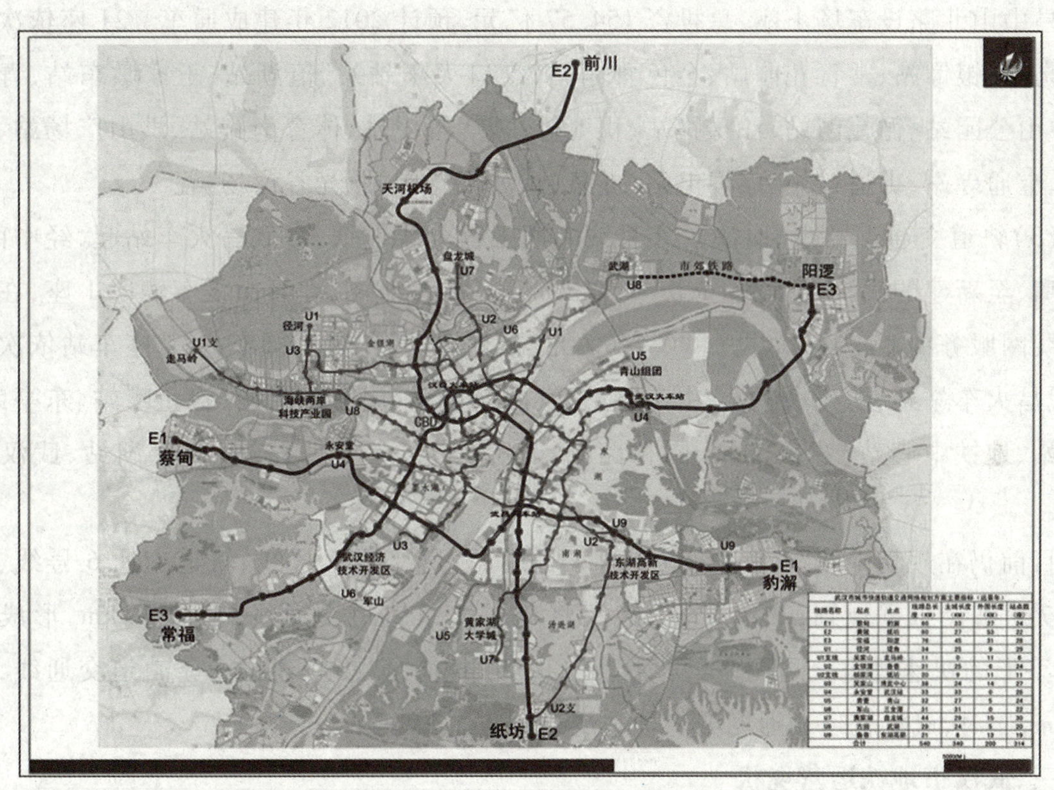

武汉市城市轨道交通网络规划图

二、武汉市的轨道交通建设现状

兴建线路

根据武汉市委市政府的战略决策和国家发改委审批的《武汉市城市快速轨道交通建

设规划》,2012 年前武汉市将建成轨道交通 1 号线、2 号线一期和 4 号线一期工程,形成 72 公里的“工”字形线网骨架。

(1)轨道交通 1 号线二期工程:1 号线二期工程从 1 号线一期向东、西两端延伸,全长 18.45 km,全线高架,设车站 15 座,车辆段及综合基地 1 座,总投资 46.19 亿元,预计 2010 年建成通车。其中西端线路从宗关延伸至东吴大道,线路长 11.26 km,设 9 座车站,依次为汉西一路站、古田四路站、古田三路站、古田二路站、古田一路站、舵落口站、额头湾站、五环大道站、东吴大道站,在古田设车辆基地;东端线路从黄浦路延伸至堤角,线路长 7.19 km,设 6 座车站,依次为头道街站、二七路站、徐州新村站、丹水池站、新荣站、堤角站。

(2)轨道交通 2 号线(过江地铁):2 号线一期工程为全线地铁,北起汉口常青花园,途经汉口火车站、解放大道,过循礼门后,沿江汉路穿越长江至武昌,经洪山广场、中南路、武珞路至鲁巷止,全长 27.73 km,设车站 21 座。在汉口常青花园设车辆段及综合基地 1 座,在武昌中山北路设车场 1 座,总投资 154.57 亿元,预计 2012 年建成通车。21 座依次车站分别是:金银谭站、常青花园站、金色雅园站、汉口火车站站、范湖站、王家墩东站、青年路站、中山公园站、循礼门站、江汉路站、积玉桥站、螃蟹甲站、体育南路站、洪山广场站、中南路站、宝通寺站、街道口站、广埠屯站、虎泉站、名都花园站、光谷广场站。

(3)轨道交通 4 号线(地铁):4 号线一期工程全线地铁,自武昌火车站起,经中南路、岳家嘴,至新建的武汉火车站,全长 16.06 km,设 15 座车站,在青山设车辆段 1 座,在铁机路设线网服务中心 1 座,总投资 90.56 亿元,预计 2012 年建成通车。15 座车站依次分别是:武昌火车站站、梅苑小区站、中南路站、洪山广场站、周家大湾站、青鱼嘴站、东亭站、岳家嘴站、地铁中心站、罗家港站、园林路站、工业路站、工业四路站、杨春湖站、武汉火车站站。

目前仍在规划中的线路有轨道交通 3 号线、轨道交通 5 号线、轨道交通 6 号线、轨道交通 7 号线。根据规划,2010 年前,武汉将建成 3 条轨道交通线,长约 70 km,形成一个“工”字形的快速轨道交通网络的“骨架”。2020 年前,武汉将建设 7 条轨道交通线,全长 227 km,届时,武汉轨道交通网架将基本成型。

三、武汉市地铁运营现状

1. 已运营线路

轨道交通 1 号线:

西起宗关,东至黄浦路,全长 10.234 km,全线高架,设车站 10 座。分别是宗关站、太平洋站、硚口路站、崇仁路站、利济北路站、友谊路站、循礼门站、大智路站、三阳路站、黄浦路站。工程于 2001 年 4 月开工,2004 年 7 月 28 日开通试运营。1 号线一期日运营 15 h,7

列车(开 5 备 2)上线运营,运行间隔为 8 min30 s,全天开行载客列车 226 列次,实行分段计价的票价模式,六区间内单程票价为 1.5 元,六区间以上单程票价为 2 元、储值票享受八折优惠,伤残军人和民警、盲人、下肢残疾人以及老人票等均按国家有关规定优惠。

1 号线一期工程区间桥梁工程获得“中国市政金杯示范工程奖”、“湖北省市政示范工程金奖”、“武汉市市政工程金奖”。设备系统涉及信号、通信、AFC、线路、供电、低压配电、给排水、FAS 专业、BAS 专业、环控、电扶梯等众多专业,并在中国大陆首次采用居世界领先水平的移动闭塞信号系统,实现列车自动驾驶、自动定点停车和无人自动折返功能,最小行车间隔可达到 90 s。工程配备车辆 12 列,采用两动两拖 4 节编组,最高运行速度为 80 km/h。1 号线一期自开通运营以来,没有发生安全责任事故。

2. 运营线路图

武汉市轨道交通1号线

武汉市轨道交通 1 号线是武汉市轨道交通线网规划中第一条全高架的快速轨线路。1 号线位于汉口地区,东西方向横穿汉口,西起吴家山,东至堤角。线路从吴家山沿解放大道经舵落口、古田地区、宗关,再转向京汉大道,沿京汉大道经江汉路,大智路到黄浦路,下穿长江二桥引桥后再转向解放大道,沿解放大道经二七路最后转向汉黄路至终点堤角。全线高架,全长 28.87 km,设 26 座车站。

四、武汉轨道交通工程的主要技术标准

(1)正线数目:双线 轨距:1 435 mm

(2)运营线路车辆选型:武汉轨道 1 号线设 10 个车站、1 个停车场、1 个指挥中心、1

座 110 kV 的主变电所、6 座牵引降压变电所及 7 座降压变电所，配备 B 型车 12 列 48 辆。

(3)票价与计价方式：采用限时分段计价(每相邻两站之间为 1 个区间)，起价 1.5 元，可乘坐 6 个区间，超过 6 个区间收费 2 元，全程 2 元。

(4)主要车票种类

单程票；储值票：分为普通储值票和老人储值票；免费票；团体单程票：团体单程票 30 ~99 人为 8 折优惠，100 人以上(含 100 人)为 7 折优惠。

(5)车票优惠办法

普通储值票为 8 折扣值优惠；老人储值票为 5 折扣值优惠；革命伤残军人、盲人、下肢残疾人、离休干部凭有效证件可免费乘坐；一名成年乘客可以免费携带一名身高不足 1.2 m 的儿童乘车；超过一名的按超过人数购票。

五、武汉轨道交通工程建设运营管理

武汉地铁集团有限公司

武汉地铁集团有限公司是在原武汉市轨道交通有限公司的基础上，于 2007 年 5 月 15 日经武汉市委、市政府批准成立的大型国有独资企业。公司注册资金 10 亿元；经政府授权负责武汉轨道交通的建设、运营、管理和融资。公司内设办公室、人力资源部、计划财务部、合约法规部、前期策划部、质量安全部、总工办、纪监审计室等职能部门，同时下设建设事业总部、土地综合开发事业总部以及武汉地铁运营公司。

目前，武汉轨道交通已建成 1 号线一期工程宗关至黄浦路，总投资 21.99 亿元，全长 10.234 km，为全线高架，设宗关、太平洋、硚口、崇仁路、利济北路、友谊路、江汉路、大智路、三阳路、黄浦路等 10 个车站、1 个停车场、1 个指挥中心、1 座 110 kV 的主变电所、6 座牵引降压变电所及 7 座降压变电所，配备 B 型车 12 列 48 辆。1 号线一期工程于 2000 年 12 月 23 日开工建设，2004 年 7 月 28 日开通运营。该工程主要技术均达到国内同行业先进水平。设备系统在中国大陆首次采用居世界领先水平的移动闭塞信号系统，实现了列车自动驾驶、自动定点停车和无人自动折返功能。首次采用铝合金 B 型车、车轮降噪阻尼片技术、钢铝复合接触轨技术，在环保防噪、节能降耗、城市环境等重要方面取得了突破性成果。

公司计划近期在 2012 年前建设完成 1 号线二期工程、2 号线一期工程和 4 号线一期工程，总投资约 273 亿元，形成总长 72 km 轨道交通线网。目前该线网规划已获得国家发改委的审批立项，3 条线路正在建设过程中。远期将建设轨道交通 2 号线二期、3 号线、4 号线二期、5 号线、6 号线、7 号线工程。220 km 轨道交通线网建成后将全面连接武汉三镇，以轨道交通为主体，其他交通方式为补充的城市公共交通体系将确立。

公司遵循现代企业制度,以人为本、崇尚创新,本着“诚信、敬业、高效、奉献”的企业精神,实施“地铁加物业”的发展战略,以发展武汉轨道交通为主线,综合开发相关资源,改善武汉市的投资环境和生活环境,努力提升和改善城市功能,为实现“创新武汉”、“和谐武汉”做出贡献。

1.2.10 大连城市轨道交通发展概况

大连轨道交通运营单位是大连现代轨道交通有限公司金马快轨运营分公司。根据《大连市城市快速轨道交通建设及线网规划》,线网规划远景年为2030年,将最终建成9条线路,总长262.9 km。规划2020年线网规模为6条线路,总长193.1 km。轨道交通线路3号线线路全长约49.15 km,于2004年09月29日全线建成通车。其他线路正在规划中。

一、大连市城市总体规划和轨道交通线网规划

1. 大连市城市概况

大连市地处欧亚大陆东岸,中国东北辽东半岛最南端,东濒黄海,西临渤海,南与山东半岛隔海相望,北倚东北三省及内蒙古东部广阔腹地。

大连市总面积12574 km^2,海岸线长1906 km,人口600万。下辖6个区、3个县级市、1个海岛县和3个国家级对外开放先导区。

大连是中国重要的工业基地,工业门类齐全,配套能力强,具有较为完备的制造业基础,形成了以高新技术和新兴产业为先导,石油化工、电子信息、装备制造、造船四个基地为支撑的新型工业体系,具有较强的承载世界制造业转移的能力。大连的石油化工、造船、机车、大型机械、轴承、制冷设备等生产规模在全国同行业位居第一。

大连拥有国家级经济技术开发区、高新技术园区、旅游度假区和东北唯一的保税区和出口加工区。全市2008年实现地区生产总值3858.2亿元,增长16.5%;完成地方财政一般预算收入339亿元,增长26.5%;城镇居民人均可支配收入17500元,增长16%左右,农村居民人均纯收入超过9800元,增长17%以上;完成全社会固定资产投资2510亿元,增长30%。

2. 大连城市总体规划

大连是我国北方沿海重要的中心城市和港口、旅游城市。大连市的城市建设与发展要遵循经济、社会、人口、资源和环境相协调的可持续发展战略,充分发挥港口、海洋资源和科研等优势。通过科技进步和产业结构优化，提高经济整体素质和效益，不断完善城市功能，把大连市建设成为经济繁荣、社会文明、布局合理、功能完善、环境良好、风景优美的现代城市。

在城市规划区内，面积 4 105 km^2，实行城乡统一规划管理。合理利用山体等自然分隔，形成由中心城区、新城区、金州城区和旅顺口城区等组成的组团式城市布局。控制中心城区发展规模，有序引导人口和产业向周围各组团转移。

要发挥大连市对区域经济的辐射、带动作用，合理分布市域人口和各类产业。编制市域城镇体系规划，在市域城镇体系规划指导下做好县（市）域城镇体系规划，促进城乡协调发展。

3. 大连市轨道交通规划

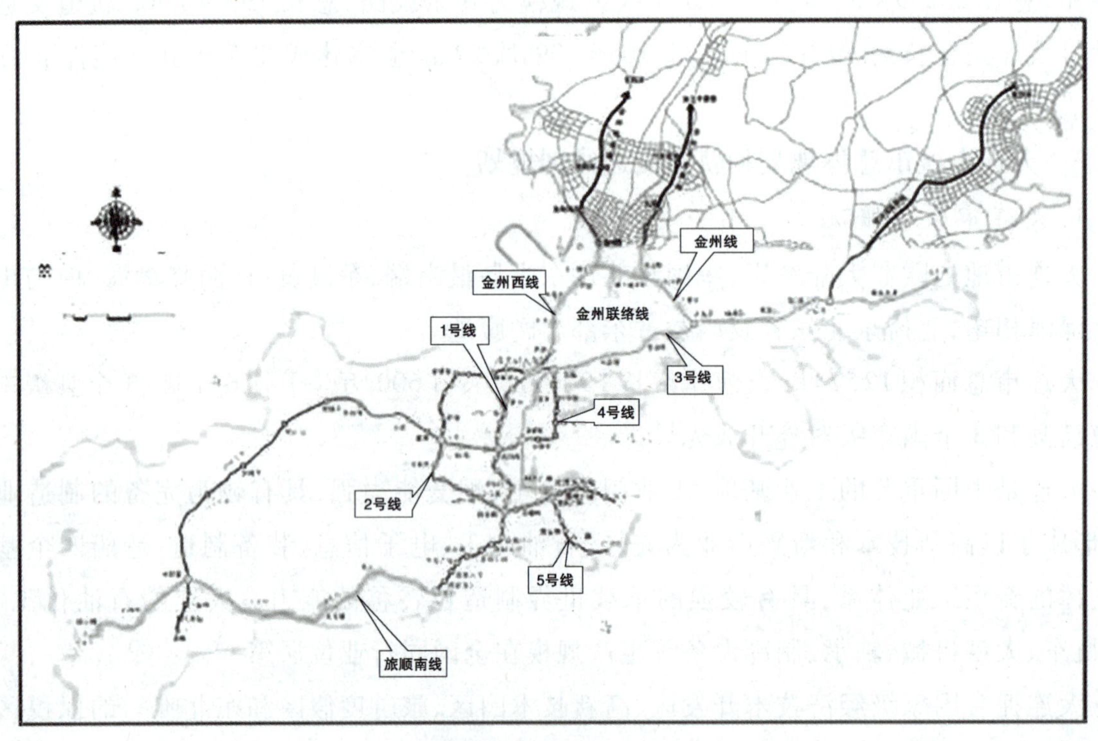

大连市城市轨道交通规划图

按照 2007 年 12 月编制完成的《大连市城市快速轨道交通建设及线网规划》，线网规划远景年为 2030 年，将最终建成 9 条线路，总长 262.9 km。规划 2020 年线网规模为 6 条线路，总长 193.1 km。在中心城区基本骨架基础上建设 5 号线，全部建成 1 号线、2 号线和 4 号线。

规划的大连市轨道交通线网络分 3 个层次。

第一个层次为中心城区轨道交通线路，包括：

1 号线，南关岭至黑石礁，为贯穿城市南北方向的骨干线路，全长 19.5 km；

2 号线，东海公园至南关岭，为贯穿城市东西方向和西部南北方向的骨干线，全长 35.4 km；

3 号线，大连站至金石滩，全长 49.1 km，已投入使用；

4 号线，后盐至由家，为连接中心城区北部东西向的轨道交通线路，全长 20.2 km；

5 号线，站北广场至虎滩新区，贯穿中心城区东南部，全长 8.5 km。

第二个层次为中心城市轨道交通线路，包括：

旅顺北线，由家至旅顺开发区，是连接中心城区与旅顺口区（北线）的快速线，全长 33 km；

旅顺南线，河口至旅顺旧市街，连接中心城区和旅顺口区南线，线路全长 25 km；

金州西线，南关岭至金渤海岸，全长约 16 km；

金州东线，开发区至金州九里，线路全长 14 km；

金州联络线，金州东线至新机场，线路全长约 8 km。

第三个层次为有轨电车系统，包括 201 加 203 路有轨电车线路及 202 路有轨电车线路。

大连市轨道交通线网规划总面积约为 2568 km^2。根据大连市中心城区内部“带状”发展的城市形态、长大铁路对城市的分割、城市各部分不同的道路网格局、以及城市的发展方向，综合确定大连市轨道交通线网形态为“以换乘枢纽（青泥洼—西安路区域、南关岭）为核心，交通走廊为骨架（核心区域向四周放射），沿城市发展方向（西、北）辐射”的无环放射式。网络由中心城区轨道交通线路、组团间快速线、连接线和有轨电车线路组成，线路总规模 254 km。

规划目标是：以快速轨道交通为骨干网络，形成与大连市城市发展目标地位相匹配的轨道交通网络。以促进城市及组团空间布局结构的调整，引导城市合理发展；实现以轨道交通为公交主体的多模式交通体系，提高城市交通运输效率；实现轨道交通客运量占公交出行总量的比例达到 50% 以上；中心城区 60% 以上居民和就业岗位在 500 m 范围内到达轨道线路站点；中心城区内部到核心区的出行在 30 min 内完成，各组团到中心城区出行时间控制在 40 ~ 50 min。

二、大连市的轨道交通建设现状

1. 规划线路

(1) 1 号线

地铁1号线为贯穿城市南北方向的骨干线路，北起南关岭，南至河口，线路全长约27.4 km，途经山东路、促进路、华北路、西安路、富国街、中山路、黄浦路、旅顺南路。主要经过南关岭新火车站、泉水居住区、中华广场公共中心、沙河口交通中心、兴工街、西安路商业区、会展中心、星海公园、大学园区、高新技术园区等客流集散点。

(2)2号线

地铁2号线为贯穿西部南北和南部东西方向的骨干线，北起哈大客运专线的南关岭站，东至海之韵公园，线路长度35.4 km。途经南关岭客运站北规划路、后革街、张前路、红旗路、黄河路、五一路、中山路、人民路、规划东港路。主要经过南关岭综合交通枢纽、体育中心、后革居住区、中革居住区、前革居住区、辛寨子居住区、红旗镇居住区、马栏广场文化商业点、西安路商业街、中山广场、青泥洼桥、港湾广场、东港区、海之韵公园等客流集散点。

2. 建设进度

大连市城市快速轨道交通线网规划限定在大连市中心城市(金州及其南部地区)范围。包括中山区、西岗区、沙河口区、甘井子区、旅顺口区、金港区、金州区，总面积约为2 568 km^2。大连市中心城市中的中心城区为城市快速轨道交通线网规划的重点研究区域，包括中山区、西岗区、沙河口区和甘井子区部分地区，总面积约为248 km^2。

城市快速轨道交通建设及线网规划分三个时段：

——2015年：在既有3号线连接中心城区与金港区的基础上，建设1号线、2号线、4号线中心城区段线路，尽快形成中心城区内部的线网基本骨架，以发挥其快速、高效、准时的优势，缓解中心城区的交通压力。同时，形成由中心城区向西辐射旅顺区方向的部分线路，为城市近期“西拓”提供支撑条件。

——2020年：在中心城区基本骨架的基础上，建设5号线，全部建成1号线、2号线和4号线，形成中心城区线网，提高中心城区的服务水平，进一步减轻对交通造成的更大的压力；并尽快形成中心城区与旅顺口区轨道交通联系，加强城市组团和对外交通枢纽之间的联系，促进中心城市的协调发展。

——2020年：轨道交通线网规划方案实施后，中心城区内部轨道交通线路全部建设完成，组团间也实现了快速连接，可有力地支撑城市总体规划的实施和引导了城市的发展。

——2030年：在核心区轨道交通线网和组团间骨干线网的基础上，修建外围组团内部轨道交通以及其他线路，形成整个中心城市线网，支持城市组团功能的完善。

三、大连市的轨道交通运营现状

1. 已运营的线路

3号线：大连市轨道交通线路3号线线路全长约63.38 km，其中主线长49.08 km，支线长 14.3 km,起点位于大连火车站,主线终点至金石滩,支线终点为九里,全线规划设 20 座车站,其中主线地面站 6 座,高架站 8 座,支线高架站 6 座。

大连轨道交通一期工程,由香炉礁至金石滩,全长约 46.658 km,桥梁 20 座,总长 13.89 km;隧道 1 座,长 1.123 km;地面线 31.39 km。途经泉水小区、开发区、保税区、双 D 港。全线设 14 座站,其中高架站 6 座,地面站 4 座(预留 4 座),于 2000 年 9 月开工建设,2002 年 10 月 1 日试通车,11 月 8 日投入试运营,2003 年 5 月 1 日正式投入运营。

二期工程由香炉礁至火车站全长 2.38 km,2003 年 7 月开工建设。现已投入运营。

三期工程是 3 号线支线,由保税区至金州九里,于 2007 年底开通。设站:保税区、十里岗、砾河路、东山路、汇金市场、十九局及九里。2008 年 12 月 28 日正式载客运营。

2. 运营线路图(见下页)

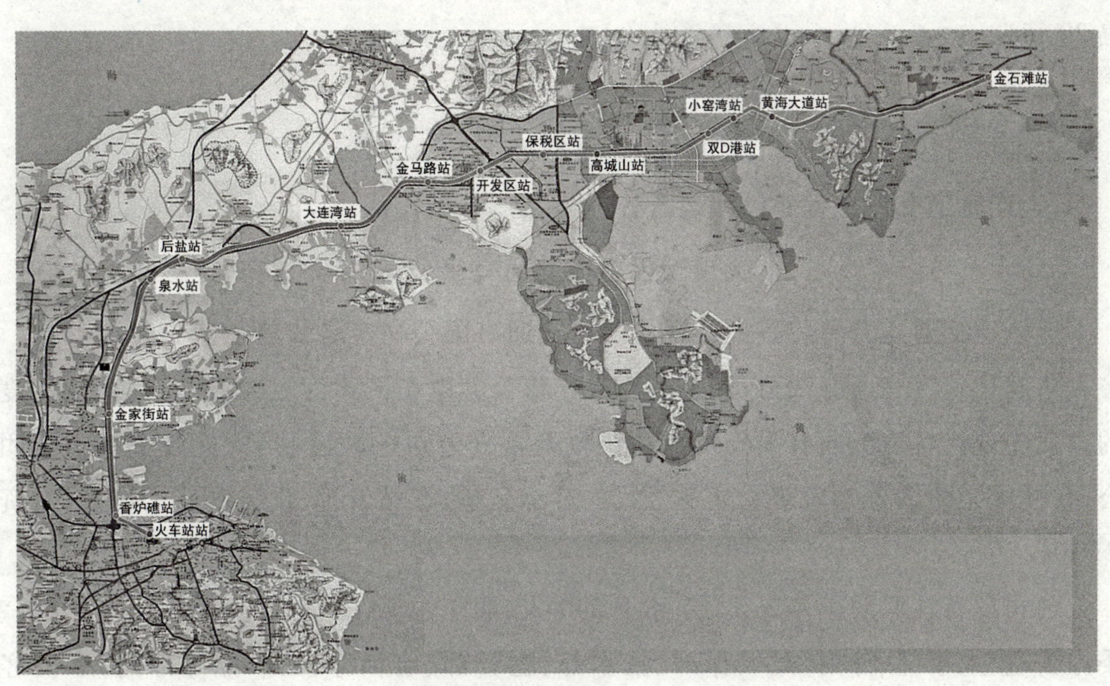

大连市城市轨道交通运营线路图

3. 车辆主要技术特征

大连市的快轨车辆由大连机车厂研制,结构电动车组;

车辆外形尺寸:长 25.2 m,宽 2.6 m,高 3.37 m;

地板高度:70% 低地板高度 0.4 m,高地板车 0.85 m;

额定载客量:242 人,坐 60 人,站 6 人/m^2;

最高运行速度:70 km/h;

起动加速度: 0.85 m/s^2;

制动减速度:1.0 m/s^2;

车身自重:36 t;

运行最小曲线半径:9 m;

运行最大坡度:60‰;

受电方式:架空接触网;

电压制式:直流 600 V。

4.列车运营

快轨 3 号线现有快轨列车 20 列,日均车次 118 个,日均运营里程 5 176 km,日均载客量 5.5 万人次。

采取两端终点对开的形式,每日发车时间为早 6:00—晚 6:30,单程运行 50 min,发车间隔 20 min。

5.票价情况

票制采用分段计价方式,1 元起价,全程 8 元。

四、大连轨道交通工程建设和运营管理

大连现代轨道交通有限公司

大连轨道交通运营单位是大连现代轨道交通有限公司金马快轨运营分公司。

大连现代轨道交通有限公司,是以原大连市公共电车公司为主体,按现代企业制度设立的。大连现代轨道交通有限公司金马快轨运营分公司(总公司是大连公交客运集团有限公司)主要负责大连市轨道交通 3 号线的客运运输、车站管理、设备维修工作,现有资产为 230 042 万元。

分公司现有在职职工 773 人,劳务工 240 人,职工总数 1 013 人,机关设经理办公室、党委办公室、人事部、计财部、安保部、技术部、物资部、培训部、三产办等部门,下设客运段、车辆段、综合维修段和控制中心。

五、大连轨道交通发展大事记

1999 年	完成《大连市轨道交通路网规划方案》。
2000 年 9 月	大连城市快轨交通一期工程开工建设。
2003 年 5 月 1 日	快轨交通一期工程正式投入运营。
2003 年 7 月	快轨交通二期工程开工建设。
2004 年	快轨交通二期工程建成通车。
2004 年 9 月 29 日	大连快速轨道交通工程 3 号线全线建成通车。

2007 年 1 月　　《大连市城市快速轨道交通建设及线网规划环境影响报告书》通过国家环保总局审查。

2007 年 12 月　　编制完成大连市城市快速轨道交通建设及线网规划，详细描绘了未来大连城市轨道交通图。

1.3 在建及规划建设城市轨道交通的城市

1.3.1 成都城市轨道交通发展概况

1992 年，成都便开始制定城市轨道交通系统规划。随着十余年的发展，成都城市规模迅速膨胀，加之成都拥有全国第三的私家车保有量，在交通高峰期，穿越城区需要 2 个多小时。20 世纪 90 年代末开始，成都加大了在交通基础设施建设领域的投入，并开始重视快速城市公共交通网络的建设。

2002 年、2003 年、2004 年成都媒体都曾报道过地铁即将获批开工的消息，但从南京地铁获批之后，我国便冻结了对地铁项目的审批，直到 2005 年才有所松动。而在 2005 年初，成都地铁便开始了部分工程的施工。

2005 年 8 月 9 日，国家发改委正式批准了成都地铁 1 号线和 2 号线中全长 54.18 km 的建设规划。9 月，“成都地铁 1 号线一期工程可行性研究报告”通过专家评审；10 月，国务院批准了成都市城市快速轨道交通建设规划；11 月 21 日，成都地铁 1 号线一期项目可行性研究报告获国家发改委批复。至此成都地铁才得以顺利建设。

一、成都市城市总体规划和轨道交通线网规划

1. 成都市城市概况

成都是四川省省会，中国西部最重要的中心城市之一，其位于四川盆地西部，成都平原腹地，全市东西长 192 km，南北宽 166 km，土地总面积 12 390 km^2，以平原为主，辖 9 区 4 市 6 县，与德阳、眉山、雅安、资阳和阿坝藏族羌族自治州接壤。全市户籍人口 1 112.3 万，常住人口 1 257.9 万，市区人口 497.15 万。

尽管遭遇地震灾害和金融危机双重影响，成都经济仍然保持较快增长势头，2008 年该市实现地区生产总值 3 901 亿元，比上年同期增长 12.1%。全年城镇居民人均可支配收入 16 943 元，增长 14.1%；农民人均纯收入 6 481 元，增加 841 元，增长 14.9%，增长率首次超过城镇居民。

2. 成都城市总体规划

成都城市总体规划围绕成都发展总目标，突出城市特色，逐步将建设成为新兴产业城市、中心枢纽城市、花园宜居城市、魅力文化城市、山水生态城市和旅游中心城市。

成都城市总体规划划分两大方面。一方面是空间结构规划即形成“一心多极，一轴一群”的城镇空间格局。“一心”指主城区；“多极”指规划区外的四市和四县。“一轴”指由主城区沿成雅高速公路和成绵高速公路向南北伸展并连接新津、蒲江以及市域以外的广汉、德阳、乐山等而形成的南北向城市发展轴。“一群”指依托成温邛快速路和成雅高速公路，由崇州、邛崃、新津、大邑、蒲江，以及为数众多中小城镇组成的联系紧密、分工合理、功能一体化的城镇群。另一方面是等级规模结构规划，即规划特大城市 1 个，为成都市主城区；中等城市 4 个，包括都江堰、崇州、邛崃和彭州；小城市 4 个，包括新津、大邑、蒲江和金堂；重点小城镇 36 个以及多个大型聚居点（一般镇）。

3. 成都市城市轨道交通规划

根据修编的成都市城市快速轨道交通线网规划，成都市快速轨道交通网由 7 条线路组成，线路总长度 274.15 km，其中地下线长度 144.24 km，地上线 129.91 km。

二、成都市的轨道交通建设现状

1. 在建线路

(1) 1 号线（大丰站—广都站）

地铁 1 号线工程北起大丰站，南至广都站，规划线路全长约 31.6 km，设 23 个站，其中地下站 18 座，高架站 5 座，一座控制中心，一处停车场，一处车辆段，两座主变电站。

地铁 1 号线一期工程为成都地铁 1 号线初期建设线路，北起红花堰，南至孵化园，全长 18.2 km，全部为地下线，共设红花堰、火车北站、人民北路、文武路、骡马市、天府广场、锦江宾馆、小天竺、省体育馆、倪家桥、桐梓林、火车南站、南三环、新益州、孵化园等 17 座地下车站，并与规划 5 号、6 号、4 号、2 号、3 号、7 号线及 6 号线支线分别在火车北站、人民北路站、骡马市站、天府广场、省体育馆站、火车南站及新益州站换乘。工程估算总投资为 69.87 亿元，地铁一期技术经济指标每正线公里为 4.37 亿元。本工程拟于 2005 年下半年动工建设，2009 年底建成试运行，2010 年 6 月试运营。全线建成后，初期可形成的最大客运能力为全日客流 29 万人次，从而减少地面交通压力，较大程度地缓解沿线区域交通紧张矛盾，改善居民出行条件和乘车环境。

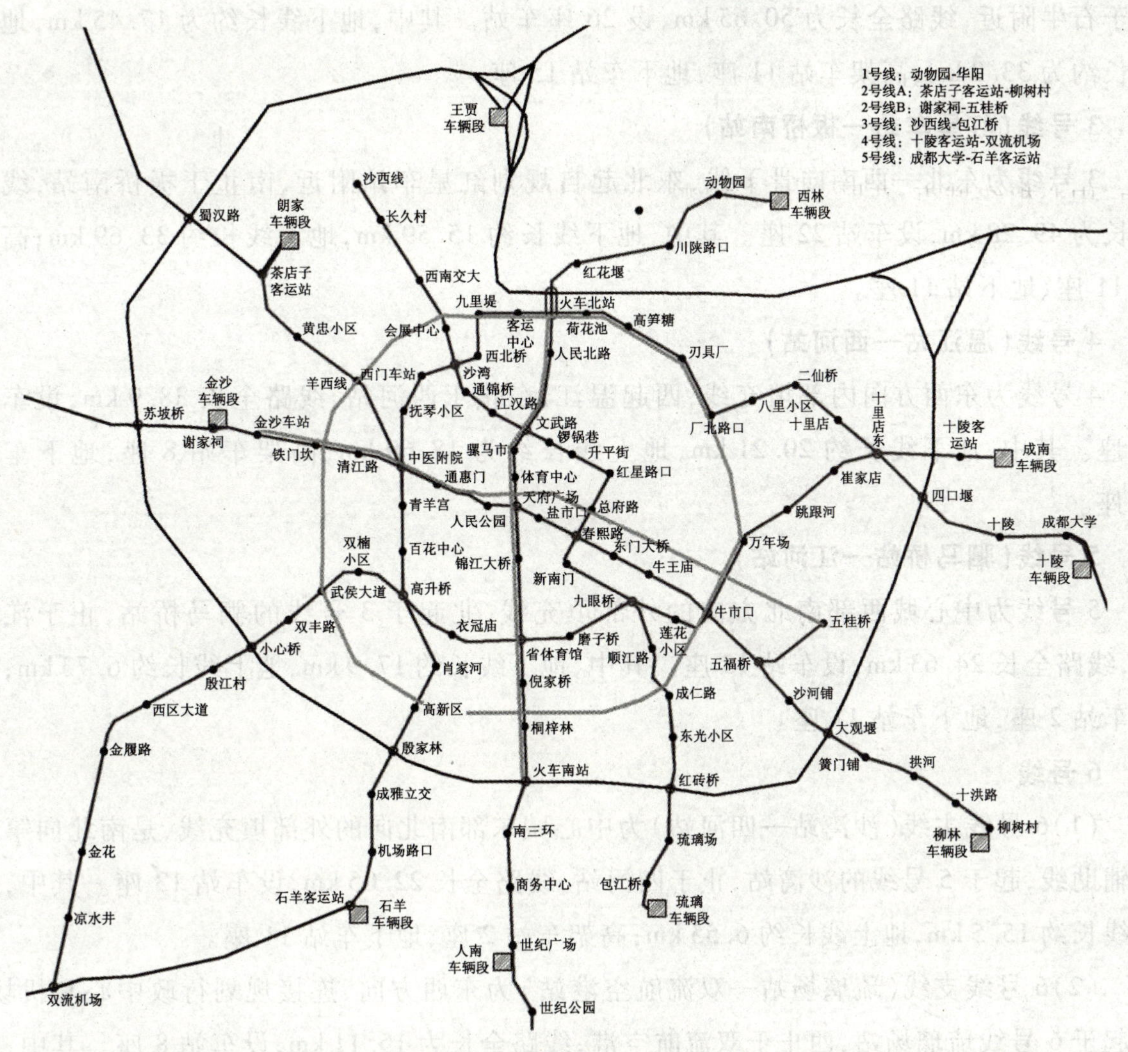

成都市城市轨道交通规划图

(2)地铁 2 号线一期工程

地铁 2 号线一期工程线路西起成灌客运站，向东延伸，经蜀汉路，羊西线二环路口、白果林、中医药大学、将军衙门，在天府广场与 1 号线交会，再向东经青年路，沿东大街向东，经牛市口、过五福桥，穿过沙河堡火车站（新成都站），止于经干学院站，一期工程线路全长 22. 38 km，全为地下线，总投资约 115. 1 亿元。预计 2012 年底试运行。拟设 20 个车站，1 个车辆段，2 座主变电站。

2. 规划线路

2 号线（龙泉东站—石牛站）

2 号线为东西方向主干线，东起龙泉东，经龙泉镇西行，过东三环路后，穿过沙河，西至于石牛附近，线路全长为 50.65 km，设 26 座车站。其中，地下线长约为 17.45 km，地上线长约为 33.2 km；高架车站 11 座，地下车站 15 座。

3 号线（红星车站—板桥南站）

3 号线为东北—西南向骨干线，东北起自规划红星车站附近，南止于板桥南站，线路全长为 49.28 km，设车站 22 座。其中，地下线长约 15.59 km，地上线长约 33.69 km；高架站 11 座、地下站 11 座。

4 号线（温江站—西河站）

4 号线为东西方向内部填充线，西起温江，东止于西河站，线路全长 38.9 km，设车站 19 座。其中，地下线长约 20.21 km，地上线长约为 18.69 km；高架车站 8 座，地下车站 11 座。

5 号线（驷马桥站—江河站）

5 号线为中心城西部南北方向的外部填充线，北起于 3 号线的驷马桥站，止于江河站，线路全长 24.63 km，设车站 13 座。其中，地下线长约 17.9 km，地上线长约 6.73 km；高架车站 2 座，地下车站 11 座。

6 号线

（1）6 号线主线（沙湾站—四河站）为中心城东部南北向的外部填充线，是南北向第二条辅助线，起于 5 号线的沙湾站，止于四河站，线路全长 22.05 km，设车站 13 座。其中，地下线长约 15.5 km，地上线长约 6.55 km；高架车站 2 座，地下车站 11 座。

（2）6 号线支线（琉璃场站—双流航空港站）为东西方向，连接规划行政中心和机场。东起于 6 号线琉璃场站，西止于双流航空港，线路全长为 15.11 km，设车站 8 座。其中，地下线长约 5.52 km，地上线长约为 9.59 km；高架车站 4 座，地下车站 4 座。

7 号线（生态站—龙潭东站）

7 号线为开口向北的 U 形辅助线，北起生态站，东止于龙潭东站，7 号线线路全长 41.93 km，设车站 22 座。其中，地下线长约 29.63 km，地上线长约 12.3 km；高架车站 5 座，地下车站 17 座。

三、成都市的轨道交通建设运营管理

成都地铁有限责任公司

成都地铁有限责任公司设立于 2004 年 10 月，是成都市从事城市快速轨道交通建设和运营的国有独资企业。

公司的经营宗旨是：科学和高质量地组织规划、建设、运营轨道交通；一业为主、多种经营，努力发展成为集地铁、城市轨道交通和综合开发为一体的多功能、多元化的综合经济实体，为社会提供优质的服务和创造良好的经济和社会效益，为促进成都市交通运输事业的发展和社会经济繁荣与进步做出贡献。

公司经营范围包括地铁及城市(城际)轨道交通系统项目的投资、筹划、建设、运营管理、设计、监理；系统及设备、材料的采购、监造、租赁、经销；基础设施、公共设施项目的工程建设管理、招标及技术服务；地铁及城市轨道交通系统沿线(站)及相关地区、地下空间资源的开发及管理；利用地铁及城市(城际)轨道交通资源的经营项目和策划、开发、经营管理。

近几年来，成都地铁有限责任公司围绕地铁项目的申报筹备，开展了大量积极而卓有成效的工作，先后组织完成了《成都市城市快速轨道交通建设规划》、《成都城市轨道交通线网规划》、《成都市地铁1号线一期工程可行性研究报告》、《成都地铁一期工程试验段初步设计》以及相关专题研究报告。同时，公司还承担了市政基础设施项目的建设任务。已完成红星路下穿隧道及地面广场工程和天府隧道工程；目前，正在组织开展地铁同步建设项目：天府广场综合改造工程和成都市南部新区A2线交通配套工程项目建设。

1.3.2 沈阳城市轨道交通发展概况

沈阳城市交通问题一直十分突出，居民出行结构不合理，道路交通负荷日益增大，尤其是市民冬季出行十分不便。规划建设的地铁1号线一期工程和2号线一期工程，是市区内两条客运交通走廊，线路经过的主要街路高峰小时断面客流均高达6万人次，这些街路的大部分时间处于饱和状态，经常发生堵塞现象，通行能力严重不足。

国务院在沈阳市城市总体规划批复中要求：优先发展地面公共交通，大力发展城市轨道交通。为此，沈阳市前三年新增和更新公交车2000辆，地面公交服务水平已经得到很大改观。在此基础上，建设快速轨道交通，并逐渐形成以轨道交通为骨干、公共交通为主体、其他交通方式为补充的城市公共交通体系，就显得尤为重要。

沈阳地铁工程以建设科技地铁、绿色地铁、人文地铁为理念，通过地铁工程的建设，有效缓解日益增长的地面交通压力，方便市民出行。

一、沈阳市城市总体规划和轨道交通线网规划

1. 沈阳市城市概况

沈阳市是辽宁省省会，位于东北地区南部，辽宁省中北部，地处哈大城市带和环渤海经济圈交会处，具有重要的战略地位。以沈阳为中心，半径150 km的范围内，集中了以基础工业和加工工业为主的八大城市，构成了资源丰富、结构互补性强、技术关联度高的辽宁中部城市群。

沈阳市下辖9区，1市，3县，面积12980 km^2，市区面积3495 km^2。2005年底全市总人口740万人，城镇化率74.81%。2007年底，沈阳建成区面积347 km^2。

近年，沈阳国民经济保持快速增长，经济总量实现大幅提高，城市综合实力显著增强。2008年沈阳市生产总值1829.2亿元 同比增长16.6%，城市居民人均可支配收入达到17290元，比2007年增长18.4%，农民人均纯收入达到8080元，增长18.7%。投入96.5亿元，保障和提高112万城乡低收入者等11类群体的待遇标准。

2. 沈阳市城市总体规划

沈阳市域面积12980 km^2，行政区辖九区（市区）、一市、三县。规划确定“一城、多轴、多中心”空间布局结构，形成“中心城—新城—重点镇—一般镇”市域城镇等级规模结构体系。中心城是都市核心服务功能所在地，是市域范围的政治、经济、文化中心。新城承接中心城人口和产业扩散，是功能完善的区域次中心。重点镇依托中心城和新城带动，形成规模化的产业体系，是带动一般镇和农村腹地发展的重要增长极。一般镇是连接城市与乡村地区的重要纽带，推动农村化产业发展，是乡村地区的管理中心和商品集散地。

城市区规划采用“中心城集中南拓和外围轴带拓展”相结合发展模式，构建“中心城+轴带”的开放式城市空间形态，即：中心城向南跨越浑河集中拓展，形成浑南浑北均衡中心城发展格局；中心城外围沿多条对外复合交通走廊培育新城和中心镇，形成城市发展带。在发展带之间形成生态绿楔相隔，保证良好的生态格局。在总体空间形态基础上，以适应建设东北地区中心城市的总体目标为导向，构建一个支撑城市可持续发展的空间布局结构。通过外围新城、新区、工业组团建设，疏解城市功能，促进郊区城市建设的相对集中，避免郊区的建设分散和无序。

中心城区范围内结合规划区整体的城市空间发展布局规划要求，并充分结合自身自然资源环境特色和发展情况，城市空间结构可概括为：“金廊银带、一河两岸”。金廊银带以贯穿中心城南北的都市中央走廊（金廊）和东西的浑河生态景观带（银带）形成中心城空间结构的主骨架。

3. 沈阳城市轨道交通线网规划

沈阳市政府于2008年批准调整了《沈阳市快速轨道交通线网规划》，新规划的线网由“四横、四纵、四纵、两L、一弦线”11条线组成，线网全长400 km。沈阳站、沈阳北站和新沈阳站都有3条线路经过，各新城与母城之间有两条以上的线路连接，通过两个L线构成环线。线网基本覆盖了城市大型客流集散点及主要客流走廊，一环内密度 1.7 km/km^2，二环内站点覆盖率 100%，二环外站点覆盖率 60%。

近期，根据沈阳市轨道交通线网规划，至 2020 年，沈阳地铁建设总规模达到 210 km，由“二横、三纵、两 L”7 条线形成基本轨道交通网络。

4. 沈阳城市轨道交通规划图

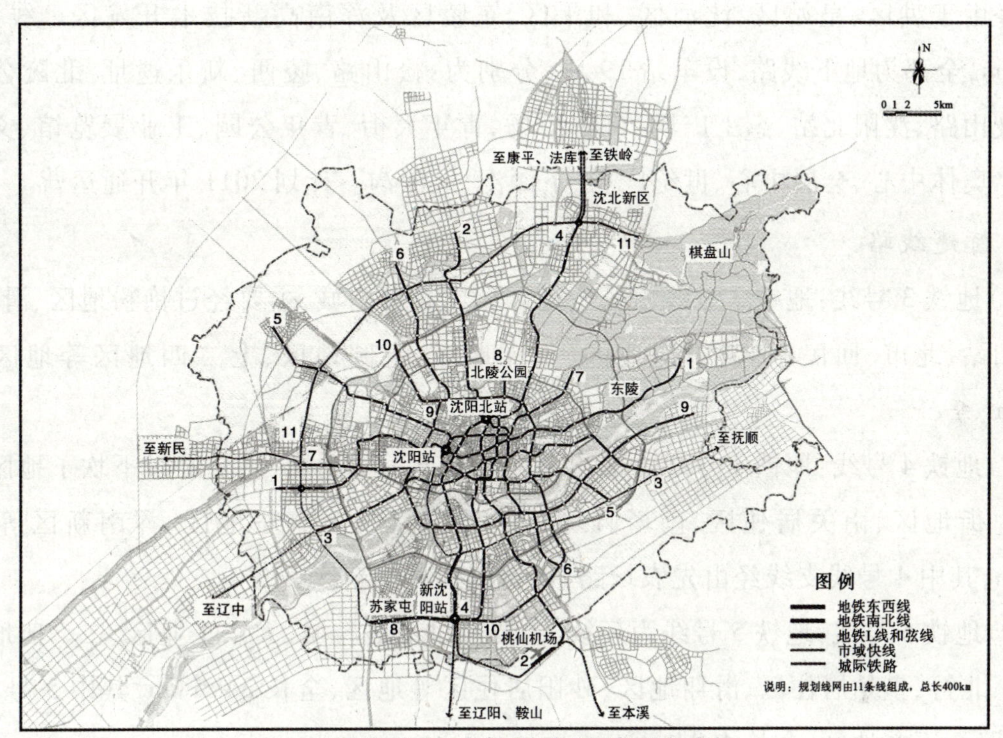

沈阳市快速轨道交通线网规划

二、沈阳市的轨道交通建设现状

1. 兴建线路

(1)沈阳地铁 1 号线：沈阳地铁 1 号线分为一期工程和一期延伸线工程，其中一期工程是地铁 1 号线的中段，经由沈阳经济技术开发区、于洪区、铁西区、和平区、沈河区、大东区，是沈阳东西向最大的交通走廊。正线长 22.241 km，全部为地下线路，设车站 18 座，分别为：张士、开发大道、于洪广场、迎宾路、重工街、启工街、保工街、铁西广场、云峰北街、沈阳站、太原街、南市场、青年大街、怀远门、中街、东中街、滂江街、黎明广场，计划 2010 年开通运营。1 号线一期延伸线是沈阳市地铁 1 号线的西段，位于沈阳经济技术开发区内。线路全长 5.685 km，全部为地下线路，设车站 4 座，分别为：十三号街、中央大街、七号街、四号街。与 1 号线一期工程共同组织运营。

运营后，地铁车辆采用国家标准 B 型车，每辆 6 列车厢编组(3 动 3 拖)，最高时速

80 km/h,平均时速 35 km/h,发车最小间隔初期 6 min,近期 4 min,远期 2 min。线路运能为初期 38.5 万人/日,近期 69.7 万人/日,远期 109.8 万人/日。初期线路配 16 列,96 辆车辆。票价暂定 2~3 元,分段计费。站台内设有自动扶梯、屏蔽门、电子预警系统、自动检售票装置、电子信息屏以及各种人性化设施。

(2)沈阳地铁 2 号线:2 号线一期是沈阳地铁 2 号线的中段,是连接浑河南北的骨干线路,经由于洪区、皇姑区、沈河区、和平区、东陵区及浑南高新技术开发区。线路全长 21.86 km,全部为地下线路,设车站 19 座,分别为:松山路、陵西、新乐遗址、北陵公园、崇山路、岐山路、沈阳北站、惠工广场、市府广场、青年大街、青年公园、工业展览馆、文体路、五里河、奥体中心、会展中心、世纪广场、下深沟、上深沟。计划 2011 年开通运营。

2. 待建线路

(1)地铁 3 号线:地铁 3 号线由杨士地区至虎石台副城,主要经过艳粉地区、滑翔居住区、沈阳站、北市、回民小区、中街地区、吉祥地区、上园地区、七二四地区等地区,全长 33.1 km。

(2)地铁 4 号线:地铁 4 号线由下坎子地区至苏家屯副城,主要经过下坎子地区、长客总站、中街地区、南关居住区、南塔鞋城、五里河地区、王家庄地区、浑南新区等,全长 32.8 km,其中 4 号线支线经由先农坛路、长青街到浑南新区。

(3)地铁 5 号线:地铁 5 号线为环线,主要经过南塔鞋城、大东工业区、二〇四地区、上园地区、北行、皇姑居住区、滑翔地区、砂阳居住区等地区,全长 34.5 km,其中 5 号支线经由北二路至丁香地区,全长 4.9 km。

三、沈阳市轨道交通建设主要技术标准

1. 线路

正在建设的地铁 1 号、2 号线,正线数目均为双线,最高行车速度为 80 km/h,轨距 1 435 mm,最小平面曲线半径区间正线为 300 m,困难情况下为 250 m;辅助线为 200 m,困难情况下为 150 m;区间正线最大坡度为 30‰,困难情况下 35‰;辅助线最大坡度为 30‰,困难情况下 40‰;地下区间最小坡度为 3‰;地下车站坡度一般为 2‰;地下折返线、停车线坡度一般为 2‰,道岔区段坡度一般不大于 5‰,正线、辅助线采用 60 kg/m 钢轨;车场线采用 50 kg/m 钢轨;正线、辅助线采用 9 号道岔;车场线采用 7 号道岔。

2. 车辆

1 号、2 号线均采用 VVVF 控制 3 动 3 拖的 B 型车,6 辆编组,最高运行速度 80 km/h;轻量化车体和无摇枕专向架,微机控制模拟电空制动系统,设有列车自动防护系统和自动驾驶系统；直流1 500 V架空接触网供电，客室内设空调，车辆长1.9 m，宽2.8 m，车顶至轨面高3.8 m。其中1号线车辆由长春轨道客车股份有限公司生产，2号线车辆由南车青岛四方机车车辆股份有限公司生产。

3. 车站建筑

1号、2号线计算站台长度均为118 m；站厅、站台层净高不小于3.0 m，侧式站台宽度不小于2.5 m，岛式站台宽度不小于8 m。防震烈度均为7度，按6级人防设防，车站主体一级防水，区间二级防水。车站均采用无障碍设计，设有无障碍电梯和无障碍专用厕所。

4. 接触网(轨)系统

1号、2号线正线全部采用DC 1500 V架空刚性接触网，车辆段采用DC1500V柔性接触网。刚性悬挂汇流排采用PAC110Π型，接触线采用120 mm^2的铜银合金接触线，承力索采用150 mm^2的铜绞线，架空地线采用120 mm^2的铜绞线。

5. 信号系统

1号、2号线均采用基于无线通信的移动闭塞系统，技术部分由美国USSI公司负责。

6. 机电监控系统(BAS/EMCS)

沈阳地铁1号、2号线的BAS系统均可对全线的FAS、低压动力与照明、自动扶梯、电梯专业、通风空调专业、给排水、防淹门、综合信息管理等系统进行集中监视和管理。其中，1号线采用沈阳新松机器人自动化公司供应的BAS系统。

四、沈阳轨道交通工程建设和运营管理

沈阳地铁有限公司

沈阳地铁有限公司成立于2004年4月，是承担沈阳市城市快速轨道交通建设管理的大型国有独资公司。公司设有办公室、总工办、计划处、预算合同处、工程一处、工程二处、设备处、拆迁办、安监处、财务处、质监处、保卫处、监察处等13个处室。2008年11月29日，沈阳地铁有限公司通过了东北认证有限公司外部审核，取得了ISO 9001质量管理体系认证证书，成为全国第一个通过该项认证的地铁建设单位。

沈阳地铁工程是沈阳市城建史上投资最多、规模最大的重点工程，也是备受社会各界关注的民心工程。沈阳地铁有限公司将以“人文地铁、科技地铁、绿色地铁”为理念，通过精心组织、精心设计、精心施工，打造精品工程，通过地铁工程建设，拉动沈阳经济发展，促进城市繁荣和社会进步。

五、沈阳轨道交通发展大事记

1940年　　日本大阪电气化局曾编制了4条线路总长52 km的奉天地铁线

	网规划和设计文件。
1965 年	因战备需要，国务院、中央军委批准沈阳修建地铁工程，后因“文革”停建。
1990 年	沈阳启动轻轨一期工程建设。
1992 年	国务院批准立项。
1992 年	沈阳市轻轨交通建设指挥部成立（2002 年更名为沈阳市地铁建设指挥部）。
1993 年	批准工程可行性研究报告，后因各种原因没有实施。
1998 年底	编制完成《沈阳市快速轨道交通线网规划》，并作为专项规划纳入《沈阳市城市总体规划》，于 2000 年初由国务院一并批复。
1999 年 12 月	沈阳地铁 1 号线一期工程项目建议书上报国家计委。
2003 年	按照国务院办公厅《关于加强城市快速轨道交通建设管理通知》要求编制了《沈阳市快速轨道交通建设规划》并上报国家发改委。
2004 年 4 月	沈阳地铁有限公司成立。
2005 年 8 月 14 日	经国务院同意，国家发改委正式批准《沈阳市快速轨道交通建设规划》。
2005 年 11 月 8 日	国家发改委批复《沈阳市地铁 1 号线一期工程可行性研究报告》。
2005 年 11 月 18 日	沈阳市人民政府在地铁 1 号线沈新路站举行沈阳地铁 1 号线工程开工奠基仪式。沈阳地铁工程正式开工。
2006 年 5 月 13 日	国家发改委批复《沈阳地铁 1 号线一期延伸线工程可行性研究报告》。8 月一号线一期延伸线工程正式开工。
2006 年 11 月 11 日	国家发改委批复《沈阳市地铁 2 号线一期工程可行性研究报告》。
2006 年 11 月 18 日	沈阳地铁 2 号线开工。
2008 年	为适应沈阳城市空间发展战略的新变化，重新编制了《沈阳市快速轨道交通线网规划》。
2008 年 11 月 29 日	沈阳地铁有限公司通过了东北认证有限公司外部审核，取得了 ISO 9001 质量管理体系认证证书，成为全国第一个通过该项认证的地铁建设单位。

1.3.3 西安城市轨道交通发展概况

20世纪80年代初，西安就开始策划、研究发展城市快速轨道交通，并做了大量前期准备工作。

2004年2月，西安市向国家发改委上报《西安市城市快速轨道交通建设规划》。2005年4月，国家发改委委托中咨公司对建设规划进行了评估；2005年12月，国家发改委领导带领国家建设部、国家环保总局和中咨公司来西安调研地铁项目；2006年4月，建设部领导带领专家组审查并通过了《西安市城市快速轨道交通建设规划》；2006年5月，国家发改委主任办公会通过了《西安市城市快速轨道交通建设规划》；2006年6月，国家发改委将规划上报国务院；2006年9月13日，西安地铁项目正式获得国家批准。

一、西安市城市总体规划和轨道交通线网规划

1. 西安市城市概况

西安市位于中国大陆腹地黄河流域中部的关中盆地，是陕西省省会，世界著名的历史文化名城。1992年7月国务院批准为内陆开放城市，是新亚欧大陆桥中国段陇海兰新线上最大的中心城市。现辖9区4县，总面积9 983 km^2，其中市区面积1 066 km^2。人口806.81万人。

2008年，西安全力消除地震影响，积极应对金融危机，全年生产总值达到2 190亿元，增长15.6%，创15年来新高。地方财政一般预算收入145.61亿元，增长28.9%。城镇居民人均可支配收入15 207元，农民人均纯收入5 212元，分别净增2 545元和813元。

2. 西安城市总体规划

2008年5月6日，国务院正式批复了《西安城市总体规划(2008年—2020年)》。西安市政府日前召开新闻发布会，公布西安新一轮城市总体规划，该规划为西安市民描绘了一幅宏伟蓝图："九宫格局、棋盘路网、轴线突出、一城多心"将使城市布局更具特色；"一高、一绕、两轴、三环、六纵、七横、八射线加旅游环线"的道路网格局使城市交通更加高效；八水绕城和秦岭绿色屏障形成的山水城市格局将使生态环境更加优美。

市域呈"一城多心"空间布局形态："一城"指主城区，是西安城市发展的主中心，集商贸、文化、科教、旅游、居住等功能为一体；"多心"指4个组团(六村堡、常宁、新筑、洪庆)、3个新城(临潼、阎良、泾渭)、4个中心城镇(户县、高陵、周至、蓝田)，是城市发展的副中心，承担主城区向外疏解部分人口的功能。同时，重点发展50个职能特色突出的建制镇及街办，加强社会主义新农村建设，促进农业产业化和农村经济快速发展，实现城乡一体化。

城市布局“九宫格局、虚实相当”：优化主城区布局结构，把不适合在主城区发展的城市功能逐步向外围地区疏散，主城区与外围组团、新城之间以交通轴、大遗址、生态林带、楔形绿地等为间隔，形成功能各异、虚实相当的“九宫格局”布局模式。重点建设设施完善、环境优美、功能各异的城市新区，包括未央新城、北客站地区、曲江国际会展产业园等，大兴新城、大明宫地区、纺织城地区等，完善基础设施建设，改善人居环境，提升城市品质。

3. 西安市城市轨道交通线网规划

西安地铁规划为6条线，总长251.8 km，由三条骨干线和三条辅助线组成。服务范围覆盖全市61个主要客流集散点中的52个，线路直接连接或延伸方向辐射中心城镇和组团，轨道交通客运量占居民出行总量的25%。

近期建设规划（2006—2015年）为建设2条总长50.3 km的线路，建设车站37座，总投资179.5亿元。2006—2011年，先行建设2号线工程，2号线从铁路北客站到长安韦曲，总长26.4 km，总投资97.8亿元。

西安地铁1号线和2号线已经有方案，其中2号线在“十一五”期内建成。首期试验线路张家堡—尤家庄段（地铁2号线）2006年9月29日开工，全长14.50 m，工期30个月，造价2.7亿人民币，包括张家堡车站，建筑面积13 504 m^2，为2号线和4号线的换乘站，预计于2009年3月31日完工。

4. 西安市城市轨道交通规划图

二、西安市轨道交通建设现状

1. 兴建线路

（1）1号线：西安地铁1号线西起西安市西大门后围寨，沿枣园路、大庆路至玉祥门外，穿越古城墙玉祥门后沿莲湖路、西五路、东五路至朝阳门里，穿越古城墙朝阳门后，沿长乐路东行，跨浐河后沿纺北路至终点纺织城车站。线路全长23.9 km，设19个车站。西安地铁1号线首座车站金花路车站，2008年10月30日上午10点正式开工，1号线预计将于2013年建成通车。

功能定位：该线路位置为西安市东西向主客流走廊。线路起点后围寨为西安市对外交通的西大门，后围寨连接西宝高速、西兰公路、西户公路、快速干道、西宝高速疏导线等，是西安市西向对外交通枢纽；终点纺织城东向连接西潼高速、西潼公路、西蓝高速、西韩公路等，是西安市东向对外交通枢纽。线路连接西郊汉城路、玉祥门，城市中心

西安市城市轨道交通规划图

北大街、解放路，东郊金花路、长乐路以及城区内城西客运站、西安客运站、康复路批发市场、长乐路客运站、半坡客运站等大型客流集散点和长途客运枢纽。远期规划 1 号线向西延伸至西安咸阳国际机场，向东延伸至临潼旅游度假区，可大大促进西安市旅游事业的发展及沿线土地开发利用，进一步加强西安作为国际级旅游城市的地位。因此，从 1 号线在城市中所发挥的作用和在交通中的重要地位分析，将其确定为规划轨道交通线网中的骨干线。

(2)2 号线：已于 2006 年 9 月开工，计划 2011 年建成通车。线路北起西安火车北站，向南经运动公园，沿未央路经行政中心、市图书馆、龙首原、自强路至北门，线路穿越古城墙后，沿北大街经莲湖路，绕钟楼沿南大街至南门，穿越古城墙后，沿长安路经南稍门、友谊路、省体育场、小寨、八里村至长延堡，绕电视塔继续南行，经长安区长安北街、长安南街至终点西寨村，设终点站韦曲站。线路全长 26.714 km，设车站 21 座。远期规划 2 号线从西安铁路北客站向东北方向延伸至草滩陈家堡，长度约为 6.13 km。

功能定位：该线路位置为西安市南北向主客流走廊，线路将郑州至西安高速铁路、西安北客站、张家堡广场、城市中心北大街及钟楼、南郊省体育场、小寨商业文化中心、西安曲江国际会展中心、韦曲等大型客流集散点串联起来，沿途分布有张家堡客运站、城北客运站、明德门客运站等长途客运枢纽。线路北端连接西铜高速、西延高速、210 国道；南端连接西康高速，是南北向对外交通要道。2 号线与 1 号线构成轨道交通线网中的十字骨架，是线网中的骨干线。

2. 待建线路

（1）3 号线：准备工作开始，计划 2010 年开工。线路北起灞桥新筑镇，向南延伸至香湖湾后折向西南，跨灞河后南行经浮沱寨、辛家庙，沿东二环经长缨路、长乐路、互助路、咸宁路、建工路至西影路后折向西，沿西影路经三兆路、大雁塔、小寨、吉祥村继续西行，经太白南路、唐延路、丈八北路至周家寨后折向南，经东焦村、袁旗寨、邓店新村至终点长安侧坡村。线路全长 44.3 km，共设车站 30 座。

功能定位：该线路为东北、西南走向。线路起于新筑镇，沿城市主要客流走廊东二环敷设，毗邻西安浐河综合开发区、兴庆公园，经国家级历史文物景点大雁塔、陕西省历史博物馆、小寨商业文化中心、西安高新技术产业开发区、长安科技产业园等客流及人口密集区，可大大缓解沿线交通压力。对外连接西阎高速、西户高速、210 国道，同时促进城市发展空间向东北、西南方向拓展，符合西安市城市空间发展规划。3 号线与 1 号、2 号线共同构成规划线网中的骨干线。

（2）4 号线：线路北起西安北郊草滩现代农业开发区，跨规划郑州至西安高速铁路客运专线、北三环、尚稷路后，沿朱宏路南行，至凤城七路折向东，经张家堡至太华路，沿太华路南行至马旗寨，在含元殿西南方向下穿既有西安火车站后，沿解放路南行，经大差市、和平门、李家村至后村，绕大雁塔，沿雁南路前行至水厂路后折向东南，直达韦曲科技产业园。线路全长 35.2 km，共设车站 23 座。

功能定位：该线主方向为南北向，大部分地段与 2 号线平行。线路连接草滩现代农业开发区、张家堡广场、曲江新区、韦曲科技产业园，途经西安火车站、明城墙内五路口及大差市、历史文物景点大雁塔等客流密集区，缓解 2 号线在市中心区的客流压力。因此，4 号线对于城市南北向客流转换起到辅助和补充作用，将其确定为规划轨道交通线网中的辅助线。

（3）5 号线：该线为线网中唯一有支线的线路。线路东起西康铁路纺织城火车站，西南前行跨浐河、长鸣路后，绕曲江新区，经长延堡至明德门后折向北，经吉祥村、过南二环、至黄雁村后折向西，沿友谊西路，经劳动南路西北前行至昆明路，沿昆明路西行至西窑头，然后折向北跨西余铁路、规划西三环至1号线三桥车站后，继续沿建章路北行至终点六村堡尤西路；5号线支线从西窑头继续西行经阿房宫、和平村、西围墙至纪阳寨后折向北至终点纪阳车站。线路全长44.89 km，共设车站31座。

功能定位：5号线主方向为东西向，大部分地段和1号线平行。东端的纺织城火车站为既有西康铁路客运站，是西安铁路枢纽的辅助客站，西端主线连接六村堡工业园区，支线连接纪阳组团，途经曲江新区、西安国际展览中心及三桥交通枢纽等大的客流集散点，将辅助1号线分流城区内东西向客流。因此，将其确定为规划轨道交通线网中的辅助线。

(4)6号线：东起1号线纺织城车站，西南向前行至纺西街，经纺一路、纺四路至纺南路后，西行跨浐河，经纬什街，沿咸宁路至兴庆宫后，沿兴庆路北行，至互助路折向西，经东门、大差市、钟楼、西门至西稍门后，折向南，沿劳动路、高新路，经木塔寺继续南行，至长安科技产业园大学城后，折向西，经茅坡、邓店新村至终点长安科技产业园站。线路全长41.08 km，共设车站26座。

功能定位：6号线在城市中心区和1号线基本平行。线路连接东郊纺织城、明城墙内东、西大街及钟楼、南郊大学城、西安高新技术产业开发区及长安科技产业园等工商业聚集区和人口密集区。可辅助1号线对主城区客流起到较大的分流作用，缓解城市中心区的交通压力，同时可带动东郊纺织城社会经济发展及产业结构调整、南郊大学城土地综合开发利用、拓展城市发展空间，是规划轨道交通线网中的辅助线。

三、西安轨道交通工程建设和运营管理

西安市地下铁道有限责任公司

西安市地下铁道有限责任公司组建于2005年11月，为国有独资企业，与市地铁办合署办公，担负着西安城市快速轨道交通建设、运营和管理的重任，同时经营以地铁相关资源开发为主的多元化产业。公司成立以来，按照2011年地铁2号线一期工程建成通车的总体目标，坚持改革创新，科学管理，加强企业文化建设，在西安城市轨道交通系统线网规划、建设规划和地铁2号线工程建设方面取得了重大进展。

西安市轨道交通线网规划为“棋盘加放射型”网状结构，由6条线组成，全长251.8 km，总投资1 000亿元。6条线路全部建设完成，公司将成为拥有资产超过1 000亿、员工上万人的特大型企业。

1.3.4 杭州城市轨道交通发展概况

杭州市对于地铁的渴望可以上溯到20世纪。但杭州的地铁热情曾遭遇政策冰封。2002年10月,国务院办公会议决定对于各大中城市正在竞相申请的地铁项目立项全部冻结。但即使在禁令重重之时,杭州市也没有放弃地铁之梦,杭州地铁的筹划工作仍在低调进行着。

2005年6月6日,经国务院批准,杭州市城市快速轨道交通建设规划获得国家发改委审批。2006年4月19日,杭州地铁1号线工可报告获得国家发改委正式批复,2007年1月,省发改委组织专家审查通过了地铁1号线工程初步设计。2007年3月28日,杭州地铁一期工程正式开工建设。

根据已批复的规划,杭州市轨道交通网由8条线组成,总长度278 km,设154座车站。

一、杭州市城市总体规划和轨道交通线网规划

1. 杭州市城市概况

杭州位于中国东南沿海,浙江省省会,浙江省政治、经济、文化中心,中国东南重要交通枢钮,中国最大的经济圈——长江三角洲地区重要的第二大中心城市。全市面积16 596 km^2,其中市辖区3 068 km^2。总人口672.35万人,其中市辖区419.5万人。全市人口密度为405人/km^2,其中市区1 367人/km^2。

杭州是国务院批准的对外开放城市,全国重点风景旅游城市。经济发达,经济总量居全国省会城市第二位,经济综合实力跻身全国大中城市前十位。2008年全市实现生产总值(GDP)4 781.16亿元,按可比价格,比上年增长11%,全市财政总收入910.55亿元,其中地方财政收入455.35亿元,分别增长15.5%和16.3%,市区城镇居民人均可支配收入24 104元,农村居民人均纯收入10 692元,分别增长11.1%和12%。

2. 杭州市城市总体规划

(1)城市发展目标

经过20年的努力,杭州市经济社会发展主要指标达到或接近发达国家水平。进一步发挥杭州在以上海为龙头的长江三角洲地区重要中心城市的辐射带动作用和在全省的政治、经济、文化、科教中心作用,强化科技创新和中心城市的综合服务功能,逐步把杭州建成经济繁荣、社会和谐、设施完善、生态良好,具有地方特色的现代化城市。

(2)城市布局结构

①城市发展方向:城市东扩,旅游西进,沿江开发,跨江发展,实施“南拓、北调、东扩、

西优”的城市空间发展战略,形成“东动、西静、南新、北秀、中兴”的格局。

②城市布局形态:从以旧城为核心的团块状布局,转变为以钱塘江为轴线的跨江、沿江,网络化组团式布局。采用点轴结合的拓展方式,组团之间保留必要的绿色生态开敞空间,形成“一主三副、双心双轴、六大组团、六条生态带”开放式空间结构模式。

③组团职能与用地功能组织

中心城区:即一主三副,由主城、江南城、临平城和下沙城组成。承担生活居住、行政办公、商业金融、旅游服务、科技教育、文化娱乐、都市型和高新技术产业功能。逐步形成体现杭州城市形象的主体区域。

六大组团:分成北片和南片,北片由塘栖、良渚和余杭组团组成,南片由义蓬、瓜沥和临浦组团组成。吸纳中心城区人口及产业等功能的扩散,形成相对独立、各具特色、功能齐全、职能平衡、设施完善、环境优美的组合城镇。

六条生态带:在各组团之间、组团与中心城区之间,利用自然山体、水体、绿地(农田)等形成绿色开敞空间,划定生态敏感区,避免城市连片发展而影响生态、景观和城市整体环境水平。

双心双轴:双心即湖滨、武林广场地区为旅游商业文化服务中心;临江地区由北岸的钱江新城和南岸的钱江世纪城共同组成的城市新中心。

3. 杭州市城市轨道交通规划

(1)杭州市城市轨道交通规划

杭州轨道交通线网规划完成并获国家批准。杭州轨道交通线路之长、建设之先进目前在国内非常少见。规划的轨道交通线网将由 8 条轨道线路构成,278 km 的放射状线网,网住了杭州城现有的“一主三副六组团”(一主是指老城区,三副是指江南城、临平城和下沙城,六组团是指塘栖、余杭、良渚、临浦、瓜沥、义蓬)。

1 号线:南起萧山区湘湖,北抵临平,东至杭州经济技术开发区,贯穿临平副城、下沙副城、江南副城和杭州市中心城区,是连接城市一主三副的主干线路,全长 62 km。

2 号线:南起萧山区朝阳村,经萧山区、江干区、下城区、拱墅区、西湖区,是轨道交通网络中穿越城市西北到东南的骨干线路,纵贯杭州城市南北,把良渚组团、主城区和江南新城连接起来,与地铁 1 号线形成杭州市快速轨道交通的十字形构架,全长 30. 035 km。

3 号线 :西起留下,沿天目山路,途经汽车西站,向东至武林广场,与 1 号线形成换乘;而后向北转向河东路再到上塘路,途经运河商务商贸中心,在上塘路和大关路交接处转向沈半路,并沿该路一直向东北方向延伸。经丁桥镇、天都城居住区、星桥镇,直至临平,在藕花洲大街与1号线相交。

4号线：起于彭埠镇，经火车东站，沿新塘路、富春江路，穿过钱江新城，向西到达钱江大桥。西端未来可延伸至富阳市。

5号线：西起老余杭，向东经过仓前镇、蒋村乡等地，从主城区北部穿过，至东新路时转向南，进入建国北路，把下城居住区公共中心及会展中心区连接起来；再经建国中路到城站火车站，沿江城路通过钱江四桥过江，而后沿四季大道往南，至滨康路时转向东，沿滨康路、金城路直至萧山火车站。

6号线：基本沿滨江高新技术开发区发展轴中兴路设置。西起浦沿，途经浦沿路、东信大道及中兴路，连接滨江区区级公共次中心，沿江边连接钱江世纪城再到钱江文化产业园。该线为城市轨道线网中的次干线，连接1号线、2号线、5号线三条主干线。

7号线：起于钱江世纪城，与2号线形成双向同站台换乘，沿机场高速路向东，至萧山国际机场；而后转向北，到达江东工业区中心。该线为一条连接线，主要是建立江东地区与未来城市中心钱江世纪城的联系。

8号线：西起下沙2号大街，向东过江后，分别连接义蓬区域中心、教育科研区。

线路东西走向，往东预留延伸至江东东面工业区条件。

(2)杭州市轨道交通规划图(见下页)

二、杭州市的轨道交通建设现状

(1)杭州轨道交通1号线：杭州地铁1号线在建的为一期工程，南起萧山区湘湖站，北抵临平世纪大道站，东至杭州经济技术开发区16号路站，贯穿临平副城、下沙副城、江南副城和杭州市中心城区，线路全长52.5 km，共设有33站，其中地下车站30座，高架车站3座，4座主变电站，一个车辆基地和一个停车场，总投资约220亿元。工程于2007年3月28日开工建设，截至2008年12月31日，已有7个车站完成主体结构，其他车站正在进行主体结构或围护结构施工，盾构区间正加紧推进，机电招标工作有序开展。地铁1号线预计2011年底开通。

(2)杭州轨道交通2号线：杭州地铁2号线在建的为一期工程，南起于萧山区朝阳村，经萧山、江干、下城、拱墅、西湖共五个行政区至文新路与富华路交叉口的丰潭路站，线路全长30.035 km，共设24座车站，2座主变和一个车辆段，总投资约为169亿元。2008年9月28日开工建设，预计2012年建成通车。

三、杭州市城市轨道交通建设和运营管理：

杭州地铁集团公司

2002年6月，经杭州市委、市政府批准，组建杭州市地铁集团有限责任公司，主要从事

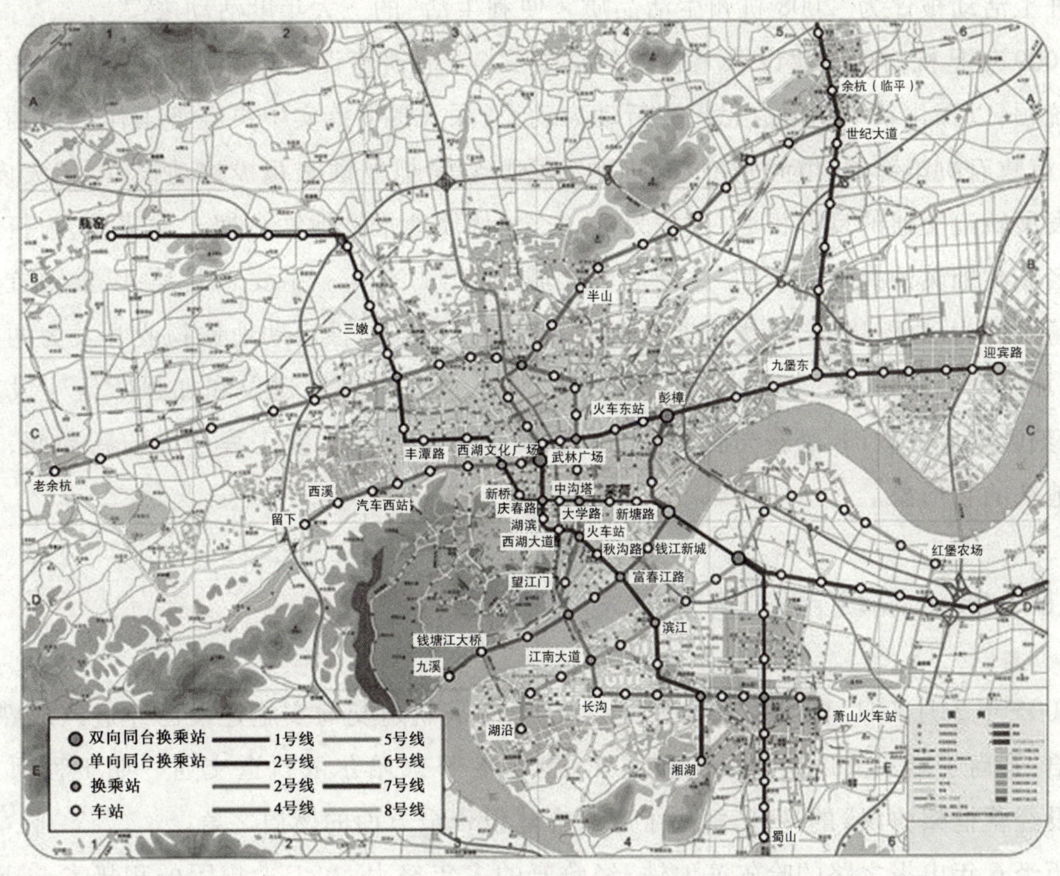

杭州市轨道交通规划图

轨道交通工程的建设、运营和管理以及房地产开发、广告、商贸服务、技术咨询等相关经营服务。公司性质为国有企业。目前，主要承担杭州地铁的建设任务。

2005 年 6 月 6 日，经国务院批准，杭州市城市快速轨道交通建设规划获得国家发改委审批。2006 年 4 月 19 日，杭州地铁 1 号线工可报告获得国家发改委正式批复，2007 年 1 月，省发改委组织专家审查通过了地铁 1 号线工程初步设计。2007 年 3 月 28 日，杭州地铁一期工程正式开工建设。2008 年，在市委、市政府的正确领导下，集团公司以地铁一期工程建设为主线，努力把杭州地铁工程打造成精品工程。2008 年，公司注册成立杭州市地铁置业公司，不断深化地铁上盖物业开发研究，按照打造城市综合体的要求，充分发挥地铁的综合效益，努力将地铁物业打造成杭州的标志性建筑和精品工程。招商引资工作进一步开展，积极落实资本金和银行授信工作，强化工程造价管理，严格控制地铁建设投资。人才队伍建设逐步加强。积极引入现代人力资源管理理念，启动薪酬分配制度改革工作，进一步完善绩效管理体系。一年来，公司先后获得了省重点建设立功竞赛先进集体、杭州优秀基层党组织、钱江新城核心区建设开放先进单位等荣誉称号，杭州地铁一期工程开工活动被评为"2008杭州生活品质·便利生活"的三大年度活动之一。

2009年是杭州地铁建设承上启下的重要一年，地铁建设的指导思想是：以科学发展观为统领，以深化新一轮解放思想大行动为动力，深入贯彻落实中央经济工作会议精神和市委、市政府决策部署，继续坚持六个"不动摇"，紧紧抓住国家积极拉动投资、扩大内需、大力发展轨道交通的良好机遇，化危为机，安全、优质地推进地铁一期工程建设，为打造与世界名城相媲美的共建共享的"生活品质之城"而努力奋斗。主要思路是：以推动杭州经济平稳发展为己任，以安全、优质推进在建工程建设和实质性启动地铁物业开发为两条主线，以加快线网规划和二期建设规划报批为重点，以完善制度建设和加强队伍建设为保障，深刻吸取血的教训，卧薪尝胆、奋发图强，努力开创杭州地铁工程建设的新局面，重塑杭州地铁的新形象。

1.3.5 哈尔滨城市轨道交通发展概况

2005年2月7日，国家发改委领导一句"哈尔滨轨道交通实施建设已经进入成熟期"的评语，开启了哈尔滨地铁建设的新纪元。9月8日，《哈尔滨轨道交通一期工程项目投资建设经营框架协议》的签订，解决了政府在建设资金方面的燃眉之急。

历经6年申报之路的哈尔滨地铁，经政府的多年努力，在工大集团的积极参与下，终于以"建设"、"经营"、"移交"的"BOT"投融资方式，进入实施阶段。2005年12月5日，对于哈尔滨来说将是一个具有里程碑意义的日子。在大直街与清滨路的交汇处，哈尔滨地铁1号线一期试点工程建设将投下第一铲，哈尔滨地铁1号线控制中心和电表厂车站建设将就此启动，哈尔滨人的地铁梦踏上现实之旅。

一、哈尔滨城市总体规划和轨道交通线网规划

1. 哈尔滨城市概况

哈尔滨是黑龙江省省会，全国重要的工业城市和商品粮基地，国务院确定的历史文化名城和国际冰雪文化名城。哈尔滨市辖8个区、10个县(市)，总面积5.31万km^2，市区面积7086km^2；总人口987.4万人，市区人口475.5万人，是全国省辖市中面积最大的城市。哈尔滨地处东北亚中心位置，被誉为欧亚大陆桥的明珠，是第一条欧亚大陆桥和空中走廊的重要枢纽。

改革开放以来，哈尔滨发生了翻天覆地的变化，国民经济和社会事业取得了举世瞩目的成就。在全国40个大类行业中，哈尔滨有38个，主要产品已达4000多个，覆盖全国，远销100多个国家和地区。经过几十年的建设，哈尔滨已经发展成为一个工业门类齐全，同时又拥有广大农村的现代化城市。哈尔滨已成为中国综合实力10强城市之一，在中国城市竞争力排行榜中列第27位，科技综合实力位居全国城市第9位，是中国十佳宜游城市、全球50个国际性避暑旅游名城和2008北京奥运十大最热旅游城市之一。哈尔滨现在正着力建设先进制造业、现代农业、现代服务业全面发展的新型产业基地，着力建设适宜创业、适且人居、适宜人的全面发展的现代文明城市。

2008年哈尔滨市实现地区生产总值2 868.2亿元，按可比价格计算比上年增长13.2%。城市居民家庭年人均可支配收入14588.6元，比上年增长14.2%，城镇居民人均工资性收入8 759.0元，增长12.5%，仍是拉动可支配收入增长的主要因素。农村居民家庭年人均纯收入5 960.9元，增长17.6%，增速创4年来新高。

2. 哈尔滨市城市总体规划概况

(1)城市总体规划目标：到2020年，以振兴东北老工业基地战略为中心，以全面建设小康社会为目标，以"北跃西扩、南延东优、中兴外联"为城市空间发展策略，围绕"五个基地，一个中心，一座名城"的发展构想，建设经济发达、人居环境良好、基础设施完善、特色鲜明的现代化大城市。

(2)城市发展格局：到2020年规划形成可持续发展的、生态的、富有活力的"一江、两城、九大组团、十八个聚集区"的城市空间结构。

(3)城区产业空间发展：构建"一主五副"城市公共中心；建设五大产业基地，形成八大工业区。

(4)城市规模：2010年城市实际居住人口规模394万人，城市建设用地规模365 km^2；2020年城市实际居住人口规模460万人，城市建设用地规模458 km^2。

(5)道路网：以完善布局、优化道路为目标，形成以快速路，主干道为骨架，次干道为辅助；支路网均衡，衔接良好的城市道路网络。到2020年，城区干道里程达到1 611 km^2。

3. 哈尔滨市轨道交通线网规划

根据城市总体规划，哈尔滨市轨道交通网络规划包括4线1环共5条线路和2条支线，总长143 km^2，设115座车站，建设期20年。估算总投资800亿元，其中一期工程投资83.6亿元，建设里程14.3 km，是哈尔滨市历史上最大的城市基础设施项目。全线除地下车站、区间隧道、车辆段以及相应的地面建筑和轨道工程外，还需进行供配电、通信、信号、通风、空调、给排水、消防、防灾报警、设备监控、自动售检票等设备及车辆基地工艺设备的安装。项目建成后，将连接哈尔滨各主要行政区域，形成一个四通八达，方便快捷的网络交通格局。

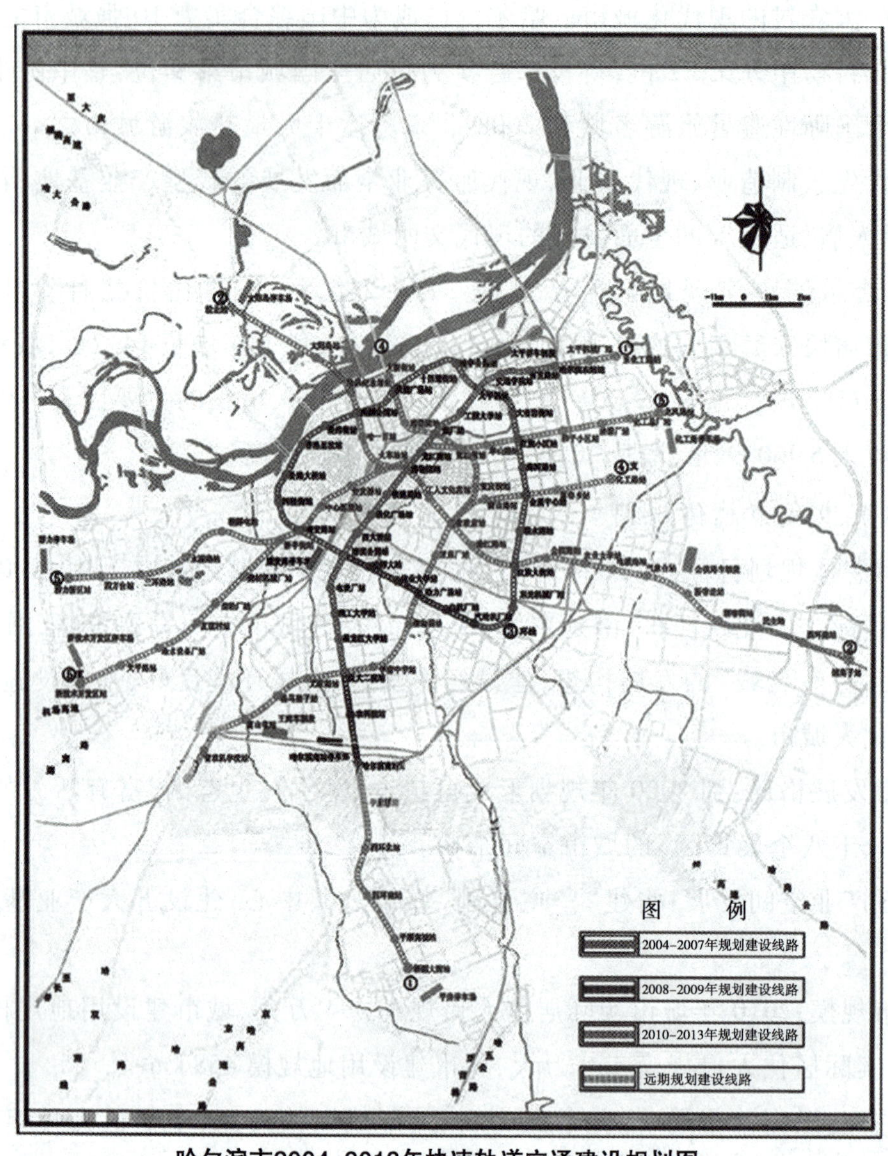

哈尔滨市2004-2013年快速轨道交通建设规划图

4. 哈尔滨市轨道交通近期建设规划

2004 年至 2013 年哈尔滨市将建设轨道交通网络规划中 1 号线哈尔滨铁路东站至哈尔滨铁路南站段(长 17.48 km^2)和 3 号线(长 28.05 km^2),总长 45.53 km^2。共设 41 座车站,1 处车辆段,2 处停车场,初步形成“一线一环”轨道交通网络。近期建设分三阶段实施。其中:第一阶段:2004 年至 2007 年建设轨道交通 1 号线哈尔滨铁路东站至哈医大二院段,线路长 14.4 km,建设 16 座车站和太平桥车辆段。第二阶段:2008 年至 2009 年建设轨道交通 1 号线哈医大二院至哈尔滨铁路南站段和三号环线清滨公园站经和兴路、动力广场至汽轮机厂段,线路长 10.17 km^2,建设 8 座车站以及哈尔滨铁路南站停车场。第三阶段:2010 年至 2013 年建设哈尔滨市轨道交通 3 号环线由汽轮机厂站经红旗大街、北环路至清滨公园站,线路长 20.95 km^2,建设 17 座车站以及康安路停车场。

二、哈尔滨市城市轨道交通建设现状

兴建线路:

地铁一期工程由医大二院站至哈尔滨东站站,线路全长 14.33 km^2,设 16 座车站,其中 9 座地下二层站,2 座地下三层站,一座地下 4 层车站,4 座利用原"7381"工程既有车站改造。全线正线区间长度为 11.8 km^2,其中医大二院站至清滨公园站区间 3.56 km^2 采用矿山法施工,清滨公园站至工程大学站区段近 6 km^2 利用"7381"工程既有隧道,工程大学站至终点 3.45 km^2 采用盾构法施工。在清滨公园站和太平桥站附近设主变电站 2 座,沿线设牵引变电站 8 座,在太平桥设占地 23.9 hm^2 的车辆段一处。全线除地下车站、区间隧道、车辆段以及相应的地面建筑和轨道工程外,还需进行供配电、通信、信号、通风、空调、给排水、消防、防灾报警、设备监控、自动售检票等设备及车辆基地工艺设备的安装。

三、哈尔滨市地铁一期工程建设

1. 地铁一期工程建设特点:地铁一期工程是沿城市东西主轴布置的贯通线和网络中的骨干线路,一是沿线地质条件差别较大,土建施工工法类型多而复杂,施工技术要求高,安全风险大。一期工程车站建设有明挖车站、盖挖车站、暗挖车站和明暗挖相结合进行施工的车站;区间建设有暗挖施工区间、明挖施工区间和盾构推进区间,多样复杂的施工工法对技术要求极高。特别是改造既有"7381"人防隧道作为地铁一期工程的部分地下区间和车站,在国内轨道交通建设中首次应用,改造过程中的结构托换、堵漏防渗等施工任务十分艰巨复杂。二是设备系统类别多,安装工序交叉、接口复杂。一期工程涉及十几类大的系统,工序交叉作业,系统之间相互衔接,需科学统筹安排。三是工程涉及面广、制约条件多,工程协调和施工现场组织难度大。地铁一期工程线路经过我市中心最繁华地段,途经主要商业贸易中心区、文化教育中心区和居民居住中心区,房屋建筑林立、各种管线集中,受客观条件影响,工程拆迁、管线迁移,以及工程施工现场组织与其他城市基础设施项目相比,困难多、难度更大。

2. 地铁一期工程建设进展情况:历经十年谋划的地铁项目一期土建工程已于 2008 年 9 月 29 日正式启动。到 2008 年末,已完成给排水、电力、通信、煤气、供热管线迁移工程 13 000 m;道路恢复 20 000 m^2,撼砂 15 000 m^3;基坑土方开挖 30 000 余 m^3,完成理工大学站、南直路站、哈东站等 8 个车站围护结构钻孔桩地铁车站围护桩 2 777 根。在建设标准上,为精心打造百年地铁,本着立足当前、着眼长远、统筹规划、不留遗憾的原则,哈尔滨市轨道办、地铁建设投资发展有限公司在规划设计上,着重处理好与网络规划中其他线路换

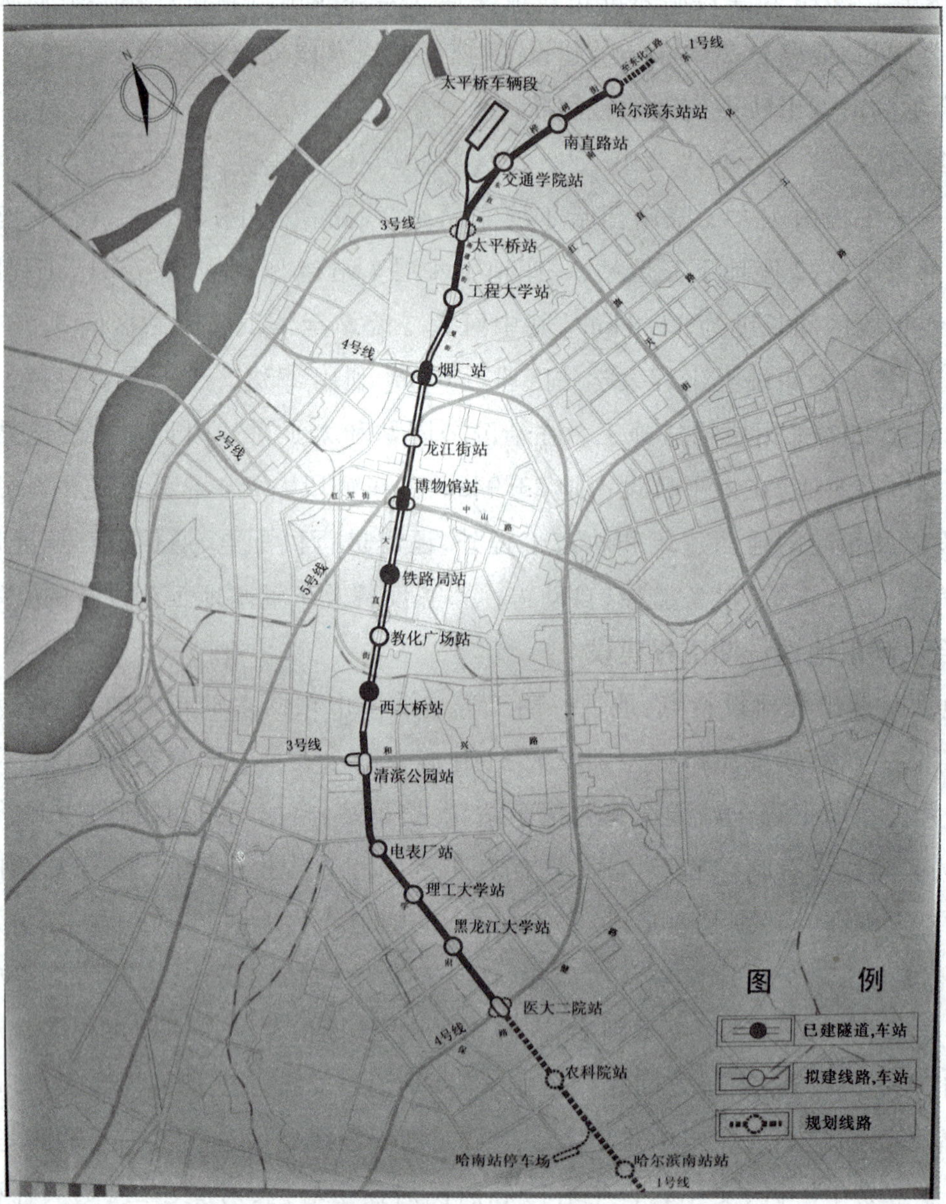

哈尔滨市轨道交通一期工程总体方案示意图

乘、与沿线地上地下综合开发、与地面公交系统衔接、与沿线业态发展的关系，充分考虑无障碍设施、自动售检票、安全屏障、导向标识、环境控制、环保节能等人本化设计，高标准选定双电源、自动驾驶、移动闭塞信号等先进的现代化功能系统，力求使哈尔滨市地铁一期工程的系统配置和使用功能达到国内一流水平。在工程建设上，组织设计、监理、施工单位，根据施工标段现场的具体情况进行风险源全面排查；着手制定地铁一期工程风险源应急预案，并适时进行演练；对中标企业的企业行为进行核查，规范地铁工程的建设秩序；对已完成的地铁设计进行重新核验；对地铁一期工程关键部位和环节进行重点分析论证；组建哈尔滨地铁工程专家库;全面开展地铁参建人员培训工作。同时,针对哈市地铁持有的既有洞体利用维护、冬季施工季节方法等技术难点,进行方案论证和技术攻关,深化细化地铁项目设计、施工,确保地铁一期工程建设的顺利推进。

四、哈尔滨市轨道交通建设和运营管理

哈尔滨市地铁建设投资发展有限公司

哈尔滨市地铁建设投资发展有限公司是由股东单位出资20.8亿元人民币本公司注册资金,具有法人资格的有限责任公司。接受市政府委托,在授权范围内行使资产所有权能,开展投融资和资本运营,从事地铁建设、运营、管理活动,负责地铁关联用地整理、开发及经营,负责地铁项目地上地下资源开发适用,下设置哈尔滨市地铁建设投资发展有限公司建设分公司、哈尔滨市地铁建设投资发展有限公司运营分公司、哈尔滨市地铁置业开发有限公司、哈尔滨市地铁物资设备有限公司、哈尔滨市地铁资产营销有限公司。

五、哈尔滨轨道交通发展大事记

- 早在1973年,哈尔滨市根据平战结合的原则,按背景地铁标准修建了一条长约10.1 km人防地下工程("7381"工程),同时还建成了5座车站及2座变电所。

- 1998年初,哈尔滨市就开始启动轨道交通工程前期准备工作,分别编制完成了哈尔滨市轨道交通客流调查分析与预测报告、网络规划研究报告、综合交通规划、环境影响评价工作大纲等十几个主要文件,并分别通过了国家以及省、市有关部门的专家评审。

- 2002年,国家发改委规定GDP在1000亿元以上,财政收入在100亿元以上的城市有资格申报地铁项目。哈尔滨市符合条件,开始系统制定地铁近期10年和远期10年的建设规划。

- 2003年,哈尔滨市向国家发改委递交了地铁建设规划,发改委和中咨公司的工作人员多次来哈了解和考察情况。

- 2004年4月11日,国务院一季度经济形势分析会做出决定,因为经济形势过热,全国地铁项目一律暂缓上报。

- 2005年6月30日,国务院正式审批了哈尔滨地铁工程近期10年规划。

- 2007年哈尔滨地铁一期工程立项获国家发改委审批。

- 2008年2月4日,包保地铁一期工程大项目的哈尔滨市委副书记、市长张效廉亲临沿线踏查调研。

- 2008年4月14日,黑龙江省委副书记、省长栗战书,省委常委、常务副省长杜家毫,副省长盖如垠专题听取了哈尔滨市地铁一期工程推进情况汇报。

• 2008 年 5 月 4 日，哈尔滨市政府第 25 次常务会议专题研究地铁建设有关工作，重点解决制约地铁建设的瓶颈问题。

• 2008 年 9 月 29 日，哈尔滨市地铁一期工程土建工程启动，8 座车站和地铁控制中心开工建设。到 2008 年末共完成年度投资计划 12.6 亿元。

1.3.6 苏州城市轨道交通发展概况

苏州市已确定在“十五”期间启动城市轨道交通工程。并编著城市轨道交通的详细规划。

苏州城市轨道交通将按照“统一规划、分步实施”的原则，以满足 2015 年苏州市机械出行人数总量 600 万人次的需求。在法国索非图公司提出的总体方案中，苏州轨道交通的总长将达到 360 km，其中核心市区范围内 245 km，整个轨道交通工程由一条环线、东西向和南北向各一条骨架线和 6 条有轨电车辅助线组成。而分别设在火车站、中央商贸区、太湖旅游风景区等地的 6 个大型换乘中心将使市民的出行变得更为方便、快捷。

苏州轻轨规划列入省“十一五”规划，将有利于推动苏州轻轨项目的各项进展。目前，苏州轻轨项目已报到国家发展与改革委员会，并将由国家发改委报送到国务院审批。列入省规划后，苏州轻轨项目的报批、建设将得到省政府支持。该规划中明确指出，到“十一五”末期，包括轨道交通和常规公交在内的全省城市公共交通对城市交通的分担率要达到22%，其中特大城市与大城市要达到 25% 以上。轻轨 1 号、2 号线 2010 年有望通车。

一、苏州市城市总体规划和轨道交通线网规划

1. 苏州市城市概况

苏州坐落于富庶的长江三角洲地区的地理中心，太湖之滨，长江南岸的入海口处，京杭大运河、京沪铁路和多条高速公路贯穿全境．全市面积 8 488 km²，其中市区面积 1 650 km²。2007 年年末，全市户籍总人口 6 244 311 人，其中市辖区 2 353 019 人；苏州自古有京杭运河贯穿而过。现有京沪铁路以及 312，204 等多条国道经过苏州。苏州周边有上海虹桥机场、浦东机场、无锡硕放机场。2007 年苏州正在建设轻轨。预计 2009 年左右投入使用。其高速公路密度达到德国水平，是交通部授予的公路交通枢纽城市。

苏州是我国经济最发达的城市之一，古城东西两侧工业区体现现代中国最先进的技术产业和管理水平。苏州的交通便利，高速公路、沪宁铁路、312 国道东接上海 1 h 车程，北离南京 2 h 车程，并有机场路直通虹桥机场。大运河北接无锡，南抵杭州。

2008 年苏州经济依然保持健康有序运行，全市实现地区生产总值 6 701 亿元，按可比价计算比上年增长 13%；地方一般预算收入 668.9 亿元，增长 23.5%；城镇居民人均可支配收入 23 867 元，农民人均纯收入 11 680 元，分别增长 12.3% 和 11.5%。

2. 苏州城市总体规划

苏州城市作了四个层次划分，即市域、城市规划区、中心城区和古城地区。

其中，市域面积为 8 488 km^2，包括市区和张家港、常熟、太仓、昆山和吴江 5 个县级市。城市规划区面积为 2 597 km^2，中心城区面积为 599.2 km^2，古城地区面积为 22.63 km^2。

到 2010 年时，全市市域总人口为 980 万人，市域城镇化水平为 70%，城镇人口为 690 万人；2020 年时市域总人口为 1 100 万人，城镇化水平为 80%，城镇人口为 880 万人。同时，到 2020 年时，全市将形成特大城市、大城市、中等城市和小城镇 4 个城市规模等级并将建设 5 条城际轨道铁路。

市域综合交通规划，包括市域公路网络规划、国铁线网规划、市域轨道线网规划、水运系统规划、市域航空通道规划、市域客运枢纽和市域货运枢纽 7 个方面。其中市域公路网络规划将形成“一环一联二射、三纵四横”的高速公路网络，“四纵五横”的一级公路联络干线网络和县乡路网三个层次组成的市域公路网络。国铁线网规划，建设京沪高速铁路，其线位推荐在现有沪宁铁路和沪宁高速公路间走廊范围内的南线方案，以东西斜穿相城和阳澄湖的北线方案为备选线路。普速铁路，规划建设沪通铁路、镇南铁路和苏嘉杭铁路苏州段。市域轨道线网规划，规划建设沪宁、苏嘉、苏常、苏通和沪锡苏州段等 5 条城际轨道铁路。城市轨道市域线，规划建设硕放机场专线和城市轨道 3 号线的昆山、太仓延长线。

3. 苏州市城市轨道交通规划

苏州城市轨道交通远期线网由 1 号线、2 号线、3 号线、4 号线 4 条线路组成，线路总长 135.3 km，车站 105 座，形成两纵两横“并”字形总体布局，将覆盖平江区、沧浪区、金阊区、工业园区、高新区、相城区、吴中区 7 个区所组成的苏州中心城区，面积约 1100 km^2，该交通网的建成，将构成中心城区综合交通的骨架，解决中心城区居民的出行，到远期城市快速轨道交通出行总量占城市公交出行总量的比例将超过 40%，占城市总出行的比例将超过 18%。

二、苏州市的轨道交通建设现状

1. 兴建线路

(1) 1 号线：1 号线线路全长 25.739 km，横跨苏州 6 个区，共设 24 座车站，全部是地下

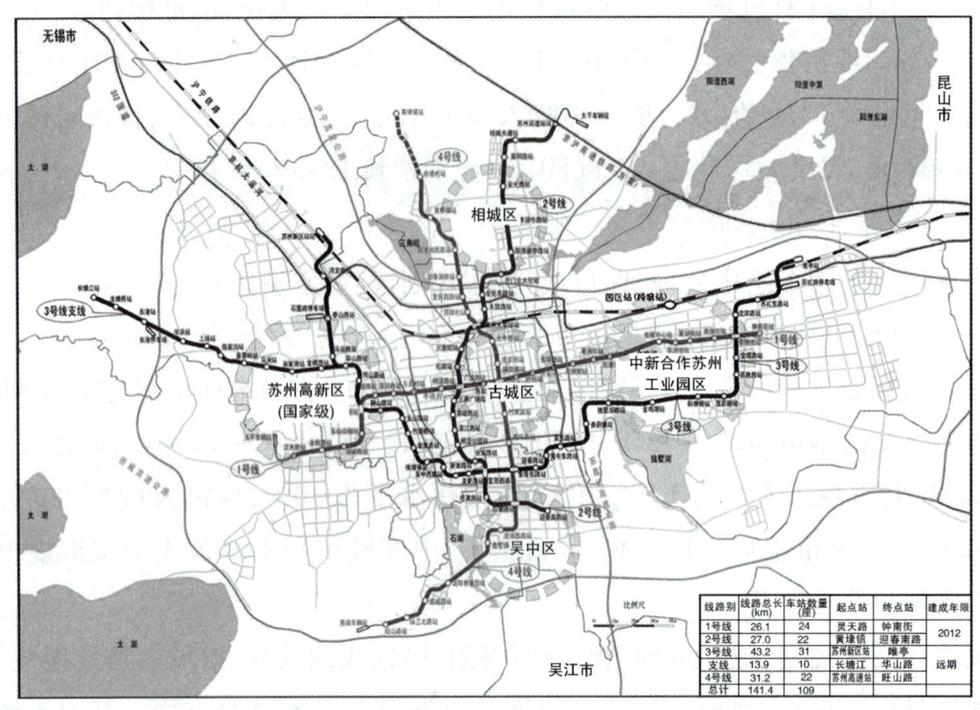

线路别	线路总长(km)	车站数量(座)	起点站	终点站	建成年限
1号线	26.1	24	灵天路	钟南街	2012
2号线	27.0	22	黄埭镇	迎春南路	
3号线	43.2	31	苏州新区站	唯亭	远期
支线	13.9	10	长塘江	华山路	
4号线	31.2	22	苏州高速站	旺山路	
总计	141.4	109			

苏州市轨道交通线网图

站。沿线设站为灵天路、金枫路、汾湖路、玉山公园、苏州乐园、滨河路、三元村、桐泾路、广济路、养育巷、人民路、临顿路、仓街、东环路、中央公园、星海街、星港街、国际博览中心、华池街、星湖街、南施街、星塘街、钟南街。全线平均站间距 1 094 m，计算开行速度35 km/h，列车以正常速度全线行驶，含停站的总时间约为 43 min。1 号线车辆采用 4 节编组，运输能力将不小于 2.85 万人次/h。工程总投资 126 亿元，目前正在进行各车站主体建设，2008 年 9 月将正式进入隧道盾构掘进施工阶段。预计 2012 年 6 月 26 日完工通车。

(2)2 号线：2 号线（全长 26.386 km，设站 22 座，2012 年通车）沿线站点分别是高铁站、相城大道、富阳路、安元路、春申湖中路、阳澄湖中路、齐门北大街、金民东路、天筑路、火车站、三医院、石路、广济路、三香广场、劳动东路、胥江路、桐泾公园、长吴路、宝带西路、旺吴路、石湖路、迎春南路。

2. 待建线路

(1)3 号线：3 号线预计达 43.5 km，共设站 31 座，预计在 2015 ~ 2016 年建成通车。沿线设站为新区城铁站（浒墅关）、鸿文路、泰山路、马运路、华山路、何山路、苏州乐园、狮山路、玉山路、竹园路、横山路、横塘镇、吴中西路、新郭路、友新路、宝带西路、宝带东路、迎春路、吴中东路、吴东路、娄葑镇、独墅湖路、国宾路（望湖角）、斜塘镇、莲葑路、苏胜路、金塔路、星塘街、沈浒路、苏虹东路、唯亭城铁站。

(2)4 号线:4 号线预计达 31.2 km,共设站 22 座,预计在 2015~2016 年建成通车。沿线设站为旺埂上、广登路、黄桥镇、阳澄湖路、珍珠湖路、金民西路、苏锦村、火车站、北寺塔、观前街、人民路、十全街、竹辉路、南环路、宝带东路、石湖路、澄湖西路、蠡墅镇、国际教育园、越城西路、溪水路、苏旺路。

1.3.7 宁波城市轨道交通发展概况

2002 年宁波启动轨道交通线网编制,完成《宁波市城市快速轨道交通建设规划》,并于 2005 年底报呈国家发改委、建设部。在国务院批复的"宁波市城市快速轨道交通近期建设规划"中,包括轨道交通 1 号线和 2 号线一期工程,线路总长 72.1 km,设车站 45 座。其中有关宁波市轨道交通线网是以三江片为核心,以跨三江、连三片、沿三轴为指导思想构成的三主三辅六条线、放射状的轨道交通线网,全长 247.5 km。

一、宁波市城市总体规划和轨道交通线网规划

1. 宁波市城市概况

宁波位于我国海岸线中段,长江三角洲南翼,东临舟山群岛,南依三门湾,西接绍兴市,北濒杭州湾。下辖 6 区 5 县(市),市域总面积 9 365 km^2,总人口 660.86 万人,其中市区面积 2 560 km^2,人口 291.87 万人。2008 年全市实现生产总值(GDP)3 964.1 亿元,按可比价格计算,比上年增长 10.1%;按户籍人口计算的人均 GDP 突破 10 000 美元,达 10 079 美元。市区居民人均可支配收入 25 304 元,比上年增长 13.4%;农村居民人均纯收入 11 450 元,增长 13.9%。城乡居民收入差距由 2007 年的 2.219∶1 缩小为 2008 年的 2.210∶1。

2. 宁波城市总体规划

新一轮总体规划确定的宁波城市性质为:国家历史文化名城、长江三角洲南翼经济中心、东南沿海重要的港口城市。

城市总体发展目标为:到 2020 年,全市基本实现现代化,经济和社会发展的主要指标分别超过和达到当时中等发达国家水平,形成雄厚的综合经济实力、发达的现代产业体系、完善的市场机制、高度国际化的开放格局、和谐协调的生态环境和社会发展体系,实现市民素质、生活质量、文明程度的显著提高。

城市空间结构:总体上分为市域、都市区和中心城三个形态;市域内形成以宁波中心城为中心,T 字型交通骨架(滨海线、沿海国道主干线)为主轴,二区(北部都市区、南部生态发展区)为主体的面向杭州湾的开放式空间布局结构;都市区将形成以宁波中心城为中心，余慈地区杭州湾南岸新城组成的带形组团式布局；中心城区将形成为“一心两带三片多点”组团式空间格局：“一心”即以三江片为核心，“二带”即滨海、北仑、镇海产业带，沿运河和铁路的交通生态带；“三片”即镇海、北仑和三江片由二条生态带隔离，形成一个组团式城市；“多点”即围绕中心城三片的十多个卫星城。

城市对外交通：将形成“123”交通圈，即市域内形成 1 h 交通圈，市域外到达上海、杭州、嘉兴、台州、舟山、金华等周边城市形成 2 h 交通圈，都市区以内形成 30 min 交通圈。同时还将建立起以北仑港为起点，以宁波市区为中心的“一绕五射”高速公路骨架。一绕指绕城公路，五射指杭甬高速公路、同三国道主干线（甬台温高速公路）、甬金高速公路、杭州湾大通道、舟山陆岛工程。

3. 宁波市城市轨道交通规划

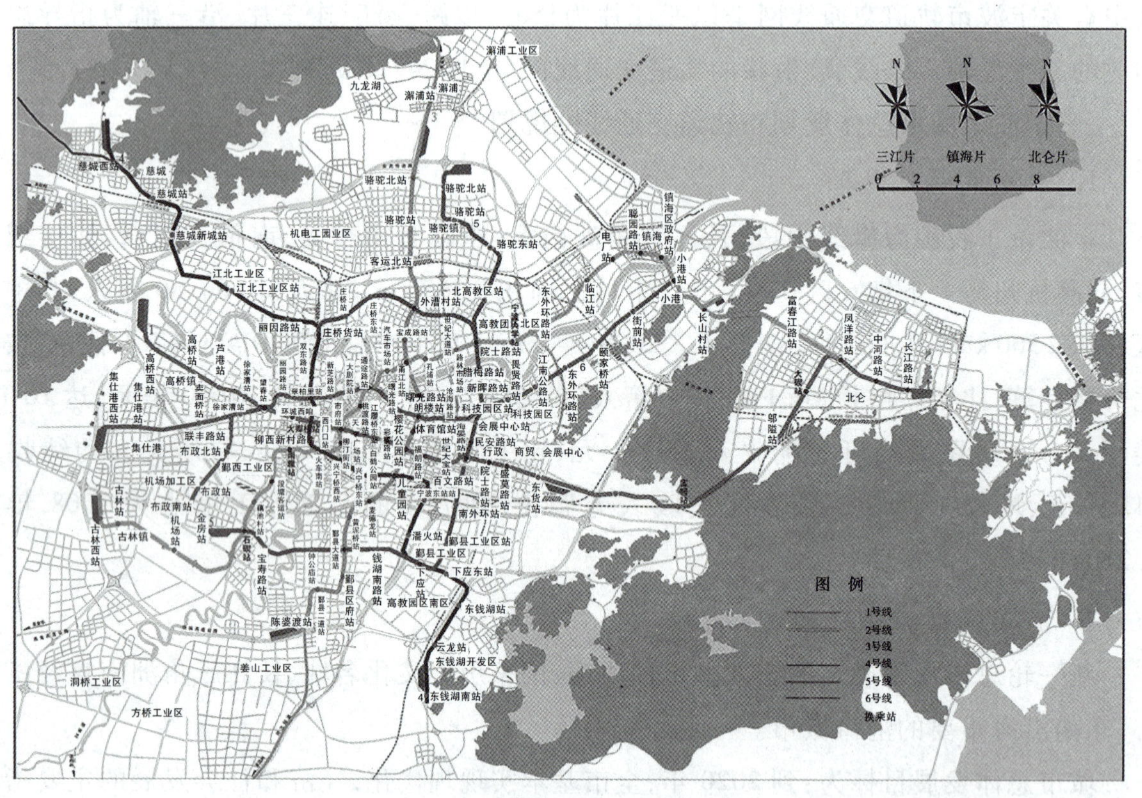

宁波市城市轨道交通规划图

宁波轨道交通线网是以三江片为核心，呈放射状的 3 主 3 辅 6 条线，全长 247.5 km，共设换乘站 19 座。此次获批的“2008—2015 年近期建设规划”包括轨道交通 1 号线和 2 号线一期工程，线路总长 72.1 km，设车站 45 座，总投资近 300 亿元，计划 2015 年前建成。

轨道交通初定6条线网,1号线高桥至北仑,是东西向骨干线,贯穿三江片和北仑片;2号线古林镇至镇海,是西南到东北方向骨干线,沿甬江、奉化江城市发展水轴布置,贯穿镇海片、三江片和栎社机场;3号线姜山至浦,是南北向骨干线;4号线慈城至东钱湖,主要加强西北到东南方向线网密度;5号线机场北区至骆驼,主要加强东部新城和鄞州区的联系;6号线集士港至野趣公园,主要加强城市东西向联系。

宁波轨道交通1号线、2号线一期,至2015年形成轨道交通"十"字骨架,线路总长72.1 km,车站45座,项目建设总投资253.7亿元。1号线一期工程为市区东西向的骨干线,西起高桥镇,途经望春路、中山西路、中山东路、东部新城,再经五乡、宝幢至北仑,线路全长约45.99 km,设车站29座、车场3座。2号线一期工程机场—东外环,长27.5 km。

二、宁波市的轨道交通建设现状

1. 待建线路

(1)1号线

1号线为东西向的基本骨干线,由主线和东延伸线组成。1号线主线起于宁波市西部的高桥镇,止于终点站东货站。1号线东延伸线由东货站引出,至终点站长江路。线路西起高桥镇,贯穿三江片,东至北仑区,连接了城市西部的工业园区,通过高桥地区、望春桥地区、汽车西站、大卿桥、西门口居住区,天一广场、三江口商业中心,东部新城中心区、北仑中心区等大型客流集散点。1号线主线全长21.3 km,其中高架线7.3 km,地下线14 km,共设车站19座,其中高架站5座,地下站14座。

(2)2号线

2号线为西南—东北方向的基本骨干线。线路沿奉化江、甬江城市发展水轴布置,贯穿三江片,经镇海直至北仑,连接了栎社机场、段塘客运中心站、火车南站、三江片商业中心、汽车北站、火车北站、汽车市场、宁波大学、镇海中心区、小港及北仑中心区等大型客流集散点。2号线全长约50 km,其中高架线28.8 km,地面线1.1 km,地下线20.1 km;共设车站27座,其中高架站14座,地面站1座,地下站12座。

2. 规划线路

(1)3号线

线路自浦起以高架线形式向南延伸,经骆驼镇、铁路北站,过甬江后入地,沿中兴路向南,过杭甬高速公路后,向西转入嵩江路并出地面形成高架线,之后沿天童路向南一直以高架的敷设方式直至陈婆渡。线路全长29.7 km,其中高架线22.5 km,地下线7.2 km,共设车站18座。

(2)4号线

线路自慈城北起,采用高架线,至姚江北岸进入地下,以地下线形式穿姚江、奉化江,至杭甬高速公路南转入嵩江路后出地面形成高架线,其后线路均采用高架线形式直到东钱湖南。线路全长40.6 km,其中:高架线24.7 km,地下线13.6 km,共设车站22座,其中:地面站1座,高架站11座,地下站10座。

(3)5号线

起始于机场北部工业区的金房,沿鄞县大道高架敷设,沿鄞县大桥北侧跨过奉化江,进入鄞县大道路中隔离带高架敷设;过世纪大道后线路向北转入鄞州工业区,过南外环路后线路入地,经过东部新城后在会展中心前出地面形成高架,在东部科技园区斜穿规划地块后转入院士路,跨甬江后线路高架向北进入骆驼工业区,沿高压走廊转入世纪大道,直至贵驷车辆段。庄桥支线由院士路站引出,高架沿规划路转向西,经庄桥镇,在铁路庄桥站东侧落地,与4号线形成换乘。线路全长43.6 km,其中地下线3.2 km,高架线40.4 km;共设车站27座(其中庄桥支线5座),设有高架站18座,地下站4座,地面站1座。

(4)6号线

线路由集士港中心区规划主干路高架向东,跨沪杭甬高速,沿道路路中隔离带高架敷设至徐家漕,之后继续向东高架延伸,跨过机场路沿通途路路中一直向东高架延伸,过世纪大道后,高架沿现状河道向东北方向转入江南公路,过东外环路至小港和2号线交会,其间线路局部落地。机场北区支线高架沿工业区中心规划道路东侧绿化带向北高架敷设,与集士港支线交会于徐家漕站。线路全长38.2 km,其中支线长5.8 km;用高架线,长34.1 km,地面线长4.1 km;共设车站24座(23座高架站,1座地下站)。

1.3.8 郑州城市轨道交通发展概况

早在2001年,郑州市规划局在城市总体规划修编时,就提出了建设地铁的设想。2003年10月下旬,郑州轻轨1号线一期工程"预可行性研究方案",正式通过国内城市轨道交通专家论证,郑州市轨道交通建设正式提上了日程。2006年年初,郑州将原来设想的"轻轨线"调整为"地铁线",规划了郑州地铁"三横两纵一环"的框架性方案。

随后的两年,郑州市城市快速轨道交通近期建设规划(2008—2015)通过了国家发改委、国家文物局、国家环保部等部委的审批。

2008年年底,郑州市地铁规划经国家发改委、住房和城乡建设部的联合会审后,呈报至国务院。在国家拉动内需政策的大背景下,2009年2月6日,郑州市地铁规划获得国务院同意,终于有了国家的政策支持。

一、郑州市城市总体规划和轨道交通线网规划

1. 郑州市城市概况

郑州市是河南省省会，全省的政治、经济、文化中心。辖12个县(市)、区，其中县1个、县级市5个、区6个。据2003年的统计资料，全市总面积7 446.2 km^2，其中市区面积1 010.3 km^2，建成区面积292 km^2；2003年末全市总人口697.7万人，中心城区人口322万。郑州地处中原腹地，“雄峙中枢，控御险要”，为全国重要的交通、通讯枢纽，是新亚欧大陆桥上的重要城市，是国家开放城市和历史文化名城，已跻身全国综合实力50强、投资硬环境40优、全国综合投资环境前10名和卫生城市行列。

2008年郑州市生产总值3 002亿元，同比增长12.5%左右，人均生产总值达40 000元以上；全社会固定资产投资达1 770亿元左右，增长29.7%，新增403亿元；财政一般预算收入达到260亿元，增长18.5%左右，新增40.5亿元；规模以上工业销售收入完成4 100亿元左右；利用域外境内资金达到430亿元。城镇居民人均可支配收入达到15 740元，同比增长15%；农民人均纯收入达到7 650元，同比增长16%。

2. 郑州城市总体规划

一直以来，郑州城市建设用地发展方向都是“以东为主，兼顾西部，培育南部，控制北部”。郑州将定位成“全国区域性中心城市、全国重要的现代物流中心、区域性金融中心、先进制造业基地和科技创新基地”。

郑州市城市总体规划分为两个规划层次，即市域和中心城区。市域包括：郑州市域行政辖区，总面积7 446.2 km^2；中心城区包括市区行政辖区的中原、金水、二七、管城、惠济五区的城区范围。预测2010年郑州市域总人口约800万人，城镇化水平67%左右；2020年市域总人口约1 000万人，城镇化水平79%左右。

根据现有基础条件和未来发展需要，规划将未来郑州市的城市职能分为三类：(1)优先发展的城市职能：全国综合交通、通讯枢纽；全国性能源、原材料基地。(2)促进发展的城市职能：区域性物流、商贸中心；区域性金融中心；区域性旅游服务中心；区域性信息服务中心；区域性科、教、文、卫中心；区域性科技创新基地。(3)进一步加强的城市职能：先进制造业基地。

规划期内，市域空间布局结构，要推进并形成市域“一心四城、两轴一带”网络化的城镇发展格局。城镇密集区空间布局结构：建立“一核三组团”，“三带一轴”的空间布局结构。一核指中心城区，三组团即西部的上街—荥阳组团、东部的郑汴—中牟组团，南部的航空港组团。三带指中部城镇发展带、北部沿黄生态旅游带、南部生态防护带、一轴指沿主要交通通道的南北发展轴。

3. 郑州市城市轨道交通规划

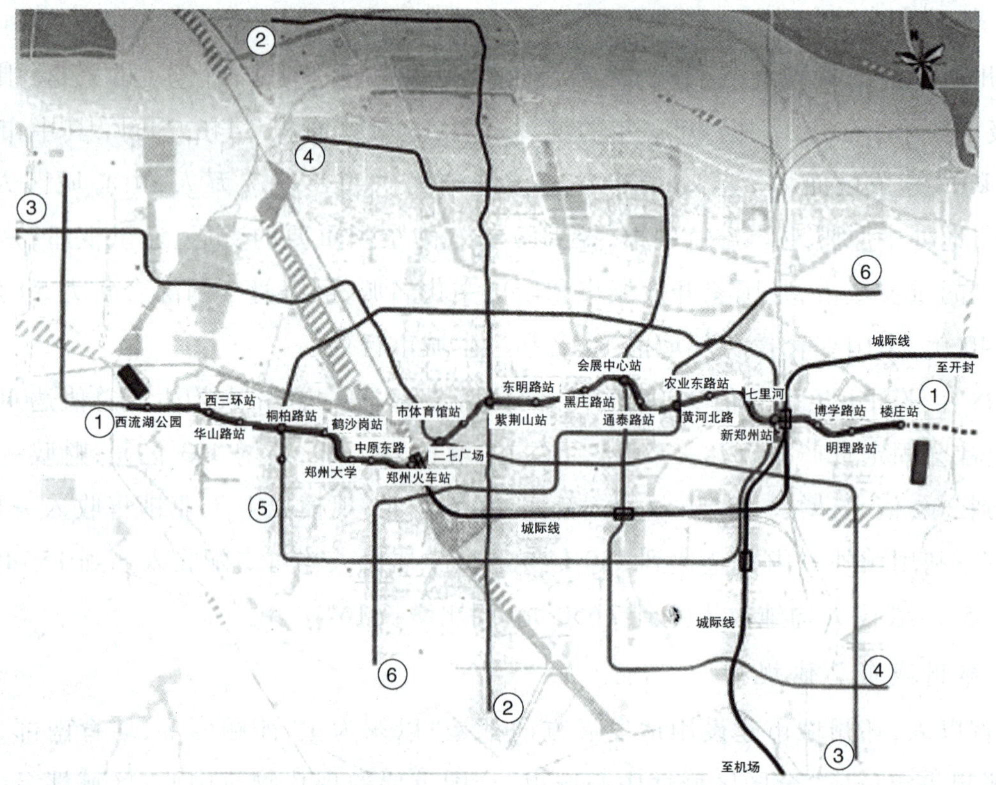

郑州市轨道交通总规划图

郑州地铁是中国河南省省会郑州市第一个轨道运输系统。根据相关规划，系统由 6 条路线组成，总长 202.53 km。

郑州规划未来建 6 条地铁，线网由 6 条轨道交通线路组成，全长 202.53 km，共设置 22 个轨道间换乘车站。核心区轨道交通线网密度为每平方千米 1.12 km，中心城区内线网密度为每平方千米 0.47 km。

2020 年，郑州市的城市快速轨道交通将形成"井"字型的骨架线网。在 1 号线和 2 号线的基础上在建设 3 号线和 4 号线，3 号线和 4 号线的总长度为 50.22 km。2020 年之后，郑州市的城市轨道快速交通网络将达到成熟完善阶段，郑州市将形成"三横两纵一环"的全部线网。届时郑州市的轨道交通线网总里程将达到 202.53 km。

二、郑州市的轨道交通建设现状

1. 兴建线路

1 号线：1 号线于 2008 年 3 月 28 日开工，将于 2010 年完工。西起西流湖公园站，经郑上路、建设西路、中原东路、人民路、金水路、黑庄路、金水东路、商鼎路、碧沙岗公园、郑州大学、郑州火车站、紫荆山立交、会展中心、东风东路、新郑州火车站，止于穆庄站。长度34.84 km，站点数量28个，换乘车站7个，平均站点间距1.29 km。

郑州地铁1号线一期工程西起郑州高新技术开发区的西流湖公园站，线路向东经过碧沙岗公园、郑州大学、郑州火车站、紫荆山立交、会展中心、东风东路、新郑州火车站，止于穆庄站。线路全长26.34 km，计划设车站22个，总投资135.64亿元。

2. 待建线路

(1)2号线

2号线于花园路北段的广播台站，经花园路、紫荆山向南，穿过陇海铁路，止于向阳路站。线路全长19.05 km，其中地下线17.25 km、高架线1.8 km，共设16个站点(地下站14座、高架站2座)，线路平均站间距1 270 m，建设工期为2011年至2015年，总投资113亿元。

(2)3号线

起于新郑州大学，途经科学大道、瑞达路、梧桐路、东风路、南阳路、铭功路、西大街、东大街、郑汴路、龙子湖纵贯三路。长度40.78 km，站点数量31个，换乘车站8个，平均站点间距1.36 km。

(3)4号线

起于惠济人民医院。途经新柳路、沙门路、龙湖中二路、城市第一中心轴线道、中州大道、七里河路、佛岗东路、佛岗路。长度34.70 km，站点数量25个，换乘车站7个，平均站点间距1.45 km。

(4)5号线

起于新郑州站，途经农业路、桐柏北路、桐柏南路、航海中路、航海东路、经开第八大街、第三东西横贯道路。长度40.61 km，站点数量32个，换乘车站10个，平均站点间距1.31 km。

(5)6号线

起于金海粮油市场，止于龙子湖高校园区。途经大学南路、大学路、陇海中路、陇海东路、未来大道、商鼎路、第四东西横贯道路、龙子湖中路。长度24.30 km，站点数量19个，换乘车站6个，平均站点间距1.35 km。

三、郑州城市轨道交通建设运营和管理

郑州轨道交通公司

郑州轨道交通公司：公司先期注册资金为1亿元人民币，由市财政直接拨付。公司成立后再根据需要，增加资本金投入。市国资委为轨道交通公司的出资人，履行出资人职责。郑州市轨道交通建设管理办公室为公司的业务主管单位。

公司的主要经营范围有:轨道交通项目的工程投资和建设;轨道交通的营运;轨道交通的广告、通信及其他特许经营权的经营;轨道交通项目周边的土地开发利用;负责轨道交通项目的投融资业务;经市政府批准的其他业务。公司为国有独资公司,将建立完善的企业法人治理结构,通过市场化运作努力形成投资、融资、建设、运营和还款等方面的良性循环,降低财政风险和负担。

1.3.9 青岛城市轨道交通发展概况

青岛市于1994年正式组建青岛市地下铁道公司,负责地铁的规划、建设与运营。青岛市目前没有运营线路,根据青岛市城市轨道交通线网规划方案,青岛市市区轨道交通线网由8条线组成,线网总长227 km;市域轨道交通线网由4条线组成,线网总长287.9 km。1号线一期工程计划在5年内完成。

一、青岛市城市总体规划和轨道交通线网规划

1. 青岛市城市概况

青岛市地处山东半岛东南部,东南濒临黄海,东北与烟台市毗邻,西与潍坊市相连,西南与日照市接壤。全市海岸线(含所属海岛岸线)总长为870 km,其中大陆岸线730 km,占山东省岸线的1/4。

青岛现辖七区五市,总面积10 654 km^2,总人口740.9万,其中市区1 159 km^2,人口265.43万人。2007年末,全市常住人口为838.67万人,比2005年增长2.33%,年均增长1.2%。全市城镇人口为535.91万人,占全市总人口的63.9%;乡村人口为302.76万人,占全市总人口的36.1%,城镇人口比重比2005年上升0.7个百分点,城镇化水平已进入稳定增长期。青岛经过20余年的改革开放和不断进行的工业产业结构调整,现已形成了电子通信、信息家电、化工橡胶、饮料食品、汽车船舶、服装服饰六大支柱产业。经济发展迅速,其经济实力名列全省头名。作为2008年奥运会帆船赛举办城市,被评为适合作为跨国公司和国内大企业集团的大区域性总部城市。2008年全市生产总值迈上4 000亿元台阶,达到4 436.18亿元,比上年增长13.2%;地方财政一般预算收入342.4亿元,增长17%;城市居民人均可支配收入20 464元,农民人均纯收入8 509元,分别增长14.6%和13.8%;居民消费价格指数上升4.7%;城镇登记失业率3.01%;人口自然增长率2.62%。

2. 青岛城市总体规划

规划确立“依托主城、拥湾发展、组团布局、轴向辐射”的全新空间发展战略,积极构建“青岛、黄岛、红岛、崂山一主三辅”的现代化城市框架,以强化主城的内涵式发展、稳步提升老城区功能、有序推进新城区建设为目标，以改造和提升青岛主中心、崂山及黄岛副中心为重点，全面增强主城的综合实力，提升主城的辐射和带动能力。依托环胶州湾地区，积极辐射和带动外围地区，构建以环胶州湾地区为核心圈层，以即墨、胶州、胶南为内圈层，以莱西、平度及临近的海阳、莱阳、高密、诸城为外圈层的多圈层拥湾发展格局，积极促进各圈层的合理分工与有机协作，重点建设中心城区和胶南、胶州、即墨城区以及外围的平度城区、莱西城区，科学规划建设滨海沿线的琅琊组团、鳌山组团、田横组团，合理引导城镇组团的有序发展，积极发展重点镇。以中心城区为核心，沿三条区域城镇发展轴向外辐射拉动，实现区域协调发展，形成由中心城区向外轴向辐射、点轴分布的网络状城镇空间布局结构。

规划全面融入了“环湾保护、拥湾发展”战略思想，将城市空间资源的利用向集约化、内涵式方向引导、控制与发展。要继续深化和完善城镇体系规划，强化中心城的作用，直辖市次中心城的职能分工，相对集中发展重点城镇，建立同青岛市经济社会发展和城市化水平相适应的城镇体系。在市域城镇体系规划指导下做好县城城镇体系规划，推动城乡经济、社会持续协调发展。按照构建“三点布局、一线展开、组团发展”现代化国际城市框架的城市发展战略构想，来制定青岛市城市发展策略，满足了青岛市实现持续发展的迫切要求。

3. 青岛市城市轨道交通规划

根据青岛市城市轨道交通线网规划方案，青岛市市区轨道交通线网由 8 条线组成，线网总长 227 km；市域轨道交通线网由 4 条线组成，线网总长 287.9 km。青岛将构建以港口为中心，海陆空一体化的综合交通体系，实现市域内 1 h、与半岛都市群主要城市之间 2 h、与省内主要城市之间 3 h 的通行目标。

按照规划，烟台和威海之间将直接轻轨相连，并有望成为国内为数不多的城际轻轨线路；青岛的轻轨则主要是连接中心市区与卫星城。最终，烟威、青岛两大轻轨系统将与蓝烟线、桃威线电气化铁路和青岛地铁连成一片，共同构成胶东半岛的高速轨道交通网络。

二、青岛市的轨道交通建设现状

1. 规划线路

市区轨道交通线网由 8 条线（M1—M8）组成，线网总长 227 km：

M1 线：中山路—城阳。线路自中山路起经台东、铁路青岛北站、流亭机场，到达城阳。

M2 线：太行山路—李沧东部。线路经黄岛区政府、薛家岛、青岛火车站、台东、市政府、啤酒城、李村，到达李沧东部。

M3 线：青岛火车站—铁路青岛北站。自青岛火车站起向东，经第一海水浴场、市政府、李村，到达铁路青岛北站。

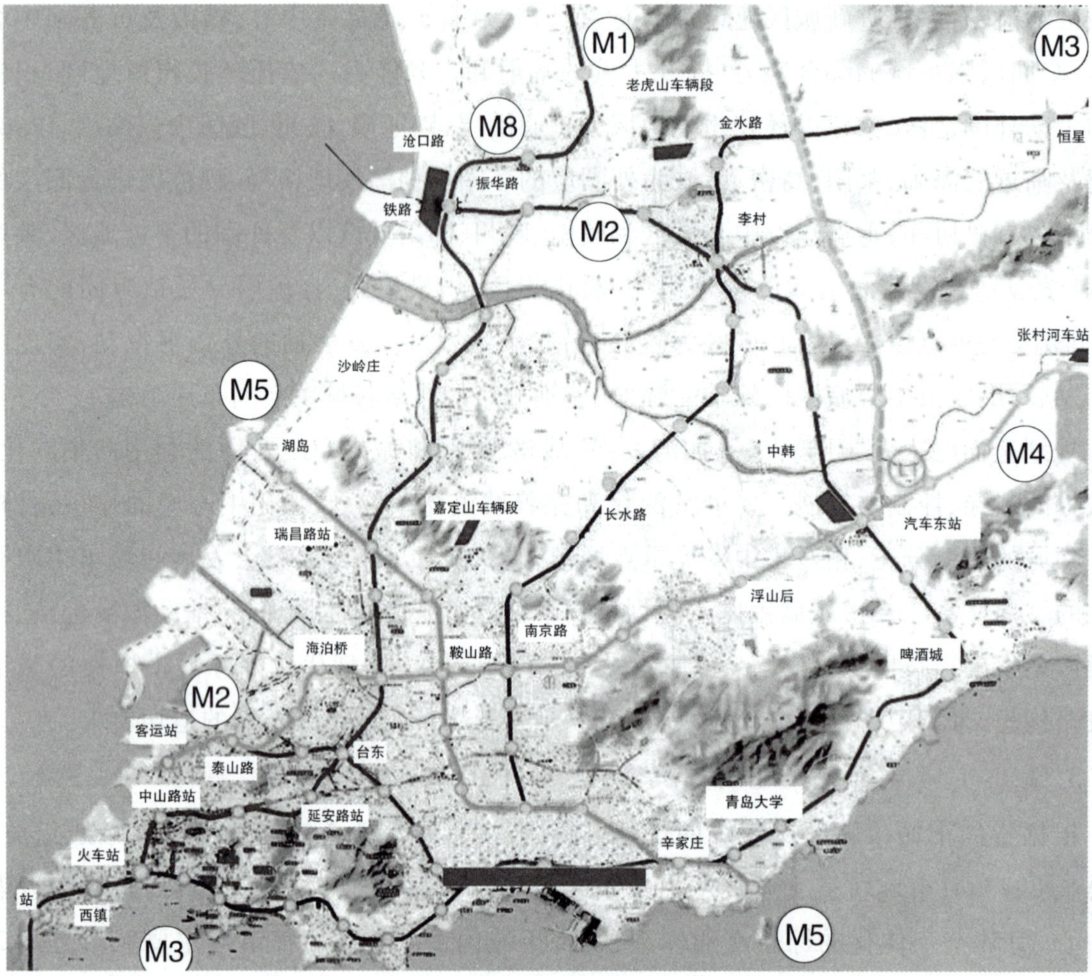

青岛市轨道交通总规划图

M4 线:泰山路—沙子口。自泰山路起,经过海泊桥、沿辽阳路向东经汽车东站、到达沙子口。

M5 线:大麦岛—湖岛。自大麦岛起,经辛家庄,沿江西路、山东路,到达终点湖岛。

M6 线:井冈山路—王台:是一条贯穿黄岛区的 L 型线路。自太行山路站起沿着团结路向北,经辛安、红石崖、到达终点王台镇站。

M7 线:黄岛轮渡—柳花泊:是一条横贯黄岛区的东西向线路,自黄岛码头站起沿黄河路经辛安到柳花泊。

M8 线:铁路青岛北站—即墨南泉:是一条纵贯红岛区南北、连接青岛城区的线路。自青岛北站起,向西过海经过红岛、上马街道办、棘洪滩,到即墨南泉。

市域轨道线网由 4 条市域线(L1 ~ L4 线),线网总长 287.9 km:

L1 线:莱西—汽车东站。自莱西市经过华山镇、即墨市,到汽车东站。

L2 线:王台镇—城阳。自王台镇起向北,经胶州市、城阳上马、流亭机场、长途汽车北站,后与 L1 线接轨。

L3 线:平度—鳌山卫。自平度经张戈庄镇、南村镇、蓝村镇、南泉镇至城阳,再经惜福镇到鳌山卫。

L4 线:胶南—长江路。自胶南大珠山镇起,经胶南市到黄岛接 M2 线。

2. 建设规划

规划远期初步形成连通东西两岸、辐射红岛、覆盖城市核心区域、与对外交通枢纽有机衔接的轨道交通主骨架。到 2020 年,青岛市轨道交通规模将覆盖团岛老城区、前海一线、台东商圈、四方、李沧、城阳、崂山等重要区域。其中,市区轨道交通线 8 条,总长 227 km,覆盖七区,日客运量 122 万人次。市域轨道线 4 条,总长 287.9 km,覆盖五市,实现 1 小时到达。通过轨道交通的逐步建设,青岛市交通拥堵问题将得到逐步缓解。

青岛市区尤其是老城区呈南北狭长的带状布局,南北交通是市区最繁忙和拥挤的交通干道,为此,1 号线(南北线)南段被确定为一期工程先期建设。一期工程将选择对缓解老城区道路交通压力和缩短南北出行时间收效明显的线路,适建规模为 20 ~ 40 km。一期工程总长度 16.43 km,共设 13 座车站、一处车辆段、一处指挥中心和两座主变电站。计划在五年内完成。

至于具体是建设地铁还是地上轻轨,还是两者各建一部分,现在没有最终确定。预计 2020 年,能够满足高态势下日交通量 6 000 万标准车公里的交通需求,高峰时段车速中心区不低于 20 km/h,外围区不低于 35 km/h。

三、青岛市的轨道交通主要技术标准

一期工程车辆主要技术特征

工程配车数量:近期 144 辆;

车辆编组:四动二拖;

轨距:1 435 mm;

车型:长 19 m、宽 2. 8 m、高 3. 7 m;

最小行车间隔:近期 3 min、远期 2 min;

运营速度:36 km/h、最高运行速度 80 km/h;

供电:DC 750 V 第三轨上部受电;

通信:设地铁专用通信系统和公务通信系统;

信号:采用列车调度集中控制系统(CTC)、列车自动防护系统(ATP)几微机联锁构成的中等技术水准的列车自动控制系统(ATC);

其他设施:设电力监控、环控、防灾报警及自动控制系统、给排水及消防系统、自动售检票系统和自动扶梯。

四、青岛轨道交通工程建设和运营管理

青岛市地下铁道公司

青岛市轨道交通管理单位是青岛市地下铁道公司，青岛市从1987年开始筹建地铁工程，1994年正式组建青岛市地下铁道公司。其注册资本约500万美元（折合人民币4159万元），资产总额5300万美元。公司系青岛市政府直辖国有全资企业，以青岛地铁建设和管理为中心，同时发展以地铁沿线物业开发为主的多种经营业务。公司现有职员80多人，其中80%具有大学本科以上学历，40%具备高级技术职称资格，专业结构完善，具备地铁工程建设与管理的长期经验。

公司拥有两个全资子公司：地铁实业公司、地铁房地产开发公司，及一个控股的中外合资企业：青岛益群地下城开发有限公司。

五、青岛轨道交通发展大事记

1989年	编制完成市区线网规划。
1991年	一期工程获国家计委立项。
1994年	开工建设试验段工程。
1995年	根据我国当时经济发展水平和财力状况，国务院下文暂停审批轨道交通项目，一期工程 可研报批工作暂停。
1999年4月	完成青岛城市轨道交通线网规划。
2000年	地铁一期工程可研报告上报国家计委。
2000年11月	线网规划方案获市政府批准。
2005年	编制完成了覆盖全市范围的轨道线网规划。
2005年	开展轨道交通建设规划研究。
2006年	形成初步选线方案。
2007年	开展轻轨线路规划方案研究。
2007年1月19日	完成《青岛市快速轨道交通线网规划（修编）》的审批工作。

1.3.10 东莞城市轨道交通发展概况

东莞轨道交通，或称东莞市轨道交通，是中国广东省东莞市计划中的城市轨道交通系统。至2005年底，有关东莞轨道交通技术文件的准备工作已经基本完成，《东莞市轨道交通建设规划》亦已报送到广东省发改委和建设厅以待审批。在2006年9月25至26日《东莞市城市快速轨道交通建设规划》通过了专家评审。与会专家建议把该规划中2008年至2015年建设108 km铁路的目标调低至约60 km,并优先考虑R2线的发展。专家同时建议对穗莞深城际线和与其路线重合的R1、R2线作进一步研究,以作统一协调和优化。2007年2月,东莞轨道交通获省政府的批准。2007年3月,东莞市被中国国家发改委和建设部列为"轨道交通第二批待批城市"中的首位,如今已通过国家发改委和建设部审核,得到批复。

一、东莞市城市总体规划和轨道交通线网规划

1. 东莞市城市概况

东莞市位于广东省中南部,珠江口东岸,东江下游的珠江三角洲,东与惠州市接壤,北与广州市、惠州市隔江为邻,西与广州市隔海相望,南与深圳市相连,毗邻港澳,处于广州至深圳经济走廊中西间。东西长约70.45 km,南北宽约46.8 km,全市陆地面积2 465 km^2。

2006年东莞市常住人口674.88万人,其中户籍人口总数为168.31万人,外来劳动者506.57万,香港、台湾以及国外的管理技术人员15万人。另有海外华侨20多万人、港澳同胞70多万人,全市人口密度3 045人/km^2。

改革开放30年来,东莞的经济以平均每年22%的增长率蓬勃发展,是中国综合经济实力30强城市之一,形成了以制造业为主,以电子资讯产业为支柱的外向型经济结构,是国际性的加工制造业基地和中国重要的外贸出口基地。2008年全市生产总值预计3,710亿元,比2007年增长14%;出口总额654.5亿美元,增长8.7%;实际利用外资24.5亿美元,增长15.5%;城市居民人均可支配收入30,268元,农村居民人均纯收入12,328元,分别增长12%和6.2%。

2. 东莞城市总体规划

《东莞市城市总体规划(2000—2015)》提出将以"一个中心连接东西两翼"的方向进行城镇建设,以市区、虎门、常平、塘厦为中心建设四大经济片区。这一《规划》已获省政府批准,省政府同时要求加速以虎门为副中心的西部城镇带和以常平为副中心的东部广深铁路城镇带建设,引导产业和人口向中心城镇集中,加快城中村的改造。

规划范围为东莞市全市域范围,即2 465 km^2。规划将根据东莞市社会经济发展规划和城市总体规划,紧紧围绕着建设以国际制造业名城为特色的现代化中心城市这一中心任务,制定指导各交通设施协调发展的城市交通发展政策纲要,并以此为导向构筑东莞市2015年市域干线路网骨架。规划提出近期市区交通综合改善方案,并对原107国道、莞樟公路和东深公路这3条市域主要干道在重要市镇建成区段的现状交通情况进行分析研究,并针对这种情况提出改善方案。

3. 东莞市城市轨道交通规划

东莞轨道交通,或称东莞市轨道交通,是中国广东省东莞市计划中的城市轨道交通系统。根据2006年发表的《东莞市轨道交通建设规划》,东莞轨道交通将设有4条市域线(R1至R4线)和1条市郊铁路(广深市郊铁路),总长264.2 km。车站方面,各线共设60至87个车站,其中8个为两线换乘站。东莞轨道交通第一期(R2线)预计于2015年通车,届时每小时客运量将超过50万人次,2018年每小时客运量将上升至接近100万人次,2030年将超过300万人次。东莞轨道交通目前通过了中华人民共和国国家发展和改革委员会和中华人民共和国建设部批核,东莞被列为第二批待批城市的首位。

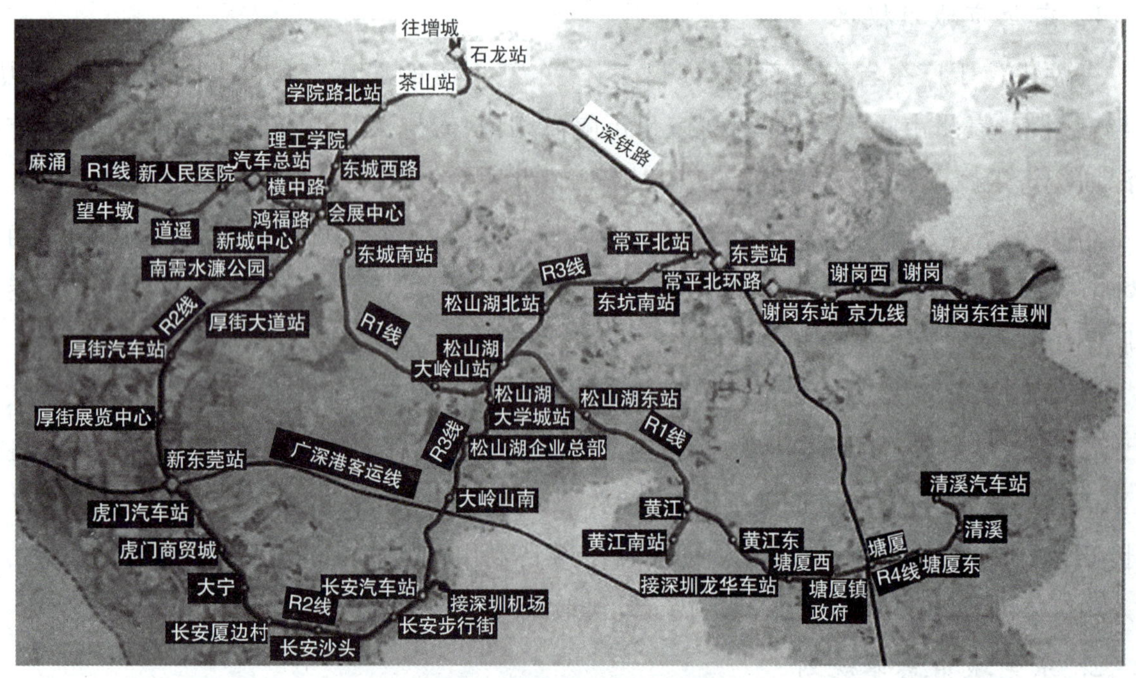

东莞市轨道交通网络规划图

二、东莞市的轨道交通建设现状(规划线路)

1. R1 线

R1线由麻涌镇麻涌站连接黄江镇黄江南站,呈西北至东南走向。全长65.8 km,地下线占13.6 km,其余均为地上线。该线是五条路线之中最长的一条,亦是R1至R4线中站距最长的。设站6至9个,其中3个为换乘站。在西北端麻涌镇连接广州地铁蟹山站,东南端黄江镇则连接深圳地铁。在深圳市规划局发表的《深圳市轨道交通规划》中,R1线将会与深圳地铁6号线互相接驳。R1线麻涌站至松山湖站一段,预计于2016年动工,2020年通车,余下松山湖站至黄江南站一段,将会在2021年至2025年间建设。

2. R2 线

R2线由石龙镇石龙站通往长安镇的长安汽车站,连接东莞西部的密集城镇带,呈北至西南走向。全长 59.4 km，地下线占约 11.7 km，计划设站 20 座分别是：石龙—茶山—学院路北—理工学院—东城西路—横中路—会展中心—新城中心—南城水濂公园—厚街大道—厚街汽车站—厚街展览中心—新东莞站—虎门汽车站—虎门商贸城—大宁—长安厦边村—长安沙头—长安步行街—长安汽车站。同时，R2 线会展中心站至长安汽车站一段亦会与广深城际轨道交通（即穗莞深城际线）共线运营。R2 线预计于 2009 年动工建设，2015 年完工通车，是 R1 至 R4 线中计划最早通车的路线。

3. R3 线

R3 线连接长安镇长安汽车站和谢岗镇谢岗南站，是一条西南至东走向的路线，全长 57.4 km，其中有约 12.0 km 为地下线，并计划设站 19～29 个及 4 个换乘站。其中两个换乘站分别交会 R1、R2 线，另外两个换乘站与国家铁路（包括广深市郊线）东莞站及东莞东站交会。R3 线的东段沿京九铁路而行，并在通过谢岗镇后，设有与惠州城市轨道交通交会的预留接口。R3 线计划分三段建设，第一期工程为松山湖站至东莞东站，将于 2016 年至 2020 年间建设；第二期长安汽车站至松山湖站将于 2021 年至 2025 年间建设；第三期东莞东站至谢岗南站的建设时间为 2025 年至 2030 年。

4. R4 线

R4 线位于东莞东南部，呈东西走向连接黄江镇黄江南站至清溪镇清溪汽车站。全长 25.2 km，全线均为地上线，计划设站 8～12 个，除了在黄江南站与 R1 线换乘外，亦有一站与广深市郊铁路换乘。R4 线预计在 2025 年动工建设，2030 年完工通车。

5. 广深市郊铁路

广深市郊铁路指现行的广深铁路。该铁路在东莞市内将具备城市轨道交通的功能，作为西北至东南方向的路线，具有连接东部城镇密集带的功用。东莞段全长 56.4 km，约设站 7 个，并有 3 个换乘车站。

三、东莞轨道交通发展大事记

2005 年 12 月　有关东莞轨道交通技术文件的准备工作已经基本完成，《东莞市轨道交通建设规划》亦已报送到广东省发改委和建设厅以待审批。

2006 年 9 月　《东莞市城市快速轨道交通建设规划》通过了专家评审。

2007 年 2 月　东莞市市长李毓全透露轨道交通获省政府批准的消息。

2007 年 3 月　东莞市被中国国家发改委和建设部列为轨道交通第二批待批城市中的首位。

1.3.11 昆明城市轨道交通发展概况

早在1994年,昆明建设城市快速轨道交通的设想就已提出,直到2006年,云南省发改委邀请专家重新评审的《昆明市城市快速轨道交通建设》,昆明地铁交通远景线网由6条线路组成,呈三主三辅的放射状结构,总长162.6 km。

一、昆明市城市总体规划和轨道交通线网规划

1. 昆明市城市概况

昆明,云南省省会,具有2400多年的历史,是云南省政治、经济、文化、科技、交通的中心,同时也是我国著名的历史文化名城和优秀旅游城市。全市总面积21473 km^2,辖5区1市8县,总人口615.2万,城区面积249 km^2(2007年数据),聚居着26个民族。

改革开放以来,昆明经济始终保持快速健康发展的良好态势,综合经济实力进入西部地区先进行列。经过多年的发展,形成了卷烟、机电、生物资源、信息、商贸旅游等五大支柱产业。2008年昆明GDP总量为1605.39亿元(2007年:1405.05亿元),比上年增长12.0%,位列全国337个地级行政区第53位。地方财政收入453.25亿元,增加25%;固定资产投资首次超过1000亿元,达到1050亿元。城镇居民可支配收入14482元,增长13.3%,农村居民人均纯收入4610元,增加8.1%。

2. 昆明城市总体规划

昆明市是西南地区重要的中心城市之一,国家历史文化名城,我国重要的旅游、商贸城市。2001年城市发展规模是城市规划建设用地为215 km^2;城市实际居住人口为223万人。市域城镇体系的空间结构按主城、新区、次级城市、县城和建制镇布局。基本方针是:改变人口和产业过于集中的主城的状况,在合理发展的同时,着重发展区域卫星城镇,通过发展新区、次级城市、县城和建制镇,实现人口和产业的合理分布。针对主城五个次区域(二环路内核心区、北市区、南市区、西市区、东市区)的实际情况,通过"内疏、北引、南限、西优、东进"的不同发展策略,形成"五区三轴,一主三副,轴向开拓,自然分隔,组团发展"的城市空间布局结构,实现主城规划结构布局和建设目标的优化。

规划突出山水绕城,城拥山水,文化名城,自成一格的风貌特点,对名称保护采取抢救、保护、恢复、发展的方针。在地域上,考虑构成昆明历史文化名城的要素及分布的空间位置,划分为旧城区(一环路以内地区)、滇池地区和远郊地区三个层次。主城范围内,充分利用城市三面环山,一面临水的自然特征,构架山水林在城中,城在山水林中的大山水园林城市格局,建构由"生态基质—绿化廊道—绿地斑块"共同构成绿地系统。本次规划打破圈层发展的固有模式，突出城市的可持续发展和生态环境、历史文化保护，为城市实现跨越式发展奠定基础。

3. 昆明市城市轨道交通规划

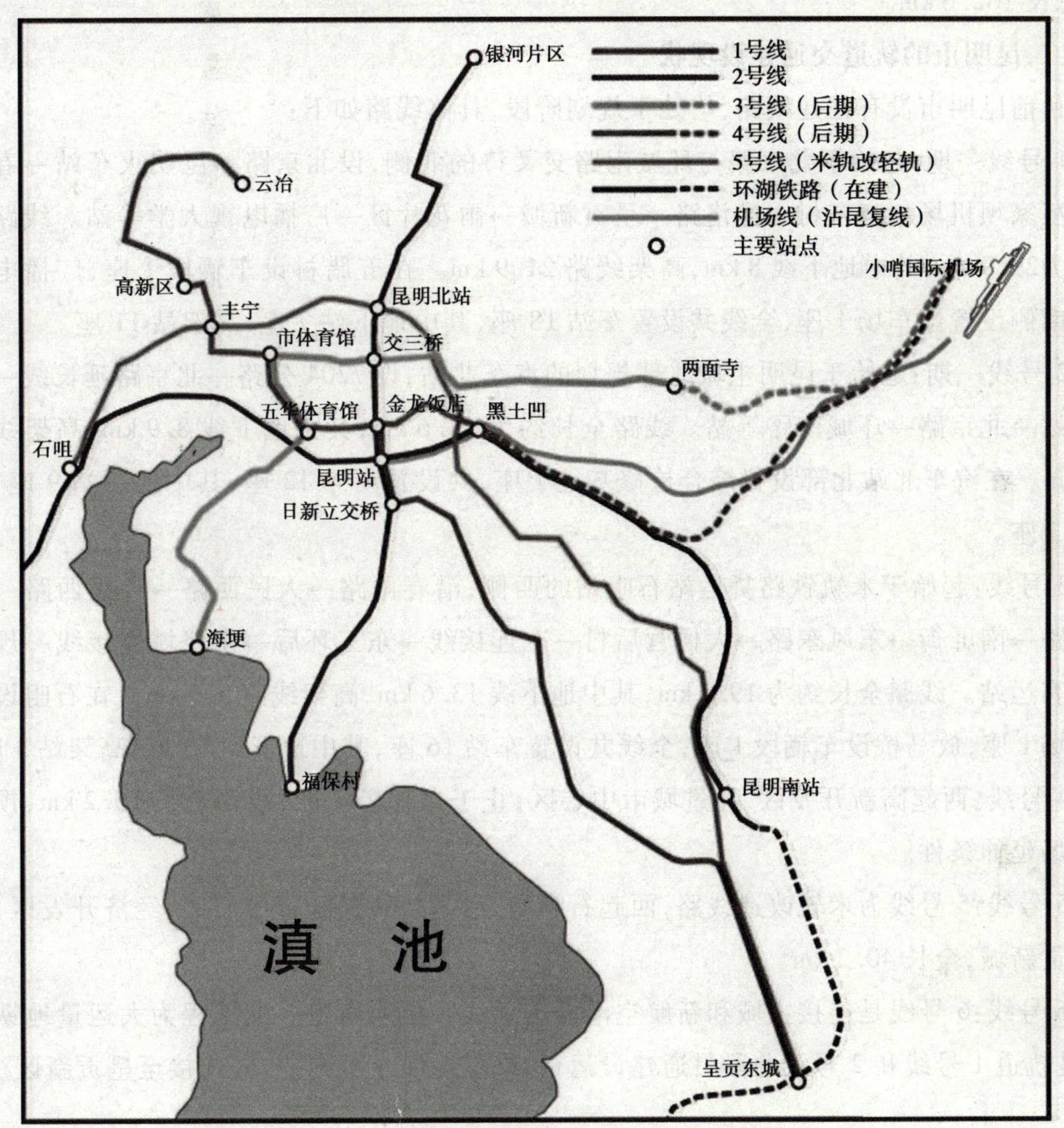

昆明轨道交通规划图

目前昆明市规划局已经设想拟订了将在昆明市建设的高架轻轨的框架结构，初步确定在昆明市建造 3 条高架轻轨线路，全面解决交通拥挤的状况。昆明市高架轻轨采用中心放射状布局，分 1 号线、2 号线、3 号线 3 条线，其中 1 号线初定投资约 15 亿元，3 条线分别向昆明市区的东北、西北、西南 3 个方向辐射，首条高架单轨线路的技术谈判及总体规划的前期工作正在进行中。

为从根本上缓解昆明市交通拥堵状况，大力发展以轨道交通为骨干的城市公共交通，并于2006年9月完成《昆明市城市快速轨道交通线网规划》，规划线网由6条线路组成放射式线网，线网中主城骨干线2条，主城与呈贡骨干线1条，辅助填充线2条，机场线1条，总长162.6 km。

二、昆明市的轨道交通建设现状

目前昆明市没有在建线路，均处于规划阶段，具体线路如下：

1号线一期：起始于北京路与环城南路交叉口的北侧，设北京路→昆明火车站→春城路→巫家坝机场→晓东村→昆洛路→呈贡新城→雨花片区→广播电视大学等站。线路总长约为29.9 km，其中地下线8 km，高架线路21.9 km。在五腊村设车辆段1座，广播电视大学南侧设置停车场1座，全线共设置车站18座，其中地下站7座，高架站11座。

2号线一期：起始于昆明主城北部规划的汽车北站，设7204公路→北京路延长线→昆明北站→北京路→环城南路等站。线路全长约为13.6 km，其中地下线8.9 km，高架线路4.7 km。在汽车北站北部设置综合检修基地1座，共设置车站12座，其中地下站9座，高架站3座。

3号线：起始于米轨铁路货运站石咀站的西侧，沿春雨路→人民西路→人民西路→东风西路→南屏街→东风东路→大树营后村→东连接线→东三环后→东绕城连接线→规划东部客运站。线路全长约为19.1 km，其中地下线13.6 km，高架线路5.5 km。在石咀设置停车场1座，放马桥设车辆段1座，全线共设置车站16座，其中地下站13座，高架站3座。

4号线：西起高新开发区，经过城市中心区，止于东部黑土凹，线路全长15.2 km，预留向机场延伸条件。

5号线：5号线为米轨改造线路，西起石嘴站，沿米轨线路经过中心区、经济开发区，进入呈贡新城，全长40.2 km。

6号线：6号线是连接主城和新航空港的辅助线。昆明轨道一期工程为大运量地铁系统，是轨道1号线和2号线北段贯通建设运行，纵贯昆明主城南北，并连接至呈贡新区。

1.3.12 无锡城市轨道交通发展概况

无锡轨道交通是江苏省无锡市计划中的城市轨道交通系统，无锡市区轨道交通线路也有两条，分别为“C”型线和新区线，总长超过100 km。日本公司提交三套以上的2050年的网线方案以供市民选择，并提出2010年和2020年两个特征年的近期实施方案。最迟到2010年，无锡将正式启动轨道交通建设。

一、无锡市城市总体规划和轨道交通线网规划

1. 无锡市城市概况

无锡市别名梁溪，简称锡，位于长江三角洲腹地，江苏省东南部。东距上海市 128 km，与苏州市接壤；南濒中国第三大淡水湖——太湖与浙江省相望；西离南京市 183 km，与常州市交界；北临长江，与天然良港——张家港为邻。全市总面积 4 788 km^2，人口近 440 万，其中市区面积 1 659 km^2，人口 215.9 万。现辖江阴、宜兴两个县级市和崇安、南长、北塘、锡山、惠山、滨湖、新区 7 个区。

无锡总人口数 508 万，比 1990 年"四普"(1990 年 7 月 1 日)增加了 79.50 万人，年增长率为 1.7%。2007 年，无锡市常住人口 371 万人，其中户籍人口 232 万人，暂住人口 139 万人。预计 2008 年户籍人口为 237 万人，外来人口 155 万人，则 2008 年市区常住人口为 392 万人。

改革开放后，无锡的经济总量始终位居全国大中城市前十位，成为全国 15 个经济中心城市和 13 个较大城市之一。目前，无锡以约占全国万分之 5 的土地、千分之 4 的人口，创造了全国 1.6% 的经济总量。无锡已经基本形成了以高档纺织、特色冶金、机电、汽车零部件等为重点的五大支柱产业，支柱产业在工业总量中的比重超过 50%；形成了以电子信息、生物医药、新材料等为重点的高新技术产业，高新技术产业在工业总量中的比重逐年提高。2008 年无锡实现地区生产总值 4 400 亿元以上，同比增长 13% 左右；财政总收入 909.2 亿元，增长 28.6%，其中一般预算收入 365.4 亿元，同口径增长 21.6%；城市居民人均可支配收入、农民人均纯收入分别增长 13% 和 11.5%；全市金融机构各项本外币存贷款余额分别为 5483.9 亿元和 3842.9 亿元；城镇登记失业率 3.12%；居民消费价格涨幅 5.1%；万元地区生产总值能耗下降 4.5%，主要污染物化学需氧量和二氧化硫排放总量在 2005 年基础上均累计削减 12% 以上，各项工作取得了新的进步。

2. 无锡城市总体规划

无锡立足于建设湖滨城市、山水城市，尽快拉开城市框架，扩大建成区面积，发展新城区，有计划、有步骤地改造老城区，推动城市建设南进北伸，构筑由主城、副城、卫星城组成的多中心、开敞型、组团式城市布局结构。2004 年，城市规划的编制和管理全面加强，围绕城市空间资源整合利用需要和湖滨城市特色塑造，大力提升规划编制的广度和深度，进一步健全完善城市规划体系。先后编制完成了以太湖新城核心区详细规划，太湖新城核心区城市设计，南太湖风光带概念规划，双河尖、杨木桥、羊腰湾等重点社区控制性详细规划，梅梁湖、马山和锡惠景区规划，南长街历史街区保护修缮规划，工业布局调整规划，物流、市场布局规划，近期建设规划，城市五线规划等十大规划为代表的一大批控制性详细规划、概念规划和专项规划，适应了城市建设和经济社会发展的需要，有力促进了城市化

进程。

3. 无锡市城市轨道交通规划

无锡市轨道交通线网由5条线组成，其中1号、2号、3号线为骨架线路，三线呈放射状，与“北展南拓，东联西优”的城市战略相呼应。1号线南北走向，从堰桥至雪浪，总长30.52 km；2号线贯通东西，从梅园至安镇，总长28.05 km；3号线从西北斜插东南，从洛社至机场，总长36.95 km。4号、5号线为辅助线，起到衔接各新城板块的作用。4号线为半环状，从天河经南部新城至查桥，总长40.5 km；5号线从西南直伸东北，从蠡湖至东北塘，总长21.8 km。根据现有方案，5条线共设车站111座，按照轻重缓急，计划从2009年年底开始陆续启动建设1号线、2号线，这个“十”字轨道交通网络骨架，可重点缓解“无锡站—三阳广场—太湖广场”、“河埒—三阳广场—东亭”两个主要城市轴向的交通压力，两条线在三阳广场换乘。在老城区，轨道交通主要采取地下方式，到城市外围空旷处则为高架。如果审批环节顺利可以如期开工，那么1号线、2号线分别有望在2013年12月、2015年12月通车试运行。

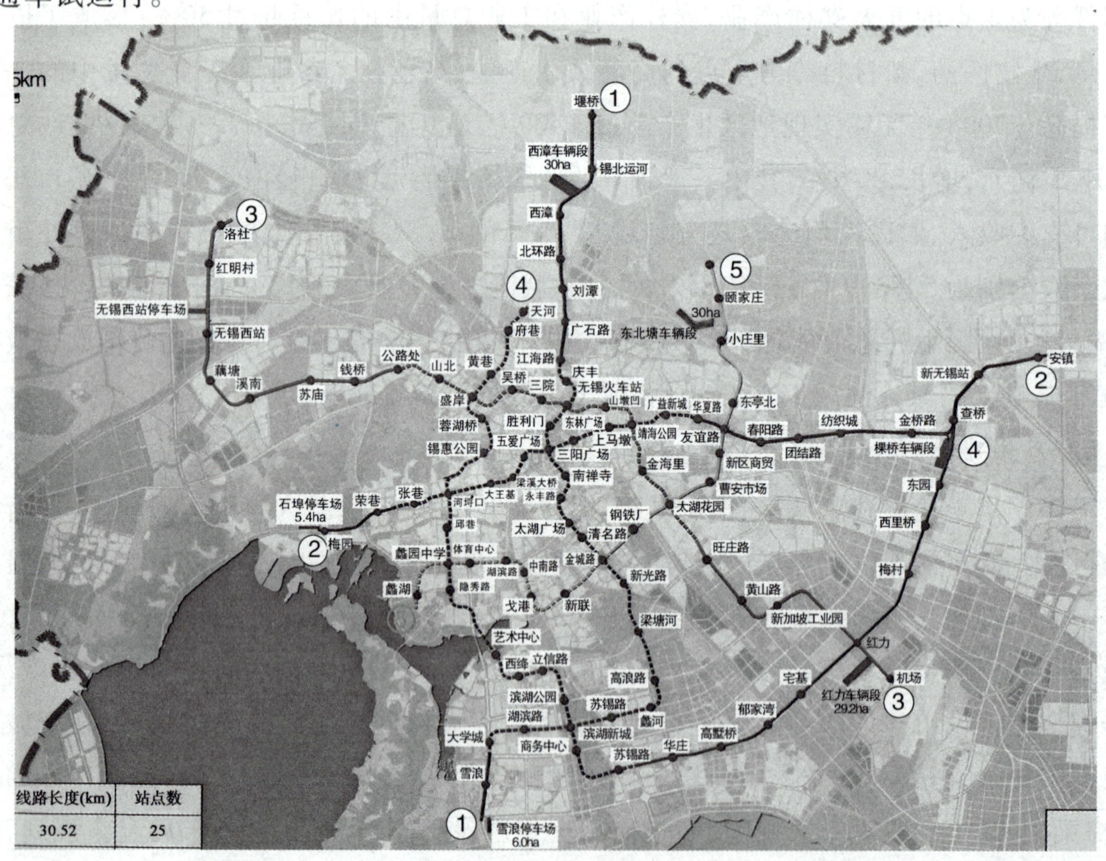

无锡市城市轨道交通规划图

二、无锡市的轨道交通建设现状

1. 待建线路

(1) 1号线

1号线起自惠山新城的惠山大道站,自北向南穿中心城区,至滨湖区的雪浪站。全长30.747 km。具体走向:惠山大道→跨锡北运河、沪宁高速公路→规划沿河路→锡澄路→庆丰路→锡沪路→下穿沪宁铁路→工运路→中山路→清扬路→下穿京杭大运河→华清路→观山路→青祁路,至终点雪浪。其中高架8.5 km,地下22.247 km(含敞开段)。高架站6座,地下站19座。本项目总投资为149.60亿元,技术经济指标为4.87亿元/正线公里。1号线建设于2009年正式启动,预计2014年通车。

(2) 2号线

2号线自青龙山南侧锡宜公路的梅园以地下段沿环湖路向东,在梁溪路路口折向东北进入梁溪路后,再沿梁溪路向东而行,过梁湖路口,于公益中学西侧的规划路路口设荣巷站。2号线总长25.41正线km,总投资为104.94亿元,技术经济指标为4.13亿元/正线公里。2号线建设将于2011年开工,预计2015年通车。

2. 规划线路

1) 4号线

4号线为半环状,从天河经南部新城——查桥,总长40.45 km。

2) 5号线

5号线从西南直伸东北,从蠡湖——东北塘,总长21.8 km。

三、无锡市轨道交通主要技术标准

无锡市轨道交通设计最高行驶速度为80 km/h,最大行车密度不小于30对/h。计划选用B型车,车箱宽度为2.8 m,比上海、南京选用的A型车略窄0.2 m,车体为铝合金或不锈钢。根据规划,各站点将设置自动售检票系统,同时无锡公共交通卡(太湖卡)也可以在轨道交通中使用。

未来无锡轨道交通将采用此种最新型国产B型车,每辆车载客240人,采用4辆编组,2动2拖,一趟列车可以载客920人。每辆车造价平均580万元,整列车造价2 400万元。

1.3.13 合肥城市轨道交通发展概况

合肥城市轨道交通分为市区线和市域线。其中,市区线主要服务于中心城区,覆盖主要客流走廊，提高公共交通系统的服务水平，缓解交通供需矛盾，与城市主要发展方向相协调，引导、促进城市空间的发展。同时，还与区域对外交通枢纽及其他交通方式合理衔接，实现城市与区域交通一体化，提高城市交通系统的运行效率。市域线主要服务于“141”组团，快速联系“141”各组团的中心区、区域交通枢纽，与“141”组团城市空间布局相协调，引导并促进“141”组团的发展，促进城市交通与区域交通一体化发展等。

一、合肥市城市总体规划和轨道交通线网规划

1. 合肥城市概况

合肥是安徽省省会，位于中国中部，长江淮河之间、巢湖之滨，合肥市辖瑶海、庐阳、蜀山、包河4区和肥东、肥西、长丰3县，并赋予合肥高新技术产业开发区、合肥经济技术开发区、合肥新站综合试验区市级管理权限。全市户籍人口为486.74万(含四区三县)，常住人口501万。其中市区户籍人口203.49万人，市区常住人口260万，非农业人口210万。全市行政辖区总面积为7 029.48 km^2，其中巢湖水面面积233.4 km^2；市区总面积838.52 km^2，其中巢湖水面面积72.93 km^2，新增南岗镇面积91.95 km^2，新增烟墩乡面积106.78 km^2，市区建成区面积为224 km^2。

2008年全市生产总值(GDP)达1 664.84亿元，按可比价格计算，比上年增长17.2%。按户籍人口计算，人均生产总值为34 482元(按年末汇率折合约5048美元)，比上年增加6 348元。实现财政收入301.21亿元，增长40%，其中地方财政收入160.94亿元，增长57.8%。城镇居民人均可支配收入和农民人均纯收入分别为15 590元和5 300元，增长16.1%和18%。

2. 合肥市城市总体规划

合肥市将大力改造核心主城区，并在老城区的东、西南、西、北方向建设四个城市副中心，沿巢湖逐步建设一个生态型、现代化的滨湖新区。滨湖新区位于合肥主城区东南部，南依巢湖，规划总用地面积约190 km^2，核心功能是行政中心、商务文化会展中心、省级休闲旅游基地、综合居住新区。

“十一五”时期，合肥将以做大经济总量、增强综合实力、提高人民生活水平为主线，以壮大工业经济、强化县域经济为突破口，以加快科技创新型试点市建设为着力点，推进经济社会跨越式发展，逐步把合肥建设成为全国重要的现代制造业基地、高新技术产业基地、现代服务业基地和独具魅力的现代化滨湖城市，在安徽崛起中勇当先锋、中部崛起中争先进位。

3. 合肥市轨道交通线网规划

合肥市轨道交通线网的远景规划是通过“轻轨+地铁”模式建设11条轨道交通线。

合肥城市轨道交通分为市区线和市域线。其中,市区线主要服务于中心城区,覆盖主要客流走廊,提高公共交通系统的服务水平,缓解交通供需矛盾,与城市主要发展方向相协调,引导、促进城市空间的发展。同时,还与区域对外交通枢纽及其他交通方式合理衔接,实现城市与区域交通一体化,提高城市交通系统的运行效率。市域线主要服务于“141”组团,快速联系“141”各组团的中心区、区域交通枢纽,与“141”组团城市空间布局相协调,引导并促进“141”组团的发展,促进城市交通与区域交通一体化发展等。

合肥市近期规划建设首批 3 条轨道交通线,总长约达 103 km。合肥市远期方案轨道交通线路总长度将达到 170. 6 km,共设置 12 个交通枢纽。在近期建设 3 条轨道交通线的基础上,再增加 1 条骨架线路和 1 条辅助加密线,其中 4 号线是骨架线,位于主城区南部,东西走向并联系东、西部组团,呈“L”形,联系科学城、高新区、政务区、合肥高铁站;5 号线是 1 条南北向辅助加密的直径线,连接北、西部城镇密集带,支撑中心城区、西部沿线特别是政务区和滨湖新区的区域连接。

远景规划轨道交通线路总长度将达 322. 5 km,将在 5 号线路的基础上进一步发展到 11 条,其中:3 号线延伸向远景规划的东部组团的中心区延伸;6 号线联系主城区与东部组团;7 号线连接滨湖新区北部次中心、经开区中心和科学城中心,在滨湖新区与 1 号、5 号线相交,在经开区与 3 号线相交;8 号线为市域线,与 5 号线衔接,向北部组团延伸;9 号线也是市域线,与 2 号线衔接,向东部组团延伸,联系东部组团与主城区;10 号线为一条远景加密的市域骨干线,主要联系滨湖新区、西南组团和东部组团;11 号线为远景机场线,主要联系新桥机场和科学城轨道交通枢纽,该线还可通过 4 号线,实现机场与合肥高铁站的快速联系。

二、合肥市的轨道交通建设现状

1. 规划线路

(1) 1 号线

为南北方向的直径线,全长 32. 4 km,共设 26 ~ 28 个车站,其中有 4 个轨道交通换乘枢纽。该线联系合肥火车站地区、老城区、合肥高铁站地区、滨湖新区。通过快速联系合肥高铁站和火车站,加强城市轨道交通线网与铁路枢纽的衔接,实现城市交通与区域交通的一体化。

(2) 2 号线

为东西走向的直径线,全长 31. 8 km,共设 24 ~ 26 个车站,其中有 5 个轨道交通换乘枢纽。该线联系老城区、高新区、科学城,并与西门换乘枢纽衔接,实现公路对外交通枢纽与轨道交通的合理衔接。

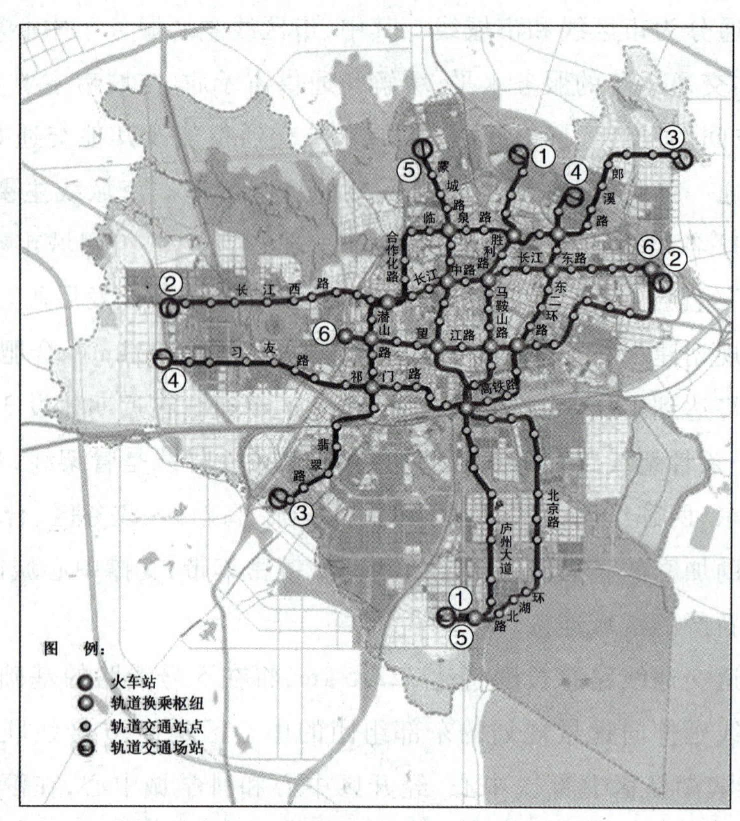

合肥市轨道交通线网规划图

(3) 3 号线

为东北—西南方向的直径线，全长 38.8 km，共设 30 ~ 32 个车站，其中有 5 个轨道交通枢纽。该线联系职教城、合肥火车站地区、老城区、政务区、经济技术开发区、大学城高校园区。

2. 建设规划

根据建设规划，合肥轨道交通建设分为远景、远期和近期。轨道交通远景线网总长 322.5 km，其中市区线路 7 条，全长 215.3 km；市域线 5 条（含 1 条机场专用线），全长 107.2 km。远期中心城区轨道交通远期规划方案由 6 条城市轨道交通线路组成，共设置了 15 个轨道交通枢纽，全长 181.1 km。

总体规划分为四个阶段建设，第一阶段：2009 ~ 2016 年，建设 1 号线、2 号线，形成“十”字形的基本骨架；第二阶段：2016 ~ 2020 年，建设 3 号、4 号线，与 1 号、2 号线共同形成以主城区为中心向外围组团放射的基本骨架网络，基本覆盖了中心城区的主要客流走廊；第三阶段：2020 ~ 2025 年，在骨架网络基础上，建设 5 号、6 号线和远景 7 号线，在中心城区范围内形成完善的城市轨道交通线网；第四阶段：2025 年后，建设远景 8 号线及扩展延伸线,实现线网规划的远景目标。

1.3.14 南昌城市轨道交通发展概况

南昌市城市快速轨道交通筹划起步于21世纪初。2007年,成立了南昌市快速轨道交通建设领导小组,并做了大量细致扎实的基础性工作。2008年7月中旬,经国家发改委、国务院办公厅同意,南昌市已被列为第二批轨道交通项目建设申报城市。南昌地铁已确定在2009年动工,并争取在2010年上半年开工建设。

一、南昌城市总体规划和轨道交通线网规划

1. 南昌城市概况

南昌是江西省省辖市,江西省省会。地处江西省中部偏北,赣江、抚河尾闾,鄱阳湖南岸。辖区总面积7402.36 km^2,其中市区面积617.07 km^2,城市建成区面积85 km^2。总人口401.72万,南昌地处鄱阳湖平原,中部地势较低,西部与东部地势较高。地貌以平原为主,兼有广阔的水域和较大数量的岗地、低丘。

南昌是国务院批准的内陆开放城市。有冶金、电子、机械、汽车、飞机制造、电力、仪表、化工、建材、纺织、造纸、医药、食品、塑料、印刷等门类齐全的工业体系。现有工业企业40272家,年总产值317.61亿元,其中乡及乡以上工业总产值220.57亿元。2008年南昌市GDP总量为1650亿元,比上年增长14.5%。

2. 南昌市城市总体规划

《南昌市城市总体规划(2003～2020)》对南昌城市总体发展目标、市域城镇体系、城市交通、旧城改造等诸方面描绘了宏伟蓝图,在城市整体发展思路上提出"西进、东拓、北控、南延"原则。此外,南昌市首次在专题规划会议上提出要兴建城市轻轨。

到2020年,南昌市域即行政辖区范围面积将达到7402 km^2,其中城市规划区900 km^2,中心城区236 km^2,全市人口达到600万人。在城市整体发展思路上提出"西进、东拓、北控、南延"原则。其规划总体空间格局为"一江两岸,一核五片,沿着赣江两端延伸,多点、多组团推进"的总体发展思路,并将"依山傍水,两核拥江"列入城市核心区域的规划中,即以赣江为分隔,两岸分别按照功能自无锡完善、自成体系的两个相对独立的城区即昌南、昌北进行布局,形成一江两岸即"一城两核"城市新格局。

南昌将在城区兴建5条交错的轻轨线。轻轨线将采用双轨架设,全电气化,其中首期1号线全长约13 km,线路规划跨过赣江。城区轻轨将在近年内开始建设。届时,将协调公交与轻轨等交通方式之间的方便换乘和合理收费,建立一套完整的交通策略计划,同时做好轨道交通与其他交通方式的结合。

3. 南昌市城市轨道交通网规划

南昌市现在规划的地铁线路有5条,分为近期规划和远期规划。其中,近期规划的1号、2号两条线路已较为成熟,远期规划则还需要征集社会各界意见,进行优化。

1号、2号线总长约50 km,总投资预计为200多亿元,平均每千米5亿~6亿元。据悉,地铁建设资金将通过多方筹资,采取政府投资、市场运作等方式筹集。

同时,地铁1号、2号线需要建设过江轨道,其具体位置预定在市政府一带,与另一规划中的红谷隧道并不重合。

二、南昌市城市轨道交通现状

1. 近期:两条线路"十"字交叉

根据南昌市城市"西进、东拓、南延、北控"总体发展规划,南昌市2020年轨道交通规划两条"十"字形构架线路,1号、2号轨道线路总长约50 km,平均每年修建4~5 km,将在2020年之前建成。

1号线:24.6 km,经高速客运西站、红谷南大道、丰和二路、红谷四路、红谷三路、叠山路、八一大道,至北京路;

2号线:25.1 km,经蛟桥经济技术开发区、凤凰六路、丰和北大道、凤凰一路、下正街、象山路、绳金塔街、十字街、京山北路、迎宾大道,至莲塘。

2. 远期:2050年前规划建5条线

南昌市地铁的远景规划为5条线路,线路总长约160 km,并留有20~50 km的弹性建设规模。其具体方案还有待于进一步优化设置。

南昌市将沿赣江,并向城市东南部、昌南拓展,城市北部的扬子洲地区、城南沿赣江向南、城东片区的东南部将是未来城市可能拓展的发展空间。远期线网规划将保证在这些方向的可拓展性,并保留一定的弹性线网规划余地。

1.3.15 南宁城市轨道交通发展概况

2005年8月南宁市市委、市政府决定成立南宁市城市轨道交通项目工作领导小组,下设办公室(简称"南宁市轨道办")专门负责轨道交通项目的前期推进工作和建设筹备工作。

根据《南宁市城市轨道交通线网规划》南宁市轨道交通规划线网共由6条线路组成,

线路总长 161.0 km。

一、南宁城市总体规划和轨道交通线网规划

1. 南宁市城市概况

南宁市是广西壮族自治区的首府,位于广西南部,地处亚热带,坐落在南宁盆地中部邕江两岸。南宁地理位置优越,处于我国华南、西南和东南亚经济圈的结合部,面向东南亚背靠大西南、东邻粤港澳琼、西接印度半岛,具有得天独厚的区位优势和地缘优势。

全市总面积 22 112 km^2,市区面积 6 559 km^2,其中建成区面积 150 多 km^2,全市户籍人口 648.85 万人,城区人口 282 万人,建成区人口 150.06 万人。

南宁市是广西壮族自治区的首府,是全区政治、经济、文化、交通、科技、商业、金融和信息中心。2008 年,南宁市全市生产总值超 1 300 亿元,达 1 316.21 亿元,增长 14.5%。南宁市城镇居民人均可支配收入 14 446 元,增长 21.62%;其中城市居民人均可支配收入 14 994 元,增长 19.03%。全市居民消费价格上涨 8.4%。

2. 南宁市城市总体规划

构筑单核多轴圈层式的城镇空间布局结构形态,以南宁都市发展区为核心,形成两主五次的发展轴线,并按三个圈层实施不同的城镇发展策略。中心城应突出“一轴两带多中心”的发展模式,逐步形成沿邕江两岸串珠式展开、沿其支流纵深发展的城市布局形态。

加强城镇间的区域协调;强化中心城市、调整空间结构;加快发展县级城市、构筑县域中心;着重发展中心城镇、完善配套设施;建设一般城镇、加大集聚规模;构建中心城市—县城—中心镇——般镇的轴线状开放式城镇组织体系。实施城乡统筹战略,统筹城乡经济社会发展,解决城乡收入差距、经济社会公平和城乡共同发展等问题。

按照循序渐进、节约土地、集约发展、合理布局的原则,突出发展中心城市,加快发展县城和中心镇(重点镇),协调发展一般小城镇,构建以中心城区为核心、6 个县城为主体的城市群。加速人口、生产要素和产业向城市城镇集聚,促进农村人口转移,缩小城乡差距。统筹规划城镇体系,以中心城市为核心,以六个县城为枢纽,以中心城镇为基础,构筑中心城市—县城—中心镇(重点镇)——般镇的市域城镇体系,形成单核多轴圈层式的空间结构和要素聚集能力强、人口分布合理的城镇化格局。

3. 南宁市轨道交通线网规划

根据《南宁市城市轨道交通线网规划》,南宁轨道交通线网构架方案由两条“十”字交叉的东西向 1 号线和南北向 2 号线组成,两条线总长 41.5 km。轨道交通规划线网共由 6 条线路组成,线路总长 161.0 km,线网密度为 0.5 km/km^2,共设 103 座车站,其中换乘

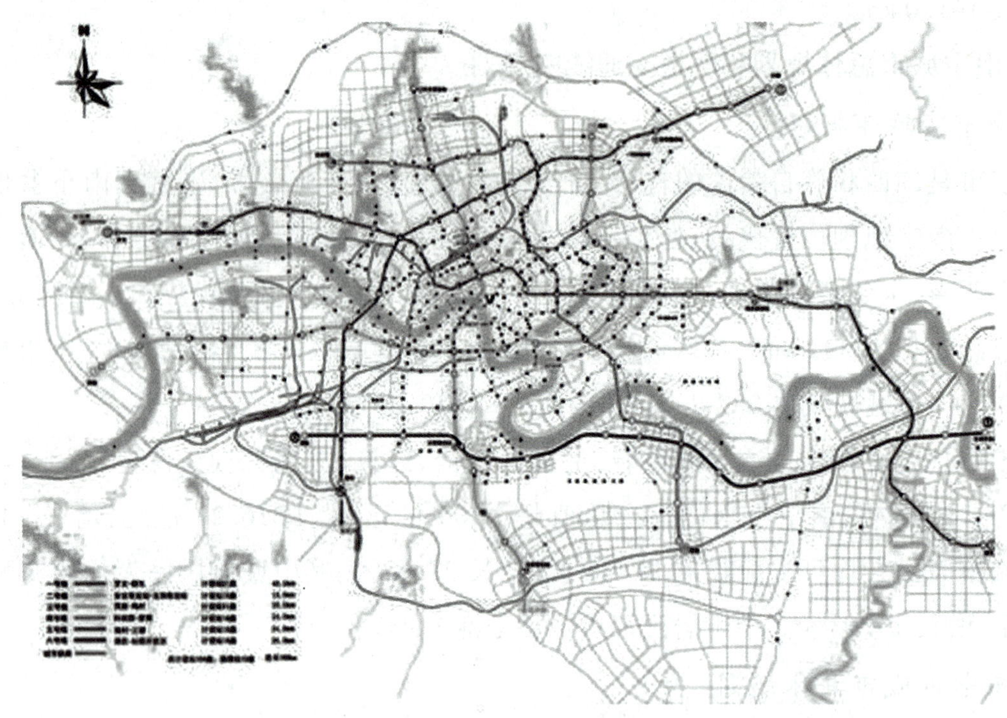

南宁市远景轨道交通系统规划图

站16 座。

构建面向东盟区域合作、泛珠三角和北部湾经济合作区构建区域枢纽型对外轨道交通体系，形成环形放射型线网形式，构筑沿邕江发展带综合交通走廊和南北钦防发展带综合交通走廊。2020 年，建成 1 号线、2 号线。线网结构为"骨干网 + 辅助网"，其中 1 号线和 2 号线构成穿过城市中心的十字形骨干网，3、4、5、6 号线为服务周边组团的辅助线网。轨道交通用地走廊红线预留宽度为 40 m，站点地区预留宽度为 60 m，结合轨道交通站点做好用地规划整合。

二、南宁市城市轨道交通建设现状

1. 规划线路

(1) 1 号线

1 号线首期工程东起三屋，西至西乡塘客运站，经大学路、北大路、人民路、民主路、新民路、民族大道后沿民族大道到达琅东客运站。线路全长 22.5 km，其中地下线长 12.0 km，高架线长 10.5 km。共设车站 20 座，其中高架站 9 座，地下站 11 座，4 个换乘站均为地下站。最大站间距 1 750 m，最小站间距 740 m，平均站间距 1.13 km。投资估算约 80.25 亿元，计划 2008 年动工，2013 年建成通车。

1 号线一期工程线路以西乡塘客运站为起点,之后线路沿大学路以高架形式往东行进,在明秀东路附近由高架转为地下,在大学明秀路口设广西大学站与 5 号线换乘。出站线路继续以地下线沿大学路向东前进,大学衡阳路口,线路以小半径折向东北方向沿衡阳路向东行进,在衡阳路设衡阳西站,出站后线路小角度折向南转入朝阳路,在火车站与 2 号线换乘,之后沿着朝阳路向前,与 2 号线平行,在朝阳广场站再次换乘,出站后线路继续朝南行进,在民族中山路口前折向东,转入民族大道向东行进,经过埌东客运站后线路转为高架,并折向东南到达 1 号线一期工程的终点站三屋。

(2) 2 号线

2 号线起始于城北区的安吉客运站,沿安吉大道前行,经友爱路继续南行,朝阳路、星光大道、银海大道后到达终点玉洞站。线路全长约 19.0 km,其中地下线长 6.5 km,约占总长度的 34.2% ,高架线长 12.5 km。共设车站 15 座,其中高架站 10 座,地下站 5 座,3 个换乘站均为地下站。最大站间距 1 870 m,最小站间距 880 m,平均站间距 1.3 km。投资估算约 60.5 亿元,计划 2009 年动工,2014 年建成通车。

2 号线路以玉洞站为起点,以高架形式沿银海大道前进,在江南客运站与 6 号线换乘,之后线路偏向西北,进入星光大道,一路向北,在星光亭洪路口以南处线路由高架转为地下,在星光福建路口设福建园站与 3 号线换乘。出站后线路沿星光大道往东北方向行进,经过邕江一桥,在民族中山路口前线路折向正北进入朝阳路。在朝阳广场站、火车站与 1 号线两次换乘。之后线路小角度折向东北,下穿衡阳路,转入友爱路,在友爱明秀路口设友爱站 5 号线换乘。出站后线路向北行进,进入安吉大道,在安吉秀厢路口设秀厢站与 4 号线换乘。出站后线路由地下转为高架,一直沿着安吉大道行进,经过安吉客运站,最终到达终点站西津。

(3) 3 号线

远期建设的 3 号线是东西向辅助线,联系了西乡塘、江南、中心城区与东沟岭等区域;4 号线是南北向辅助线,联系了五象新区与中心城区等区域;5 号线是西南至东北向辅助线,联系了江南、中心城区等区域;6 号线是邕江南面东西向的补充线,联系了江南、良庆与邕宁等区域。

(4) 其他线路

4 号线:从高新区至那黄,途经秀厢大道、望州路、园湖路、青山路、平乐大道,总里程 24.0 km,设车站 18 座。

5 号线:从留村至三塘,途经壮锦大道、明秀路、南梧路、金桥客运站,总里程 24.0 km,设车站 18 座。

6号线:从那历至仙葫开发区,途经金凯路、金沙大道、五象大道,总里程26.0 km,设车站16座。

2. 南宁市轨道交通建设情况

《南宁市城市轨道交通建设规划》明确了南宁市轨道交通的远期目标和近期建设任务。城市轨道交通项目一期工程建设期为8年,且1号、2号线同步建设,以便在2015年形成初步的网络,有利于培养客流和增加效益。根据线网规模和城市规划,以及设定全网采用统一制式,全线网设综合维修基地2个、车辆段3个、停车场4个。另外,轨道交通线路敷设方式初步考虑为在城市中心组团的核心区敷设地下线路,其他地段则尽量考虑为高架线。远期建设3号、4号、5号、1号线延长线、6号线等,计划在2030年前形成规模线网。6条线路全长约160 km,共设车站104个,其中换乘站15个。

三、南宁市的轨道交通管理

2005年8月南宁市市委、市政府决定成立南宁市城市轨道交通项目工作领导小组,下设办公室(简称"南宁市轨道办")专门负责轨道交通项目的前期推进工作和建设筹备工作。并根据市政府的安排,确定南宁市投资开发公司作为南宁城市轨道交通项目的前期业主单位,在南宁市轨道办的领导下负责项目前期工作推进和筹备组建专门轨道交通公司。

四、南宁轨道交通发展大事记

1999年	国务院批复的《1995年—2010年南宁市城市总体规划》中,第一次在文字上把南宁远期交通发展要用轨道交通解决的问题表述出来。
2001年	南宁市委托上海相关单位编制《南宁市综合交通规划2002—2020》,其中就有提出建设轨道交通的初步方案内容。
2002年	南宁市人民政府研究提出了轨道交通的初步线网方案。
2005年8月	南宁市委、市政府决定成立南宁市城市轨道交通项目工作领导小组,下设办公室(简称"市轨道办"),正式启动南宁市城市快速轨道交通项目前期工作。
2006年3月15日	南宁市将开展城市轨道交通线网规划以及建设规划交通调查。
2007年4月	南宁市轨道交通项目小组赴深圳、北京、青岛和上海四市学习考察,考察小组就城市轨道交通项目管理运营模式、投融资模式等内容进行了深入细致的考察调研。
2008年1月24日	经过两年多的深入研究和充分论证后,南宁市城市轨道交通建

设规划已经接近完成。

2008 年 6 月 6 日　南宁市轨道办和环保局对南宁市城市轨道交通建设规划环境影响评价实施方案进行技术审查。

1.3.16 石家庄城市轨道交通发展概况

石家庄市计划构建“一体两翼”的经济发展格局、“1+4”组团城市空间布局、建设“五大基地”的主导支撑产业布局,主要包括产业类项目、基础设施类项目、服务业类项目、文化和旅游业类项目。

在发布的基础设施类项目中,石家庄建设城区轨道交通 1 号线项目颇受人关注。全长 12 km 的城区轨道交通 1 号线,由市轨道交通项目建设办公室代表市政府组织实施项目建设,总投资 4.2 亿美元,建设线路计划连接东西开发区,包括地下 5 km、高架 5 km、地面 2 km,沿途设置车站 12 座,并建有维修、调车场各一个,计划初期投入低地板列车 40 辆。预计年客运量将达到 7 200 万人次以上。

一、石家庄城市总体规划和轨道交通线网规划

1. 石家庄城市概况

石家庄位于环渤海湾一线开放开发地区的腹地,地处广袤辽阔的华北平原中南部,河北省中南部,古称“京畿之地”,素有“南北通衢、燕晋咽喉”之称,地理位置十分优越。

石家庄市总面积 15 848 km^2,总人口 875 万,其中市区面积 307 km^2,人口 161 万。

全市 2008 年地区生产总值 2 770 亿元,比上年增长 11%。全部财政收入完成 271.7 亿元,增长 18%,其中地方一般预算收入完成 110 亿元,增长 14.8%。城镇居民人均可支配收入达到 15 053 元,增长 14%;农民人均纯收入达到 5 450 元,增长 10%。

2. 石家庄城市总体规划

根据新近完成的《石家庄市城市总体规划》(2004—2020),石市未来十几年内将着力实施“东拓”、“西优”、“南延”、“中疏”战略,高标准建设成环渤海经济区中的重要城市、竞争力强大的区域性中心城市、城绿交融的宜居城市、彰显现代先进文化的文明城市。

石市整体规划分为“市域—都市区—中心城区”三个层次。

市域:指石家庄市行政区范围,面积 15 848 km^2。到 2020 年城镇化水平达到 63%,城镇人口达到 668 万。

都市区:规划形成以中心城区为核心,以正定、鹿泉、栾城、藁城四县(市)为组团,以绿色隔离空间为保障的“一城、一环、四组团”的布局结构，总面积 2 657 km²，2020 年城镇人口达到 430 万。

中心城区：包括主城区和新城区。规划形成“一核、两区、两轴、四带”的城市布局结构。一核，指城市中心区商业商务核；两区，指主城区、新城区；两轴，指沿中山路、裕华路为主的东西向公共设施轴和沿京珠高速公路两侧的生态景观轴；四带，指西部山前生态休闲带。到 2020 年城区人口将达到 300 万人。城市建设用地规模控制在 276 km²。

3. *石家庄市城市轨道交通线网规划*

石家庄将建设总长度约 150 km，由 5 线 4 射组成的城市快速轨道交通线网。

具体的铺设形式为“一环内地下，一环二环间高架，二环外至卫星城地面”，估算总投资约需 375 亿元。一期工程预计将于 2007 年至 2009 年开工，总工期约 20 年，前 10 年每年建设约 4 ~ 5 km，后 10 年每年建设约 9 ~ 10 km。

这个项目不是一般的小项目，不仅投资巨大，建设周期也在 3 年以上，如果形成规模网络化将达到 30 年。

4. *石家庄市城市轨道交通规划规划图*

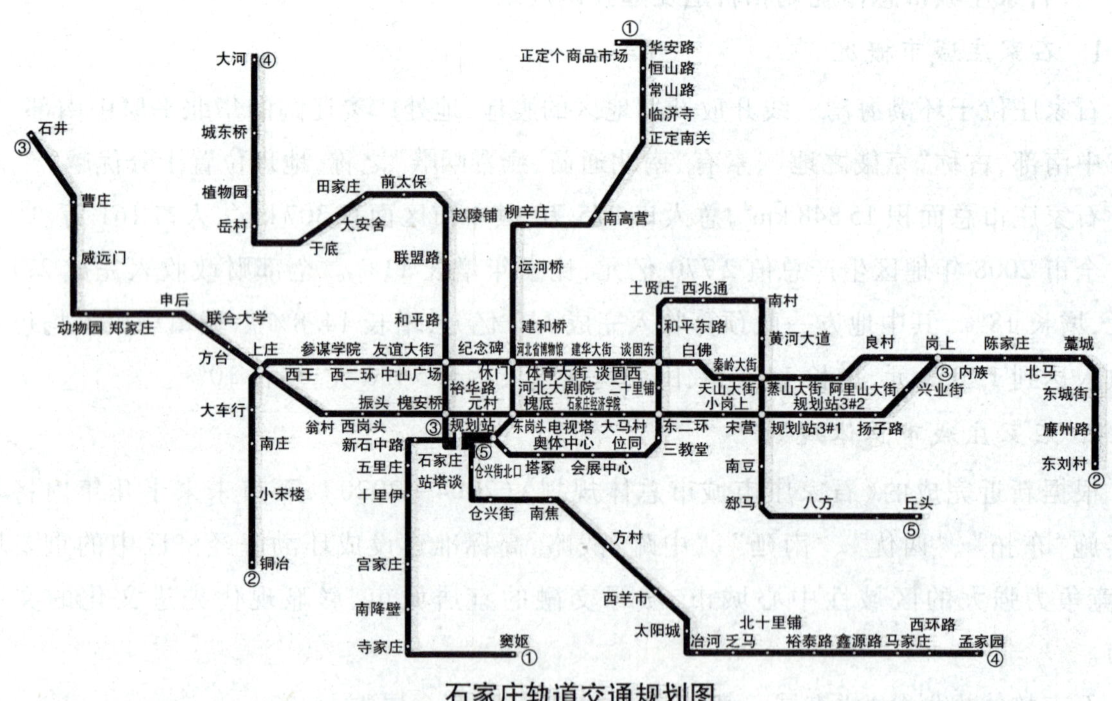

石家庄轨道交通规划图

二、石家庄市轨道交通建设现状(规划线路)

1 号线：全长 12 km，其中地下 5 km，高架 5 km，地面 2 km。车站 12 座，维修、调车厂各一个，初期底地板列车 40 辆。项目预计总投资 4.2 亿美元，设备 1.8 亿美元。1 号线将设置22个车站,具体站位如下:南降壁站、宫家庄站、十里伊村站、东五里庄站、新石站、槐安路西站、艺术中心站、中华站、石家庄站、南三条站、休门站、河北博物馆站、裕彤体育中心站、建华站、谈固西站、谈固东站、白佛站、黄河大道站、长江大道站、珠江大道站、中仰陵站、石家庄东站。为配合石太高速客运铁路的完成,首先将开工建设2号线中华站至石家庄北站部分,具体站位如下:中华站、平西路站、石家庄北站,其中南降壁站至东五里庄站为地面运行,从东五里庄站开始始入地下至白佛站止,车过白佛站采用高架运行。

1.3.17 乌鲁木齐城市轨道交通发展概况

2003年11月成立了乌市轻型轨道筹建协调领导小组,负责轨道交通的规划、建设与运营。乌鲁木齐市现在还没有开始建设轨道交通,按照方案《乌鲁木齐市城市快速轨道交通线网规划修编(中间报告)》最终要修建5条轻轨线路,总长151.2km,至2020年至少完成两条线的轻轨。

一、乌鲁木齐市城市总体规划和轨道交通线网规划

1.乌鲁木齐市城市概况

乌鲁木齐市是新疆维吾尔自治区首府,是全疆政治、经济、文化、科技的中心。其处于新疆维吾尔自治区北部,天山中段北麓、准噶尔盆地南缘,西北部和东北部与昌吉回族自治州接壤,南部与巴音郭楞蒙古自治州相邻,东南部与吐鲁番地区交界。

新疆拥有中国1/6的国土,乌鲁木齐是中国新疆维吾尔自治区的首府,是新疆政治、经济、文化的中心,中国西部对外开放的重要门户,是新欧亚大陆桥中国西段的桥头堡,地处亚洲大陆地理中心。2007年8月1日,原昌吉回族自治州米泉市行政划归乌鲁木齐市,与原乌鲁木齐市东山区合并后成立米东区。行政区划调整后,乌鲁木齐市现辖7区1县,即天山区、沙依巴克区、新市区、水磨沟区、米东区、头屯河区、达坂城区(含南山矿区)和位于板房沟乡的乌鲁木齐县(含安宁渠镇),市域总面积达到14216.3 km^2。2008年末最新统计(包含原米泉市范围)全市户籍总人口为236.05万人,非农业人口为174.48万人,城镇化水平为73.78%。

2008年乌鲁木齐市主要经济指标高位运行,质量效益同步提升,实现地区生产总值1020亿,突破了1000亿大关,增长15%,实现地方财政收入和一般预算收入127亿元和100亿元,突破了100亿元大关,分别增长32.8%和36.2%。城乡居民收入进一步提高,城镇居民人均可支配收入12317元,增长8.3%,农牧民人均纯收入6116元,增长8%;工业经济快速增长,拉动作用明显增强,全年实现工业增加值355亿元,增长18%,增幅创

20年来新高,占地区生产总值34.8%;节能减排成效显著,生态环境明显改善,全年单位GDP能耗下降4.04%、单位工业增加值能耗下降18.22%,主要经济指标位居自治区前列,是近年来发展最好最快的一年。

2. 城市总体规划

截至2008年末,乌鲁木齐市人口和用地规模为:全市户籍总人口为236.05万人,城市建设用地总量为261.88 km^2。乌鲁木齐市现状城市规模已经超过了现行的城市总体规划中确定的远期城市规模。2007年9月国家批准乌鲁木齐市启动新一轮城市总体规划修编工作。

城市发展战略目标。根据乌鲁木齐发展的潜力和优势,以及"十一五"期间乌鲁木齐面临的国内、国际发展环境,2007年乌昌党委提出努力打造面向中亚地区的国际先进制造业基地、能源资源合作基地、出口加工基地和现代化国际商贸中心、服务业中心、文化交流中心、区域联络中心。建设经济发展、功能完善、科技发达、教育先进、环境优美、生活方便、民族团结、社会稳定、具有地方特色的繁荣、富裕、文明、和谐的现代化首府城市。实现"亚心之都、国际都市、商旅名城、宜居城市"的城市发展目标。

交通发展目标。要构建一个与现代化国际商贸中心城市相适应的,具有功能完备、公平高效、安全经济、环境友善的现代城市一体化综合交通体系,支持乌鲁木齐市未来城市发展要求,满足并有效调节不断增长变化的交通需求,同时支撑和引导城市的可持续发展,确立并强化乌鲁木齐市的中心和枢纽城市地位。

3. 乌鲁木齐市城市轨道交通规划

(1)乌鲁木齐市城市轨道交通规划规划图(见下页)

(2)乌鲁木齐轨道交通线网总体规划

乌鲁木齐城市轨道交通线网形态与城市总体规划所确定的主城区发展方向一致,即南控北扩、东延西进,加强中心城区与米东区、头屯河区两个城市副中心的联系;控制中心城区的规模。主城区是线网规划的重点,骨架线网既要符合城区发展的三条轴线、追求客流主导方向,同时沟通外围区与核心区、中心城区之间的交通联系。

通过对区域中心城市的远景规模、空间结构和用地分布研究,按照"组团式多中心"、"一轴带两翼"的城市格局,结合沿城市发展轴向所形成的向心交通出行特征,构建了由5条线路组成的放射状城市轨道交通远景线网,线路全长151.2 km。其中,1号、2号、3号线为基本骨架线,构成远景线网的基本骨架;4号、5号线为辅助填充线,填补基本骨架线在城市中心区内的覆盖空缺、提高线网覆盖范围。主城核心区线网密度0.94 km/km^2,主城中心区线网密度0.51 km/km^2,主城外围区线网密度0.19 km/km^2。全线网共设车站

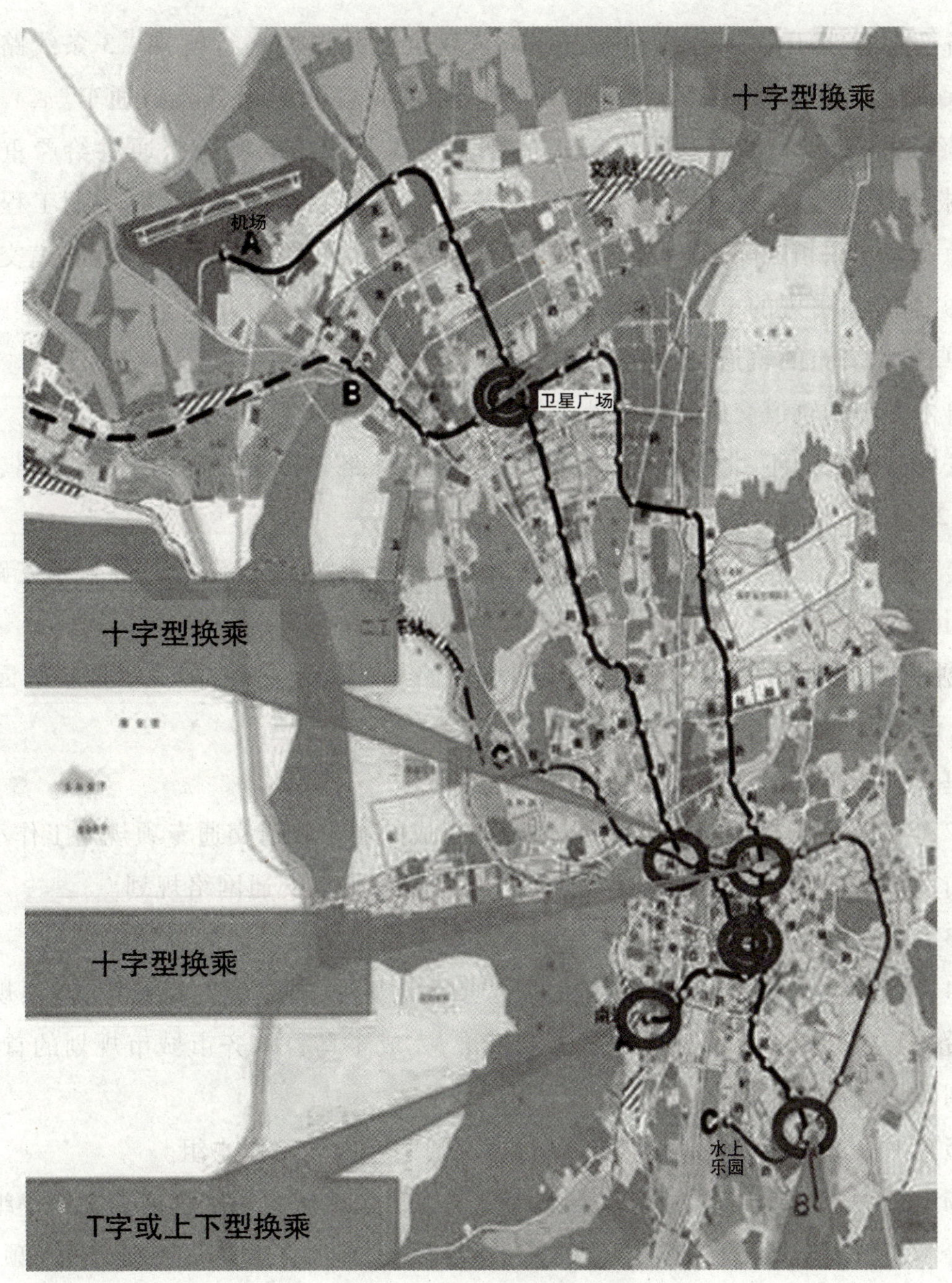

乌鲁木齐轻轨规划方案草图

118 座，其中换乘站 8 座。

(3)轨道交通近期建设规划

乌鲁木齐城市轨道交通近期建设项目的选择以缓解城市中心区交通压力为重点，兼顾引导城市沿主要发展轴向拓展，同时尽可能实现轨道交通与火车站、公路客运站等大型对外交通枢纽的衔接。近期建设项目包含 3 条线路，修建 1 号线全线、2 号线由友谊队至东山的一期工程和 4 号线由十二中至人民会堂的一期工程，1 号、2 号线在城区北部十二师站具备换乘条件，1 号、4 号线在城区中部人民会堂站形成平行换乘。3 条线路全长共计 52.9 km，建设投资 220.7 亿元，分别于 2015 年、2018 年、2020 年建成通车。

1 号线和 4 号线一期工程重点解决河滩路东西两侧的老城区交通供给严重不足问题，同时打通了新、老城区之间的交通瓶颈，支持城市重心北移。2 号线一期工程与目前城市土地开发意图相匹配，针对米东区现状良好的开发建设条件，能够发挥轨道交通的带动作用，并且产生可观的土地增值收益。

二、乌鲁木齐市的轨道交通建设现状

乌鲁木齐市的轨道交通建设正处于筹备和前期规划阶段。

A 线：机场、北二环、北京路、新医路、友好路、新华路、中山路、解放路、奇台路、火车南站；全长 24.1 km，设站 25 座。

B 线：迎宾路、卫星路、长春路、苏州路、南湖路、新民路、解放路、和平路、延安路、警察学校；全长 23.5 km，设站 21 座。

C 线：克拉玛依路、青年路、建国路、幸福路、中环路、三屯碑路、水上乐园；全长 16.9 km，设站 20 座。

三、乌鲁木齐轨道交通建设工作大事记

2002 年 6 月　成立了以市建委、市规划局组成的城市轨道交通专项规划工作小组，开展规划前期筹备工作；同年 9 月，正式启动乌鲁木齐市轨道交通网络规划。

2003 年 11 月　市政府批准成立乌鲁木齐轻型轨道交通筹建协调领导小组。

2004 年 9 月　《乌鲁木齐市城市轨道交通网络规划》通过了专家评审；该项规划（修改完善后的）于 2006 年 1 月获得市规委会批准，完成了乌鲁木齐市城市规划的首轮轨道交通线网规划编制工作。

2005 年底　市政府成立乌鲁木齐市轨道交通工程前期工作小组。

2006 年 3 月 22 日　市委第 5 次常委会议研究了市轨道交通工程前期工作小组《关于加快乌鲁木齐轨道交通工程前期工作的请示》，同意实施乌鲁木齐轨道交通建设项目。

2006 年 6 月　市轨道交通前期领导小组邀请广州、上海、北京等地国内轨道交通专家对乌鲁木齐市和乌昌地区做了考察和工作指导，并启动招标程序筛选乌鲁木齐市城市轨道交通建设规划编制单位。

2006 年 11 月 24 日　市委第 18 次常委会批准了乌鲁木齐市轨道交通建设规划主编制人，正式启动“乌鲁木齐市城市快速轨道交通建设规划”编制工作。

2006 年　根据市委 2006 年第 18 次常委会的部署和要求决定成立乌鲁木齐市轨道交通建设领导小组；乌鲁木齐市轨道交通建设领导小组下设前期工作小组，负责我市轨道交通建设规划工作及前期立项等工作。

2007 年 2 月 2 日　乌鲁木齐轨道交通建设领导小组召开第一次工作会议，宣布成立乌鲁木齐轨道交通建设领导小组。

2007 年 10 月 18 日　中国国际工程咨询公司交通项目部组织专家对《乌鲁木齐市城市快速轨道交通线网规划修编》进行咨询。

2008 年 1 月　乌鲁木齐市人民政府正式批准了《乌鲁木齐市城市快速轨道交通线网规划(修编)》(最终报告)。

2008 年 8 月　《乌鲁木齐市城市快速轨道交通建设规划》(审查稿)提交市人民政府审查。

1.3.18　厦门城市轨道交通发展概况

厦门市轨道交通线网规划将以"三主一辅连四轴连海湾"为未来 15 年轨道交通建设预想图。未来轨道交通将建一条以和平码头为起点，经过厦禾路，再转向金尚路，从机场附近穿过隧道或公铁桥出岛，一直抵达未来的火车西客站的"L"形走廊(1 号线)，预计在 2010 年建成。该线路建完后，厦门岛内将继续建设东、西两侧的两条南北向沿海轨道交通线。

在初步规划草案中，厦门岛外的轨道交通线覆盖面更广，其中海沧、翔安方向将建两条公铁桥跨海而过，一条从体育馆直达海沧镇，另一条从五缘湾直达马巷镇附近(2 号线)。这两条线路预计 2011～2015 年间建成。从 2016 年到 2020 年，厦门还将建设海沧到马銮湾和枋湖到祥吴的两条轨道交通(3 号线)，另一条连接海沧、集美、翔安的东西向轨道交通"大动脉"也将于 2020 年后动工。

一、厦门市城市总体规划和轨道交通线网规划

1. 厦门市城市概况

厦门市地处我国东南沿海、福建省东南部、九龙江入海处。厦门由厦门岛、鼓浪屿、内陆九龙江北岸的沿海部分地区以及同安等组成，陆地面积 1 565.09 多 km^2，海域面积 300 多 km^2，是一个国际性海港风景城市。

至 2006 年末，全市户籍人口 160.38 万人，常住人口为 233 万人。在户籍人口中，城镇人口为 109.24 万人，岛内的思明、湖里两个区人口合计 72.83 万人，比重达 45.4%。

2008 年厦门市经济社会经受住了多方面不利因素考验，基本实现稳定发展，全年生产总值(GDP)完成 1560 亿元，增长 11.1%，增幅比上年回落 5.5 个百分点，全市财政总收入410亿元,比上年净增61.7亿元,增长17.7%。城镇居民人均可支配收入23948元,比上年增长11.4%。

2. 厦门城市总体规划

厦门城市总体规划分近期(2000年)、远期(2010年)、远景3个阶段。城市规划区面积560 km²,厦门将从"海岛城市"逐渐发展成为"海湾城市",远期城市面积将扩大到154 km²以上,人口156万人左右,最终将建筑成为现代化国际性城市。厦门城市结构以厦门本岛为中心,形成众星拱月的格局。城市总体分为四大片区:本岛中心片区,包括中部新市区、南部旧城区、鼓浪屿—万石山风景名胜区、北部港区、高科技工业区和东部前埔副中心;西片区包括新阳工业区、海沧新市区、南部工业区和海沧港区;北片区包括集美、杏林、同安组团;东片区包括马巷、新店、刘五店、大嶝岛,远景还包含金门岛等组团。

3. 厦门市城市轨道交通规划

厦门市轨道交通核心线网方案确定为由快速轨道交通1号线、2号线和市郊铁路组成。快轨1号线形成连接本岛—海沧、本岛—集美—同集带的轨道交通主干线路,加强海沧中心区与本岛各功能中心间的联系,为海沧组团的完善与开发提供交通保障条件;发挥轨道交通对城市向同集带地区扩展的引导作用;促进本岛城市功能的完善,带动旧城区改造;增强1号线沿线土地开发价值,形成土地利用与交通运输协调发展的模式。快轨2号线是连接岛内各功能中心的骨干线路,沟通本岛的商业、旅游、行政、金融、文化等城市功能密集区,并集散出入岛轨道交通出行。市郊铁路利用鹰厦铁路富裕运能和相关设施改造,承担由杏林至厦门站、和平码头的轨道交通出行。

在核心线网基础上,远景轨道交通线网存在着西海域扩展模式和东海域、环同安湾扩展模式。对于远景线网的西海域扩展,增加连接集美、杏林、马銮新阳、海沧的快轨3号线。对于远景线网的东海域、环同安湾扩展,增加连接本岛、东海域、同集带的4号线。两种模式下具体的线路走向依据不同的土地利用模式和发展决策进行布局。依据马銮湾和杏林组团不同功能布局及土地利用,3号线在杏林—马銮—新阳段的走向呈现不同的布局方式。4号线的具体布局方式视东海域的发展模式及本岛东区开发策略决策。远景本岛东区用地布局和开发策略存在3种可能,其一是本岛东区的开发维持规划期的快轨1号线56.8 km,快轨2号线17.6 km市郊铁路30.1 km。

二、厦门市的轨道交通建设现状(规划线路)

一共规划5条轨道交通线路,线网规模为181 km。

(1) 1号线

1号线主要是连接海沧、本岛、集美与同安区,形成与城市主要发展方向相配合的轨道交通干线,起终点分别设于海沧和同安,规划线路总长度 54.6 km。该线路在本岛沿厦禾路—嘉禾路—福厦路走向,在湖里区向东通过高崎国际机场,沿集美大桥东侧进入集美组团,线路沿厦禾路向西,在第一码头处穿越西海域进入海沧新区。在另一个方向上,轨道交通线路经集美学村接入集美组团的中心区,沿同集路向北延伸至同安区,将同集发展轴通过轨道交通线路紧密连接在一起,在同安区的北侧设置该线路的另一个起终点。

(2) 2 号线

2 号线是规划期和远景规划状态下的本岛区域线路,主要是加强本岛南部不同城市中心功能的联系,线路起终点分别设于厦大和黄厝,线路总长度为 21.6 km。该线路由黄厝沿环岛路向东接前埔厦门国际会展中心,沿莲前东路向西,在洪文生活区附近与江头城市副中心相连接,线路向西沿湖滨北路一带联系体育中心、行政中心、文化中心,跨越员当湖,通过湖滨南路进入思明北路、思明南路旧城中心区,并延伸至厦大地区。

(3) 3 号线

3 号线主要是岛外各组团轨道交通联系的主干线,起终点分别设于海沧和集美,线路总长度为 35.7 km。该线路由海沧生活区的南段起点,经海沧内湖的东侧联系主要商贸、生活区。沿蔡尖尾山隧道方向进入马銮组团的新阳片区,在新阳片区沿新十一路向西连接马銮湾西端的商业、生活服务中心。线路向东由前场进入杏林组团,连接杏林规划铁路客站,经杏北生活区、集杏海堤进入集美组团,线路终点设于集美组团的北侧规划边缘,并在集美中心区形成与 1 号线的岛外大型换乘枢纽。

(4) 4 号线

4 号线是厦门本岛的区域线路,主要服务于本岛东区各旅游设施间的联系,同时兼顾线路沿线的城市居民出行需求。线路起终点分别设于厦大和高殿,规划线路总长度 26.7 km。该线路主要布置于本岛的东半部,连接厦大、曾厝安、黄厝、国际会展中心、钟宅水库、县后生活区、高崎国际机场、高殿等,是城市现状和规划自然景观与人文景观的主要分布区。

(5) 5 号线

基于城市发展的弹性分析,5 号线主要是配合东通道的建设和东海域的开发,形成联系本岛和东海域可能扩展组团的轨道交通干线。线路的起终点分别设于同安区和本岛的江头副中心区,规划线路总长度 43.2 km。该线路由江头副中心经五通、东通道进入东海域,沿刘五店、新店、马巷、洪塘镇城镇分布连接同安区。江头是轨道交通本岛的重要换乘枢纽,5 号线路即可以此为起点,也可以与规划的 2 号岛内线路衔接,形成本岛与东海域轨道联系的主干线,原连接前埔方向的 2 号线调整为支线。

1.3.19 长沙城市轨道交通发展概况

城市轨道交通是长沙市多年来一直在筹建的现代化城市交通体系。2006 年举行了由长沙市人民政府和中国国际工程咨询公司联合主办的长沙市轨道交通建设规划预审会，专家们对铁道部第四勘察设计院编制的《长沙市轨道交通建设规划》作了认真地审查并提出宝贵的意见。根据轨道交通规划和前期研究准备情况，在 2014 年前建设完成 2 号线一期工程和 1 号线一期工程。

长沙市城市总体规划和轨道交通线网规划

1. 长沙市城市概况

中国湖南省省会，称“星城”，城市面积 556.33 km²，人口 646.5 万(2006)，其中市区人口 220 万，位于湖南省中部，湘江下游，京广铁路线上。其东邻江西省宜春地区和萍乡市，南接株洲、湘潭两市，西连娄底、益阳两市，北抵岳阳、益阳两市。东西长约 230 km，南北宽约 88 km。全市土地面积 11 819.5 km²，其中城区面积 556 km²。

2007 年末，长沙市总人口为 637.36 万人，人口出生率为 10.14‰，死亡率为 5.92‰，自然增长率为 4.22‰。近年来长沙市人口出生率控制在 11‰以内，人口出生率和人口自然增长率均低于全省平均水平，人口总量保持相对稳定。

长沙在改革开放初期发展速度相对较慢，逐渐落后于沿海城市，但近几年发展飞速，长沙市 2008 年 GDP 突破 3 000 亿元，将达 3 001 亿元，增长 15%，地方财政收入突破 300 亿元，达到 342 亿元，增长 30.3%，全市人均可支配收入为 17 768 元，增长 10%。

2. 长沙城市总体规划

2020 年，长沙市的总人口将达到 688 万人，其中都市区城市人口规模为 350 万人，城市建设用地规模为 400 km²，人均城市建设用地将达到 115 m²，城镇化水平直趋 70%。长沙逐步建设成为我国中部地区的区域性现代化中心城市，其主要职能是：信息与交通中心、商贸中心、科教中心、综合服务中心、文化中心。城市规划区包括市区全部，长沙县暮云镇、黄兴镇、黄花镇、星沙镇、跳马乡、干杉乡、安沙镇、北山镇以及望城县全部，总面积 2 893.33 km²。都市区是由集中的规划建设用地范围及这些用地之间的自然环境共同构成的区域，包括市区，长沙县星沙镇、暮云镇，望城县高塘岭镇、坪塘镇、丁字镇、雷锋镇、星城镇、含浦镇、黄金乡，总面积 1 245.38 km²。城市建设沿着湘江、319 国道两条轴线，重点向南、向东拓展，按照集中与分散相结合的发展思路，构筑新的城市空间结构。

3. 长沙市城市轨道交通规划

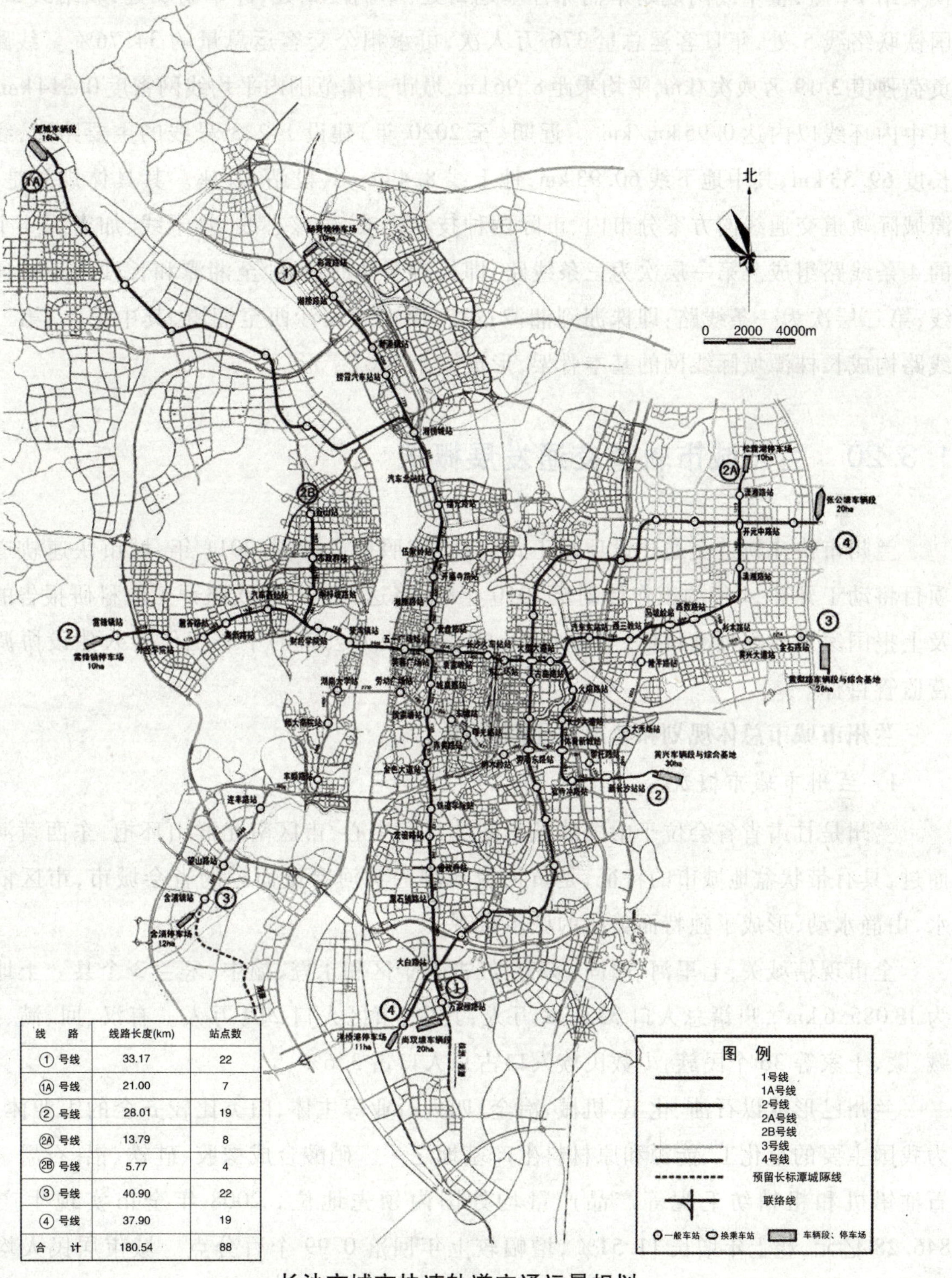

线　路	线路长度(km)	站点数
① 号线	33.17	22
⒜ 号线	21.00	7
② 号线	28.01	19
②A 号线	13.79	8
②B 号线	5.77	4
③ 号线	40.90	22
④ 号线	37.90	19
合　计	180.54	88

长沙市城市快速轨道交通远景规划

远景方案（至 2050 年）由 4 条线路组成，线网总长度 172.1 km，共设车间 82 座，其中换乘站 14 座，整个线网规划车辆综合基地 2 处，车辆段 2 处，停车场 6 处，联络线 5 条，与国铁联络线 5 处，年日客运总量 376 万人次，可承担公交客运总量的 34.76%。线路平均负荷强度 2.19 万人次/km，平均乘距 8.96 km，城市主体范围内平均线网密度 0.314 km/km²，其中内环线以内达 0.95 km/km²。近期（至 2020 年）建设 1、2、3 号线的主要路道，线网总长度 69.33 km，其中地下线 60.93 km，地上线 8.4 km，共设站 48 座。其具体规划是：长株潭城际轨道交通线网方案分市内、市际两种技术标准，由核心线、骨干线、加密线 3 个层次的 4 条线路组成。第一层次为三条线路：即长沙至株洲、长沙至湘潭和长沙轨道交通 1 号线；第二层次为一条线路：即株洲到湘潭；第三层次为长沙西至湘潭，其中第一、第二层次线路构成长株潭城际线网的基本骨架，形成一个“人”字形。

1.3.20 兰州城市轨道交通发展概况

兰州市快速轨道交通建设项目正式启动，按照推进计划，2011 年，城市快速轨道交通项目将动工开建，4 年的工作计划至 2010 年时，将达到第一条线路开工前科研报告的编制及上报国家发改委批准目标，至 2011 年，计划完成办公室的中心工作转入建设协调和运营监管目标。

兰州市城市总体规划和轨道交通网规划

1. 兰州市城市概况

兰州是甘肃省省会位于中国陆域版图的几何中心，市区南北群山环抱，东西黄河穿城而过，具有带状盆地城市的特征，是黄河流域唯一黄河穿城而过的省会城市，市区依山傍水，山静水动，形成了独特而美丽的城市景观。

全市现辖城关，七里河、西固、安宁、红古 5 个区和永登，榆中、皋兰 3 个县。土地面积为 13085.6 km²，户籍总人口 322.28 万人，其中，市区人口 210 万人。有汉、回、满、东乡、藏、蒙、土家等 36 个民族，少数民族人口占总人口占 3.6%。

兰州已形成以石油、化工、机械、冶金、四大行业等主体，门类比较齐全的工业体系，成为我国主要的重化工，能源和原材料生产基地之一。硝酸合成橡胶、硅铁、铝、石墨、电机、石油铅机和粗精纺毛呢等产品产量均处国内领先地位。2008 年全市实现生产总值 846.28 亿元，比上年增长 11.51%，增幅较上年回落 0.99 个百分点。城市居民人均可支配收入 11676.77 元，比上年增长 13.68%；农村居民人均纯收入 3502.73 元，比上年增长 12.89%。

2. 兰州市总体规划

兰州市要发扬“河汇百流、九曲不回、创新创业、和谐共进”的兰州精神，按照“提前、升位、两位数”的发展目标和建设区域性现代化中心城市的发展定位，集中力量夯实基础、增速增效，让兰州的综合经济实力得到较大幅度提升。

城市规划中规划区面积 1 649 km^2，东起榆中县连搭乡，西至永登县吐鲁沟，南起兴隆山，北至中川镇，人口规模在 2010 年市区实际居住人口 184 万人；城市结构规划中，兰州市规划由城市中心 区、雁滩、东岗、盐场、七里河、安宁、西固 7 个城市结构组团构成，并体现了凸显山水特色的“一带双珠、六区两城”骨架。当前兰州市的城市规划和建设以安宁 42 km^2 的新城区为重点，榆中盆地将是未来兰州城市建设的重点区域。

3. 兰州市轨道交通规划

2010 年，兰州市将修建两条共 25 km 长的轻轨连接兰州火车站和西固。兰州规划逐步建成由兰州火车站经天水路、东岗西路、庆阳路、中山路、西关十字、西津东路至西站长约 10 km 的地下轻轨线路；西站向西经西津西路、101#路、西固东路、西固中路至西固城长约 15 km 的地面和高架轻轨交通线路。

1 号线：兰州火车站—长途汽车东站—东方红广场—南关—西关—解放门工交枢纽—小西湖—七里河—兰州西客站（兰州西站）—西部欢乐园—奥体中心—水上公园—兰州石化学院东—西固公园—西固火车站。

1 号西延长线（二期工程）将向西延伸至河口，长期规划为海石湾。

2 号线：仁寿山森林公园—兰州新动物园—兰州植物园—世纪大道北—新市政府—世纪广场北—费家营—安宁区委—西北师范大学—培黎广场—家乐福超市（黄河市场）—敦煌路—兰州西客站（兰州西站）。

2 号西延长线（二期工程）将向西延伸至西固火车站与 1 号线换乘。

1.3.21 福州城市轨道交通发展概况

福州市轨道办 2007 年完成规划。2008 年 1 月完成建设规划文本和各相关专项附件上报国家发改委，于 2008 发改委将福州列为第二批审批建设城市城市轨道交通的名单。2008 年下半年福州地铁试验段已经开始实施，而规划亦有望年内获国家批准，并准备在明年同时开建相连的 1 号线与 2 号线地铁支线。

福州市城市总体规划及城市轨道交通线网规划

1. 福州市城市概况

福州简称"榕",位于福建省东部、闽江下游,与台湾隔海相望,是福建省省会,国家历史文化名城,首批对外开放沿海港口城市,全国著名的侨乡和台胞祖籍地,东南沿海传统的商贸重镇和海峡西岸新兴的工业城市。建城至今已有2200多年历史,现辖5区2市6县,总面积1.2万km^2,市区面积1043 km^2,建成区面积182.36 km^2,常住总人口676万人,市区人口273万人。

福州是祖国大陆离台湾最近的省会中心城市,也是中国市场化程度和对外开放度较高的地区之一。改革开放以来,福州经济社会持续快速协调健康发展,初具经济繁荣、科教发达、设施完善、环境优美的现代城市风貌,被评为中国持续发展最快的省会城市之一。近年来,福州市先后获得了国家卫生城市、中国优秀旅游城市、国家园林城市、国家环保模范城市、全国创建文明城市工作先进市等称号。2008年福州市GDP为2296亿元,同比增13.1%,城镇居民人均可支配收入达19000元,增长9.3%。居民消费价格总水平涨幅控制在4.5%以内。城镇登记失业率为3.3%。

2. 福州市城市总体规划

根据《福州市城市总体规划纲要》,福州将打造福州大都市区,实施沿海发展战略。至2020年,福州市中心城区城镇人口达400万,形成以鼓楼台江为主中心区、东部新城和科学城为两个副中心的城市空间格局。福州城市未来发展目标为:经济繁荣的领军城市,生活舒适的宜居城市,环境共融的山水城市,人文和谐的文化名城。

福州城市总体规划面积约1980 km^2,包括市行政区,闽侯县的荆溪镇、大学新区(上街镇、南屿镇、南通镇)、汽车城(青口城、尚干镇、祥谦镇),长乐市的空港周边地区、滨海新城、松下港周边地区,连江县的潘渡乡、琯头镇,永泰县的葛岭镇、塘前乡大樟溪沿岸地区。

中心城区内,重点进行建设用地布局的范围,包括福州市5区(晋安区除寿山、鼓岭、甘溪、宦溪4镇),以及闽侯的荆溪镇、南屿镇、南通镇、尚干镇、祥谦镇、青口镇、上街镇和连江县的琯头镇,面积为1443 km^2。

规划远期到2020年,在此期间,预计2015年福州市域总共有800万人,中心城区城镇人口为346万;至2020年,市域总人口为890万,中心城区城镇人口为400万。

福州市域城镇发展战略为:聚焦沿海,打造福州大都市区,实施沿海发展战略。强化湾区,发展"两翼",实施港口发展战略。

中心城区空间布局将构建"一主两副三轴"的结构。"一主"指鼓楼台江中心,主要承担市级行政、文化、商贸服务等职能,未来跨越闽江与仓山地区整合形成城市主中心。"两副”包括东部新城副中心和科学城副中心。“三轴”指传统城市服务轴、城市东扩发展轴和城市南进发展轴。

3. 福州市城市轨道交通网规划

规划七线路构建轻轨体系，线网方案由7条线组成，线路总长为193.83 km。初步确定设置车站139座，其中换乘站16座。近期将建设50.05 km，设置车站44座，其中换乘站1座。

1号线：线路起自新店镇岭下，经福州北站、省政府、八一七路、动接口、城门、吴航镇至长乐机场，线路全长约58.9 km。

2号线：线路起于上街建新，经金山工业园区、榕城广场、斗池路、五一广场至下院。线路全长约26.25 km。

3号线：线路起自后坂，经福州北站站、排尾站至南屿镇。线路全长约27.25 km。

4号线：线路起自于汽车西站，经东街、东大路、塔头路行走，在前横路折向南行，跨越闽江后经金浦小区，在仓山科技园与5号线换乘。线路总长约17 km。

5号线：线路起自汽车西站，经新厝力、阵板、西山后，沿金州路行走，经建中、杨宅、黎升至白胡亭，继续东行，经会展中心，新新行政中心至下洋。线路全长23.73 km。

6号线：线路起自于金峰镇，经陈店、漳港镇、文武砂镇至江田镇，线路全线约23.9 km。

7号线：由原福马既有铁路支线部分线路改造而成，城际列车与铁路货车实行共线运行。全线长度17 km。

据《规划》初步估计，构筑这个轻轨体系，总投资约287亿元。2020年前建成的1号线城区段、2号线，分别位于福州城市中央发展轴上，是网络的核心线，形成“十”字型构架的骨架网。两线均穿越城市核心区，对缓解城市中区的交通压力有着重要作用。

1.3.22 济南城市轨道交通发展概况

济南市城市轨道交通规划建设工作领导小组已正式成立，这意味着济南市城市轨道交通规划和建设已进入到实质性阶段。至于济南要开建的轨道交通是轻轨还是地铁，出于保泉等考虑，济南市建设轻轨的可操作性比较大。

济南市城市总体规划及城市轨道交通线网规划

1. 济南市城市概况

济南依泰山，北跨黄河，地势南高北低，是中国东部沿海经济大省——山东省的省会，全省政治、经济、文化、科技、教育和金融中心,也是国家批准的副省级城市和沿海开放城市。全市总面积 8 177 km^2,市区面积 3 257 km^2。2007 年,全市年末户籍总人口 604.85 万人。

自清朝后期,济南便产生了资本主义的萌芽。济南是中国近代史上第一个自开商埠(1904 年)主动进行资本主义化的城市。著名的瑞蚨祥就发祥于此。20 世纪初由德国修建的胶济铁路和津浦铁路交汇与此,更促进了济南的繁荣。2008 年济南市 GDP 达到 3 017.42亿元,比 2007 年增长 13.0%。财税收入增幅趋缓。全市实现地域财政收入 922.6 亿元,增长 20.4%。各项税收收入 403.4 亿元,增长 14.6%。地方财政一般预算收入 186.0 亿元,增长 18.5%。城乡居民收入稳步提高。全年城市居民人均可支配收入 20 802.2 元,同比增长 15.5%。城市居民人均消费性支出 13 904.6 元,同比增长 12.2%。农民人均纯收入 7 180.2 元,同比增长 14.0%。

2. 济南城市总体规划

山东省省会,著名的泉城和国家历史文化名城,环渤海地区南翼和黄河中下游地区的中心城市。城市发展目标为按照“实现新跨越,建设新泉城”的总要求,发挥省城优势,发展省会经济,提升省会形象,到 2020 年把济南建成具有独特自然风貌、悠久历史文化底蕴、浓郁现代化气息、代表山东形象的区域中心城市和繁荣、和谐、宜居、魅力的泉城。

在城市布局上按照“提升中心区、做强近郊区、突破远郊区”的总体思路,积极推进区域产业分工和协同发展,加快市域产业布局调整,改变中心城功能过于聚集的状况,积极引导传统产业向中心城周围县(市)转移,带动县(市)经济的全面发展和提升,在全市形成布局合理、分工明确、功能突出、优势互补的产业发展空间格局。

围绕“东拓、西进、南控、北跨、中疏”的城市空间发展战略,市域产业发展规划实施两翼展开、跨河发展的总体战略,形成主城区产业聚集区和东部济青、西部济郑、黄河北济盐三条产业聚集带。

3. 济南市城市轨道交通规划

济南城市轨道交通规划共有 6 条轨道线构成,总里程 262 km,共设 154 站,换乘站 18 座,整个线网设计日运送旅客约 450 万 ~500 万人次。满足 2030 年以后济南市 600 万城市人口的规模需求,届时,轨道出行比例将占到公交出行比例 50% 以上。最高速度推荐 80 ~100 km/h,平均速度 35 ~45 km/h。

各条线路是:

1 号线:70 公里,共设 35 站,6 × A 编组,归德镇—孙村;1 号线是所有线路当中最重要的一条线路,沿主城中轴东西横贯整个城市,并且直连了济南西站,济南站和济南东站

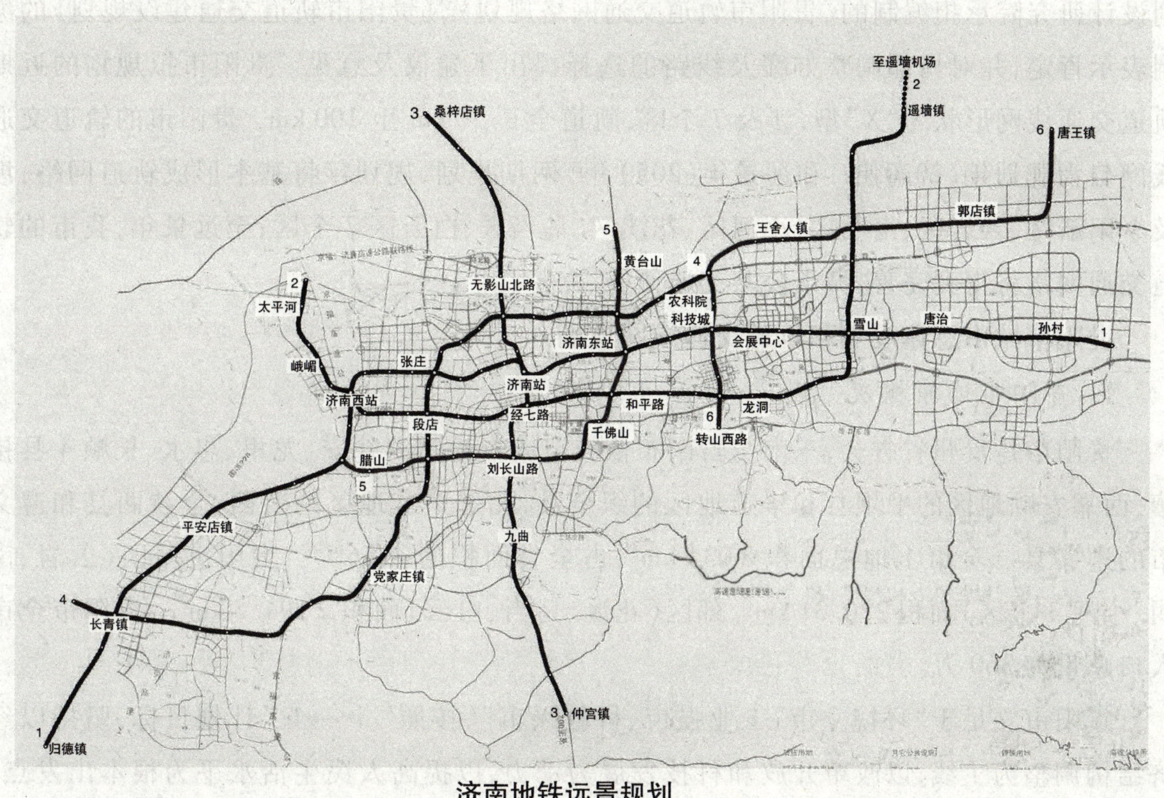

济南地铁远景规划

3 大交通枢纽。

2 号线:58 km,共设 35 站,6×A 编组,太平河—遥墙机场;2 号线为一条在主城与 1 号线平行的干线轨道,在东部郊区又起到了纵向连接线路作用,并且直接服务于遥墙机场。

3 号线:32 km,共设 20 站,6×B 编组,桑梓店镇—仲宫镇;3 号线为主城中轴的南北向纵向干线。并且跨过黄河,服务到黄河北岸地区。

4 号线:45 km,共设 28 站,6×B 编组,长清镇—农科院;4 号线为第二条通向长清区的轨道线路,在主城区北部起到了东西横向连接线路的作用。

5 号线:26 km,共设 20 站,6×B 编组,腊山—黄台山;5 号线为主城区一条东南半环状辅助线路。

6 号线:31 km,共设 16 站,6×B 编组,转山西路—唐王镇。6 号线服务于东北郊的王舍人镇,郭店镇和唐王镇等郊区组团。

1.3.23 贵阳城市轨道交通发展概况

2006 年贵阳市就召开了城市轨道交通规划的专家组评审会,专家组对由中国城市规划设计研究院承担编制的《贵阳市轨道交通网络规划》、《贵阳市轨道交通建设规划》的编制表示肯定，并对局部调整方案及线路的选择提出了建议及意见。贵阳市拟规划的近期轨道交通线网形状为"X"型，涉及7个区，轨道全长70 km至100 km。贵阳市的轨道交通线网分为规划年(2030年)和远景年(2050年)两期规划，规划年将基本形成轨道网络，涉及金阳新区、云岩区、南明区、小河区、花溪区、乌当区、白云区7个区；至远景年，我市的轨道交通网络将得到完善，城市公共交通便捷、完善。

贵阳市城市总体规划和轨道交通线网规划

1. 贵阳市城市概况

贵阳市是贵州省省会，东南与黔南布依族苗族自治州的瓮安、龙里、惠水、长顺4县接壤，西靠安顺地区的平坝县和毕节地区的织金县，北邻毕节地区的黔西、金沙两县和遵义市的遵义县。全市土地总面积8 034 km^2，占全省面积的4.56%。贵阳市城区(云岩、南明、小河3个区)面积220.31 km^2，郊区(花溪、乌当、白云)面积2 194.5 km^2。贵阳市全市人口总量为360万。

贵阳市立足于"环境立市、工业强市、科教兴市"，按照"十一五"计划目标，坚持以经济结构调整为主线，以改革开放和科技发展为动力，以提高人民生活水平为根本出发点，与时俱进，开拓创新，努力克服国内外经济发展的不利因素，实现国民经济持续、快速、健康发展，各项社会事业全面进步。2008年贵阳市实现生产总值811.05亿元，比上年增长13.1%，贵阳市财政总收入完成224.29亿元，比上年增长18.9%；城市居民人均可支配收入达13 817元，比上年增长8.1%；农民人均纯收入达4 818元，比上年增长17.8%。

2. 贵阳市城市总体规划

贵阳市是全国循环经济生态试点城市。辖6个区、1个市、3个县，28个建制镇。全市总面积8 034 km^2，城市规划区面积3 121 km^2，城区面积495 km^2。

城区：由中心区、小河、龙洞堡、二戈寨、三桥马王庙、新天、白云、金阳、花溪九个片区组成，面积494.6 km^2，以中心区为中心，8个片区分布四周，形成"众星捧月"的空间布局，是二产、三产发展的重点地区。

城镇圈：由贵阳市城区，清镇市城区、扎佐镇、修文城关镇、金华镇、朱昌镇、青岩镇、东风镇、石板镇、水田镇、孟关镇、久长镇、湖朝镇、麦架镇组成，面积2 298 km^2，是城镇群分布密集的区域，也是经济增长的重点地区。

城镇外围地区：市域范围内除城镇圈以外的全部地域，总面积5 241.4 km^2，是发展第一产业和磷化工、铝工业的重点区域。

确定的3 121 km^{2}的城市规划区范围。在城市规划区内，实行城乡统一规划管理。要

贵阳市城市轨道交通规划图

优化城市用地结构，严格控制中心区人口规模，逐步形成以中心区为市级中心，小河、白云片区为市级次中心的组团式城市结构。要切实保护好片区之间的绿化隔离地带。

贵阳市的城市建设与发展要遵循经济、社会、人口、资源和环境相协调的可持续发展战略，优化产业结构，培植支柱产业，发展特色经济，完善城市功能，把贵阳市建设成为经济繁荣、社会文明、布局合理、环境优美的现代城市。

3. 贵阳市城市轨道交通网规划

《贵阳市城市快速轨道交通建设规划》拟定完成。贵阳市计划于 2008 ~ 2017 年建成城市轨道1号线、2号线(一期)。

贵阳市1号线城市轨道交通起于金阳新区西部下麦西站,经金阳CBD地区、高铁客运站后,穿越城市中心区(中华路走廊、贵阳火车站),止于小河片区场坝村站,全长29.187 km,其中地下线23.104 km,高架线5.095 km,地面线0.988 km;全线设置车站17个,其中地下车站13个,高架车站3个,地面车站1个,包括5个换乘站。

贵阳市2号线(一期)城市轨道交通起于白云片区七机路口站,经金阳西部、三桥片区后,进入中心城区沿延安路经汽车客运站、宝山路,至终点油榨街站,全长27.48 km,其中地下线25.52 km,高架线1.504 km,地面线0.456 km;全线设置车站18个,其中地下车站17个,高架车站1个,包括4个换乘站。

1.3.24 太原城市轨道交通发展概况

太原作为一座经济等各方面不断发展的大中型城市,同样需要建立一套符合发展要求的公共交通系统。地铁就是这样一种合适的公共交通方式。太原地铁目前处于正在筹备规划的阶段,尚未列入国家审批的城市的行列。

太原市城市总体规划及轨道交通线网规划

1. 太原市城市概况

太原是山西省省会,地处黄土高原东部,汾河流域中部,西、北、东三面环山,南部为开阔的河谷盆地,汾河纵贯全市是山西省的政治、经济、文化、教育、科技、交通和信息中心,是中国22个特大城市之一,在全国对外开放和经济发展布局中,具有承东启西、连接南北的双向支撑作用。全市总面积6959 km^2,其中市区面积1460 km^2,现辖6区(小店区、迎泽区、杏花岭区、尖草坪区、万柏林区、晋源区)、3县(清徐县、阳曲县、娄烦县)、1市(古交市)和2个国家级开发区(太原市经济技术开发区、太原市高新技术开发区)、2个省级开发区(太原工业园区、太原不锈钢生态工业园区)。据2006年人口抽样调查,年末全市总人口344.27万。其中:城镇人口279.06万,乡村人口65.21万。

新中国成立50多年来,特别是改革开放以来,太原市的国民经济和各项社会事业有了长足的进步,综合实力显著增强,城市面貌发生了明显改观,人民生活水平不断提高。2008年地区生产总值(GDP)1468.09亿元,比上年增长8.1%,增速比上年回落8.3个百分点;财政总收入306.88亿元,同比增长27.7%。”人均GDP超过40000元人民币,约合6000美元。

2. 太原市城市总体规划

太原市是山西省省会,承东启西的区域中心城市、山水园林宜居城市、全国重要新材料和先进制造业的基地、具有世界影响力的华夏历史文化名城。把太原中心城区、阳曲、清徐以及晋中市榆次区作为太原市城镇化空间推进的重点地区。通过都市区资源整合,推进太原城镇化,构建山西省发展的核心空间,提升太原区域核心竞争力,带动省域经济发展。

在城市空间结构上,形成"双城一区三组团",双城即主城和新城。主城为现有建成区。河东地区促进服务职能,搬迁煤气化等企业,北部地区注重生态保护,搬迁军工企业,推动太钢瘦身,完善服务职能。新城为南迁机场,在机场原址建设行政、商务中心,整合汾东新区与晋中市榆次区资源,实现同城化,完善城市功能,建设新的城市中心。一区即结合晋祠、晋阳湖、晋阳古城、天龙山、太山、蒙山等自然文化资源,构筑生态、文化、旅游核心区,搬迁太化。三组团即阳曲工业园区、清徐高新区、修文重工业组团和生产性物流园区。

3. 太原市城市轨道交通网规划

太原市城市轨道交通规划共有 7 条轨道线构成,总里程 282 km,共设 151 站,设计日运送旅客 400 万~500 万人次。可以满足 2030 年以后太原市 500 万~600 万城市人口的规模需求,届时,轨道出行比例将占到公交出行比例 55% 以上。最高速度推荐 80~100 km/h,平均速度 35~45 km/h,部分线路郊区部分在 50 km/h 以上。

各条线路是:

1 号线:48 km,共设 33 站,6×A 编组,兴安街—榆次;1 号线是所有线路中最重要线路,沿中轴纵向连接老城和南部新城,到达小店新城后,向东连接到终点榆次地区。

2 号线:50 km,共设 29 站,6×B 编组,东社—太原新机场;2 号线也是一条南北干线,与 1 号线平行连接老城和新城,并一直向南连接到太原新机场。

3 号线:24 km,共设 20 站,6×B 编组,南寒—北营;3 号线为老城区一条东西向干线线路,直接经过太原火车站。

4 号线:34 km,共设 24 站,6×B 编组,晋机—永康村;4 号线起的作用是连接了老城区西部和新城区东部地区。

5 号线:50 km,共设 24 站,6×B 编组,南坪头—清源镇;5 号线为一条郊区线路。连接主城和西南部新城清源镇。

6 号线:36 km,共设 21 站,4×B 编组,南屯—阳曲县;6 号线也为一条郊区线路。连接老城区和阳曲县。

7 号线:40 km,共设 24 站,4×B 编组,晋祠—东阳镇。7 号线为一条服务于南部新城东西向的线路。依次连接了晋祠镇,小店新城,榆次和榆次东阳镇。

太原市城市轨道交通线网规划图

1.3.25 大同城市轨道交通发展概况

国务院发展研究中心在“城市化与轨道交通建设”国际研讨会上发布报告，首次披露在建、报批以及筹建城轨的各大城市名单，全国拥有轨道交通的城市将达40余座。国家发改委透露，正在加速的城市化以及目前需要刺激内需的经济环境，使得城市建设轨道交通准入条件可能放宽。大同市正处筹备城市轨道交通的行列。

大同市城市总体规划和轨道交通网规划

1. 大同市城市概况

大同市位于山西省北部大同盆地的中心，京包铁路、北同蒲铁路、大秦铁路的交点，北邻内蒙古自治区乌兰察布盟、东邻河北省张家口市、西南与山西省朔州市相接，全市总面积 14 176 km^2，其中市区面积为 2 080 km^2。总人口 315.97 万，市区非农业人口 158.40 万，是山西省第二大城市，素有“煤都”和“菲尼克斯”之称。

大同市矿藏资源丰富，是我国著名的“煤乡”，煤炭储量大、质量好、热值高，是我国重要的优质动力煤生产基地。境内地下矿藏还有铁、铜、铝、锌、磷以及石灰石、云母、石墨、大理石、花岗石等。作为我国重要的煤炭能源重化工基地，一直受到党和国家领导的高度重视。大同以它丰富的矿产资源优势、旅游优势和在中西部地区的区位优势、交通优势迎来了自己发展的新机遇。2008 年大同市 GDP 为 565.7 亿元，财政收入 122.3 亿元，人均 GDP 17 901 元。

2. 大同市城市总体规划

大同市是山西省北部地区的中心城市，国家历史文化名城和重要的能源城市。以科学发展观为指导，统筹做好大同市城市规划、建设和管理的各项工作。大同市确定的 2 357 km^2 城市规划区范围内，实行城乡统一规划管理。主城区逐步形成由城区、御东区、口泉区等组成的组团式用地布局结构。以主城区为中心、以市域中部 109 国道等交通走廊为发展轴，构建合理的城镇体系。要在市域城镇体系规划指导下，做好县域城镇体系规划，促进城乡统筹协调发展。该市到 2020 年，主城区实际居住人口控制在 135 万以内，建设用地控制在 127 km^2 以内，并在完善基础设施体系、建设资源节约型和环境友好型城市、创造良好的人居环境、切实加强世界文化遗产和历史文化名城保护等方面取得较大进展。

3. 大同市轨道交通网规划

大同市轨道交通网规划图

第二章

中国城市轨道交通行业构成

ZhongguoChengshiGuidaoJiaotongHangyeGoucheng

- 概述
- 单位构成
- 城市轨道交通系统构成

2.1 概　述

目前中国已经开通城市轨道交通的有北京、天津、上海、广州、深圳、长春、重庆、大连、武汉、南京等城市，投入运营的城市轨道交通线路里程超过 800 km，表明目前我国正处于轨道交通发展的繁荣时期。中国已经成为世界上最大的城市轨道交通市场，从而形成了一条巨大的产业链：线网规划、咨询、工程设计、施工建设、施工监理、运营管理、信息化应用、设备制造、原材料供应、安全维护、知识产权、资本运营、综合产业等。

轨道交通系统作为一个广阔的行业市场，其构成比较复杂。按其职能单位划分，有：地铁公司（运营公司和建设管理公司）、施工建设单位、设计院、其他服务咨询公司、相关学校和轨道交通系统的设备厂商。而按其城市轨道交通系统构成划分有：土建工程、列车车辆、牵引供电、通信系统、信号控制、环控、运营管理、经济管理、综合管理和轨道交通前期规划等十大子系统。

2.2 单位构成

2.2.1 地铁公司

作为城市基础设施重要组成部分的城市轨道交通，其建设管理模式，也随着国家经济及基本建设模式的发展而发展，呈现出多元化的趋势。而目前我国已建成通车的轨道交通线路主要集中在北京、上海和广州，因此这三个城市的建设管理模式在我国具有一定的代表性。

北京：

经过多次创新改革，北京的城市轨道交通业主单位目前分为：北京市基础设施投资公司、北京市轨道交通建设管理有限公司和北京市地铁运营有限公司。

北京市基础设施投资公司，其主要职责为：承担包括城市轨道交通在内的市重大基础设施的融资还贷，并参与市重大基础设施规划；北京市轨道交通建设管理有限公司，与基础设施投资公司的关系为合同契约关系，具体负责轨道交通新建线路的初步设计、施工设计、施工队伍、车辆设备的招标、评标和决标，组织轨道交通新建线路的土建结构、建筑装修和设备安装工程的实施，组织轨道交通新建线路的系统调试、开通、验收直至交付运营；北京市地铁运营有限公司，根据与基础设施投资公司所签订的委托运营协议及相关合同，具体负责对北京地铁线路进行运营管理。

与此同时，北京地铁4号线创新采用PPP(政府社会投资人合作)投资运营模式，交由京港地铁运营。

北京地铁4号线PPP模式将项目投资划分成A、B两部分。其中A部分主要包括隧道、车站等土建工程，占总投资比例为70%，由北京政府负责投资，北京市轨道交通建设管理公司负责建设；B部分主要包括车辆、信号等机电设备工程，占总投资比例为30%，由社会出资人(京港公司)负责投资与相关管理，实际操作由京港公司委托北京市轨道交通建设管理有限公司代建。

而根据北京市政府与京港公司签订4号线特许经营协议，北京地铁4号线建成后，由京港公司对其进行运营管理，特许运营期限30年。

广州：

广州市于1992年成立广州市地下铁道总公司，负责地铁的规划、建设与运营。其坚持建设、运营、资源开发"一体化"经营模式，目前来说能较高效地整合各类资源，发挥协同效应，形成了较有力的多条线建设组织协调能力和资源整合集成能力，提高了工作效率，缩短了建设工期，降低了工程投资。

上海：

上海的建设管理模式与北京比较相似，于2000年对城市轨道交通建设进行了投融资体制改革，建立了"投资、建设、运营、监管"四分开的新体制。

以上海轨道交通线路(莘闵轻轨工程、共和新路高架工程、明珠二期工程、杨浦线工程、申松线等)为例，其建设体制是：上海申通集团有限公司作为项目投资主体(业主)，建设管理公司(上海地铁建设有限公司、上海久创建设管理有限公司、上海港铁建设管理有限公司、中铁建)则接受委托(作为"业主代表")负责建设，运营公司(上海地铁运营有限公司、上海现代轨道交通运营有限公司)接管建成项目负责运营管理，而市政府则对项目建设实施监管。

此外，其他城市的轨道交通的建设管理模式则有异有同，如大连的城市轨道交通是由"大连现代轨道交通有限公司金马快轨运营分公司"主要负责大连市轨道交通3号线的运营管理工作。

2.2.2 设计研究单位

在轨道交通线网规划、建设设计方面,国内已形成多家分天下的局面,不过领头的还是北京城建设计研究院等,以下是几家主要设计轨道交通的单位:

北京城建设计研究总院(http://www.buedri.com)

北京市市政工程设计研究总院(http://www.bmedi.cn)

铁道第一勘察设计院(铁一院)(http://www.fsdi.com.cn)

铁道第二勘察设计院(铁二院)(http://ytw.crssdi.com)

铁道第三勘察设计院(铁三院)(http://www.tsy.com.cn)

铁道第四勘察设计院(铁四院)(http://www.crfsdi.com/index1.htm)

铁道第五勘察设计院(铁五院)(http://www.t5y.cn/index.asp)

上海市隧道工程轨道交通设计研究院(http://www.stedi.cn/)

上海市市政工程研究院(http://www.smedi.com/)

上海铁路城市轨道交通设计研究院(www.sty.sh.cn/styweb/index.asp)

上海市城市建设设计研究院(http://www.sucdri.com/)

中铁(洛阳)隧道勘测设计院(http://www.crtdi.com.cn/)

广州市地下铁道设计研究院(http://www.dtsjy.com/)

重庆市轨道交通设计研究院

2.2.3 施工、建设单位

城市轨道交通工程是一项规模大、造价高、技术复杂的系统工程,一般由建设单位、勘察单位、设计单位、施工单位、工程监理单位等共同完成。

轨道交通建设单位:

轨道交通建设单位(简称建设单位)通常是轨道交通工程项目建设的发起者、投资者、组织者、决策者和建成后的使用者,如:上海地铁建设有限公司等。

轨道交通工程监理单位:

建设监理作为建筑主体之一,对工程质量控制起着积极的作用,在其基础上由建设单位、承包单位和建设监理直接参与的三方建设体制形成了建设监理制度。建设监理是授权性控制和协调技术服务,其中 IGRA—1980PM 文件(用于监理工程师与建设单位订立委托监理合同的国际通用合同文件)明确指出监理工程师的根本任务是进行项目管理。如:广州轨道交通建设监理等。

轨道交通勘察设计单位:

轨道交通的工程勘察设计工作是将勘察设计单位的智力劳动转化为施工蓝图的过程,在工程实施阶段中居于重要的地位,是建设项目的主导。在建设项目确立前,它负责为项目决策提供科学依据。在建设项目确立后,它又为建设项目提供实施蓝图。

轨道交通施工单位:

施工承包单位包括设计施工总承包单位、施工总承包单位和分包单位等。承包单位是工程项目任务的最终完成者。施工实施阶段是把工程项目前期策划、设计等工作转化为工程实体的阶段。施工单位按其资质可以分为:特级、一级、二级和三级等,此外还可以按施工能力分类等。如:中铁建设集团有限公司 、中铁十六局北京建筑工程公司等。

2.2.4 服务咨询

近年来,中央和地方政府陆续出台了一系列导向性政策,鼓励将轨道交通等公益性单位逐步推向社会,广泛吸引民间资金参与投资、建设及运营,以求解决投资不足、建设和运营效率不高的问题。这些创造了对公共基础设施投融资咨询专业服务的旺盛需求,再加上传统的工程咨询等业务产生不少相关咨询公司,如:传统的中国地铁工程咨询有限责任公司以及济邦咨询公司等。

目前传统的咨询公司主要业务为:城市快速轨道交通专业规划(为各大城市提供全面的轨道交通专项规划咨询服务),城市轨道交通专题研究(在资源共享、运营模式、换乘站、投融资、郊区线等多方面做开创性的研究),交通模型与客流预测,轨道项目建设过程咨询以及项目评估、评审、审查和论证等。

但现今轨道交通咨询市场新产生了招商咨询、投资咨询、融资咨询、政策咨询、管理咨询等业务。

其中:招商咨询——政府机构或政府性公司进行交通等基础设施项目招商时,咨询公司可以提供专业的、可操作的招商咨询服务,包括总体招商规划制订,项目招商可行性研究、投融资模式设计、招商方案设计、招商文件编制和项目招商实施等。

投资咨询——针对政府推出的基础设施招商项目,咨询公司能够为投资方提供有价值的、可信赖的投资咨询服务,包括产业政策及行业信息咨询、项目投资可行性研究、投融资结构和风险管理方案设计、投标/投资方案编制、投资法律文件起草与审查等。

融资咨询——对于大型基础设施项目,从商业银行等国内外金融机构或战略投资者获得长期融资支持非常关键。咨询公司可以借助自身的融资网络,为项目发起人提供专业、高效的项目融资(股权或债务融资)咨询服务,包括融资方案设计、融资基础资料(如商业计划书、项目信息备忘录或融资条件框架等)编制、融资谈判安排及协助等。

政策咨询——在政府推行基础设施投融资体制改革之前,咨询公司愿意结合长期研究积累的专业知识和经验,为各级政府部门提供基础设施投融资体制改革的策略性研究、基础设施民营化或者其他市场化运作机制的政策建议,以及针对具体领域的专题研究和咨询等服务。

管理咨询——科学合理的项目管理和运营管理是提升基础设施项目建设与运营管理水平的有力手段。咨询公司可以引入国际先进的项目管理和运营管理理念,向基础设施项目业主和运营商提供建设项目管理、财务管理、人力资源、生产运作等咨询服务。

2.2.5 学 校

当前国内各大高校为充分发挥交通学科优势,不断提升在轨道交通领域新技术方面的研究和教学水平,着力研究、探讨影响我国城市轨道交通可持续发展和建设、运营管理中的一些突出问题,以此为契机加强交流,推进在城市轨道交通方面的专业发展。

目前国内的教育主要分为:普通高等教育、成人高等教育和职业技能培训等。普通高等教育又分为普通高校、高等专科学校和高等职业学院。国内有轨道交通专业的学校不少,普通高校有:北京交通大学、西南交通大学、上海工程技术大学、上海交通大学、同济大学、中南大学、大连交通大学、西安交通大学、重庆交通大学、华东交通大学、兰州交通大学、深圳大学;高等专科学校有:哈尔滨铁道职业技术学院、石家庄铁路职业技术学院、河北工程技术高等专科学校、闽北职业技术学院、湖南铁道职业技术学院、陕西铁路工程职业技术学院等;此外还有大量的职业学院和相关的职业技能培训等。

2.2.6 设备厂商

目前设备厂商在轨道交通行业内主要分为:施工设备、轨道设施、自动售检票系统、通信信号、环控系统、建材、车辆及配件、站内设施、监控检测、维护和保养、安防和供电等十二大类。

施工设备——盾构机、挖掘机、激光指向仪、道床捣固机、轨道焊接机;

轨道设施——钢轨、道岔、挡车器、混凝土预制构件、扣件；

自动售检票系统——进出闸机、自动兑零机、检票机、自动售票机、验票机、初始化编码机；

通信信号——WAP基站、移动电视、通信系统、信号电缆、消防应急灯具、电话；

环控系统——空调系统、加湿器、隧道通风机；

建材——水泥、石材、建筑陶瓷、钢材、防水材料、其他；

车辆及配件——整车、车体、车轮、电动机、车门、车钩；

站内设施——电梯、防护栏、LCD显示屏、自动柜员机、IC卡电话、座椅、广告牌；

监控检测——自动控制系统、运营管理系统、监控系统、测速仪；

维护和保养——工程维护车、钢轨打磨机、轨道检测仪；

安防——灭火器、防爆桶、隔音屏、屏蔽门、自动灭火喷淋系统、报警系统；

供电——电缆、变压器、灯具、蓄电池、直流开关柜。

2.3 城市轨道交通系统构成

城市轨道交通系统构成划分有：土建工程子系统、列车车辆子系统、牵引供电子系统、通信系统子系统、信号控制子系统、环控子系统、运营管理子系统、经济管理子系统、综合管理子系统和轨道交通前期规划子系统等。

- 轨道交通前期规划设计
  - 城市轨道交通系统定位
    - 城市经济地理特征分析
    - 城市规划总体目标与城市交通结构的协调性分析
    - 城市轨道交通功能评估分析
  - 城市轨道交通线网规划
    - 线网规模确定
    - 线网构架方案选择分析
    - 线网构架方案评估
  - 城市轨道交通系统客流预测
  - 城市轨道交通工程可实施规划
    - 车站、车辆段、换乘点的选址与规模
    - 线路敷设方式规划
    - 线网建设顺序与运营设计
    - 城市轨道交通与地面交通的衔接设计
  - 城市轨道交通的线路和车站设计
    - 线路的走向
    - 线路平纵断面设计
    - 车站数量及分布
    - 车站的站型设计
    - 换乘站的设计
  - 城市轨道交通枢纽设计与规划
    - 城市地区枢纽点规划
    - 枢纽客流分析
    - 枢纽换乘设计及枢纽不同方式间的协调
    - 枢纽用地分析
  - 城市轨道交通系统的安全防护设计
  - 城市轨道交通运营规划

- 土建工程
  - 线路工程
    - 线路勘测和设计
    - 路基
    - 线路构成:正线,辅助线,车场线,折返线,渡线,联络线,停车线,岔线(支线),出入线,安全线
    - 线路施工,线路养护及养路机械
  - 限界:车辆限界,设备限界,建筑限界,接触轨或接触网限界
  - 轨道
    - 钢轨:槽形钢轨,双头钢轨,平底钢轨
    - 扣件与轨枕
    - 道床:整体道床,碎石道床,道床覆盖等
    - 道岔
    - 其他附属结构:橡胶垫板,防爬器,轨距拉杆,轨下基础等
  - 车站建筑
    - 平面布置
    - 站台(厅)设计
    - 车站设备设施
    - 维修设备设置
  - 结构工程
    - 高架桥工程
      - 高架桥勘测和设计
      - 高架桥结构
      - 高架桥构件,高架桥路面,高架桥支座,高架桥墩,高架桥台梁,高架桥梁基础,高架桥梁施工
      - 高架桥梁养护与维修
    - 隧道工程
      - 隧道勘测与设计
      - 隧道勘测与设计
      - 隧道通风,照明,防水与病害

- 车辆
  - 车体
    - 车体结构
    - 车内设备
    - 空调和给排水系统
  - 转向架：包括转向架，减振器，悬挂，轮对，轴箱，构架，空气弹簧，齿轮箱，牵引装置
  - 牵引电传动系统：主电路，受流装置，主断路器，主变压器，滤波电抗，滤波电容，牵引变流器，接触器，牵引电机，制动系统，电压电流检测，故障保护，控制方法，辅助变流器
  - 列车网络控制系统：网络类型，网络组件，网络介质，网络链路层，网络控制
  - 制动系统
  - 连接装置：车钩，缓冲器，风挡等
  - 车辆设计：标准，规范，有限元分析，动力学分析，总体设计，模块化设计，车体，转向架，试验等
  - 车辆维修：监控，诊断，修理，维修基地

- 牵引供电
  - 牵引供变电系统
    - 供电系统
    - 外部电源
    - 牵引变电所
    - 牵引网
  - 接触网系统
    - 接触网支柱
    - 接触悬挂
    - 接触网零部件
    - 弓网受流
    - 接触网设计
    - 接触网施工及运营维护
  - 动力照明：负荷分级，一级负荷，二级负荷，三级负荷，动力设备，电控室，配电箱，照明分类，照明接地系统
  - 电力监控系统
    - 远动通道
    - SCADA 系统

- 通信系统
  - 固定通信系统
  - 移动通信系统：核心网，接入网，无线网，移动终端，协议
  - 智能网络系统
  - 专用通信系统
    - GSM—R
    - 地面通信系统
    - 应急通信系统
    - 通信支撑系统
    - 电源及环境监测系统
    - 时钟
    - 旅客服务信息系统
    - 网管系统
    - 通信安全
  - 通信技术：无线信道，传输技术，信息处理，系统仿真，网络规划
  - 通信业务：承载业务，终端业务，补充业务，特定业务，专用无线通信
  - 通信设计与规划系统：通信设计，施工方案，管道和电缆通道，线路施工，综合布线，设备安装，通信维修

- 信号控制
  - 计算机联锁
  - 列车运行控制系统
    - 地面设备：轨道电路，轨道电缆，传感器，计轴器，转辙机，应答器等
    - 车载设备：ATP 车载设备，ATP，ATO，MMI，接收线圈，速度传感器，车载安全计算机等列车信号
    - 速度控制
    - 闭塞：固定闭塞，移动闭塞，无线闭塞，列车间隔时间等
    - 车—地信息传输方式：GSM—R，感应环线，应答器，轨道电路，漏泄电缆，波导管，光缆等定位技术
    - 基于通信的列车控制系统(CBTC)
    - 轨道信号
  - 行车指挥自动化
  - RAMS 分析与评估：RAMS 评估，可靠性理论，相关安全标准研究，安全苛求系统分析，安全计算机

- 环控系统
  - 通风与空调系统
    - 开式系统
    - 闭式系统
    - 屏蔽门系统
  - 防排烟系统
  - 环境监控系统
  - 给水排水系统
    - 给水系统
      - 生产、生活和消防共用的给水系统
      - 生产及生活给水系统
      - 消防栓给水系统
    - 排水系统

- 运营管理
  - 旅客服务：营销管理，售检票管理，客运服务，旅客相关服务
  - 运输组织
    - 运输能力：线路能力，折返站能力，列车能力等
    - 运输能力：线路能力，折返站能力，列车能力等
    - 车站作业管理
    - 行车计划
    - 车辆运用计划
    - 列车运行图
    - 乘务计划：乘务计划编制，乘务方式，乘务规程
    - 运营规章
    - 换乘
    - 客流组织
  - 安全与救援：行车安全，客流安全组织，事故，救援

经济管理
- 投资与融资
- 施工经济：工程成本，施工成本管理，施工工期，施工监理
- 固定资产管理：资产折旧，固定资产清查，固定资产购建，固定资产运用
- 财务管理：会计制度，审计制度，税务，年度报表，季度报表
- 财务评价
  - 成本费用分析
  - 资金筹措与投资
  - 基本报表
  - 财务评价指标
  - 不确定性分析
- 国民经济评价：效益费用识别，效益分析，国民经济评价指标，基本报表，不确定性分析

综合管理
- 综合评价：评价内容，评价方法
- 法律法规：国家法律法规，地方法律法规，部门法律法规，行业法律法规，行政法规，政策，章程，规则，细则，规范性文件，办法
- 标准：国际标准，国家标准，行业标准，推荐标准
- 建设计划：运量预测，基本建设计划，线网规划
- 技术管理：技术引进，技术改造，技术创新，技术评价
- 管理体制
- 企业组织与管理
  - 管理机构与组织系统
  - 劳动组织与管理
  - 经营管理
  - 运输安全效益
- 运输管理制度

第三章 中国城市轨道交通行业信息汇总

ZhongguoChengshiGuidaoJiaotongHangyeXinxiHuizong

- 概述
- 杂志
- 图书出版
- 网站
- 行业协会
- 会议及展会
- 法律法规

3.1 概　　述

伴随着国内轨道交通的快速发展，中国已经成为世界上最大的城市轨道交通市场，形成了一条巨大的产业链，吸引了国内外大量单位纷纷进入。而轨道交通系统的庞大与复杂也带来了信息的量大、来源多样化、收集困难等问题。《都市快轨交通》作为行业内最权威的专业媒体，具有广泛信息来源渠道和权威的专业水平，将媒体、行业协会、会议及展会和法律法规等实用信息进行汇总，以方便广大使用者。

3.2 杂　　志

在现今的信息化社会，伴随轨道交通的高速发展，涌现出不少轨道交通方面的专业化高质量的杂志。

专业杂志有：《都市快轨交通》、《城市轨道交通研究》、《现代城市轨道交通》、《世界轨道交通》、《轨道交通纵横》、《轨道交通》、《地铁科技》、《铁道建筑》、《机械与配件》、《铁道技术监督》、《铁道采购与物流》、《现代隧道技术》、《铁道建筑技术》、《电力机车与城轨车辆》等。

主要杂志具体情况如下表：

杂志名称	有无国内合法刊号	主　办　单　位	创刊时间
《都市快轨交通》	有	北京交通大学/北京城建设计研究总院	1988
《城市轨道交通研究》	有	同济大学	1998
《现代城市轨道交通》	有	铁道部科学技术信息研究所/铁科院工程咨询有限公司	2004
《地铁科技》	内部刊物	广州市地下铁道总公司	2001
《世界轨道交通》	无	世界轨道交通联合资讯	2003
《轨道交通纵横》	无	北京新智策行咨询有限公司	2004
《轨道交通》	无	上海鸿智广告公司	2006

3.3 图书出版

中国铁道出版社是铁道部直属的中央级出版社，是全国以出版铁路专业科技书刊为主的权威机构。

中国铁道出版社成立于1951年，是新中国最早成立的科技出版社之一，1995年以来连续被国家新闻出版总署评为“全国良好出版社”。

“服务和谐铁路建设、服务全行业科技进步、服务铁路员工素质提高、服务民族文化素养提升”是中国铁道出版社的办社宗旨。成立50多年来，中国铁道出版社一贯秉承“终身学习、科学严谨、传承文明、服务社会”的企业精神和“讲原则、求和谐、谋发展”的团队意识，以“走科学的路、出精品的书、育优秀员工、创一流业绩”为经营理念，按照“大力强化行业市场，努力拓展行业延伸市场，不断探索铁路站车市场，有选择地进入社会图书市场，稳步涉足国内外版权贸易市场”的发展战略，脚踏实地做事，一步一个脚印地发展。

中国铁道出版社担负着铁路专业大、中专教材，高职高专教材和铁路职工培训教材的出版任务，同时还出版铁路客货运输、机车车辆、工务电务、工程建设等方面的科技图书和铁路各类规章、规范、标准、史志年鉴、铁路旅客列车时刻表、计算机、公务员考试、经管励志和旅游类图书和《旅伴》杂志等。2009年6月中国铁道出版社成立了城轨交通与地图中心，专门从事城市轨道交通和铁路专题地图的出版工作，已成为具备多学科、多类型、多层次、多品种、多媒体形式出版能力，业务涉及图书、期刊、铁路专题地图、音像制品、电子及网络出版物等领域的出版传媒机构，综合实力和竞争力不断增强。

悠久的文化传统、浓厚的学术氛围，造就了中国铁道出版社深厚的文化底蕴和对社会人文的深切关注，新的形势又赋予了更新更高的挑战，中国铁道出版社一定会伴随高速发展的中国经济，承载铁路科技发展，铺垫先进文化事业……

中国铁道出版社城轨交通与地图中心

通信地址：北京市宣武区右安门西街8号　100054

电　　话：010－63583193

　　　　　010－51873147

E－mail：td6170@263.net

3.4 网站

专业网站目前主要有:中国城市轨道交通网(2个)、中国地铁网、西安地铁网、中华铁道网、中国铁路工程建筑网、中国铁路市场网、中国铁道建设网、轨道交通纵横资讯网、中国轨道交通设备网、中国铁路商务网、人民铁道网、中国拟在建项目网、铁流网、世界轨道交通咨询网等等。这些网站有些是政府、协会等创办的非营利性网站,有些则是公司创办的盈利性网站,其网站内容并不能保证其真实性和权威性。

中国城市轨道交通网(http://www.chinametro.net/)

中国城市轨道交通网(http://www.ccmetro.com/)

中国地铁网(http://www.chinaditie.com)

西安地铁网(http://www.xaditie.com/)

中华铁道网(http://www.chnrailway.com/)

中国铁路工程建筑网(http://www.zgtlgcjz.cn/)

中国铁路市场网(http://www.zgtlsc.cn/login.asp)

中国铁道建设网(http://www.tdjs.com.cn)

轨道交通纵横资讯网(http://www.railwayvision.com/)

中国铁路商务网(http://www.china-railway.com.cn/)

人民铁道网(http://www.rmtd.com.cn/)

铁流网(http://www.tieliu.com.cn/)

世界轨道交通咨询网(http://www.worldrailway.cn/)

3.5 行业协会

国内轨道交通领域的行业协会主要有:中国交通运输协会城市轨道交通专业委员会和中国土木工程学会城市轨道交通技术推广委员会等。业内单位可以根据不同协会和学会的性质,结合本单位实际需要选择性加入。

中国交通运输协会城市轨道交通专业委员会：

中国交通运输协会城市轨道交通专业委员会是经原国家发展计划委员会同意、民政部批准成立的社会团体，联系从事城市轨道交通领域有关的建设、运营、设计、科研和生产企业，共同研究中国城市轨道交通发展的咨询和策划的组织。

委员会联系信息：

主任委员：高毓才（北京地下铁道总公司原总经理）

联系人：史扬

邮政编码：100053

地址：中国北京市宣武区广安门内大街315号信息大厦B座6层

电话：(010)63691461　63691468　传真：(010)63691432

中国土木工程学会城市轨道交通技术推广委员会：

"城市轨道交通技术推广委员会"是依托原隧道及地下工程分会地铁专业委员会成立的行业民间学术团体。

其下设领导小组和专家小组，领导小组办公室负责组织开展各项活动，专家小组将根据领导小组的工作安排，具体执行推进城市轨道交通项目的信息交流与技术支持，提供咨询服务和专家支持；组织学术交流活动和多种形式的技术培训活动；交流各地的经验和教训。

特别是在2004年10月与中国交通运输协会城市轨道交通专业委员会共同主办的第16届年会，打破了分管部委的界限，实现了行业大聚会，从管理和专业技术等角度提出了建设城市轨道交通标准化、系列化的方向等等。

委员会联系信息：

秘书长：冯爱军

联系人：戴树森　电　话：010－88336169 88336467（传真）

地　址：北京市阜成门北大街5号(100037)Email：metro4959@gmail.com

中国交通运输协会城市轨道交通专业委员会设计专委会

2007年底，中国交通运输协会城市轨道交通专业委员会设计专委会成立。集团公司副总经理张扬代表集团公司出席大会。成立中国交通运输协会城市轨道交通专业委员会设计专委会，是由北京城建设计研究总院、铁道第三勘察设计院集团有限公司、中铁二院工程集团公司、上海隧道工程交通轨道设计研究院共同发起并担任主任委员单位。国内十九家城市轨道交通设计单位作为会员单位参加。设计专委会的成立，为国内轨道交通设计领域搭建了一个沟通交流的平台，形成了一个研究热点问题的园地，将在联系政府、业主和设计企业中发挥桥梁和纽带作用。

全国城市轨道交通标准化技术委员会:

全国城市轨道交通标准化技术委员会于2006年7月25日成立,其编号为SAC/TC290,英文名称为National Technical Committee 290 on Urban Rail Transit of Standardization Administration of China。

全国城市轨道交通标准化技术委员会由53名委员组成,负责城市轨道交通领域国家标准制修订工作,具体领域包括地铁、轻轨、有轨电车及其他新型城市有轨客运交通系统的车辆、供电系统、通信系统、信号系统、通风和空调系统、给排水和消防系统、防灾监控报警系统(FAS)、设备自动监控系统(BAS)、自动售检票系统(AFC)、屏蔽门(安全门)系统以及维修、检测、救援设备等。

3.6 会议及展会

由于我国城市轨道交通行业市场广阔,愈来愈多的企业关注于行业的发展,每年各种展会和会议也层出不穷,纷纷冠以"峰会"、"论坛"、"装备展"等名字,令人眼花缭乱。参加好的展会和会议,能了解行业的发展,促进与业界人士的交流,拓展市场领域。然而,现在不少展会和会议完全以营利为目的,质量低劣,浪费了参与者的资金和时间。因此,在收到各种展会和会议的邀请函时,一定要先找业界专家咨询后,再决定是否参会。不能仅仅看到主办单位或者支持单位的名头很大就贸然相信。

下面罗列部分近年展会和会议信息。

表3-1 轨道交通实用信息汇总之部分展会信息

展会名称	举办时间	举办地点	举办单位
2007中国国际城市轨道交通展览会	2007年6月12日至14日	上海新国际博览中心	主办单位:中国交通运输协会城市轨道交通专业委员会
2007中国国际智能卡暨RFID(上海)展览会	2007年11月28日至30日	上海光大会展中心	主办单位:中国信息产业商会智能卡专业委员会、中国信息产业商会射频识别与电子标签应用分会、中国RFID产业联盟
第二届中国国际地铁及轨道交通展览会	2007年12月5日至17日	北京中国国际展览中心	主办单位:中国国际经济合作学会中国城市轨道交通协会;承办单位:中国国际经济合作学会项目中心

续上表

展会名称	举办时间	举办地点	举办单位
2008 中国(武汉)国际城市轨道交通及隧道工程技术设备展览会	2008 年 3 月 31 日至 4 月 2 日	武汉国际会展中心	主办单位:武汉市建设委员会、武汉市交通委员会
2008 第二届中国西部国际交通及城市地铁轻轨博览会	2008 年 5 月 31 日至 6 月 2 日	西安曲江国际会展中心	主办单位:陕西省交通厅、西安市地铁建设指挥部办公室、中国国际贸易促进委员会陕西省分会、陕西省国有资产监督管理委员会
第十二届国际地铁、轻轨及城际高速铁道展览会及第三届国际城市轨道车辆安保、检测、维护设备及零配件展览会	2008 年 6 月 3 日至 5 日	广州锦汉展览中心	主办单位:海岸国际展览有限公司
2008 第三届中国(郑州)国际轨道交通建设展览会	2008 年 11 月 6 日至 8 日	郑州国际会展中心	主办单位:郑州市轨道交通建设管理办公室
2008 中国铁路和轨道交通装备展览会	2008 年 11 月 12 日至 14 日	上海世贸商城	主办单位:上海铁道学会、鸿与智集团
2008 中国(南京)国际轨道交通展览会	2008 年 11 月 19 日至 21 日	南京国际博览中心	主办单位:中国科协新技术开发中心、交通国际合作事务中心、江苏省科技厅生产力促进中心、江苏省建设厅科技发展中心
2008 年(昆山)第五届国际电子信息产品及技术展览会	2008 年 12 月 18 日至 20 日	昆山花桥国际展览中心	主办单位:苏州市电子学会、苏州电子信息协会

表 3－2　轨道交通实用信息汇总之部分会议信息

会议名称	举办时间	举办地点	举办单位
中国交通运输协会城市轨道交通专业委员会 2007 年工作会	2007 年 3 月 10 日	北京九华山庄	
中国轨道交通投融资国际峰会 2007	2007 年 4 月 17 日至 18 日	上海金威万豪大酒店	主办单位:上海市铁道学会、全球领袖研究院联合
轨道交通与城市国际峰会 2007	2007 年 9 月 11 日和 12 日	上海	主办单位:上海市交通运输行业协会、全球领袖研究院联合主办
2007 中国城市轨道交通关键技术论坛	2007 年 10 月 12 日至 13 日	广州	主办单位:中国土木工程学会城市轨道交通技术推广委员会;承办单位:广州市地下铁道总公司承办

续上表

会议名称	举办时间	举办地点	举办单位
第二届中国轨道交通峰会暨第十一届粤京港沪四铁道学会年会	2007年10月20日	北京香山金源商旅中心酒店	主办单位:《轨道交通》杂志和北京铁道学会联合
第三届中国轨道交通峰会	2008年5月14日	上海	主办单位:上海市铁道学会和《轨道交通》杂志
第七届亚太平洋交通运输发展会议	2008年5月25日至28日	南京	主办单位:国际华人交通运输协会
第四届城市轨道交通可持续发展战略及建设论坛	2008年7月17日至18日	北京	主办单位:中国城市轨道交通信息化建设论坛会务组
第六届国际交通运输研讨会	2008年8月5日至7日	兰州	主办单位:China Association for Science and Technology (CAST)
中国交通运输价格改革论坛	2008年9月1日	北京	主办单位:北京交通大学,协办单位:中国交通运输价格研究中心
轨道交通建设与运营安全研讨会	2008年10月16日至17日	北京	主办单位:中国铁道学会、中国地方铁路协会、中国城市公共交通协会与《世界轨道交通》杂志
2008年交通信息与物流工程国际研讨会	2008年10月20日至22日	长沙	主办单位:长沙理工大学,中南大学,湖南科技大学,协办单位:IEEE computer society
海峡两岸轨道交通建设与环境工程高级技术论坛	2008年11月1日	杭州	主办单位:同济大学土木工程学院
第四届中国轨道交通峰会	2008年11月12-14日	上海世贸商城	主办单位:上海市铁道学会、北京铁道学会、广东省铁道学会、香港铁路学会、江苏省轨道交通产业技术协会、鸿与智传媒
第十二届粤、京、港、沪铁道学会学术年会	2008年11月11-13日	上海	主办单位:上海铁道学会、鸿与智集团
2009年中国城市轨道交通关键技术论坛	2009年2月27日	北京	主办单位:中国土木工程学会城市轨道交通技术推广委员会、建设部、新型城市轨道交通技术项目办公室

3.7 法律法规

中国城市轨道交通目前发展迅速,处于施工建设的繁荣时期,但城市轨道交通是属于资本密集和技术密的行业，目前中国的建设和运营管理体制还不足以对项目建设进行有效的监督、引导和控制；国内城市轨道交通行业的法制建设、技术控制、标准化体系尚未完全形成。为使中国城市轨道行业具有国际竞争能力，应尽快制定相关的行业法律法规，促进国产化设备的发展，首先介绍目前国内的法律法规情况。

我国轨道交通行业内的相关规范文件主要分为法律法规和标准两大类，其中法律法规又分为国家法律法规、地方法律法规、以及章程、规范性文件、办法等，标准分为国际标准、国家标准、行业标准和推荐标准。

表 3－3　国家法律法规

《城市轨道交通运营管理办法》	《国家处置城市地铁事故灾难应急预案》
《关于印发北京、上海、广州地铁安全管理工作经验的通知》	《国务院办公厅转发建设部等部门关于优先发展城市公共交通意见的通知》
《交通行政许可实施程序规定》	《城市轨道交通建设项目机电设备采购核定规则》
《国务院关于投资体制改革的决定》	《铁道部科技成果登记实施细则（试行）》
《全民所有制城市公共交通企业转换经营机制实施办法》	《〈国务院关于投资体制改革的决定〉发布 城市轨道交通项目由国务院核准》
《建设部关于修改〈城市地下空间开发利用管理规定〉的决定》	《建设部关于发布〈城市公共客运交通经营权有偿出让和转让的若干规定〉的通知》
《城市规划编制办法实施细则》	《城市国有土地使用权出让转让规划管理办法》
《中华人民共和国测绘法（修订）》	《关于在公共交通工具及其等候室禁止吸烟的规定》
《近期建设规划工作暂行办法》	《建设项目审计处理暂行规定》

表 3－4　地方法律法规

《上海市轨道交通乘客守则》	《上海市轨道交通运营安全管理规定》
《上海市轨道交通管理条例》	《南京市轨道交通发展专项基金管理暂行办法》
《南京市轨道交通管理办法》	《北京市城市轨道交通安全运营管理办法》
《南京地铁乘客守则》	《重庆市城市轨道交通乘车规则（试行）》
《重庆市城市轨道交通管理办法》	《沈阳市城市轨道交通建设管理办法》
《天津市轨道交通管理规定》	《青岛市城市快速轨道交通线网规划用地控制管理办法》
《广州市城市轨道交通管理条例》	《深圳市地铁运营管理暂行办法》
《大连市城市轨道交通管理办法》	《深圳市地下铁道建设管理暂行规定》
《杭州市地铁建设管理暂行办法》	《长沙市轨道交通沿线两厢建设控制管理暂行规定》
《香港地下铁路条例》	《武汉市轨道交通建设运营暂行办法》
《长春市轻轨交通管理办法》	《2007 年地下铁路（运输交汇处）（修订）附例》
	《哈尔滨市地铁沿线地下空间开发利用管理规定》

表3-5 国家标准

《地铁设计规范(目录)》	《工业企业标准轨距铁路设计规范》
《室外给水设计规范》	《建筑模数协调统一标准》
《建筑设计防火规范》	《建筑地基基础工程施工质量验收规范》
《岩土工程勘察规范》	《电气装置安装工程接地装置施工及验收规范》
《厂矿道路设计规范》	《工业企业照明设计标准》
《建筑抗震鉴定标准》	《工业企业总平面设计规范》
《供水水文地质勘察规范》	《人民防空地下室设计规范》
《氧气站设计规范》	《民用闭路监视电视系统工程技术规范》
《乙炔站设计规范》	《室外给水排水工程设施抗震鉴定标准》
《建筑采光设计标准》	《高层民用建筑设计防火规范》
《建筑地面设计规范》	《多层厂房楼盖抗微振设计规范》
《构筑物抗震设计规范》	《工业建筑防腐蚀设计规范》
《混响室法吸声系数测量规范》	《旅游旅馆建筑热工与空气调节节能设计标准》
《工业循环冷却水处理设计规范》	《3~110 kV 高压配电装置设计规范》
《供配电系统设计规范》	《电力装置的继电保护和自动装置设计规范
《地下铁道车辆组装后的检查与试验规则》	《电气装置安装工程盘、柜及二次回路结线施工及验收规范》
《低压配电设计规范》	《电力装置的电测量仪表装置设计规范》
《通用用电设备配电设计规范》	《工业与民用电力装置的过电压保护设计规范》
《电热设备电力装置设计规范》	《电气装置安装工程旋转电机施工及验收规范》
《35~110 kV 变电所设计规范》	《工业与民用电力装置的接地设计规范》
《电子计算机机房设计规范》	《电气装置安装工程电缆线路施工及验收规范》
《建筑结构可靠度设计统一标准》	《卤代烷 1301 灭火系统设计规范》
《建筑隔声测量规范》	《电气装置安装工程母线装置施工及验收规范》
《工业企业通信接地设计规范》	《普通混凝土拌合物性能试验方法》
《采暖通风与空气调节术语标准》	《普通混凝土力学性能试验方法》
《给水排水设计基本术语标准》	《普通混凝土长期性能和耐久性能试验方法》
《工业企业噪声控制设计规范》	《电气装置安装工程高压电器施工及验收规范》
《电气装置安装工程蓄电池施工及验收规范》	《电气装置安装工程 35 kV 及以下架空电力线路施工及验收规范》
《建筑隔声评价标准》	《膨胀土地区建筑技术规范》
《卤代烷 1211 灭火系统设计规范》	《爆炸和火灾危险环境电力装置设计规范》
《民用建筑照明设计标准》	《自动喷水灭火系统施工及验收规范》
《中、短波广播发射台与电缆载波通信系统的防护间距标准》	《电气装置安装工程电力变压器、油浸电抗器、互感器施工及验收规范》
《混凝土结构试验方法标准》	《地下铁道车辆通用技术条件》
《钢筋混凝土升板结构技术规范》	《地铁直流牵引供电系统》
《室外排水设计规范》	《地下铁道系统通用技术条件》
《地下铁道车站站台噪声测量》	《地下铁道车站站台噪声限值》
《地下铁道照明标准》	《地下铁道电动车组司机室、客室噪声限值》
《10K 以下变电所设计规范》	《地下铁道电动车组司机室、客室内部噪声测量》

表 3－6　行业标准

《铁路车辆设备设计规范》	《地铁杂散电流腐蚀防护技术规程》
《铁路单层砖房抗震设计规范》	《铁路电力牵引供电远动系统技术规范》
《铁路电力施工规范》	《铁路房屋增层和纠倾技术规范》
《铁路房屋建筑设计标准》	《铁路给水排水施工技术安全规则》
《铁路电力牵引供电施工规范》	《铁路工程地质钻探规程》
《铁路房屋暖通空调设计标准》	《铁路工程环境保护设计规范》
《铁路钢桥制造规范》	《铁路工程基桩无损检测规程》
《铁路给水排水施工规范》	《铁路工程特殊岩土勘察规程》
《铁路给水排水设计规范》	《铁路工程制图图形符号标准》
《铁路工程设计防火规范》	《铁路光(电)缆传输工程设计规范》
《铁路工程制图标准》	《铁路轨道施工及验收规范》
《铁路信号设计规范》	《铁路临时工程附属辅助生产工程施工技术安全规则》
《铁路隧道工程质量检验评定标准》	《铁路隧道施工技术安全规则》
《铁路站场道路和排水设计规范》	《网架结构工程质量检验评定标准》
《铁路通信施工技术安全规则》	《网架结构设计与施工规程》
《新建铁路工程测量规范》	《铁路工程基桩无损检测规程》
《消防安全疏散标志设置标准》	《铁路信号站内联锁设计规范》
《铁路驼峰及调车场设计规范》	《铁路新建单线工程项目建设标准》
《铁路通信设计规范》	《铁路隧道辅助坑道技术规范》
《铁路通信电源设计规范》	《铁路时分数字程控电话交换工程设计规范》
《铁路特殊路基设计规范》	《铁路柔性墩桥技术规范》
《铁路隧道施工规范》	《铁路桥梁钢结构设计规范》
《铁路隧道设计规范》	《铁路桥涵施工规范》
《铁路桥涵设计基本规范》	《铁路桥涵工程质量检验评定标准》
《铁路桥涵地基和基础设计规范》	《铁路路基支挡结构设计规范》
《铁路路基施工规范》	《铁路路基工程质量检验评定标准》
《铁路路基设计规范》	《铁路架桥机架梁规程》

表 3－7　国际标准

《智能卡标准规范》	《EIA/TIA568 国际综合布线标准》
《IC 卡的应用及国际标准》	

第四章

2008年大事记

2008NianDaShiJi

日期	地　点	标　　题	事件类型
20080102	沈阳	沈阳地铁“庐山号”盾构机开掘地铁2号线	项目进程
20080102	上海	上海三条新地铁12月29日同时开通	地铁运营
20080102	武汉	武汉地铁4号线一期走向敲定	项目进程
20080103	武汉	武汉再花5亿元买21列轻轨列车，用于轻轨二期后运营	地铁运营
20080104	大连	大连地铁1号、2号线线路图初步绘就	项目进程
20080104	重庆	国家投入5594万支持重庆造轻轨	项目进程
20080107	上海	上海地铁明年浦东再增3条地铁3条隧道	项目进程
20080107	北京	北京5条地铁新线将同时动工	项目进程
20080107	重庆	轻轨制造重庆3年内实现国产化	科研创新
20080108	北京	北京地铁7号线、14号线今年开建	项目进程
20080109	郑州	郑州地铁1号线明年开建，4年两条线总投资261亿	项目进程
20080109	北京	京投2007年轨道交通项目与银行的贷款协议签订	项目进程
20080110	北京	北京拟建轻轨串起顺义平谷	项目进程
20080114	北京	北京地铁10号线二期工程Ⅰ段总体设计获批复	项目进程
20080115	深圳	北车长客再签深圳地铁二号线60辆车辆采购合同	项目进程
20080116	天津	天津地铁二号线首段盾构区间右线隧道贯通	项目进程
20080116	成都	成都地铁给盾构机换刀导致路面塌陷	安全事故
20080116	广州	广州地铁总公司被授予“广东省五一劳动奖状”	地铁运营
20080118	沪粤	西门子在上海和广州获得地铁系统定单	项目进程
20080123	南京	南京安监、施工、监理三方签责任状防地铁施工事故	项目进程
20080123	深圳	深圳地铁3号线工程建设进展迅速，2011年建成	会议
20080123	北京	《都市快轨交通》创刊20周年纪念座谈会在京召开	会议
20080124	北京	北京奥运支线全线贯通将铺轨	项目进程
20080125	广州	广州多部门昨为地铁施工安全召开联席会议	项目进程
20080128	南京	南京地铁1号线南延获43亿元贷款	项目进程
20080128	杭州	杭州地铁一期工程动工后首个车站主体封顶	项目进程
20080129	北京	北京市轨道交通建设指挥部专家委员会常务委员会议在京召开	会议
20080130	郑州	郑州市轨道交通建设委员会成立	项目进程
20080131	昆明	昆明力争年内开建轻轨	项目进程
20080131	兰州	兰州将驶入轻轨时代	项目进程
20080201	天津	天津地铁车厢即将实现实时监控	地铁运营
20080205	南京	南京地铁1号线南延工程银团贷款签约	项目进程
20080208	西安	中国首个湿陷性黄土盾构地铁施工在西安初获成功	技术创新

续上表

日期	地 点	标 题	事件类型
20080210	全国	全国地铁车厢即将实现实时监控	地铁运营
20080212	上海	上海地铁9号线二期计划年底贯通	项目进程
20080215	重庆	重庆地铁1号线获得一亿欧元德国贷款	项目进程
20080217	苏州	苏州轻轨将向社会采购约40亿元的设备	项目进程
20080218	上海	上海地铁列车信号失灵影响运营10分钟	安全事故
20080218	沈阳	“沈阳造”盾构机4月起将参与沈阳地铁建设	项目进程
20080219	深圳	深圳今年计划投资119.2亿元建设5条轨道交通	项目进程
20080219	昆明	昆明建轻轨地铁需6年	项目进程
20080219	北京	国家科技支撑计划重点项目“新型城市轨道交通技术”项目工作会召开	会议
20080221	成都	成都“三轨九路”总投资285亿元	项目进程
20080222	北京	北京地铁盾构施工冲刺世界纪录	项目进程
20080225	重庆	重庆追加170亿元,轻轨地铁建设提速	项目进程
20080225	哈尔滨	哈尔滨地铁一期工程今年启动,总长14.4公里	项目进程
20080226	西安	西安城建今年投资200亿,包括地铁2号车站建设	项目进程
20080227	上海	上海地铁补设完相关运营安全设备	地铁运营
20080301	哈尔滨	哈尔滨确定地铁建设时间表	项目进程
20080303	武汉	武汉地铁规划扩容,总投资将近3000亿	项目进程
20080303	北京	北京地铁4号线盾构掘进速度创纪录	项目进程
20080304	深圳	深圳地铁今年计划投资60亿建设3条地铁线路	项目进程
20080305	西安	西安地铁2号线月底第一段隧道将贯通	项目进程
20080306	长春	长客股份获深圳地铁3号线5.49亿元合同	项目进程
20080307	哈尔滨	哈尔滨市地铁前期测绘项目通过国家检查	项目进程
20080307	青岛	青岛地铁网规划初现两横一纵总体布局	项目进程
20080310	郑州	郑州即将开工建设地铁1号线,线路全长26公里	项目进程
20080311	武汉	武汉轻轨1号线将于明年底全线开通	项目进程
20080311	上海	上海地铁4号线宜山路站附近地面塌陷	安全事故
20080312	杭州	杭州地铁龙翔桥站开工	项目进程
20080312	北京	北京地铁创世界盾构施工最新纪录	项目进程
20080318	重庆	重庆鱼洞长江大桥主跨合龙,全部建成将通轻轨	项目进程
20080318	北京	北京永安里地铁通道漏水	安全事故
20080318	成都	成都轻轨成温大线崇州段基本走向初定	项目进程
20080319	杭州	杭地铁一期余杭段开工,2011年通车	项目进程

续上表

日期	地 点	标 题	事件类型
20080320	天津	天津地铁2、3号线车站全开工,完成盾构1300 m	项目进程
20080321	重庆	重庆轻轨3号线2期工程今年动工	项目进程
20080324	成都	成都地铁专题研究防涝排涝问题	地铁运营
20080326	福州	福州轻轨争取两年内动建	项目进程
20080328	广州	城市轨道交通直线电机运载系统科研项目通过专家验收	地铁运营
20080331	杭州	杭州地铁凤起路站正式开工	项目进程
20080401	上海	沪地铁人民广场站换乘通道进水,系施工排水外溢所致	安全事故
20080401	北京	环境保护部表示轨道交通项目验收将测电磁噪音	项目进程
20080401	大连	大连地铁1号、2号线一期工程已报国家批准	项目进程
20080401	广州	地铁二号线被评选为“十五”期间广州市十大建设科技成就	项目进程
20080402	郑州	郑州市开建地铁站	项目进程
20080402	上海	沪轨最短间隔时间将缩至90 s	地铁运营
20080402	上海	世博会前上海地铁将实现智能化	地铁运营
20080402	南京	南京地铁1号南延线完成投资4.3亿元	项目进程
20080403	北京	北京地铁机场线完成热滑试验,将进入试运行阶段	项目进程
20080407	北京	北京市地铁建设项目全部签订风险保险	项目进程
20080407	天津	天津市地铁3号线两车站主体完工	项目进程
20080408	苏州	苏州启动轨道交通工程应急预案	项目进程
20080408	广珠	广珠轻轨新会段动工	项目进程
20080408	株洲	株洲组织评审公交交通发展与轨道交通规划	会议
20080409	唐山	时速350公里国产化动车组下线,服务京津城铁	车辆制造
20080409	西安	西安地铁2号线张家堡至尤家庄段隧道今日中午贯通	项目进程
20080410	南京	南京地铁部门1亿装安全门,10万次故障率不到3次	地铁运营
20080410	哈尔滨	哈尔滨地铁建设市长专题会议敲定相关的推进方案	会议
20080414	北京	国通公司成功拍卖第三批北京地铁报废电客车	地铁运营
20080415	深圳	深圳地铁两项目获中国土木工程詹天佑大奖	项目进程
20080416	天津	北车集团获天津7.2亿元地铁车辆合同	项目进程
20080417	重庆	重庆轻轨3号线二期勘测设计工作启动	项目进程
20080418	长沙	长沙地铁建设写入今年规划	项目进程
20080422	天津	天津地铁2号线机车完成采购	项目进程
20080423	深圳	深圳地铁1号线续建工程首个车站胜利封顶	项目进程
20080423	郑州	较全面地预测对环境影响,郑州地铁通过规划环评	项目进程

续上表

日期	地　点	标　　题	事件类型
20080423	北京	北京地铁大兴线将于2011年通车,全长22 km	项目进程
20080424	长春	长春轻轨三期地质调查等工作已完成	项目进程
20080425	天津	天津地铁6座车站主体完工	项目进程
20080428	天津	天津市地铁3号线第五、六标段施工全面展开	项目进程
20080429	南京	南京地铁2号线将延至镇江扬州	项目进程
20080430	深圳	深圳地铁2号线10个月将挖通科技园至沙河东	项目进程
20080504	北京	北京地铁10号线一期基本完工,通过防护工程验收	项目进程
20080504	深圳	深圳地铁2号线进入全线建设阶段	项目进程
20080505	上海	首列国产A型车运抵上海轨交,创地铁“块头之最”	地铁运营
20080505	天津	天津地铁3号线咽喉打通,明年上半年穿越海河	项目进程
20080507	西安	西安地铁2号线左线隧道开挖	项目进程
20080507	武汉	武汉轻轨二期东西湖段开建	项目进程
20080508	长春	长客研制五款奥运地铁与轻轨用车	科研创新
20080509	沈阳	沈阳地铁1号线22座车站全部开工建设	项目进程
20080509	成都	成都地铁1号线红花堰站主体工程完成	项目进程
20080509	苏州	苏州轻轨建设安全获82亿保单	项目进程
20080512	南京	南京地铁1号线江宁大学城延伸段开建	项目进程
20080512	成都	成都地铁1号线火南段本月底率先铺轨	项目进程
20080512	中国	首列中国造地铁向印度出口订单1亿美元	项目进程
20080512	武汉	武汉地铁线网优化方案敲定,12条轨道线6条过长江	项目进程
20080512	上海	沪3G网络已覆盖地铁隧道及城市主要区域	地铁运营
20080513	福州	福州地铁1号线设24站,计划2014年建成通车	项目进程
20080513	南京	“南京创造”城轨车辆中标孟买地铁项目	项目进程
20080514	昆明	昆明主城至呈贡轻轨有望年内开工,1号线先上马	项目进程
20080514	成都	成都地铁上下齐动,保障地铁安全支持灾区抢险	地铁运营
20080514	青岛	青岛“建设轨道交通的建议已成为市人大会议的大会议案	会议
20080514	天津	天津地铁3号线开始“盾构”2011年达到通车条件	项目进程
20080515	杭州	杭州地铁2号线为保护西湖将改走风起路	项目进程
20080515	西安	西安地铁2号线震中未出现重大安全隐患	地铁运营
20080515	京港	京港地铁爱心捐款30万元	捐款
20080515	南京	南京115个地铁安全隐患整改完成	地铁运营
20080516	北京	北京地铁大兴线六一全线开工,2011年试运营	项目进程

续上表

日期	地 点	标 题	事件类型
20080519	哈尔滨	哈尔滨地铁一期工程初步设计方案通过专家评审	项目进程
20080520	天津	天津地铁9号线东兴路至大直沽西路站左线隧道贯通	项目进程
20080526	南京	南京人大常委会将审议轨道交通管理条例草案	地铁运营
20080527	北京	北京地铁将消除80余处防汛隐患,依据汛情安装挡水板	地铁运营
20080527	成都	成都地铁震后复工倪家桥站封顶	项目进程
20080528	广州	广珠城际轻轨江门站特大桥全线架通	项目进程
20080528	南京	南京地铁1号线通过竣工验收,将向国有资产部门移交	项目进程
20080602	成都	城市轨道交通技术推广委员会组织全国专家赴成都、重庆进行地铁震害调研	项目进程
20080602	苏州	苏州轻轨足以抗御7度地震	地铁运营
20080603	北京	“北京地铁公司NC项目”二期正式全面启动	会议
20080604	天津	天津地铁9号线年内完成土建施工,力争2009年底通车	项目进程
20080605	北京	6月9日起北京地铁启用自动售检票系统	地铁运营
20080605	南宁	国内权威专家考察南宁轻轨线路	项目进程
20080616	哈尔滨	哈尔滨、北京、天津、南京、成都、沈阳、长春七城市会聚研讨地铁工程项目管理问题	会议
20080617	福州	福州首条地铁于2014年建成,1号线长28.8公里	项目进程
20080618	沈阳	沈阳二号线“庐山号”盾构完成单线贯通	项目进程
20080620	武汉	武汉过江地铁投入149亿	项目进程
20080621	西安	西安地铁2号线建设日掘进40.5 m,刷新全国纪录	项目进程
20080629	唐山	“新型城市轨道交通技术”二季度工作会召开	会议
20080630	沈阳	香港铁路公司将全面参与沈阳市地铁建设运营	项目进程
20080630	沈阳	沈阳出台第二轮地铁线网规划	项目进程
20080701	杭州	杭州地铁2号线一期工程初步设计审查通过将设24站点	项目进程
20080702	北京	开通“无线移动闭塞模式”信号系统——我国地铁信号系统技术跃上新的台阶	科研创新
20080703	广州	广州轨道交通线网规划深化研究方案通过全国专家预审查	项目进程
20080704	阿根廷	阿根廷邀请中国企业参与首都地铁工程竞标	项目进程
20080704	苏州	苏州轻轨工地“接力”排水	项目进程
20080707	西安	西安地铁首条隧道昨双线贯通	项目进程
20080709	香港	香港机场拟12 min连通深圳地铁,计划2011年落成	项目进程
20080710	重庆	重庆轻轨3号线二期年内破土	项目进程
20080710	上海	上海市轨道交通建设指挥部第十二次全体会议召开	会议
20080714	北京	北京地铁13号线车厢,本月4节变6节	地铁运营

续上表

日期	地　点	标　　题	事件类型
20080717	上海	上海轨道交通13号线一期工程顺利通过初步设计审查	项目进程
20080717	武汉	武汉地铁集团2.66亿元买轻轨列车,寿命35年以上	项目进程
20080717	广州	广州地铁联合移动开发的"手机地铁票"投入试用	地铁运营
20080717	广州	国家发改委批复广州三号线北延段工程可行性研究报告	项目进程
20080718	北京	北京全部地铁线路采用TETRA技术,具备环境监听功能	科研创新
20080718	杭州	杭州地铁1号线用上盾构机,首次从江底穿越钱塘江	项目进程
20080719	北京	北京地铁10号线一期、奥运支线、机场线开通试运营	项目进程
20080721	北京	北京奥运支线打造无障碍国际标准	地铁运营
20080721	西安	西安地铁1号线每公里造价4.8亿,票价0.45元/km	地铁运营
20080728	北京	北京城铁S2线将开通,80 min到八达岭	项目进程
20080729	上海	上海地铁3条轨交线增加运能迎奥运	地铁运营
20080730	西安	西安地铁建设加快步伐,1号线金花路站8月完成设计	项目进程
20080804	哈尔滨	哈尔滨地铁一期工程安全预评价通过专家评审	项目进程
20080805	南昌	南昌地铁建设列入政府重要议程	项目进程
20080805	天津	天津市地铁2号线"V"形隧道贯通	项目进程
20080806	天津	京津一卡通始发售,两地公交地铁双双享受	地铁运营
20080806	北京	与5条地铁线路相连,北京10号线让奥运交通四通八达	项目进程
20080811	北京	北京地铁7号线规划方案通过评审	项目进程
20080812	北京	北京地铁5号、10号线客流量12日破纪录	地铁运营
20080815	西安	西安地铁2号线北客站月底开工,1号线试验段10月开工	项目进程
20080815	南京	南京三条地铁开始"环评"	项目进程
20080818	南京	南京两条过江地铁初定后年5月开工	项目进程
20080818	广州	广州地铁公园前站团支部被评为"国家级青年文明号"集体	地铁运营
20080819	武汉	武汉地铁站主体结构31日完工,国庆前武昌站开放交通	项目进程
20080820	北京	北京地铁口推广自行车存车租赁服务	地铁运营
20080820	北京	《地铁设计规范》修订工作启动	会议
20080821	北京	北京300志愿者北土城地铁引导10万人	地铁运营
20080822	成都	成都地铁2号线春熙路站开工	项目开工
20080822	广州	广佛地铁线正式委托广州地铁总公司负责管理	项目进程
20080825	天津	天津地铁乘务员着新装,良好形象更优服务	地铁运营
20080826	北京	北京年内开建2到4条地铁,亦庄线下月动工	项目进程
20080902	深圳	深圳地铁龙岗确保地铁3号线2010年通车	项目进程

续上表

日期	地　点	标　　题	事件类型
20080905	深圳	深圳地铁5号线获批	项目进程
20080908	成都	成都地铁1号线17个站点本月底全部竣工	项目进程
20080910	重庆	重庆市首条地铁2011年开通	项目进程
20080910	西安	西安地铁的建设盾构机组在闹市区地下开工	项目进程
20080910	广州	广州地铁位居全省九大服务行业满意度首位	项目进程
20080912	沈阳	沈阳地铁1号线2010年可如期通车运营	项目进程
20080912	北京	北京长安街将随首钢搬迁西延4公里,地铁1号线西延	项目进程
20080916	南京	南京地铁一号线南延线紧张施工中	项目进程
20080916	北京	北京地铁列车故障致地铁13号线短时停运	地铁运营
20080918	青岛	青岛将建设12条轨道线,地铁还是轻轨尚未确定	项目进程
20080919	南京	第十六届海峡两岸都市交通学术研讨会在南京举行	会议
20080919	武汉	武汉地铁4号线最新站点公布,新增首义路地铁站	项目进程
20080919	深圳	深圳地铁5号线采取BT模式建设	项目进程
20080923	北京	北京地铁14号线1期及地铁7号线有望年底开建	项目进程
20080926	南京	南京地铁"兵棋推演"施工事故应急	地铁运营
20080927	天津	天津市地铁"十一"期间实行"节假日2元票价"	地铁运营
20080928	南京	南京假期客流大时,地铁5分钟一班	地铁运营
20081001	广州	广州10月全面启动公交地铁票价优惠	地铁运营
20081002	北京	北京地铁15号线调整线路	项目进程
20081002	北京	北京地铁全线客流超400万	地铁运营
20081003	上海	上海地铁正在研究多种地铁"票卡"	地铁运营
20081004	深圳	深圳日运40万人次	安全事故
20081005	武汉	武汉地铁首台盾构机全身入隧	项目进程
20081008	北京	北京地铁10号线和8号线将于2012年通车	项目进程
20081008	成都	成都地铁1号线完成铺轨6 500 m,设4车站	项目进程
20081008	广州	广州公交地铁月票10月15日发行	地铁运营
20081012	广州	国家发改委批复广州三号线及北延段增购车辆项目	项目进程
20081014	北京	北京地铁8号线恢复运营首个周末运客19万人	地铁运营
20081015	南昌	南昌地铁公司16日揭牌	项目进程
20081016	西安	西安地铁建设进入"快车道",5座车站顺利封顶	项目进程
20081016	北京	2008轨道交通建设与运营安全研讨会召开	会议
20081017	北京	北京城建设计研究总院成立50周年庆典大会隆重召开	会议

续上表

日期	地　点	标　　题	事件类型
20081019	西安	西安地铁2号线6台盾构机齐上阵，隧道明年中期贯通	项目进程
20081020	沈阳	沈阳地铁1号线首辆地铁列车17日在长春下线	项目进程
20081023	北京	北京至延庆时速160 km/hS2线城铁列车完成提速改造	地铁运营
20081030	北京	北京地铁14号线规划方案获批复	项目进程
20081031	上海	上海地铁与“铁丝”面对面	地铁运营
20081104	重庆	重庆地铁1号线二期将动工	项目进程
20081106	上海	上海“世博地铁列车”陆续到位，7号线明年年内运营	地铁运营
20081107	北京	北京地铁15号线将自颐和园始发，共22站最终到达顺义城区	项目进程
20081113	北京	北京地铁首设站区长接待日，定在每月第二个周六	地铁运营
20081113	深圳	深圳地铁5号线建设提速，预计2011年6月通车	项目进程
20081114	南京	2008中国(南京)国际轨道交通展览会	会议
20081115	杭州	杭州地铁塌陷事故	安全事故
20081115	重庆	“我国城市轨道交通的发展道路”研讨会暨《都市快轨交通》理事会2008年会在重庆君豪大饭店举行	会议
20081117	北京	北京明年一季度开工新建6条地铁线	项目进程
20081119	沈阳	沈阳地铁开工三周年，地铁隧道亮相	项目进程
20081125	武汉	武汉地铁成功融资20亿元	项目进程
20081201	大连	大连地铁1号线工程向社会征求市民意见	项目进程
20081201	北京	北京地铁大兴线票价执行市政府政策	地铁运营
20081202	武汉	武汉将建地铁3号线	项目进程
20081203	无锡	无锡市获批开建地铁，将与沪宁城际铁路形成对接	项目进程
20081203	重庆	重庆启动3000亿畅通工程，北碚到机场有望修轻轨	项目进程
20081205	苏州	苏州轻轨2号线初拟明年开工	项目进程
20081207	深圳	深圳地铁2号线两站顺利封顶	项目进程
20081208	青岛	青岛2014年市民有望坐上地铁，2009年有望开工	项目进程
20081209	广州	《广州市城市轨道交通近期建设规划调整》通过审查	项目进程
20081211	南京	南京地铁3号线设23个站，起自江北林场站最后到江宁	项目进程
20081211	北京	北京力争4条地铁线后年通车，香山有望两年内通地铁	项目进程
20081212	广州	广州坐广佛地铁一票通两城，全线“零距离”换乘	地铁运营
20081213	上海	中国交协轨道委员会第三届领导人上海峰会召开	会议
20081214	北京	北京机场快轨因检修车脱轨双向停运10小时	安全事故
20081215	南京	地铁轻轨将成为江苏省未来几年城市交通建设重点	项目进程
20081215	北京	北京地铁2008年度财政补贴政策落实	地铁运营

续上表

日期	地　点	标　　题	事件类型
20081215	南京	南京地铁1号线南延线工程PPP项目开工	项目进程
20081216	廊坊	河北廊坊拟建轻轨连接北京,建成后约15分钟可到	项目进程
20081217	南昌	南昌设地铁建设指挥部办公室	项目进程
20081218	北京	北京4条地铁线路有望2012年通车	项目进程
20081219	天津	天津地铁9号线对接轻轨,地上双向铺轨完工	项目进程
20081222	成都	成都地铁1号线部分轨道实现“短轨相接”	项目进程
20081223	武汉	武汉地铁第一隧28日将贯通	项目进程
20081223	成都	中国交通运输协会城市轨道交通专业委员会设计专委会第一届第二次大会暨技术交流会在成都召开	会议
20081224	宁波	宁波地铁一号线一期工程获批	项目进程
20081225	福州	福州地铁有望明年建设	项目进程
20081226	天津	天津地铁2号、3号线工程2009年将全面提速	项目进程
20081226	西安	西安地铁1号线5年后建成,预计票价3元至3.5元	项目进程
20081229	北京	北京市轨道交通指挥中心投入使用,可指挥8条地铁	项目进程
20081230	西安	西安地铁1号线2009年全面开工建设	项目进程
20081230	武汉	武汉首段地铁隧道今日贯通	项目进程
20081230	深圳	深圳地铁4号线莲花山隧道贯通,确保大运会前通车	项目进程

附录

城市轨道交通行业部分单位一览

ChengshiGuidao Jiaotong Hangye BufenDanweiyilan

- 建设及运营管理单位
- 施工建设单位
- 设计研究单位
- 服务咨询
- 设备厂商
- 学校

1 建设及运营管理单位

1.1 北京市轨道交通建设管理有限公司

北京市轨道交通建设管理有限公司是经北京市市委、市政府批准，由市国资委出资设立，于2003年11月成立的国有独资公司，主要承担北京市轨道交通建设管理任务。

根据市政府赋予的职责和与业主签订的相关合同契约，公司主要承担轨道交通新建线路的建设管理，组织初步设计、施工设计、采购招标；组织轨道交通新建线路的土建结构、建筑装修、设备安装工程及相应市政配套工程的实施；组织轨道交通新建线路的系统调试、验收、开通、直至交付运营全过程的管理。

公司拥有一支500多人，开拓进取、作风优良的员工队伍，有一大批优秀的具有长期从事轨道交通建设经验的项目管理和专业技术人员，土建、设备等各专业技术人才齐备。

公司负责建设管理的北京轨道交通5号线、10号线一期及奥运支线、机场线已经顺利通车试运营，目前北京地铁通车里程已经达到约200 km。

目前，公司负责建设管理的在建线路有北京轨道交通线路4号线、6号线一期、8号线二期、9号线、10号线二期、大兴线、亦庄线等。这些线路对缓解首都公共交通拥挤，推动首都经济和社会发展具有十分重要的作用。

公司将利用北京大力发展轨道交通的有利契机，发挥轨道交通建设管理的优势地位，依托政府委托建设管理，大力进行市场运作，进一步提高公司的科学管理水平，在北京轨道交通建设工程中保持90%以上的市场占有份额，同时将发挥自身优势，适时向外埠发展，参与更多城市的地铁建设咨询业务。

代表介绍：

罗富荣，男，中共党员，现任北京市轨道交通建设管理有限公司副总经理，是北京市轨道交通建设指挥部专家委员会副主任委员兼土建组副组长。

罗富荣副总经理是隧道及地下工程领域有突出贡献的青年专家。在20年的隧道建设、地铁建设管理工作中，主持完成了众多科研课题，多次荣获省部级科技进步奖励，如第五届詹天佑铁道科学技术奖青年奖，2002年度中国铁道学会科学技术奖二等奖，北京市科技进步二等奖,2008 年中国岩石力学与工程学会青年科学技术奖银奖等;2002 年当选为铁道部有突出贡献的中青年专家,享受国务院特殊津贴,是新世纪百千万人才工程北京市级人选,2006 年被评为“北京市有突出贡献的科学、技术、管理专家”。

罗富荣副总经理具有很高的理论水平和丰富的技术经验,他以第一作者身份在《土木工程学报》、《岩土工程学报》以及各学术大会上发表了众多学术论文,并在多个学术团体兼职:中国岩石力学与工程学会工程安全与防护分会副理事长,中国土木工程学会隧道及地下工程分会常务理事,中国土木工程学会隧道及地下工程分会风险管理委员会委员,《都市快轨交通》杂志编委和常务理事等。

联系方式:

单位名称:北京市轨道交通建设管理有限公司

单位地址:北京市西城区百万庄大街甲 2 号　邮编:100037

电话:010 - 88376703　传真:010 - 88365088

1.2　北京市地铁运营有限公司

北京市地铁运营有限公司其前身为北京市地下铁道总公司,是国有独资的特大型专门经营城市轨道交通运营线网的专业运营商。拥有职工 1 万余名。

目前,公司经营的线路包括 1 号线、2 号线、5 号线、10 号线一期、13 号线、八通线、奥运支线和机场专线,运营线路总里程 200 km,共有 123 座运营车站。公司运营业务涉及专业有车辆运输、客运组织、行车电力调度、供电、通信信号、机电和线路等。另外,公司还经营以地铁相关资源开发为主的多角化业务,主要包括经济技术贸易、广告、地下通信、房地产开发、商贸、旅游度假、教育培训、建筑安装、车辆制造、工程监理、出租汽车、设计研究咨询及文化产业等。这些多角化经营业务扩大了地铁的服务领域,也满足了广大乘客的服务需求。

北京市地铁运营有限公司始终坚持“安全、准确、高效、服务”的运营宗旨和“安全第一、预防为主”的运营方针,以及“以市场为中心、以乘客需求为导向”的服务理念。无论是现在还是将来,北京地铁都将不断提高服务水平,竭力为广大乘客提供更加安全、快捷、舒适和便利的服务,为北京率先实现现代化和建设现代化国际大都市做贡献。

1.3 北京市基础设施投资有限公司

北京市基础设施投资有限公司是由北京市国有资产监督管理委员会出资并依照《公司法》成立的国有独资公司，承担我市基础设施项目的投融资和资本运营，近期以我市轨道交通投融资及线网管理为主。截至2007年末，公司注册资本271.73亿元，总资产707.47亿元，净资产399.68亿元。公司系统现有员工195人，平均年龄35岁，其中：博士5人，占3%，硕士61人，占31%，本科87人，占45%；中级及以上专业技术职称88人，占45%。

公司自2003年11月成立以来，认真履行市委、市政府赋予的基础设施投融资和资本运营职能，并充分发挥政府投资的主导作用，通过创新投融资体制、模式，吸引社会投资者、专业经营者共同参与我市基础设施项目的建设和运营管理。经过四年多的努力，公司各项工作取得重要进展。

目前，公司拥有或通过控股公司拥有北京地铁运营线路142 km，日均运量280多万人次。2007年，公司不仅承担地铁4号线、5号线、10号线一期(含奥运支线)、机场线等新线项目的投融资工作，同时担负已运营线路改造等投融资工作，并根据市政府关于我市轨道交通"保四争六"工作目标，陆续投资建设地铁9号线、亦庄线、10号线二期、8号线二期、大兴线、6号线一期等6条轨道交通新线项目，累计投资总额达773.2亿元。此外，公司还参与投资京沪高速铁路、京津城际铁路、京石客运专线、北京市政交通一卡通、北京市信息基础设施建设等项目。到2015年，公司在轨道交通新线项目的静态投资将达到约2 200亿元，总体动态投资将超过3 000亿元。

从成立之初，公司就注重研究国内外轨道交通建设的产业规律和经营理念，认真落实"奥运"工程和首都城市发展规划中轨道交通建设的投融资任务，依据市政府对公司的职能定位，创造性地开展工作，构建轨道交通投融资理论的基本框架，提出适合中国实际的财务模型、盈利模式、票价政策、特许条件、风险分担、技术标准、监管规则等。以这些创新为基础设计的融资方案已经应用于北京地铁4号线PPP模式的运作以及奥运支线BT模式的招商活动中，并获得国际市场的认可和支持。2006年底，公司成功运作的《城市轨道交通投融资公私合作的方案设计与实施》项目先后被评为北京市第21届企业管理现代化创新成果一等奖、第13届全国企业管理现代化创新成果一等奖。2007年9月，"城市轨道交通PPP投融资模式"被建设部列为"全国建设行业——城市轨道交通专项科技成果推广项目"。12月，公司运作的奥运支线BT项目获得了第二届"全国优秀企业管理成功案例奖”。

为稳步实现轨道交通投融资和资源开发两大业务共同发展的战略构想，公司一直致力于研究并推动我市轨道交通沿线土地一级开发、房地产开发及地下空间开发的统筹规划和集约利用，推动轨道交通建设与沿线土地开发协同发展，方便市民生活。2007 年 9 月，公司启动收购银泰控股股份有限公司的资本运作项目，通过投资控股房地产上市公司进入资本市场，利用上市公司的监管机制和规范运作，加强我公司房地产开发经营业务的风险控制，推动轨道交通沿线房地产的经营开发，促进“轨道 + 土地”模式的市场化运作，增强公司盈利能力和融资能力。

1.4 上海地铁运营有限公司

上海地铁运营有限公司隶属申通地铁集团，是上海城市轨道交通运营管理的骨干企业。公司目前负责轨道交通 1、2、3、4、8、9 号线的运营管理，运营线路总长 186 km，车站 123 座，日均客运总量超过 270 万人次。随着轨道交通迈入超常规、网络化发展阶段，公司还承担了 7 号线、10 号线等多条线路的运营接管任务，客运总量不断上升。公司传承开创上海地铁从无到有再到网络运营新纪元的历史，努力打造世界一流的地铁运营商。

公司坚持“安全第一、服务至上、绩效卓越”的运营理念和“一切为了乘客”的行为准则，树立窗口服务新形象。公司在国内同行中率先通过了 ISO 9001:2000 版质量管理体系、ISO 14001 环境管理体系和 GB/T 28001 职业健康管理体系认证，并获得国家级计量检测体系认证；同时是唯一一家加入了“国际地铁联合会”（CoMET 组织）的大陆地铁企业，在世界同行内综合管理绩效管理指标处于中上水平。公司引入一系列市场化运作机制，通过深化改革、转换机制，依靠科技进步和科学管理，不断提升市场综合竞争力。公司构筑人才高地，拥有一支综合素质高、专业技术精、业务技能强、学科门类全的人才队伍，在轨道交通领域具有比较明显的人才优势，逐步发展成为国内培养轨道交通各类运营专业人才的重要基地。公司还积极为国内外城市轨道交通运营提供技术咨询服务，探索技术和管理输出与合作的新模式。近年来，公司获得“全国文明单位”、“全国优质服务月标兵示范单位”等荣誉称号，实现了企业全面协调发展，不断为城市公共交通“运载温馨，营造和谐”

代表介绍：

邵伟中，男，1962 年 2 月出生，汉族，籍贯浙江绍兴，1995 年 8 月加入中国共产党，1984 年 7 月参加工作，研究生学历（上海铁道大学运输管理工程专业），高级工程师，现任上海地铁运营有限公司总经理。

曾荣获“2003 年度上海市重点工程实事立功竞赛市级记功个人”、“2005 年度上海市优秀消防管理者称号”;发表《轨道交通运营设施安全及事故应急处置研究》、《轨道交通超长线路行车组织方案研究》、《三四号线共线行车组织方案研究》、《世博会轨道交通运营组织方案研究》、《中国现代化建设的理论与实践》、《城市轨道交通列车运行延误及其传播特点的仿真研究》等科技论文。

联系方式:

单位名称:上海地铁运营有限公司

单位地址:上海市恒通路 222 号地铁恒通大厦 20 楼　邮编:200070

单位网址:http://www.shmetrco.com

电话:021-63189188　传真:021-63174766

1.5　广州市地下铁道总公司

广州市地下铁道总公司成立于 1992 年 12 月 28 日,是广州市政府全资大型国有企业。公司担负着广州市快速轨道交通系统的建设及运营管理的重责,同时经营以地铁相关资源开发为主的多元化产业。广州地铁已形成贯穿广州东西南北的 116 km 轨道交通线网,在建线路包括广州市轨道交通 4 号线、5 号线、6 号线 2/8 号线延长线、3 号线北延段,以及珠江三角洲城际快速轨道交通广州至佛山段、广州市珠江新城核心区市政交通项目——广州市珠江新城旅客自动输送系统。至 2010 年,广州市快速轨道交通系统将建成地铁线路总长度超过 200 km。

20 世纪 90 年代初,广州地铁建设高起点起步建设广州地铁 1 号线,并一直致力于我国城市轨道交通发展道路的探索与实践。通过管理创新和技术创新,2003 年开通运营的广州地铁 2 号线成为设备国产化率达到 70%、总体上达到国际先进水平的城市轨道交通建设的成功典范。因此,入选了“2003(首届)全国十大建设科技成就”、荣获 2006 年度国家科技奖二等奖、广东省科技进步特等奖,并被国家建设部列为“2004 年科技示范工程”;轨道交通 3 号线首次应用移动闭塞信号系统,高密度、小编组等新技术措施,成为我国第一条最高时速达 120 km/h 的地铁快线;我司承担的广州市重大科技攻关项目《城市轨道交通直线电机运载系统》已于 2008 年 3 月通过专家验收,轨道交通 4 号线更是世界上第一个采用中大运量的直线电机运载系统,并在具有我国自主知识产权的中大运量直线电机车辆研制与开发方面取得重大突破。

目前,广州地铁建成开通四条线路(1、2、3、4 号线),总里程 116 km,车站数 64 座,正点率达 99.66%,日均客流 152 万人次,单日客流最高水平 205.56 万人次,

在建线路共 8 条:2/8 号线延长线、3 号线北延段、4 号线北延段、5 号线、6 号线、珠江新城集运系统、广佛线,里程 150 km,车站数 107 座。

2007 年新开工点 67 个,3 座车站竣工,成功举办了 2 次国家级研讨会(2007 年 2 月,第三次全国城市轨道交通装备国产化工作会议;2007 年 10 月,“2007 中国城市轨道交通关键技术论坛”)

联系方式:

单位名称:广州市地下铁道总公司

单位地址:广州市中山五路 219 号中旅商业城 16 楼　邮编:510030

单位网址:http://www.gzmtr.com/

电话:020-83106666　传真:020-83106611

1.6 天津市地下铁道集团有限公司

2000 年 9 月 1 日经市政府批准,“天津市地下铁道总公司”(简称天津地铁总公司)组建成立,同年 10 月 13 日在天津市工商局登记注册,取得法人资格,现隶属于天津城市基础设施建设投资集团有限公司,经济性质为国有独资。天津地铁总公司贯彻执行市政府确定的“政府支持和市场运作相结合”的地铁建设方针,全面履行地铁建设甲方业主职能和运营管理职能。其主要经营范围包括:组织和管理城市轨道交通项目规划前期、投资开发、建设、设计、运营;技术咨询、技术服务;房地产开发;市政工程及工程前期服务;建材生产与销售服务。公司确定了“一业为主,多种经营、综合开发、主副并重”的可持续发展战略,并确立了以实施地铁建设为载体,逐步构筑坚实而有广阔的地铁事业平台,尽全力把地铁事业做大、做强的战略目标。“新公司、新机制、高标准、高起步”是公司的工作方针,“创新、创业、创地铁辉煌”是企业的精神。2008 年 10 月 1 日,天津市地下铁道总公司更名为天津市地下铁道集团有限公司。

已建成天津地铁 1 号线,北起北辰区刘园,南至津南区双林,总长度为 26.188 km,为天津市快速轨道交通线网中西北至东南方向的骨干线。其中天津西站至新华路段为既有线,长 7.4 km,既有线以北新建路段长 7.5 km,以南新建路段长 11.4 km。全线共设 22 座车站,其中高架站有 8 座,地下站有 13 座,地面车站有 1 座。刘园设停车厂,双林设车辆段。该线路自 2006 年 6 月 12 日通车试运营以来,从行车安全、运营服务等方面深受广大

市民好评。

目前在建项目为天津地铁2号线和3号线，筹建天津地铁5、6号线。在市域网修编方面，公司配合规划院已完成天津市轨道交通市域网的综合规划，并进行了专家审查。

天津地铁1号线自2006年6月12日通车试运营以来，不到一年就实现了最小行车间隔4分钟。该线路采用了四、六节列车混跑的模式，根据平日、节假日乘客的出行特征按高峰、低峰和平峰时段运营，提供了安全优质的列车服务，取得良好成效。

在车站管理方面，天津地铁通过认真研究车站管理方式，以建立新的管理模式为基础，以加强机电维修技能、完善车站人员设备操作能力、提高维修人员"一精三通"水平为主要措施，将车站行车组织管理、车站客运组织管理、乘务组织管理以及机电设备维修管理等业务工作的融合、提高落到实处，实现了车站一体化管理模式。

此外，公司还适时开展回馈社会、送温暖等系列营销活动，为广大市民提供多种地铁优惠乘车票，开展主题活动，大大提升了地铁公司在广大市民中的形象，进一步加深了地铁与乘客的感情，增强了乘客忠诚度。

在地铁工程建设及运营的同时，公司在经营开发方面也取得了一定的成绩。地铁1号线沿线开发地块17宗，土地总面积约43 hm^2。其中沿线12宗土地均合作成功，占地约18 hm^2，涉及商业、酒店、写字楼、住宅、公寓等多种业态，总建筑规模约100万 m^2。这些开发项目的建成既是公司在土地开发及物业发展的新亮点和起点，又是成功开发的标志。

代表介绍：

高怀志，男，中共党员，硕士研究生，正高级工程师，现任天津市地下铁道总公司党委委员、党委副书记、总经理；《都市快轨交通》理事会常务理事；中国土木工程学会会员。2000年10月，天津市和平路道路改造工程获天津市市优工程奖、建设部金杯示范奖。科研项目《暗挖隧道施工技术在天津地铁工程的应用研究》获2007年度华夏建设科学技术奖三等奖；"天津地铁1号线工程"获2007年天津建设工程"金奖海河杯奖"。主编建设部在研项目《城市轨道交通结构抗震设计规范》；主编地方标准《天津市地下铁道盾构法隧道工程施工技术规程》。

此外，还担任多个科研项目的负责人，为地铁1号线的顺利建成通车奠定了坚实的基础。在主持天津地铁1号、2号、3号线工程建设期间，坚持技术创新工作，从前期、开发、建设以及运营等方面提出诸多可行性的意见，节约造价数亿元，为实现天津地铁工程建设的各项目标打下坚实的基础。

联系方式：

单位名称：天津市地下铁道总公司

单位地址:天津市和平区汉口西道 19 号　邮编:300051

单位网址:http://www.tjdt.cn

电话:022 - 87811512　传真:022 - 27825588

1.7 深圳市地铁有限公司

深圳市地铁有限公司成立于 1998 年 7 月 31 日,注册资本 10 亿元人民币(2008 年增至 29.9 亿元),经营范围为城市轨道交通项目的建设、经营、开发和综合利用。

地铁公司成立以来承担建设了深圳市地铁一期工程 1 号线东段和 4 号线南段建设项目,是深圳市第一个国家级重点工程、深圳市历史上投资最大的市政工程和国家地铁设备国产化依托项目。在建设过程中,公司连续多年超额完成市政府下达的工程建设计划,投资控制良好,工程质量优良。2004 年 12 月 28 日,地铁一期工程"如期、安全、顺利、高水平、高质量"建成通车。开通运营后,客运量、客运收入、开行列次、平均满载率、正点率等均达到或超过国内同行同期水平。

从 2006 年开始,地铁公司已全力投入深圳地铁二期项目建设。主要由地铁公司负责建设的地铁二期工程包括 1 号线续建项目、2 号线首期工程及东延线和 5 号线,线路总长度近 100 km,计划于 2011 年 6 月底以前全部建成通车,届时地铁公司的运营将迈入一个新的网络化发展阶段。

经过不懈努力,地铁公司目前已初步形成地铁建设、地铁运营和资源开发等三大主营业务,企业管理水平不断加强,企业精神文明建设得到长足发展。同时,地铁公司也注重研究企业的中长期发展战略,积极创造良好的企业管理体制和机制,以迎接深圳地铁的进一步繁荣和发展。

1.8 南京市地下铁道总公司

南京市地下铁道总公司成立于 1999 年 5 月 28 日,为正局级事业单位,主要负责承担南京市地铁工程的规划、设计、筹资、建设、运营及与地铁相关的物业开发等。总公司按照建设、运营、资源开发三位一体的发展需要共设 8 个机关处室,以及地铁土地储备分中心、建设分公司、运营分公司和城市地铁实业集团公司、地铁房地产开发有限责任公司和城市轨道交通科技咨询有限公司 6 个下属单位。南京地铁目前已建成全长 21.72 km 的地铁 1 号线,在建地铁 2 号线一期工程、地铁 1 号线南延工程、地铁 2 号线东延工程 3 条线路,总长 62.25 km。至 2010 年,南京的城市轨道交通总里程将达到 84 km。

南京地铁 1 号线一期工程是第十届全国运动会的重点配套项目,也是江苏省的首条地铁,该线贯穿南京城市的南北向中轴线,线路全长 21.72 km,共设 16 座车站,总投资约 80.75 亿元。该线于 1999 年 4 月 15 日通过国务院立项,2000 年 12 月 12 日开工建设,2005 年 9 月 3 日正式通车。工程建设先后获得国家优质工程奖、中国詹天佑土木工程奖、中国市政金杯工程奖等国家重要奖项。南京地铁 1 号线有以下几大特点和亮点:一是综合造价低,平均每公里综合造价 3.72 亿元;二是国产化率高,平均设备国产化率超过 70%;三是运营用工人数少,每公里用工不超过 46 人;四是在不还本付息、不提取折旧的情况下,运营首年即实现收支平衡略有节余;五是地铁开通当日就实现公交、地铁、出租车、轮渡等一卡通,开创国内先河;六是充分挖掘了六朝古都、十朝都会的文化底蕴,车站公共艺术品在全国独树一帜。

2006 年 10 月,公司在南京成功举办了首届中国城市轨道交通关键技术论坛。

联系方式:

单位名称:南京市地下铁道总公司

单位地址:南京市中山路 228 号地铁大厦　邮编:210008

单位网址:www. nj - dt. com

电话:025 - 51892406、51892486　传真:025 - 51892487

1.9 重庆市轨道交通总公司

重庆市轨道交通总公司于 1992 年经重庆市政府批准成立,是重庆市国有独资轨道交通客运企业,经市政府主管部门授权负责城市轨道交通的建设、运营和沿线资源开发工作。公司下设办公室、政工部、计划合同部、财务部、人力资源部、安全保卫部、物资部、前期工作部、信息管理部、物业发展部、运营安全生产调度中心、运输部、车辆段、运营综合设备部、运营线路设施部、总师室(质环部)、建设项目各部等管理、生产、经营机构,以及重庆市轨道交通设计研究院有限责任公司、重庆市快捷轨道交通广告有限公司、重庆市捷运设备工程有限公司等多种经营的控股子公司。

公司现有资产 56 亿,职工 1 900 人,拥有专门技术与技能人才近 1 000 名,其中有 150 多名工程建设管理、交通运输管理的研究生,以及国内唯一经过日本 JICA 专家系统培训的轨道交通高中级专业技术人才;有一批长期从事轨道交通技术研究与工程建设管理经验的技术骨干和接受过国内外大型地铁公司系统培训的轨道交通运营管理队伍。

公司具有甲级工程管理资质，甲级设备监理资质，乙级工程咨询资质，三级房地产开发资质；具有承担城市轨道交通规划、建设和运营管理以及轨道交通技术咨询的能力。

为了改善重庆核心城区交通拥挤状况，提高城市居民生活质量，建立安全、快捷、舒适的城市现代化客运骨干交通系统，公司承担的西部大开发重点项目、国内首条跨座式单轨交通重庆轨道交通 2 号线已开通运营，为缓解沿线地面交通的压力、提高市民的出行质量、促进城市经济发展做出了贡献。

公司计划用 20 ~ 30 年的时间建设六线一环 354 km 的重庆轨道交通线网规划，已得到重庆市政府的批准并经国家立项，至 2013 年将完成轨道交通 3 号线（轻轨）和轨道交通 1 号、6 号线（地铁）共 82 km 的轨道交通建设任务，实现日客运量百万人次。

1.10 长春市轨道交通有限责任公司

公司简介：

长春市轨道交通有限责任公司是 1998 年 7 月长春市政府批准成立的实施长春轻轨工程建设项目的法人单位，企业性质为国有独资，注册资本为 5.894 亿元。经营范围为轨道交通建设、经营和管理。

目前，公司现有正式员工 860 名，另有借工人员 188 人，其中：高级职称 36 人、中级职称 53 人、初级职称 57 人。

公司设置办公室、人力资源部、财务部、审计室、计划部、企业管理部、工程管理部、总务部、材料供应部、安全保卫部、总工办、工程前期规划部、设备部、综合维修部、党群工作部，共 15 个部室。下设轻轨运营分公司、房地产开发公司、物业公司、广告公司、供热公司等 5 个分子公司。

代表介绍：

王诚仁，长春市轨道交通有限责任公司董事长，大学学历，高级经济师，中共党员，曾担任长春市自来水公司党委书记、“一汽”供水工程总指挥、长春中日友好水厂筹建处主任、长春市“引松入长”工程供水指挥部总指挥、长春市工业供水公司经理，是一位有经济头脑、善于开拓进取、把握商机的杰出企业家，自先后担任长春市轨道交通有限责任公司总经理、董事长以来，以团结务实、坚韧不拔、开拓进取的精神，使公司不断发展壮大，成为成功建设中国大陆第一条轻轨线路并投入运营的轻轨企业，多次受到国家、吉林省和长春市各级政府的赞誉，中央电视台国际频道（4 套节目）多次介绍了长春轻轨建设的业绩与地位。2002 年，被评为“长春市特等劳动模范”，2003 年，荣获“吉林省五一劳动奖章”。

联系方式：

单位名称：长春市轨道交通有限责任公司

单位地址：长春市朝阳区开运街 2855 号　邮编：130021

单位网址：www. ccqg. com

电话：0431－86196820，86196818　传真：0431－86196820，86196818

1.11　武汉地铁集团有限公司

武汉地铁集团有限公司是在原武汉市轨道交通有限公司的基础上，于 2007 年 5 月 15 日经武汉市委、市政府批准成立的大型国有独资企业。公司注册资金 10 亿元；经政府授权负责武汉轨道交通的建设、运营、管理和融资。公司内设办公室、人力资源部、计划财务部、合约法规部、前期策划部、质量安全部、总工办、纪监审计室等职能部门，同时下设建设事业总部、土地综合开发事业总部以及武汉地铁运营公司。

目前，武汉轨道交通已建成 1 号线一期工程宗关至黄浦路，总投资 21.99 亿元，全长 10.234 km，为全线高架，设宗关、太平洋、硚口、崇仁路、利济北路、友谊路、江汉路、大智路、三阳路、黄浦路等 10 个车站、1 个停车场、1 个指挥中心、1 座 110 kV 的主变电所、6 座牵引降压变电所及 7 座降压变电所，配备 B 型车 12 列 48 辆。1 号线一期工程于 2000 年 12 月 23 日开工建设，2004 年 7 月 28 日开通运营。该工程主要技术均达到国内同行业先进水平。设备系统在中国大陆首次采用居世界领先水平的移动闭塞信号系统，实现了列车自动驾驶、自动定点停车和无人自动折返功能。首次采用铝合金 B 型车、车轮降噪阻尼片技术、钢铝复合接触轨技术，在环保防噪、节能降耗、城市环境等重要方面取得了突破性成果。

公司计划近期在 2012 年前建设完成 1 号线二期工程、2 号线一期工程和 4 号线一期工程，总投资约 273 亿元，形成总长约 70 km 轨道交通线网。目前该线网规划已获得国家发改委的审批立项，3 条线路正在建设过程中。远期将建设轨道交通 2 号线二期、3 号线、4 号线二期、5 号线、6 号线、7 号线工程。220 km 轨道交通线网建成后将全面连接武汉三镇，以轨道交通为主体，其他交通方式为补充的城市公共交通体系将确立。

公司遵循现代企业制度，以人为本、崇尚创新，本着“诚信、敬业、高效、奉献”的企业精神，实施“地铁加物业”的发展战略，以发展武汉轨道交通为主线，综合开发相关资源，改善武汉市的投资环境和生活环境，努力提升和改善城市功能，为实现“创新武汉”、“和谐武汉”做出贡献。

1.12 沈阳地铁有限公司

沈阳地铁有限公司成立于2004年4月,是承担沈阳市城市快速轨道交通建设管理的大型国有独资公司。公司设有办公室、总工办、计划处、预算合同处、工程一处、工程二处、设备处、拆迁办、安监处、财务处、质监处、保卫处、监察处等13个处室。2008年11月29日,沈阳地铁有限公司通过了东北认证有限公司外部审核,取得了ISO 9001质量管理体系认证证书,成为全国第一个通过该项认证的地铁建设单位。

联系方式:

单位名称:沈阳地铁有限公司

单位地址:辽宁省沈阳市沈河区东滨河路28-3号　邮编:110011

单位网址:www.symtc.com

电话:024-24082122　传真:024-24084166

1.13 西安市地下铁道有限责任公司

西安市地下铁道有限责任公司组建于2005年11月,为市政府直属国有独资企业,与市地铁办合署办公,担负着西安城市快速轨道交通建设、运营和管理的重任,同时经营以地铁相关资源开发为主的多元化产业。目前,主要承担西安地铁2号线、1号线的建设任务。

2006年9月国务院批准《西安市城市快速轨道交通建设规划(2006—2015)》,确定西安市近期修建地铁1号、2号线路,总长51.3 km,投资252.7亿元。先期建设地铁2号线,2号线(铁路北客站—韦曲)全长26.3 km,为西安市南北向主客流走廊。线路通过铁路北客站、行政中心、经济开发区、钟楼、小寨商业文化中心、高新开发区、曲江新区、西安国际展览中心、长安区等大型客流集散点,与1号线构成西安市轨道交通“棋盘加放射型”网状结构中的十字骨架。

2006年9月29日地铁2号线试验段行政中心站开工建设,2007年8月行政中心至会展中心主城区段全线开工。预计2009年底完成土建工程施工任务,实现“洞通”、“轨通”;2011年底通车试运行。

2008年12月西安地铁1号线可研报告获国家发改委正式批复。2009年1月1号线初步设计通过省发改委批复,1号线(咸阳森林公园—纺织城)全长31.8 km,为西安市东西向主客流走廊。分两期建设,一期工程(后围寨—纺织城段)全长25.3 km,设车站19座,设车辆段、停车场各一处,由西往东先后经过三桥、劳动路、半坡等地。2008年10月1号线金花路站先期开工建设,今年全线开工。目前沣惠路、劳动路、玉祥门等6站已围档。

公司内设办公室、综合处、计划财务处、工程处、技术处、合同预决算处、机电设备处、安全质量处、项目规划处、物业开发处、运营处、总工办等职能部门。随着1号、2号线全线开工建设,专业技术人才和管理人才队伍不断得到加强,现已有员工近400人。到2011年,公司资产将达100亿以上,员工1700人左右。

西安地铁公司成立以来,按照2011年地铁2号线一期工程建成通车的总体目标,本着"不辱使命、不留遗憾、建设全国一流地铁"的精神,坚持改革创新、科学管理、加强企业文化建设,在西安城市轨道交通系统线网规划、建设规划和地铁2号线工程建设方面取得了重大进展,为建设"人文西安、活力西安、和谐西安"做出了应有贡献。

代表介绍:

陈东山,男,1954年5月出生,汉族,中共党员,大学学历,高级经济师,现任西安市地下铁道有限责任公司党委副书记、总经理;陕西省项目建设管理协会理事;中国交通运输协会城市轨道交通专业委员会委员;《西安社会科学》理事会副理事长;《都市快轨交通》理事会常务理事;《城市轨道交通研究》理事会理事;《轨道交通》编委。荣获"轨道交通产业榜2008科技创新十大人物"称号。

联系方式:

单位名称:西安市地下铁道有限责任公司

单位地址:西安市未央路132号经发大厦21层　邮编:710018

单位网址:http://www.xametro.gov.cn/

电话:029－86516221　传真:029－86515126

1.14 杭州市地铁集团有限责任公司

杭州市地铁集团有限责任公司于2002年7月,经杭州市委、市政府批准组建。公司主要从事轨道交通工程的建设、营运和管理,房地产开发,广告,商贸服务,技术咨询与转证等相关经营服务,公司性质为国有企业。目前,主要承担杭州地铁的建设任务。

2007年3月28日,杭州地铁一期工程正式开工建设。2007年,公司以"建品质地铁、筑品质杭州"为目标,以全面推进地铁一期工程建设为主线,以项目报批、工程建设和征地拆迁为重点,落实工作举措,地铁建设开局良好。地铁1号线和钱江新城地下空间连接工程陆续开工并有序推进；安全生产、交通组织状况良好；快速推进征地拆迁，全年累计完成工程投资28.68亿元。工程可行性报批和项目研究取得较大进展，地铁2号线工程可行性报告顺利通过专家评审，各项支撑性文件基本落实；组织开展地铁6号、7号线线路方案比选和地铁二期建设规划编制工作，完成了地铁4号线全线工可报告初稿。重要站点上盖物业开发研究不断深化，招商引资工作进一步展开，完成了杭州地铁核心资源开发初步方案。积极落实资本金和银行授信工作，强化工程造价审核，严格控制地铁建设费用。

代表介绍：

沈林冲，1959年12月生，祖籍浙江慈溪。1982年1月毕业于浙江大学。2002年至今任杭州市地铁集团有限责任公司总工程师。多年来一直从事轨道交通的建设和管理，主持编制了杭州城市快速轨道交通建设规划、杭州地铁1号线工程可行性研究报告、杭州地铁1号线初步设计等重大技术方案，是杭州市轨道交通线网规划的重要参与者。积极开展轨道交通建设技术研究工作，主持开展了《杭州轨道交通线网车辆段（停车场）布局规划与资源共享的研究》、《杭州地铁1号线部分地段地下有害气体危害性及对策研究》等多个课题研究，其中《杭州地铁1号线钱塘江隧道河段最大冲刷深度研究》已获得浙江省科技进步二等奖。

联系方式：

单位名称：杭州市地铁集团有限责任公司

单位地址：杭州市凯旋路445号14－17楼　邮编：310020

电话：87231600　传真：87239653

1.15　哈尔滨市地铁建设投资发展有限公司

哈尔滨市地铁建设投资发展有限公司注册资本20.8亿元人民币，是具有法人资格的有限责任公司。公司接受市政府委托，在授权范围内行使资产所有权能，开展投融资和资本运营，从事地铁建设、运营、管理活动，负责地铁关联用地整理、开发及经营，负责地铁项目地上地下资源开发适用。公司下设哈尔滨市地铁建设投资发展有限公司建设分公司、哈尔滨市地铁建设投资发展有限公司运营分公司、哈尔滨市地铁置业开发有限公司、哈尔滨市地铁物资设备有限公司、哈尔滨市地铁资产营销有限公司。

联系方式：

单位名称：哈尔滨市地铁建设投资发展有限公司

单位地址：哈尔滨市南岗区学府路65号　邮编：150080

单位邮箱:hrbdt@163. com

电话:0451 -58859952 传真:0451 -87515811

2 施工建设单位

2.1 上海港铁建设管理有限公司

上海港铁建设管理有限公司成立于2002年8月13日,公司的长远目标是成为全国最出色和具备国际水平的大型工程项目建设管理企业。公司主要经营范围包括在中国境内外城市建设的项目管理、企业管理咨询、项目中介、市场预测以及投资咨询。

港铁公司自2002年10月起成为上海轨道交通申松线(地铁9号线)一期工程业主代表,在地铁9号线一期工程建造过程中,代表轨道交通申松线项目的业主方负责整个工程的建设管理,工作内容涵盖了设计、前期、土建、机电系统、合约招投标、工程财务、质量安全、档案管理等各个方面。

上海市轨道交通9号线一期途经松江、闵行和徐汇三个区,是上海市首条市域快速线。工程自松江新城站至宜山路站,全程约31 km。沿途共设车站13座,其中高架站4座:大学城站、洞泾站、佘山旅游度假区站、泗泾站,地下站9座:松江新城站、九亭站、中春路站、七宝站、星中路站、合川路站、漕河泾开发区站、桂林路站、宜山路站及一个位于九亭的车辆段和佘山、虹梅两个主变电所,另有一座控制中心和两座地下岔道井。

在9号线建设管理中,港铁公司引进了香港地铁在地铁项目管理方面成功的、先进的管理模式和先进经验,并将之与上海本地的经验和做法有机地结合起来,对9号线一期工程建设进行了全面、有效地管理。经过工程参与各方几年来的努力与合作,9号线一期工程已于2007年底顺利通车投入试运营。

代表介绍:

陆永国,自2005年5月起任上海港铁建设管理有限公司项目总经理,全面负责上海轨道交通9号线一期工程的建造和管理工作。曾在香港中华电力公司工作了11年,拥有丰富的电力工程专业知识,一级工程师。曾在香港地铁公司领导工程项目,负责香港大型地铁建设工程,包括“东涌线”、“机场铁路”和“将军澳铁路”等重大工程建设。积累了丰富而全面的地铁建设管理经验。曾负责荷兰聪明卡工程项目,拥有广阔的国际视野及国际大型工程的实际管理经验。

联系方式：

单位名称：上海港铁建设管理有限公司

单位地址：上海市宜山路2016号合川大厦4楼G－N室　邮编：201103

单位网址：www. sh kmcm. com

电话：86－021－61255588　传真：86－021－61255580

2.2　上海隧道工程股份有限公司

上海隧道工程股份有限公司是中国软土隧道事业的开拓者，创始于1965年，1993年改制后成为中国施工行业第一家上市的股份制企业。

公司具有国家颁发的“市政公用工程总承包特级”、“公路和桥梁工程总承包 ”、“房屋建筑工程总承包一级”、“机电安装工程施工总承包一级”、“机场场道工程专业承包一级”、“城市轨道交通工程专业承包”等资质，并具有“对外国际经济技术合作经营”“援外工程项目A级”资质以及新加坡政府颁发的“G8施工”资质。

公司在40年的发展历程中，依靠科技创新和科学管理，在地下工程施工等领域里取得了令人瞩目的成就：从单圆盾构隧道施工发展到双圆盾构隧道施工；从圆顶管隧道施工发展到矩形顶管隧道施工；从软土隧道施工发展到硬岩隧道乃至软硬土质隧道施工；从盾构隧道施工发展到沉管隧道施工。

40年来，隧道施工技术飞速提高，日臻完善，许多工法被国家列为一级工法，双圆隧道施工、盾构法隧道工程施工、地下铁道工程施工、上海地铁基坑工程施工等工法被列为上海市乃至国家标准。公司自主研制开发的“隧道推进专家系统”和“盾构隧道信息化智能管理系统”已得到广泛运用。与隧道施工密切相关的超深、超大基坑开挖施工，江底长距离联络通道施工技术，以及注浆施工技术也得到同步发展。这些，使公司的隧道施工水平始终处于国内领先地位，在国际上享有较高的声誉。

凭借成熟的隧道施工技术，公司在激烈的市场竞争中保持着优势：不但承建了上海黄浦江大部分越江隧道和50%以上地铁区间隧道，而且在全国各地承建了许多越江隧道、地铁隧道、引水隧道、污水隧道和电厂取排水隧道等工程。公司在新加坡接连承建地铁隧道和污水隧道，成功地实施了“走出去”的发展战略，提升了企业在国际市场中的竞争力。公司的施工生产经营从地下工程拓展到机场场道、高速公路、高架道路、高层建筑等领域。

依托隧道施工的经营主业，公司机械制造业和建筑材料生产业也得到了长足的发展。

公司具有国内一流的盾构制造工厂,生产各种类型的盾构和顶管,研制开发了国家863项目、中国第一台具有自主知识产权的地铁盾构,并成功地运用于上海地铁2号线施工,为盾构国产化首开先河。公司生产的隧道衬砌在上海的市场占有率达51%,公司生产的隧道衬砌钢模在上海的市场占有率达90%,承接了广州、深圳、南京、天津等城市地铁衬砌钢模生产,并把地铁衬砌钢模产品出口到日本、马来西亚等国家。公司生产的隧道防水材料也广泛地运用于国内外地下工程。

代表介绍:

周文波,上海隧道工程股份有限公司总经理,工学博士,政府特殊津贴专家。在他的领导下,上海隧道工程股份有限公司成功建成了中国首条双圆隧道,成功研制了中国首台拥有自主知识产权的国产盾构,隧道股份成功地走出上海,走到国际市场。

周文波总经理曾经在上海延安东路隧道、地铁隧道、外滩观光隧道等重大工程项目担任技术和管理的领导者。是国家863计划“盾构地层适应性设计理论、方法和模拟试验平台”和“泥水平衡盾构关键技术与样机研制”的项目负责人,是上海市科委登山计划“大直径泥水平衡盾构及复合型盾构的研制与应用”的项目负责人,由他研制的“盾构法隧道施工智能辅助决策系统”、“STEC盾构法隧道远程信息智能管理软件”分别取得了国家专利。

周文波总经理曾获得全国十大杰出青年提名、全国劳动模范、上海市企业领军人才、上海实施发明成果优秀企业家、优秀共产党员等荣誉称号。

联系方式:

单位名称:上海隧道工程股份有限公司

单位地址:上海市大连路118号　邮编:200082

单位网址:www. stec. net

电话:021-65869999　传真:021-65419892

2.3 中煤第一建设公司特殊凿井处

中煤第一建设公司特殊凿井处组建30多年来,先后转战15个省、市、自治区,承揽冻结、注浆、地基与基础工程200余项,创出了近30项省部级以上优质工程。为冻结钻孔和冻结工程一体化施工单位,所承揽的冻结孔工程质量均能较好地为下一步冻结工程施工打好基础。已完工程安徽朱集煤矿注浆孔钻进最大深度达到800多m,目前正在施工的湖家河煤矿风井冻结钻孔单孔基岩段施工深度达到530 m，达到了国内领先水平。安徽青东冻结孔施工效率刷新国内最高纪录，单机台月进尺（31天）达到4 590 m，荣获中国施工企业联合会第十一批全国施工企业新纪录。在不断提高钻孔钻进深度和效率的同时，对钻孔的施工质量（钻孔测斜、纠斜和焊接技术）不断进行科技关，具有自主产权的陀螺仪测斜计算机信息化管理系统获得国家版权局专利，冻结管全自动焊接技术为集团公司重点科技项目。

特凿处施工的邢台东庞煤矿冻结工程获国家建筑行业最高奖——鲁班金像奖和国家银质奖；内蒙古榆树林子斜井冻结工程填补了国内斜井冻结施工的空白；山东邱集煤矿深厚粘土层冻结工程达到国际先进水平。1998年"深厚粘土层冻结凿井技术"获煤炭科学技术进步一等奖；2001年"人工冻土基本力学性能研究与应用"研究项目获国家科学技术进步二等奖；2006年程村煤矿主、副井冻结工程获全国煤炭行业"太阳杯"奖。2002年以来，连续成功承揽施工了一批超深井冻结工程，一直占据着国内冻深的制高点。2004年河南程村主、副井冻深485 m，2005年河南新桥主井冻深602 m，2006年完成的山东郭屯煤矿主井冻结工程冻结表土层厚度587.5 m，冻结深度702 m，创造了冻结法凿井通过表土层厚度世界纪录和冻结深度全国最高纪录，并组织技术人员依托郭屯冻结项目对超深井冻结技术开展探讨研究，2007年《702 m深井冻结关键技术研究》获得河北省煤炭工业协会特等奖、集团公司"科技进步特等奖"、2006年度煤炭工业十大科学技术成果和中国施工企业管理协会科学技术奖技术创新成果特等奖等多项殊荣。

2003年以来连续第5次被中国煤炭建设协会评选为全国煤炭行业优秀施工企业，实力雄厚。在2006~2007年度全国矿山建设学术会议上，有6篇论文入围，其中3篇获优秀论文。2007年申报的《深立井冻结孔施工工法》、《深立井冻结施工工法》和《斜井冻结施工工法》获煤炭工业协会优秀工法。同时该三项工法已通过国家级工法评审，目前正处于公示阶段。《陀螺计算机自动化信息管理系统2006年软件》获邯郸市职工创新成果奖和国家"著作权专利"。"自制专用拔管机"获得集团公司科技大会"五小"成果一等奖。

2006~2007年度，QC科研攻关活动也取得了可喜的成绩，收获了累累硕果，被评为2006年度全国煤炭施工企业QC活动优秀企业。郭屯冻结项目部QC小组荣获2006年中国施工企业管理协会优秀QC活动小组称号；新桥冻结项目部QC小组、口孜东打钻项目部QC小组和工程科QC小组被评为2006年中国煤炭建设协会先进QC小组。2007年我处有8个QC成果获中煤第一建设公司成果奖，1个QC成果获中煤第一建设公司先进奖，3个QC成果获中煤第一建设公司优秀奖。东安二矿冻结QC小组、口孜东冻结QC小组、郓城冻结QC小组三个小组获河北省工程建设优秀质量管理小组。口孜东冻结QC小组获全国先进 QC 小组(煤炭协会),郓城冻结 QC 小组获全国工程建设优秀质量管理小组二等奖(施工企业协会)。

该处将冻结法应用于城市地铁施工,在深圳地铁冻结施工中,成功地解决了大流速地层止水的世界级技术难题;并成功地将冻结法应用于西气东输黄河顶管 5#沉井工程。

这些荣誉和成绩充分展示了该处的施工能力和技术水平,树立了良好形象,为该处的健康发展起到了积极的促进作用。

代表介绍:

梁洪振,1966 年出生,毕业于河北煤炭建筑工程院矿井建设专业,曾担任过工区技术员、工区主任、副处长等职务。自 2003 年 12 月任中煤第一建设公司特殊凿井处处长后,根据特凿处所面临的内外形势,以战略的眼光,高起点谋划企业的改革与发展,显示出青年人所特有的一种朝气和拼搏创新追求卓越的进取精神。在他的领导下,特凿处大刀阔斧的进行了机构改革,从强化企业基础工作入手,不断规范管理体系;以推动企业的技术进步,提高现代化管理水平作为重要手段,不断加强经营管理和施工管理,使特凿处实现了较大的跨越。

梁洪振同志在企业改革与发展过程中成绩突出,曾多次荣获公司先进生产工作者,优秀共产党员称号,2001 年被评为中煤建设集团优秀项目经理;2002 年被评为第三届煤炭行业优秀项目经理;2003 年 1 月被中煤建设集团授予优秀共产党员荣誉称号;2005 年被评为邯郸市建设系统优秀共产党员及全国煤炭行业优秀施工企业家。2007 年主持完成的《702m 深井冻结关键技术研究》获得河北省煤炭工业协会特等奖、集团公司"科技进步特等奖"、2006 年度煤炭工业十大科学技术成果和中国施工企业管理协会科学技术奖技术创新成果特等奖等多项殊荣。

联系方式:

单位名称:中煤第一建设公司特殊凿井处

单位地址:河北省邯郸市复兴区联纺西路 92 号　邮编:056003

单位网址:www. zmtzc. com

电话:0310 - 4016001　传真:0310 - 4041122

2.4 中国中铁一局新运工程有限公司

中国中铁一局新运工程有限公司是以铁路铺轨架桥、铁路承包运输管理、城市轨道交通、高速铁路、客运专线、无缝线路及大型机械化养路等工程为主业的大型铁路施工企业。公司现有职工 3 217 人，各类专业技术管理人员 1 200 人，其中高级 323 人，中高级工人技师 153 人。拥有铺轨机 8 台、各型架桥机 13 台、大型机械化养路车 5 套计 15 台、固定和移动式接触焊机 9 台以及拥有适合任何施工环境下的轨排生产线等各种先进施工设备共计 450 台套，拥有电力机车 17 台、内燃机车 88 台和各种铁路运输车辆 267 辆，具有同时在 40 条铁路及城市轨道项目上施工和运输的能力，企业年营业额 30 亿元以上。公司以雄厚的科技实力、先进的施工技术、精良的机械化施工设备和辉煌的铺架运输生产业绩始终处于国内同行业领先地位。

半个多世纪以来，公司始终坚持“以人为本，创新唯美，服务社会”的经营理念，先后参加了青藏铁路等 100 余条铁路的铺轨架桥、机械化养路和承包运输，以及北京、天津、上海、大连、广州、深圳等城市轨道交通工程的建设，参加了坦赞铁路的援建工程和菲律宾铁路铺架工程以及沙特铁路机养工程。累计铺轨上万公里，临管线路 10 000 多 km，机械化养路 30 000 多 km。铺轨里程占新中国建成铁路总里程的六分之一，享有“开路先锋”和“铺架铁军”的美誉，

近年来，随着我国铁路跨越式发展和施工企业面临竞争日益激烈的实际，公司领导以全新的市场经营理念，及时谋划运筹了新的经营策略，全面实施“科技强企”战略，努力打造行业旗舰，使公司逐渐形成了明显的“人无我有、人有我优、人优我特”的技术优势，先后完成了一大批高、新、难的建设项目，承建的各类工程已遍及全国 31 个省、市、自治区及海外，创造了公司新的辉煌。几年来，公司先后荣获了中华全国总工会“全国五一劳动奖状”、“全国模范职工之家”、铁道部“火车头”奖杯、国资委党委“先进基层党组织”等 20 余项国家和省部级荣誉称号，并有 15 项施工业绩入编《中国企业新纪录》。

尤其是 2007 年，公司的生产经营业绩再创历史新高，实现企业营业额 24.4 亿元，新签合同额 58.04 亿元，其中中标城市轨道交通工程 3 项，价值 8.59 亿元。承建的北京地铁 5 号线顺利交工并正式投入试运营，北京地铁 10 号线、机场线顺利竣工验交；广州地铁 4 号线(车万段)进入扫尾阶段；上海 9 号线 R422 轨道工程顺利通过通车条件验收；北京地铁 1、2 号线大修改造项目创国内大规模运营地铁线路第一次大修改造新纪录。

代表介绍：

赵怀利，中国中铁一局新运工程有限公司总经理期间，主持制定了多项用人及管理制度，先后组织修订了《项目管理实施细则》等多项管理制度，组织制定了《关键岗位员工轮岗交流管理办法》、《技术专家委员会管理办法》、《安全生产管理制度》、《劳务用工管理办法》等规章制度，组织编制了《管理文件汇编》，开展了“标准执行年”和“流程管理年”活动，狠抓标准执行，规范内部管理，使公司的各项管理走向制度化和科学化。强化安全质量工作，确保无安全质量事故发生。注重劳务队伍的培育和发展，组建了公司内部劳务队伍并与外部劳务队伍建立了良好的合作关系，赢得众多劳务队和劳务工的普遍赞誉。积极建立并维护公司的市场信誉，注重合同履约，承担的工程项目普遍赢得业主好评。注重企业文化建设和公司和谐发展新环境的构筑，企业和谐发展新环境渐趋形成。曾荣获陕西省优秀党务工作者，2006 年陕西省建筑业优秀项目经理，2006 年度全国工程建设优秀项目经理，中铁一局集团“十大优秀管理者”、“优秀共产党员”等荣誉称号。

联系方式：

单位名称：中国中铁一局新运工程有限公司

单位地址：陕西省咸阳市人民东路 111 号　邮编：712000

单位网址：http://www.ztxygs.com.cn/

电话：029－33777751　传真：029－33777777

2.5 中铁十六局集团有限公司

中铁十六局集团有限公司是国家大型综合特级施工企业，下辖 11 个子公司，具有铁路特级、房建特级，公路、市政、水利水电工程施工总承包一级和公路路面、桥梁、隧道、城市轨道交通、装饰装修工程专业承包一级资质，获得了对外承包工程经营权和对外劳务合作经营权，经营范围涉及工程施工、设计、监理、铁路运营、物流、机械制造、酒店、房地产开发等领域，企业年营业额达 150 亿元以上，在全国 100 家铁路、公路、隧道、桥梁最大建筑业企业排序中名列第 8 位。

公司在 50 多年的发展历程中，先后参与了 100 多项国家重点工程的建设。近年来，公司弘扬“同心创业，永做更好”的企业精神，坚持“用户满意是我们不懈的追求”的经营宗旨，在祖国现代化建设进程中，为国家的铁路、公路、房建、市政、水利、水电、机场、码头等重大工程的建设做出了新的贡献。参建的青藏铁路、京福高速公路、北京地铁及奥运项目、上海磁悬浮工程、西气东输黄河顶管、南水北调穿黄河盾构隧洞、石太、武广、郑西、福厦等铁路客运专线工程和首都国际机场等一大批重点工程享誉国内外。已建成的工程有200多项被评为国家和省部级优质工程,其中9项获国家优质工程奖(鲁班奖)、9项获中国土木工程詹天佑大奖。

在多年的施工实践中,公司独创了一大批在国内国际同行业中领先的技术、工法和科研成果,如桥梁工程的深基开挖、百米矩形空心高墩施工、大跨三向预应力混凝土连续箱梁、高墩预应力混凝土连续钢构、深水多层溶岩地区钻孔桩施工技术,地下工程的浅埋暗挖、眼镜法、新奥法、光面爆破、高层建筑桩基托换、综合防水和大型洞室群施工技术,路基工程的软土路基处理、膨胀土、风沙、高边坡路基路堤、深路堑石方控制爆破技术,以及大管径、长距离、下穿黄河顶管施工技术、地铁盾构施工技术等等,其中有2项技术分别获国家科技进步一、二等奖。目前已掌握了全面的较为成熟的磁悬浮施工技术。

公司先后被评为"全国先进施工企业"、"全国技术进步先进企业"、"全国工程建设质量管理优秀企业"、"全国行业质量和质量服务诚信示范企业"、"全国思想政治工作优秀企业"、"中国企业文化建设先进单位"、"北京市市级先进企业"、"北京市重合同、守信誉单位"和"AAA信用企业"。在2005年、2006年、2007铁道部组织的四次铁路工程质量信誉评价中,集团公司分别获得第五名、第四名、第三名、第二名的好成绩,连续四次进入前五名,为稳定和扩展铁路工程市场奠定了良好的基础。

代表介绍:

李瑞华,男,1954年11月生,1973年参加工作,大学文化,高级工程师。先后担任过中铁十六局集团地下工程指挥部(现中铁十六局集团北京轨道交通工程建设有限公司)指挥长、十六局集团北京地铁工程指挥部指挥长,现任十六局集团公司副总经济师。在任地下工程指挥部指挥长期间,参与和领导了八达岭高速公路谭峪沟隧道、北京地铁西单站、复八线王府井至建国门三站两区间、广州地铁1、2号线东山口、江南西站、南京地铁新街口站、上海地铁江苏路站、深圳地铁盾构等工程施工,在任十六局集团北京地铁指挥部指挥长期间,组织指挥了北京地铁5号线、城铁13号线、八通线、10号线等重难点项目。参与地铁建设10多年,积累了丰富的地铁施工、组织指挥经验。参建项目中,谭峪沟隧道、复八线获中国建筑工程鲁班奖,北京地铁西单车站浅埋暗挖大跨双层结构设计与施工技术荣获"国家科学技术进步奖"一等奖。

联系方式:

单位名称:中铁十六局集团有限公司

单位地址:北京市朝阳区红松园北里二号　邮编:100018
单位网址:http://www.cr16g.com.cn
电话:010－84311177　传真:010－84313253

2.6　中铁十一局集团城市轨道工程有限公司

中铁十一局集团城市轨道工程有限公司前身为中铁十一局集团广州地铁工程指挥部、城市轨道工程公司,2007年11月,根据企业发展需要,改制为中铁十一局集团城市轨道工程有限公司。总部在湖北省武汉市,注册资本1亿元,公司职工500余人,其中中、高级职称人员230余人,拥有先进的德国、日本土压平衡盾构机8台,各类地铁、轻轨施工机械设备100余套,年施工能力达20亿元以上。主要从事城市地铁、轻轨等轨道交通工程、市政公用工程、隧道、各类地基与基础工程、房屋建筑工程的施工和各种强度等级的混凝土和特种混凝土的生产。

当前,城轨公司发展势头强劲。在市场开发上,城轨公司讲究诚信制胜,承揽任务屡创新高,在立足广州、沈阳市场的基础上,以干促揽,又相继开发了武汉、杭州、苏州等市场,初步形成了以武汉城市圈为中心,辐射全国的良好经营格局;在安全质量上,城轨公司推行精细化管理,安全质量全面受控,取得了连续5年施工"零事故"的良好业绩;在施工生产上,城轨公司立足现有项目,重点围绕盾构掘进,创新项目管理,综合施工能力显著提升,并形成了三大竞争优势:一是擅长各种地质条件下的盾构法施工;二是擅长复杂地质条件下的矿山法隧道和明、暗挖地铁车站施工;三是擅长地铁管片预制和安装;在全面建设上,城轨公司以建设现代企业和专业化公司为目标,加快专业资源聚集,革新各项管理方式,构建有特色的企业文化,建立起了高效、精干的现代化、专业化的管理平台。

科技领先,是城轨公司取得巨大成就的依托;质量一流,是城轨公司市场取胜的砝码。城轨公司先后参建了重庆轻轨较新线一期工程、武汉市轨道交通1号线工程、上海市轨道交通2号线、6号线、广州市轨道交通3号线、4号线、6号线工程、沈阳市地铁1号线、杭州市地铁1号线等工程的施工。其中重庆轻轨大坪车站为亚洲跨度最大的暗挖车站,重庆轻轨PC梁架设、广州地铁4号线直线电机车辆段综合技术等处于世界领先水平。多年来,城轨公司在激烈的市场竞争中始终致力于打造核心竞争力,打造地铁施工专业品牌,各项事业取得了突飞猛进的发展。

代表介绍:

张成,男,汉族,1966年11月生于湖北公安县,中共党员,硕士研究生,国家一级注册建造师、国家注册监理工程师、高级工程师,现任中铁十一局集团城市轨道工程有限公司董事长兼总经理。在他的带领下,城市轨道工程有限公司的发展一年一个台阶,安全质量始终受控,连续五年实现施工"零事故"的良好业绩。他所主持的广州地铁4号线官洲站项目获得总公司优质工程奖,被评为广州文明样板工程,广州轨道交通4号线直线电机车段综合施工技术被评为集团公司科学技术进步奖特等奖、总公司科学技术进步奖一等奖,被湖北省认定为重大科学技术成果;承揽任务屡创新高,2006年、2007年承揽任务分别占集团公司下达任务的250%、344%,迅速拓展了广州、杭州、苏州、武汉和沈阳等城市的地铁市场,城轨公司由原来集团公司广州地铁指挥部逐步成长为一支专业从事城市轨道交通建设的劲旅。

联系方式:

单位名称:中铁十一局集团城市轨道工程有限公司

单位地址:武汉东湖开发区华光大道21号　邮编:430074

单位网址:http://www.cr11csgd.com

电话:027-87586460　传真:027-87785221

2.7 中铁隧道集团三处有限公司

中铁隧道集团三处有限公司拥有公路工程施工总承包一级资质、市政公用工程施工总承包一级资质和隧道工程、机电设备安装工程、水工隧洞工程、地基与基础工程、桥梁工程专业承包一级资质,主要从事铁路、市政、公路、长大隧道、城市轨道交通、地基与基础、桥梁、水利水电、机电设备安装等工程的施工。年生产隧道能力40 000 m,桥梁12 000 m,路基1 000万m^3,年施工产值25亿元以上。通过了ISO 9001:2000质量体系认证,承建工程合格率100%,优良率96%以上。

公司现有员工3 397多人,其中大专以上文化程度1 300多人,高级工程技术人员56人,中级工程技术人员308人,专业管理人员1 200多人。拥有资产总额约12亿元,装备有世界先进的隧道、桥梁、地基与基础、路基土石方施工专业设备。公司拥有国内领先的专业施工技术,尤其在软弱围岩、膨胀性围岩、浅埋地段,涌水、溶洞、岩爆、黄土等不良地质条件下修建各类隧道及地下工程等方面具有独到的施工技术,开发应用了"新奥法"、"CRD工法"、"中导洞法"、"岩锚梁"、"双侧壁法",在地铁施工中广泛采用了"明挖顺筑法"、"盖挖逆筑法"、"咬合桩工法"、"桩基托换"、"重叠隧道工法"等先进施工工法工艺施工。

公司先后参与全国二十多个等省、市、自治区的200多项重点工程建设，为国内各时期最长大隧道建设做出过决定性贡献。其中，衡广复线大瑶山隧道荣获国家科技进步特等奖；深圳罗沙公路梧桐山隧道、川藏公路二郎山隧道、荣获中国建筑工程最高奖——鲁班奖；广州地铁2号线越秀公园站、重庆轻轨临江门车站、深圳地铁一期工程3C标（国贸~老街区间隧道及桩基托换工程）荣获中国土木工程詹天佑大奖；深圳地铁国贸—老街区间1890T大轴力桩基托换和暗挖重叠隧道创同类工程世界新纪录。

中铁隧道集团三处有限公司成立以来，先后参加了上海、广州、深圳、重庆、南京、天津、杭州等城市地铁与轨道交通工程建设，建成了上海地铁上体馆站、新闸路站、石门一路站、黄兴公园站、九亭站、龙阳路站；广州地铁公园前站、越秀公园站、华师大—岗顶区间、厦滘—大石—汉溪区间；深圳地铁车公庙站、会展中心—购物公园区间、国贸—老街区间；重庆轻轨临江门站、龙头寺站；天津地铁营口道站；南京地铁向兴路站、小行站。目前正在参加上海地铁7号线、杭州地铁1号线、广州地铁2号、5号、8号线、深圳地铁1号、2号、3号、5号线、重庆轨道交通1号、3号线和天津地铁工程建设。

2007年，三处有限公司施工生产再创佳绩，经营、生产均创历史新高，综合实力快速增长，安全质量环保总体可控，两个文明建设稳步推进，法人治理机构协调运转。公司获QC成果奖7项；有2个工地被评为中国中铁总公司"安全标准工地"；有2项工程获得火车头优质工程奖，有2项工程被评为国家级优质工程；有3项工程被评为省部优工程，有1项工程被评为总公司优质工程；重庆轻轨较新线一期工程荣获2007年度国家优质工程银质奖，深圳地铁一期工程3C标（国贸—老街区间隧道及桩基托换工程）荣获中国土木工程詹天佑大奖。工程一次验收合格率100%。

代表介绍：

高海宏，男，中共党员，1966年10月出生于河南省孟县，1986年7月毕业于西南交通大学铁道工程专业，历任见习生、技术员、技术主管、副经理、公司经理、副处长、副总经理、党委书记、总经理等职务。2007年高海宏同志被评为了中国中铁股份有限公司优秀企业家。

高海宏同志于2003年6月担任中铁隧道集团三处有限公司总经理。几年来，他和其他领导班子成员一起不惧艰险，带领公司全体员工励精图治，奋力拼搏，不仅使公司迅速摆脱困境，成为全国基建系统脱困典型，而且通过不断改革创新，生产经营获得快速突破，经济技术指标不断攀升，社会影响力、市场占有率不断扩大，成为全国基建系统的先进企业。公司先后被评为"全国用户满意企业"、河南省"五一"劳动奖状、重庆市"重合同守信用企业"、"中国铁路工程总公司优秀施工企业"。承建的工程先后荣获"建筑工程鲁班奖"、"土木工程詹天佑大奖"、"中国市政工程金杯奖"、"铁道部优质工程奖"、"上海市政工程金杯奖"、"重庆市三峡杯优质结构工程奖"、"甘肃飞天奖"、"陕西省长安杯优质工程奖"、"中国铁路工程总公司优质工程奖"等奖项。所承担施工的深圳地铁3C标"华中酒店桩基托换工程"QC成果获国家级优秀奖。

联系方式:

单位名称:中铁隧道集团三处有限公司

单位地址:深圳市南山区建工村33号　邮编:518052

单位网址:http://www.crtg-3.com

电话:0755-61385161　传真:0755-86021559

2.8 中铁隧道集团广州指挥部

中铁隧道集团是国内隧道和地下工程领域最大一家集勘测设计、建筑施工、科研开发、机械修造四大功能为一体的企业集团,总部位于河南洛阳。集团公司注册资本5.09亿元,集团资产总额82亿元,所有者权益9.2亿元。股东中国中铁股份有限公司是中国唯一一家进入世界双500强的建筑企业。

中铁隧道集团现有员工14 700人,拥有各类专业技术人员7 300人,各类技术工人7 000余人,其中中国工程院院士、国家勘测设计大师、国家级有突出贡献专家各1人,享受国务院政府特殊津贴12人,有资质项目经理(建造师)600名。目前集团保有大中型机械设备3 800多台,总功率31.1万kW,现有TBM、盾构机33台,是国内拥有盾构、TBM门类最齐全、数量最多的施工企业。近几年在运用大型先进设备施工技术方面取得突破,先后承建TBM、盾构工程32项100多km,创造并保持着TBM和盾构日掘进、月掘进的全国纪录,达到国际先进水平。集团年隧道施工能力在350 km以上,现有在建工程项目200多个,施工队伍遍布全国各地。

集团奉行"至精、至诚,更优、更新"的企业精神,精心锻造精品工程,先后完成了一大批科技含量高的国家重点工程建设任务,城市地铁方面先后建成了北京地铁、上海地铁、天津地铁、南京地铁、广州地铁、深圳地铁等大量的车站和区间,目前进入新地域并承担地铁施工任务的有沈阳、西安、武汉、杭州、成都等城市。集团先后荣获国家建筑工程鲁班奖9项,国家土木工程詹天佑大奖9项,国家优质工程金奖2项、银奖7项,国家设计金奖3项、银奖1项,省部级优质工程奖28项。先后获得"全国用户满意施工企业"、"全国优秀施工企业”、“中国优秀企业”、“中国诚信单位”、“全国五一劳动奖状”等荣誉。《人民日报》等新闻媒体赞誉中铁隧道集团是“新时代的义勇军”，党和国家领导人称赞中隧人是“开路先锋”、隧道和地下工程领域的“国家队”。

中铁隧道集团有限公司广州指挥部是集团公司的派出机构，主要职责是代表集团公司负责华南片区（广东、广西、湖南、海南）的经营开发、生产指挥和内外协调。2007 年片区年产值超 30 亿元，完成新签合同额 26.5 亿元。片区内正在施工的项目有广州地铁、深圳地铁、广深港客运专线、武广客运专线、洛湛铁路和公路、市政隧道等。特别是广深港客专狮子洋隧道全长 10.8 km，是我国第一条铁路水下隧道，也是我国第一条特长水下盾构隧道，为我国水下第一长隧，被誉为中国铁路世纪隧道。

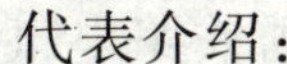

代表介绍：

洪开荣，毕业于兰州铁道学院桥梁隧道结构工程专业，获硕士学位。北京交通大学隧道及地下工程在读博士。历任铁道部隧道工程局科研所副所长兼总工程师，高级工程师；中铁隧道集团有限公司广州盾构项目部总工程师；中铁隧道集团有限公司广州指挥部常务副指挥长兼总工程师，提高待遇的高级工程师。

先后荣获四川华能太平驿水电有限公司突出贡献奖、中铁工程总公司内昆铁路建设科技工作先进奖，获得过隧道局和中国铁路工程总公司科技拔尖人才、洛阳市“优秀青年科技专家”、中隧集团公司“十佳杰出青年”和中国铁路工程总公司劳动模范称号。编写了国家级、部级工法，获国家级实用新型专利。获中国铁路工程总公司科学技术特等奖一项、二等奖二项，中国铁道建设学会科学技术二等奖、三等奖各一项，华夏建设科学技术一等奖一项。2006 年获总公司有突出贡献中青年专家称号、获詹天佑青年奖、获聘国务院政府特殊津贴专家。

近年来，以洪开荣同志为首的课题组提出了具有原创性的复合式盾构设计思想和盾构功能配套及参数设计方法；成功地解决了软硬不均复合地层的掘进难、效率低、成本高、地层变形不易控制等技术难题。同时研制了环保型泡沫剂，解决了黏性地层的“泥饼问题”和富水地层的“喷涌问题”，研制的交流变频牵引机车、渣土和砂浆运输车等已获国家实用型专利。该课题研究突破了盾构施工的地质禁区，提高了我国盾构法技术水平，创造了单机月最高进度 562.5 m 的国内外类似隧道盾构施工的最好水平。该技术成果推动了行业的发展和盾构机的国产化，成果已广泛应用，效益巨大。

联系方式：

单位名称：中铁隧道集团有限公司广州指挥部

单位地址:广州市农林下路 81 号之三隧道大厦 7 楼　邮编:510080
电话:020 - 61326483　传真:020 - 87760004

2.9　中铁电气化局集团有限公司城铁公司

中铁电气化局集团有限公司是从事铁路电气化、牵引供电、电力、通信、信号、电气化干扰防护、土房建、桥梁、隧道、铁路和公路路基、土石方等专业工程建设的具备城市轨道专业资质及境外工程承包经营权的技术密集型施工企业,是集科研、施工、设计、工程咨询、监理、器材生产、物资供应为一体具备特级总承包资质的特大型综合性企业,拥有员工 22 000 余名,年完成产值 100 亿元以上,是中国唯一的铁路电气化工程建设特大型综合专业集团。

为适应国内城市轨道交通的快速发展,中铁电气化局集团有限公司于 2002 年成立了城铁公司,城铁公司是国内最早进入城市轨道交通领域,专门从事城市轨道交通建设的集团直属分公司。下辖北京、上海、广州、西南、通号和机电 6 个分公司,是专业从事城市轨道交通接触网、牵引供电、杂散电流、综合监控、机电(通风、空调、给排水、低压动力照明及综合管线)、通信、信号、感应板、旅客信息、屏蔽门和自动售检票等设备系统集成、安装、调试和运营维管的技术密集型施工企业。

近年来,公司获得“全国优秀焊接工程一等奖”、“2005 年度重庆市巴渝杯优质工程奖”、“2005 年全国十大建设科技成就”、“2005 年度火车头优质工程一等奖”、“2006 年度火车头优质工程一等奖”、“2006 年全国优秀质量管理小组”、“国家科学技术进步奖二等奖”、“2007 年度国家优质工程银质奖”等荣誉。取得了建设国内第一条采用城市高架轻轨形式的上海明珠线、国内第一条采用跨座式轻轨的重庆轻轨 2 号线、国内第一条采用接触网刚性悬挂形式的广州地铁 2 号线、国内第一条采用线性电机技术的广州地铁四号线等业绩,并参与多项奥运工程建设。

代表介绍:

刘培栋,中铁电气化局集团有限公司城铁公司总经理,研究生学历。作为中铁电气化局城市轨道交通领域的建设者,先后参加了北京、重庆、广州、上海、南京地铁等多个国家重点工程建设。他和他的团队一道在我国城市轨道交通建设领域中创造一个又一个第一。在中国城市铁道建设中屡建奇功,主持建造了中国城市铁道第一个总承包项目(重庆轻轨较新线供电及信号系统集成及总承包工程)、第一个 BT 项目(北京地铁奥运支线设备系统安装工程)、第一个 BOT 项目(北京轨道交通首都机场设备系统集成及总承包项目)、第一个 PPP 项目(南京地铁一号线南延线设备系统集成及安装总承包项目)。他一直为他热爱的事业而孜孜不倦、忘我奉献,组织完成的施工项目多次获得建设单位的好评和奖励,获得良好的社会效益和经济效益。由于成绩显著,在 2003 年度被中国铁道工程建设协会评为"铁路施工企业优秀项目经理";2007 年度获北京市经济技术创新标兵。主持参建的重庆轻轨较新线一期工程荣获"全国十大建设科技成就"奖、其间主持开发的"重庆轻轨较新线接触网汇流排焊接技术",荣获建设部颁发的全国优秀焊接工程一等奖。负责推广的"石质地段接触网支柱基础爆破成型技术"获得铁道部南昆线科技领导小组颁发的南昆线新技术推广奖;参加研究的部级项目"提高接触网可靠性的施工技术的研究"获 2002 年度中国铁道学会科学技术奖二等奖。

刘培栋总经理践行科学发展观思想,坚持走科技创新之路,强化管理,狠抓落实,注重安全,提升质量,顺利实现了承担项目的各项目标,公司进入了良性发展的快车道。

联系方式:

单位名称:中铁电气化局集团城铁公司

单位地址:北京万寿路南口金家村 1 号院城铁公司　邮编:100036

单位网址:http://www.eebur.cn/

电话:51871890　传真:51848190

2.10　中铁十六局集团北京轨道交通工程建设有限公司

中铁十六局集团北京轨道交通工程建设有限公司位于北京市通州区,建于 1989 年 7 月,是以城市轨道交通工程建设为主业的大型综合施工企业,是一家集知识化、年轻化、专业化于一体的特点鲜明的工程公司,以从事大跨度地铁车站及其区间隧道暗挖、盾构等地下工程施工而享誉建筑行业。

企业施工资质为:市政工程施工总承包一级、房屋建筑工程总承包二级、地基与基础处理专业承包一级、起重设备安装工程专业承包一级、建筑防水工程专业承包二级、城市轨道交通工程专业承包和隧道工程专业承包一级资质。1998 年通过了质量、环境、职业健康安全管理体系认证。企业信用等级为 AAA 级。

公司实力雄厚,机械设备精良,工种配套齐全。公司总资产 6.52 亿元,注册资本 1 亿元。具有与生产经营能力相适应的盾构、顶管挖掘、装载、拌合、输送等大中型施工机械和检测设备 300 余台(件),综合机械化施工水平达到 90%。公司现有职工 1 000 余人,人员结构合理,具有专科以上学历人员占总人数的 83%,具有专业技术职称人员占总人数的

88%，年龄在45岁以下人员占总人数的85%。施工技术领先，有一定的高精尖技术优势，以往在大断面浅埋暗挖、顶管、盾构、磁悬浮施工技术占有重要一席，今在超深竖井、PCCP管道、大直径泥水盾构、机场APM捷运系统等工程施工在行业内处于领先地位。可承建城市地铁、铁路、公路、房建、市政、水利水电等工程施工，年完成施工产值达10亿元以上。

10多年来，公司在地铁施工领域转战南北，先后承建了北京、广州、上海、深圳、天津、南京、杭州、苏州等城市地铁工程，共完成合同工额约70余亿元；同时相继承建了市政、人防、公路、房建等工程40余项。近两年来，公司大力开拓南水北调水利市场，承揽了7项累计10亿元的工程投资，经营规模迅速扩大。公司所承建的施工项目大多为国家和地区重难点工程，在安全、质量、文明施工及技术创新等方面，屡创获佳绩。公司在已建的工程中有20多项获得国家和省部级优质工程，50多项被建设单位评为优质样板工程，获得多项国家级、省部级奖励称号。公司连续多年被评为"北京市重合同，守信誉单位"、"首都精神文明单位"，连续五年蝉联北京市"安康杯"劳动竞赛优胜单位，2007年荣获"全国'安康杯'竞赛优胜企业"和"首都劳动奖状"称号。

公司坚持与时俱进，以"用户满意是我们不懈的追求"的企业宗旨，以"不畏艰险、勇攀高峰、领先行业、创誉中外"的企业精神，以"观念决定思路、思路决定出路、信誉决定市场、效益源于管理"的经营理念，在集团公司"超常规、争第一"工作方针的指导下，用经营新理念武装头脑，紧抓机遇，锐意进取，开拓创新，以昂扬的斗志迎接挑战，以奋发的精神再创辉煌。

代表介绍：

范明贵，男，1958年2月出生，1983年7月毕业于铁道兵工程学院桥隧专业，大学本科，现任中铁十六局集团北京轨道交通工程建设有限公司总工程师，教授级高级工程师。

先后参加了大同至秦皇岛铁路、砣子头至唐山港专用铁路、石门至长沙铁路施工；参加了北京地铁西单车站和其他地铁线的施工；参加了上海、广州、南京、深圳等城市地铁的建设；参加了西气东输郑州黄河顶管工程施工；参加了南水北调中线穿黄工程建设以及公路、市政等工程的施工。

主持、参加科研项目并获奖的有6项，其中《北京地铁西单车站初期支护技术研究》获1993年中铁建科技进步一等奖；《城市地铁松散含水地层复杂洞群浅埋暗挖施工技术》获2001年国家科技进步二等奖；西气东输郑州黄河顶管工程《复杂砂砾层超长距离顶管施工技术研究》获2006年中铁建科技进步一等奖。参加编写《北京市轨道交通工程质量验收标准》，发表论文十余篇。

现为《都市快轨道交通》杂志常务理事，中国岩石力学与工程学会锚固与注浆分会常务理事；是中铁建总公司隧道及地下工程专业委员会委员；被北京市人事局聘为评标专家和北京市建委聘为施工降水方案评审专家。

联系方式：

单位名称：中铁十六局集团北京轨道交通工程建设有限公司

单位地址：北京市通州区新华西街226号　邮编：101100

电话：010－69534689　传真：010－69526115

3 设计研究单位

3.1 北京城建设计研究总院有限责任公司

北京城建设计研究总院有限责任公司创建于1958年，经过近50年的不懈追求与创新，已成为中国工程建设行业知名的勘察设计综合型咨询公司。公司具有丰富的工程设计和管理经验，承担大量国内城市轨道交通勘察设计总体项目及国外的工程咨询项目，是国内第一家城市轨道交通勘察设计总体、总承包单位。

公司业务领域包括城市轨道交通、工业与民用建筑、市政工程三大核心板块。总部设在北京，拥有8个职能部10个设计所，设有南京、上海、天津、深圳、杭州、沈阳、重庆、武汉、西安、伊朗德黑兰等12个国内外分院。经国家审定批准持有工程总承包、建筑工程、市政公用工程、工程造价、工程咨询、建筑智能化、境外工程承包、工程监理、测绘、勘察综合类等多项甲级证书，服务范围包括：城市轨道交通线网规划、项目建议书、可行性研究、总体设计、工程设计、工程监理、工程造价咨询、项目管理、工程总承包等多个方面。拥有主要设计专业24项，是专业配套、工种齐全、设备先进，具备按国际惯例为工程建设项目提供全过程服务，具有较高咨询水平的综合性设计院。

公司拥有职工上千人，中高级工程技术人员占57%，有80人具有各类专家称号。拥有中国工程院院士1名，国内知名城市轨道交通专家20余名，并有国内近30名国内顶级专家作为技术支持。公司作为第一家从事城市轨道交通设计的勘察设计单位，近50年来，从中国第一条地铁线开始，承接了北京地铁一、二期、复八线、八通线、5号线、10号线和南京地铁1号线等国内工程，伊朗地铁1、2号线等国外工程的设计总体工作，以及上海、广州、深圳、重庆、南京、杭州、天津、青岛、沈阳、大连、武汉等国内20多个城市的城市轨道交通建设工作。目前,已完成设计,正式运营的城市轨道交通线路10条。在城市轨道交通高速发展的今天,又承接了北京、上海、南京、深圳、沈阳、重庆、杭州等多条城市轨道交通线路的设计总体工作,正在开展设计超过了12条线路的100多座车站。

在工业与民用建筑领域,北京城建设计研究总院是一匹驰骋奔腾的骏马,活跃于城市规划、公共建筑、住宅小区、大学校院、体育场馆等建设工程中,代表建筑有北京中关村地下空间开发及综合管廊、奥林匹克运动员村、五棵松奥林匹克文化体育中心、北京城建大厦、北京动物园公交枢纽等。

在市政工程领域,公司始终坚持以顾客需求和工程要求为中心,以技术创新为发展动力,为顾客提供优质、高效的服务。从事的工程项目包括:道路、桥梁、煤气、热力、自来水、污水处理等。

在技术创新开发方面,拥有国家科技奖4项;北京市科学技术奖42项;国家优秀咨询成果3项;国家级优秀设计7项;北京市优秀设计、咨询成果50余项;推广应用科技成果百余项次,拥有专利技术27项。

近几年来,为适应城市轨道交通快速发展的需求,提高设计质量,在公司内部积极推进设计文件标准化工作。主要包括专业定型图、各种设计模板、设计规定40余项,同时修改了各专业指导书。

公司是北京市第一家通过GB/T 19001—ISO 9001质量体系认证的设计单位,连续13年被评为"北京市守信企业",2003年被认定为"高新技术企业",是国标《地铁设计规范》、《城市快速轨道交通工程项目建设标准》、《地下铁道、轻轨交通岩土工程勘察规范》、《地下铁道、轻轨交通工程测量规范》等的主编单位。

公司秉承"以人为本、资源共享、绿色环保"的设计理念,坚守"精心设计、质量第一、信守合同、用户满意"的质量方针,凭借总体优势、区位优势、技术优势,在国内外百余座城市创造出了辉煌的工程业绩,并积极参与了2008年北京奥运项目的建设;公司在中国工程建设史上树起了一座座丰碑的同时,并日益活跃于国际工程建设领域,市场遍及朝鲜、尼日尔、斯里兰卡、前苏联、伊朗、塞拉里昂、阿尔及利亚、越南、安哥拉等10多个国家。

联系方式:

单位名称:北京城建设计研究总院有限责任公司

单位地址:北京市西城区阜成门北大街五号　邮编:100037

单位网址:www. buedri. com

电话:(010)88336666　传真:(010)68300793

3.2 北京全路通信信号研究设计院

北京全路通信信号研究设计院成立于1953年4月1日,是铁道部通信信号制式标准化和标准设计归口单位,主要承担铁路及城市轨道交通通信信号及控制专业设计、科研和标准制定任务。具有国家工程勘测设计甲级、工程咨询甲级、工程总承包甲级及计算机系统集成一级资质,可从事国内外铁路和市政工程勘察、工程设计、工程咨询和系统集成工作,在通信、信号、电力、房屋建筑、城市交通及自动化系统研究等专业领域,进行技术开发、技术咨询、技术转让和技术服务。是铁路设计系统第一个通过ISO 9001标准认证的研究设计院,并于2004年初被认定为北京市高科技企业,在同行业中有着良好的社会信誉。

建院50多年来,共完成各类工程设计工作6000多项,承担了一批国家试点、重点工程设计任务。同时还承担了700多项标准设计和标准化项目,完成了应用科研项目200多项,共荣获科技进步、优秀设计国家奖36项,省部级奖160项,拥有18个软件著作权、16个软件登记产品和国家专利36项。

该院是最早从事城市轨道交通工程设计的设计单位之一,通过多年在城市轨道交通领域的经验积累,目前我院专业搭配合理,分工细致明确,具备同时承担不同工程阶段、不同系统类型工程项目的设计、标准制定、系统研发和系统集成的能力,先后完成16条国内外地铁线路的设计、集成工作,目前正在承担12条国内外地铁线路的设计、集成工作,专业领域涉及通信、信号、自动售检票(AFC)、乘客信息(PIS)、综合监控、FAS、BAS、门禁、办公自动化(OA)等弱电控制系统。2007年先后中标北京地铁6号线通信信号、综合监控、AFC系统设计,北京地铁8号线二期AFC系统设计、北京地铁10号线二期通信信号系统设计。

此外,设计院还主编了GB 50157—2003《地铁设计规范》的通信信号部分、GB/T 12758—2004《城市轨道交通信号系统通用技术条件》等国家标准。目前正在参加多项国家标准的编制工作。

技术装备国产化是我国城市轨道交通的发展趋势,我们先后将70多项独立研究开发的高新技术成果,首次应用于铁路和城市轨道交通工程中,并推广新技术百余项于工程设计过程。目前已完成拥有自主知识产权、应用于城市轨道交通的ATP/ATO系统的研发并应用于工程实践,正在进行基于通信的列车自动控制系统(CBTC)、基于交叉感应环线的列车自动控制系统(MATC)的研发工作。

未来该院将利用在城市轨道交通领域丰富的实践经验，依托自身丰富的工程设计、集成经验和科研能力，与国内外同仁进行更加广泛而富有成效的合作，追踪并掌握城市轨道交通领域先进技术和发展方向，研发具有我国自主知识产权的先进的城市轨道交通列车自动控制系统，继续以高新的技术、精心的设计、热忱的服务，参与市场竞争，为我国城市轨道交通的发展贡献力量。

代表介绍:

牛建华，现任北京全路通信信号研究设计院城市轨道交通分院院长、高级工程师。

先后担任过南京地铁南北线线一期及西延线工程通信信号系统设计总体负责人、深圳地铁1号线续建工程通信信号系统设计项目经理、北京地铁6号线通信信号、综合监控、AFC系统设计项目总负责人，是《城市轨道交通信号系统通用技术条件国家标准》主要编制人，历任院技术发展处副处长，城市轨道交通设计所所长。

多年的城市轨道交通工程项目设计管理经历，使牛建华同志在城市轨道交通领域技术发展方向、项目管理模式方面形成了自己独到的见解。作为北京全路通信信号研究设计院在城市轨道交通建设领域的领军人物，在业内具有一定的知名度，在其带领下，通过将自己的理念与实践相结合，北京全路通信信号研究设计院在保持通信信号专业优势的前提下，不断锐意进取，开拓市场，相继在综合监控、AFC系统等相关专业取得突破，扩大了专业领域与市场占有率，目前已形成在城市轨道交通领域通信、信号、自动售检票(AFC)、乘客信息(PIS)、综合监控、FAS、BAS、门禁、办公自动化(OA)等弱电控制系统全面进行工程咨询、工程设计、系统研发、系统集成的能力和工程实例。

联系方式:

单位名称:北京全路通信信号研究设计院

单位地址:北京市丰台区华源一里18号楼　邮编:100073

单位网址:www. crscd. com. cn

电话:010－51865894　传真:010－51846122

3.3　北京市市政工程设计研究总院

北京市市政工程设计研究总院创建于1955年，具有市政公用行业、公路行业(公路、特大桥梁、特大隧道及交通工程)、建筑行业(建筑工程)、水利行业(城市防洪)的工程设计甲级资质,以及工程咨询、工程造价咨询、工程测量等甲级资质。同时还具有工程招标代理资质、对外经营权和进出口经营权,是全国最具实力的市政工程设计研究单位之一。北京市市政工程设计研究总院设有6个设计所、1个研究所和9个分院、分部,以及交研中心、项目中心和信息中心,现有在册职工856人。

北京市市政工程设计研究总院第五设计所是轨道交通专业设计所,现全所共有技术人员约100人,其中教授级高级工程师3人,高级工程师22人,工程师24人,各类注册工程师11人。除轨道交通专业所外,一所、二所、三所、四所和建筑所也都分别参加了轨道交通土建工程、设备系统和车辆基地等设计工作。

自2001年至今,主持和参与了多项轨道交通的设计工作,目前担任总体设计单位的有:北京地铁4号线、北京首都机场线、北京轻轨亦庄线。同时承担了北京地铁4号线、北京首都机场线、亦庄线、6号线、9号线和大兴线等大量土建和设备系统的工点设计工作。受政府或投资方委托,还承担了北京地铁4号线、首都机场线、亦庄线、大兴线、地铁7号线、地铁15号线等多条轨道交通线路的前期研究工作。为实现北京2015年轨道交通里程达到561 km的宏伟目标,做出了突出贡献。

在轨道交通各个领域特别是线路、运营、轨道、限界、车站建筑、车站结构、区间、通风、供电照明、排水、AFC、FAS/BAS、车辆基地等专业具有丰富的设计经验和设计成果。特别是在复杂条件下的地铁车站和区间设计、铺盖法设计、地下道路、地下交通枢纽与交通接驳等方面居国内先进水平。参与了《城市轨道交通建设标准》、《直线电机设计规范》、《城市轨道交通技术规范》等规范标准的编制和评审以及意见征集工作。

设计院的轨道交通专业将一如既往的秉承"以人为本"的设计理念,始终将绿色环保、人文关怀融入到设计中。结合先进的设计手段为顾客提供技术先进、安全适用、经济合理并满足可持续行发展的设计成果和服务,为国内外顾客提供高水平、高质量、高效率的工程咨询、工程设计和项目管理等全方位的服务。

代表介绍:

刘勇:现任北京市市政工程设计研究总院副院长,教授级高级工程师,分管院轨道交通和交通研究业务。主持的市政工程设计项目多次荣获国家、部、市级优秀设计奖。被授予北京市先进工作者称号,享受国务院政府特殊津贴。全国政协委员。

联系方式:

单位名称:北京市市政工程设计研究总院

单位地址:北京海淀区西直门北大街32号3号楼(市政总院大厦) 邮编:100082

单位网址：www. bmedi. cn
电话：010 – 82216888　传真：010 – 82216700

3.4　广州市地下铁道设计研究院

广州市地下铁道设计研究院是一家从事城市轨道交通、市政、人防、建筑和环境等工程的规划、设计、咨询、科研、勘察、检测、监理、施工图审查等业务的综合甲级设计院。

拥有一支高素质的员工队伍。全院现有员工800多人，其中具备专业技术职称的共650人，具备国家注册建筑、结构、土木、电气、自动化、公用设备、通风空调、给排水、监理、造价、咨询、安全、建造等资质的共163人。

具有设计（建筑、市政公用）、咨询、勘察（岩土工程）、测量、监理、施工图审查等甲级资质，以及工程桩动测资质和计量资质，并通过ISO 9001：2000质量管理体系认证。

先后荣获国家、建设部、广东省、广州市颁发的科技进步、勘察、设计、咨询等各类奖励和荣誉称号100多项，其中有代表性的有：

广州地铁2号线节能、环保和安全技术集成与应用获2006年度国家科技进步二等奖；

广州黄沙至芳村珠江水下隧道工程获1996年度国家科技进步二等奖；

广州地铁2号线首期工程设计（琶洲—三元里段）获2006年度全国优秀工程设计银奖；

广州地铁2号线（赤—鹭区间隧道）盾构工程（勘察、设计、监理）获2005年度国家优质工程银质奖；

广州市轨道交通线网资源共享系列专题研究获2007年度全国优秀工程咨询成果二等奖；

广州地铁2号线首期工程岩土工程勘察获2005年度建设部部级优秀工程勘察一等奖；

2006年11月，获全国优秀勘察设计院称号；

2006年6月，广州地铁2号线获国家环境友好工程称号，获国家环境友好工程环境保护设计优秀奖；

作为广州市轨道交通线网的总体设计单位，先后完成了广州市快速轨道交通线网19条线共计726公里的规划，以及广州市轨道交通2010年建设项目实施研究等工作，承担了广州市轨道交通1号、2号、3号、4号、5号、6号、7号、8号、9号、10号、11号线和广州—佛山城际快速轨道交通线等工程的前期咨询、勘察及工程可行性研究、总体设计和初步设计，并完成了大量的轨道交通车站、区间、机电系统的施工图设计和施工监理工作，成绩显著。

近年来，面向国内主要城市积极拓展业务，业务范围已遍及北京、西安、南宁、成都、武汉、深圳、苏州、南京、宁波、沈阳等地，并承接了南宁地铁1号线的总体总包任务。

2007年，不但完成了广州市轨道交通2/8号线、6号线、珠江新城旅客自动输送系统、广佛线的初步设计并顺利通过正式审查，而且顺利完成了广州市轨道交通2/8号线、3号线、4号线、5号线、6号线、珠江新城旅客自动输送系统、广佛线共7条线路的相应施工图设计。其他各项业务（如对外设计、咨询）也取得较大进展。

代表介绍：

徐明杰，1945年9月生，现任广州市地下铁道总公司副总工程师、广州市地下铁道设计研究院院长，教授级高工。1965年7月毕业于山东工业大学发电厂热力过程自动化专业，他历任煤炭工业部西安设计研究院见习生、助工、工程师，煤炭工业部邯郸设计研究院电厂设计处处长、院副总工程师、多项国家重点工程项目负责人，广州市地下铁道设计研究院副院长，广州市地下铁道总公司副总工程师。他还担任 National Seoul University 访问学者，担任建设部城市轨道交通专家委员会专家，中国国际工程咨询公司专家委员会专家，广州市建设科技委员会设备专业委员会主任委员、大学城专家委员会设备组及网络组专家组成员。

徐明杰同志从事工程设计和技术管理工作已逾40余年，获全国科技大会奖1项，煤炭工业部部级优秀设计奖多项，广东省科技进步三等奖1项，广东省科学技术三等奖，广州市科学技术二等奖1项；参与"广州地铁2号线首期工程设计（琶洲—三元里段）"项目，该项目获2006年度全国优秀工程设计银奖、2005年度建设部部级优秀工程设计一等奖；参与"广州地铁2号线节能、环保和安全技术集成与应用"研究，该项目获2006年度国家科技进步二等奖；多次参与广州、北京、上海、深圳等国内各城市地铁项目国家级审查，参与广州大学城等重大项目咨询论证；参编《地铁设计规范》等多项国家标准；主编"城市轨道交通直线电机牵引系统设计规范"。

单位名称：广州市地下铁道设计研究院

单位地址：广州市环市西路204号　邮编：510010

单位网址：http://www.dtsjy.com

电话：020－83202600　传真：020－86692750

3.5 第二炮兵工程设计研究院

第二炮兵工程设计研究院，成立于1976年11月，是以隧道工程勘察设计为主，集国防工程、工业与民用建筑工程、人防工程、邮电通信工程、市政工程、岩土工程、工程地质勘察、水文地质勘察、压力容器设计、技术咨询、技术服务于一体，由国家建设部和总后勤部批准的国家、军队甲级勘察设计单位。2002年通过ISO 9001质量体系认证，跻身于军队勘察设计先进行列。

该院技术力量雄厚，具有一支精干高效、勇于创新的优秀人才队伍。现有博士8人、硕士73人、本科以上学历占95.8%，目前高级技术职称的74人，中级职称的118人；国家注册一级建筑师7人、二级建筑师5人、一级结构师16人、监理工程师9人、造价师8人、压力容器设计师4人；考核认定注册岩土工程师1人、电气工程师13人、公用设备师24人（暖通专业9人、给排水专业10人、动力专业5人）、咨询工程师3人；专业覆盖建筑、结构、暖通、给排水、供配电、工艺、自动化控制、供油供气、压力容器、通信、道桥、地质勘测、机械、情报资料、计算机应用开发等20多个专业。

30多年来，该院锐意进取，不断创新，先后完成许多国家和军队重大勘察设计任务，获国家和军队优秀勘察设计奖63项；荣获国家和军队科技进步奖200余项。特别是从88年开始，先后承担了北京地铁复八线、4号线、5号线、9号线、10号线等10余条人防线路的人防工程设计施工总承包任务。其中已完成的复八线、5号线、10号线被评为优良工程。目前还承担着沈阳地铁2号线、南京地铁1号南延线等人防工程设计施工总承包任务。在地铁人防工程建设中，开发出了许多技术先进，紧急合理、使用维护方便的防护设备，先后获得国家发明、实用新型专利30余项，并在人防工程建设中广泛推广应用。

该院机构健全，管理正规，制度完善，正紧紧抓住承揽大型地铁人防工程的大好机遇，依靠综合实力、科学进步和良好信誉，秉承“科学管理、质量为本、顾客至上、持续改进”理念，与广大同仁开展广泛、深入、持久的合作和交流，为客户提供一流的服务。

代表介绍：

陈朝东，清华大学环境工程专业硕士研究生，浙江大学固体力学专业博士研究生，现任第二炮兵工程设计研究院院长，大校军衔，高级工程师，是北京市勘察设计协会、军队勘察设计协会和军队造价咨询协会常务理事，长期从事环境工程、工程防护等领域的设计、科研和工程建设管理工作。先后获得国家科技进步二等奖1项，军队科技进步二等奖3项，国家发明专利3项，发表学术论文20多篇。2003年度立二等功一次。2007年度经批准享受政府特殊津贴。撰写并出版了《环境保护基础知识问答》、《特殊废水处理技术及工程实例》、《工程项目管理知识问答》和《汉英环境科学与工程词汇》4 部学术著作。

高度重视质量建设,亲自组织本院质量体系的建立和完善,严格贯彻 ISO 9001 质量体系标准,多年来,顾客满意率一直保持在 100%。锐意进取,开拓创新,善于运用最新科研成果,大胆探索,勇于实践,以科学的评价机制推动创新,使本院的创新设计能力、科研攻关能力大幅提升,长远建设、创新发展基础扎实,实力雄厚。多次组织人员参加抗洪抢险、抗击冰雪灾害、"汶川"抗震救灾等非军事行动,出色的完成了任务,表现出很高的技术素质、决策水平和智慧才能。

联系方式:

单位名称:第二炮兵工程设计研究院

单位地址:北京市东城区安德里北街 18 号

邮编:100011

电话:010-66339519

传真:010-84113683

3.6 广州市交通规划研究所

广州市交通规划研究所(以下简称广州交通所)成立于 1986 年,是全国大城市中最早正式成立的交通规划研究机构,下设交通规划、交通工程、信息模型、市政工程、综合五大业务部门,现拥有一支近 40 人的多学科多专业、具有较高理论水平和丰富实践经验的专业技术人员队伍,是广州城市交通发展决策的重要参谋机构,具有城市规划乙级资质,是国内外享有盛名的交通规划研究机构之一。

广州交通所主要工作职责是:组织广州市综合性交通调查并管理广州综合交通数据库;研究制订城市交通发展战略和政策,编制综合交通规划、各类交通专项规划;承担重大交通设施工程项目交通分析、交通规划咨询、交通组织和交通工程设计;跟踪研究热点交通问题;制定城市规划管理交通设施图则、交通建设项目实施计划建议等,为广州市交通规划、建设和管理提供大量具有专业水准的规划成果和决策建议。

20 年来,广州交通所求实创新、锐意进取,伴随着广州交通发展而成长,形成了一套较为完备的城市交通规划体系、领域广泛的交通门类、设施成品的流程技术、定量分析的交通模型,积累了丰富的成果和宝贵的经验,先进的规划理念与技术方法对中国交通规划行业的快速发展起到了积极的推进作用。具体表现在:

一、规划体系完备。涵盖宏观的交通发展战略和政策、综合交通规划、交通专项规划，中观的片区交通规划、地区性交通改善方案、交通设施控制性规划，微观的交通工程设计、交通组织设计、交通影响评估、交通技术咨询等各个层面。

二、交通领域广泛。包括道路系统、轨道交通、对外交通、公共交通、物流货运、交通枢纽、步行系统、停车规划、加油气站、近期建设、市政工程规划等。

三、交通流程深入。提供交通调查、交通研究、规划设计、规划实施和管理一体化服务。

四、技术手段成熟。将宏观、中观、微观交通模型无缝衔接，灵活运用，有效提高定量分析的效率和质量，并开发完成路网几何属性的真实再现，力求深度、广度的提升。

广州交通所始终坚持技术与质量至上的原则，竭诚为交通建设提供一流的服务，在政府公共决策中扮演着重要角色，多项研究成果达到国内领先或先进水平。其中1993年广州市交通战略研究、1997年城市快速轨道交通线网规划、2002年广州城市总体发展战略规划多中心组团式网络型空间结构所建立的"双快"交通体系等研究成果均为国内首创。2001—2007年间，广州交通所获得市科技进步奖2项；市优秀城乡规划设计奖19项，一等奖5项，二等奖6项；省优秀城乡规划设计奖5项。

面向未来，我们将秉承"优质服务、信誉第一"的优良传统，坚持与时俱进、开拓创新的精神，发挥优势，勇攀高峰，全力推进城市交通规划事业的和谐发展，谱写出更加灿烂的篇章。

代表介绍：

贺崇明长期从事总体规划交通规划专项、城市交通发展战略与政策、道路、公共交通、轨道交通、停车设施、交通枢纽，地区交通改善等科研和设计工作。是广州市、广东省交通规划学科领域学术带头人，国内交通规划行业知名专家。现担任中国城市交通学术委员会副秘书长、广州市城市规划协会副理事长、广州市都市发展研究会副理事长、广州市建设科技委交通专家，中国注册城市规划师。

主持过交通规划和科研项目近70项，为广州市交通规划建设提供了重要的技术保障，并获得10余项各种奖励。公开出版专著3部，中国科技核心期刊杂志2篇，并多次在中国城市交通规划学术年会宣读论文。由于出色的工作表现，获得2005年、2007年广东省城乡规划行业优秀规划工作者，广州市建设系统"三年一中变"银质奖，2000年广州市城市规划管理、科研一等奖。

多次参加国内城市交通规划专家评审，也多次担任广州市大型交通建设项目工程设计专家评审组长。曾多次担任大型交通建设项目专家评审综合组组长，多次邀请参加了国内其他城市交通发展战略规划专家评审。经常参加广州市片区规划、控制性详细规划、道路工程设计、轨道工程设计、智能交通管理系统评审。

联系方式：

单位名称：广州市交通规划研究所

单位地址：广州市吉祥路80号　邮编：510030

单位网址：www. gztpri. com

电话：020－83330805　传真：020－83369251

3.7 上海市城市建设设计研究院

上海市城市建设设计研究院创建于1963年，是以从事城市基础设施建设工程勘察设计为主的综合性设计咨询单位，具有国家甲级市政公用、公路、水利、轨道交通、园林绿化、建筑工程设计资质、国家甲级工程勘察、工程测量资质。1998年10月通过ISO 9001质量体系认证。2003年被授予上海市高新技术企业称号。

全院现有职工近600人，专业技术人员400余人，其中：工程师107人，高级工程师113人，教授级高工25人，享受国务院特殊津贴专家3人。

自创建以来，完成了各类工程勘察设计项目7 000余项，尤其在高速公路、高架道路、大跨径桥梁、大型立交桥、大型排水设施、污水处理厂、轨道交通和隧道工程等领域中树有丰碑，为上海市和国内其他城市的建设做出了重大贡献，先后主持或参与诸多重大工程项目的设计和咨询工作；上海城市内、中、外环线、延安路高架、沪闵路高架、浦东国际机场主进场道路、远东大道、迎宾大道、南京滨江大道、宁波东钱湖等景观道路工程；上海奉浦大桥、卢浦大桥、吴淞大桥；上海市污水治理一、二、三期工程、苏州河综合整治工程、竹园污水处理厂、白龙湾污水处理厂；上海市轨道交通7号线、11号线工程设计总体（近160 km）、轨道交通徐家汇枢纽工程、2号线、4号线、6号线、7号线、8号线、9号线、10号线、11号线、13号线等车站、区间的设计；崇明越江通道、打浦路复线隧道、西藏南路越江隧道、龙耀路越江隧道、南北大通道工程等。

通过40多年的不懈努力，城建院逐步形成了自己的品牌市场。并获百余项国家、建设部、上海市优秀工程咨询成果奖、优秀工程勘察设计奖和科技进步奖等。近年来我院致力于工程设计领域的技术创新和科研开发，并被上海市知识产权局授予“专利工作培育企业”。

该院自1997年以来始终位于上海市勘察设计研究单位的综合考评前10名，跻身于全国工程勘察设计研究单位的百强之列，并于2005年入围“中国工程设计企业60强”（位居第45位)。自1998年以来,连续荣获上海市重大工程立功竞赛“优秀公司”光荣称号,2007获“金杯公司”称号。多次被评为“上海市文明单位”,2006年又荣获“全国五一劳动奖状”。

该院正紧紧抓住上海加快城市基础设施建设的大好机遇,依靠科技进步、综合实力和良好信誉,在进一步加强城市道路、高速公路、雨污水排放处理等传统优势领域的同时,积极拓展轨道交通、地下空间、大型隧道工程、园林绿化等新兴业务领域,进一步提高我院的综合实力。面向新世纪,秉持“锐意进取、持续创新;精心设计、优质服务”的企业精神,与国内外广大同仁和用户开展广泛、持久、诚挚的合作和交流,提供一流的技术和咨询服务。

代表介绍:

徐正良同志先后担任上海2号线世纪公园站、4号线东安路站、鲁班路站等地铁车站、打浦路隧道复线工程设计项目负责人;上海7号线、11号线工程总体设计负责人等;承担了上海合流污水二期、东方路下立交、浦东南路下立交等多项地下工程结构设计的专业负责人及技术审核工作;上海6号线、7号线、8号线、9号线、10号线、11号线、13号线、苏州地铁1号线等工程车站及区间设计技术负责人及审定人。

轨道交通徐家汇枢纽工程是困扰业界多年的一个“顽症”。徐正良提出的“环港汇”方案,把常规在道路下建造车站的管线搬迁、交通改道、深基坑施工等系列复杂的技术问题巧妙地转化为既有地下室改造的简单问题。可以避免实施期间对商业、交通、环境的影响,把徐家汇商业区损失降到最低,比其他备选方案仅直接投资就节约3亿元以上。

作为第二完成人完成的“深基坑开挖地层流变特性研究”、“开挖问题的应力释放率”研究课题。作为主要编制人员参与完成了建设部《公共交通分类标准》、《轨道交通建设标准》的编写工作;作为主要起草人完成了《市政工程设计文件编制深度规定》、《建设工程质量监督要点》的编写工作。已获得专利3项。

联系方式:

单位名称:上海市城市建设设计研究院

单位地址:上海市浦东新区东方路3447号　邮编:200125

电话:50891688　传真:50898411

3.8 重庆市轨道交通设计研究院

重庆市轨道交通设计研究院,成立于2003年10月,主要致力于城市轨道交通工程的设计、咨询、监理和科研工作,为轨道交通规划、轨道交通工程建设、城市建设等提供科学、系统的技术服务，现有国家地铁轻轨工程甲级设计资质、轨道交通甲级咨询资质、重庆市设备监理甲级资质，是同时拥有城市轨道交通甲级设计、咨询和监理资质的三甲设计研究院。

该院技术力量雄厚，掌握了跨座式单轨交通核心技术，拥有一批具有丰富轨道交通建设经验的中高级技术人才，能承担城市轨道交通工程的总体总包设计、咨询、监理和科研工作。相继完成或承担的轨道交通工程主要包括：重庆市轨道交通“六线一环”合计330 km和“九线一环”合计510 km的《重庆市轨道交通线网规划》的修编及控制性规划等工作；重庆市轨道交通1号线、2号线、3号线、6号线、环线等线路的前期工作；重庆轨道交通1号线、2号线、3号线、6号线的线路、车站、隧道、给排水、环控、综合监控、通信、信号、供配电、单轨道岔、车场设备、消防、综合控制等专业的设计、监理、科研工作；参与国家科技支撑计划《跨座式单轨交通装备研发》项目，主要承担其中——跨座式单轨列车ATP与位置检测控制技术研发及产业化、跨座式单轨交通系统车辆移动实时视频监控系统研发及应用、跨座式单轨交通应急救援关键技术研发及示范应用等课题的研发工作。

该院以轨道交通事业为依托，以科技创新为先导，积极参与城市轨道交通建设，取得了骄人的成绩。2006年获得国家建设部“十五”全国建设科技先进集体的荣誉称号；2007年获得重庆市“国企贡献奖”先进集体荣誉称号；并被授予2007年首批重庆市“高新技术企业”荣誉称号；参与的“跨座式单轨工程技术”项目被列为2007年全国建设行业——城市轨道交通专项科技成果推广项目。

该院管理机构健全、管理制度完善，通过了ISO 9001:2000质量体系认证。该院将一贯秉承“科学管理、质量兴业、积极发展、顾客满意”的服务理念和特有的跨座式单轨交通核心技术优势竭诚为社会各界服务。

代表介绍：

林莉，女，一级注册结构工程师，高级工程师，重庆市轨道交通总公司副总工，重庆市轨道交通设计研究院院长。1999年9月获得中华人民共和国“一级注册结构工程师”执业资格，2003年10月被任命为重庆市轨道交通设计研究院院长，2006年1月被任命为重庆市轨道交通总公司副总工程师。

1989年以来，从事城市轨道交通工程、建筑工程设计、咨询及项目管理工作已近20年。自2003年10月重庆市轨道交通设计研究院成立之日，全面主持设计研究院工作，同时担任重庆市轨道交通1号线沙坪坝～大学城段工程勘察设计总承包设计总体。参加了重庆市轨道交通1号线、2号线、3号线、6号线等工程预可行性研究、工程可行性研究，主持重庆市轨道交通1号线、2号线、3号线初步设计、施工图设计及审查工作，参加了《轻轨较新线一期工程临江门车站墩柱隧道修建技术》、《轻轨二号线主体结构混凝土耐久性专题研究》等多项科研项目，曾获重庆市科技进步二等奖、重庆市交通科学技术三等奖。作为主编之一完成国家标准《跨座式单轨交通设计规范》。拥有轨道交通实用专利一项，为重庆市综合评标专家库专家。

联系方式：

单位名称：重庆市轨道交通设计研究院有限责任公司

单位地址：重庆市九龙坡区水碾村 27 号附 1 号　邮编：400051

单位网址：http://www.crtdri.com

电话：023－68004370　传真：023－68004255

3.9 深圳市城市交通规划设计研究中心

深圳市城市交通规划研究中心成立于 1996 年，原直属深圳市规划局 2007 年底由事业单位改制成国有企业，更名为深圳市城市交通规划设计研究中心有限公司（以下简称中心），由深圳市规划局代管。

经过十几年的努力进取、不断发展，中心现已形成为融合了多学科、多专业，汇集了大量高学历、高素质、综合型人才，具备了雄厚的技术力量和丰富的业务经验的专业团队。取得了工程咨询甲级资质、城市规划乙级资质和工程设计乙级资质，业务范围覆盖了城市道路、公共交通、轨道交通、智能交通、交通模型等多方向多层次的交通规划、设计与咨询工作。现有员工共 129 人，其中具有高级职称者 38 人，拥有博士学位者 12 人，硕士学位者 52 人。业务范围、规模、技术力量及软硬件设施均已居国内同类机构的前列，在国内同行业中具有良好的信誉和较高的威望。

近年来，中心有多个项目分别获得国家级、省部级及市级优秀奖。

1.“深圳市城市交通仿真系统”荣获 2007 年国家建设部华夏建设科学技术奖一等奖；

2.“深圳市整体交通规划”和“国家铁路深圳新客站综合规划”（合作项目）均获得 2007 年广东省城乡规划优秀项目一等奖；

3.“深圳市笋岗路通道大容量快速公交详细规划”获得 2007 年广东省城乡规划优秀项目二等奖；

4.“深圳市城市轨道交通建设规划”分别荣获 2005 年全国优秀工程咨询成果三等奖和 2005 年广东省城乡规划优秀项目三等奖；

5.“深圳市停车政策研究及停车改善规划”获得 2005 年广东省城乡规划优秀项目三

等奖；

6.“深圳市整体交通规划”和“深圳市笋岗路通道大容量快速公交详细规划”项目均获得2006年深圳市优秀规划设计一等奖；

7.“深圳市城市轨道交通建设规划”获得2004年深圳市优秀规划设计一等奖。

随着深圳社会经济和城市建设的迅速发展，以及深港一体化进程的加快，轨道交通建设已成为深圳城市基础设施建设的重中之重。近年来，我中心承担了大量的轨道交通规划设计项目，主要包括：

1. 深圳市轨道交通规划（2011—2030）；

2. 深圳市城市轨道交通建设规划（2005—2010；2010—2020）；

3. 深圳轨道二期工程1、2、3、4、5、6、7、8、9、10号线交通详细规划及交通设计；

4. 新深圳站、前海枢纽、福田枢纽、布吉枢纽、龙岗枢纽、机场枢纽综合规划及交通设计；

5. 国家铁路深圳地区布局规划；

6. 港深机场轨道联络线前期研究；

7. 广深港客运专线龙华—皇岗段交通详细规划；

8. 厦深铁路交通详细规划；

9. 穗莞深城际线交通详细规划；

10. 深圳市轨道交通票务清分中心建设规划研究。

我中心坚持开拓创新、与时俱进、持续发展的精神，竭诚为社会各界提供优质服务。

联系方式：

单位名称：深圳市城市交通规划设计研究中心有限公司

单位地址：深圳市福田区红荔西路8009号规划大厦3楼　邮编：518034

单位网址：http://www. sutpc. com

电话：86－0755－83949392　传真：86－0755－83949389

3.10　中国中铁二院工程集团有限责任公司

中国中铁二院工程集团有限责任公司（简称中铁二院），原名铁道第二勘察设计院，成立于1952年9月。隶属于世界企业500强、世界品牌500强的中国中铁股份有限公司。

持有国家甲级综合勘察、综合设计、咨询、工程总承包、工程监理、环境评价等资质证书和对外经营资格证书。设有线路、轨道、地质、路基、桥梁、水文、隧道及地下工程、站场、通信、信号、信息化、机车车辆、机械、结构、建筑、给排水、暖通、环保、电力、电气化、造价及航测等近三十个专业，依托铁路，业务拓展到公路、地铁、市政工程、房地产、轮渡码头、工程总承包、工程监理、岩土工程施工等工程建设领域。1997 年获 ISO 9001 质量体系认证证书；2003 年实现了 ISO 9001:2000 标准转换，获得中国船级社质量认证公司颁发的“质量管理体系认证书”。

中铁二院现有职工 4000 余人。其中：工程设计大师 2 人，工程勘察大师 1 人，教授级高级工程师 75 人，高级工程师 815 人、工程师 1 219 人；人事部、全国博士后管理委员会在中铁二院设有“博士后科研工作站”；中国铁路工程集团有限公司在中铁二院设有“中铁西南技术研发中心”。

半个多世纪以来，先后勘察设计了包括新中国第一条铁路成（成都）渝（重庆）铁路在内的铁路重要干线、支线、客运专线上百条，其中成昆铁路荣获国家科技进步特等奖、南昆铁路荣获国家科技进步一等奖。并先后承担了北京、上海、广州、深圳、杭州、南京、成都、西安、重庆等城市的地铁、轻轨设计以及广州环城公路、广州机场高速公路、成都机场高速公路等高速公路和市政建筑工程的勘察设计。目前业务已扩展到海外，在尼日利亚、阿尔及利亚、巴基斯坦、委内瑞拉、尼泊尔等国承担有多种项目。

先后荣获国家、省、部级科技进步奖、优秀工程设计奖、优质工程奖、优秀工程勘察奖等 400 多项，荣获詹天佑土木工程奖 4 项，有 42 个铁路、公路、地铁等工程项目被载入中国企业新纪录，勘察设计的重庆轻轨（较新线）荣获 2005 年全国十大建设科技成就奖。

展望未来，中国中铁二院工程集团有限责任公司将全面落实科学发展观，坚持以人为本，构建和谐企业，坚持以效益为中心，以质量、科技、人才服务求发展，依法经营，诚实守信，不断推进理念创新、体制创新、机制创新、科技创新，努力把中国中铁二院工程集团有限责任公司建设成为国内一流、国际知名的国际工程公司。

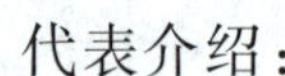

代表介绍：

郑建伟，现任中国中铁二院工程集团有限责任公司副总经理、总法律顾问、教授级高级工程师。2003 年至今，主管集团公司国内城市轨道交通、市政工程、公路项目。

联系方式：

单位名称：中国中铁二院工程集团有限责任公司

单位地址：成都市通锦路 3 号　邮编：610031

单位网址：http://www.creegc.com

电话：028－87668866　传真：028－87664569

3.11 中铁第四勘察设计院集团有限公司

中铁第四勘察设计院集团有限公司(简称铁四院)前身是铁道第四勘察设计院,始建于1953年2月,总部驻在湖北省武汉市,是国家大型综合性勘察设计单位。原隶属于铁道部,2003年10月划归中国铁道建筑总公司。集团公司董事长、法人代表蒋再秋,院长何义斌,党委书记胡莫愁。集团公司拥有国家首批工程设计综合资质(全国仅八家),可承揽多个行业工程设计(含勘察、设计、咨询、监理、工程总承包)任务,持有国家A级设计信誉证书,经国家批准,具有对外经营权。1997年11月通过ISO 9001国际标准质量体系认证,2003年底又通过ISO 14001环境和GB/T 28001职业安全健康管理体系认证。全院职工3 628人,其中各类专业技术人员2 725人 。凭借在工程建设项目、科技实力、人员素质、硬件配备、创新能力等方面取得的成就与水平,自1992年以来连续被国家建设部、国家统计局、中国勘察设计协会评为全国勘察设计综合实力百强单位前十名,荣获"全国五一劳动奖状",连续五次荣获湖北省"最佳文明单位"称号,被湖北省认定为高新技术企业,国家批准设立博士后科研工作站。

铁四院建院以来完成了51 000 km铁路和20多个大型铁路枢纽的勘测设计任务,占建国后全国铁路建设任务的30%以上。其中有我国铁路建设史上一次建成里程最长的铁路干线——京九铁路;亚洲最大的铁路枢纽——郑州枢纽;全国最长的双线电气化铁路隧道——大瑶山隧道;中国第一条准高速铁路——广深准高速铁路。目前,铁四院适应铁路快速发展新形势,奋勇迎接市场竞争挑战,承担着武广、郑西、武合、合宁、沿海通道、广深港铁路、京沪高速等一大批国家高标准铁路,以及广珠、穗莞深、沪宁、沪杭、杭甬、宁杭、宁安等城际铁路工程勘测设计任务;是武汉市轨道交通1、2、4号线的总体设计单位,苏州市、无锡市城市轨道交通的总体设计单位,此外还承担了北京、上海、广州、南京、深圳、杭州等城市轨道交通大量工点和机电设备系统工程的设计。铁四院设计的武汉市轨道交通1号线一期工程被中国市政工程协会评定为中国市政金杯示范工程。

铁四院具有强劲的创新能力,先后获得国家级科技成果奖24项,省部级以上科研成果奖140多项,93个设计项目入选中国企业新纪录,其中大瑶山长大铁路隧道修建新技术获国家科技进步特等奖。铁四院坚持精益求精、精心设计,有120多项勘察设计获省部级以上优秀勘察设计奖,其中徐州枢纽扩建工程编组站和相关工程、京九铁路总体设计、广深准高速设计获国家优秀设计最高奖——全国优秀设计金质奖;郑州火车站、深圳梧桐山公路隧道等16项工程获中国建筑业最高奖——"鲁班奖"。

代表介绍：

朱丹，男，汉族，中共党员，生于1961年5月；1982年1月毕业于西南交通大学隧道及地下铁道专业，工学学士；2001年4月中南大学桥梁和隧道工程研究生班结业。国务院政府特殊津贴获得者；全国劳动模范。

现任中铁第四勘察设计院集团有限公司副总工程师，教授级高级工程师；中国土木工程学会隧道及地下工程分会第七届理事会常务理事；湖北省岩石力学与工程学会第四届理事会常务理事；中国岩石力学与工程学会隧道掘进机工程应用分会理事；《都市快轨交通》理事会常务理事。

在山岭隧道方面，主持并完成了赣龙、宜万、京沪高速、武广客运专线、郑西客运专线等铁路干线300余座近400 km隧道的设计。

在水底隧道方面，主持完成了武汉长江水底隧道预可研和可行性研究报告；主持完成长江南京段上游过江通道的预可研报告；主持完成杭州市庆春路过江隧道可行性研究报告和初步设计。

在城市轨道交通方面，于2001年主持完成了武汉轻轨（1号线）一期的初步设计和施工图设计，采用高架车场、独柱墩车站、钢混结合梁等新型结构，在国内第一个采用移动闭塞信号系统。主持完成广州地铁3号线总体设计和初步设计的设计咨询工作。2003年1月以来，主持完成或正在进行武汉市轨道交通1号线二期、2号线一期、4号线一期工程可行性研究、总体设计、初步设计和施工图设计；苏州市轨道交通1号线工程可行性研究、总体设计、初步设计和施工图设计。2001年以来，主持完成北京、上海、广州、深圳、南京、杭州等城市众多车站、区间、车辆段（场）和机电设备系统的初步设计和施工图设计。

联系方式：

单位名称：中国铁建中铁第四勘察设计院集团有限公司

单位地址：湖北省武汉市和平大道745号　邮编：430063

单位网址：http://www.crfsdi.com.cn

电话：027－86812844、86816008　传真：027－86811444

3.12　中铁第五勘察设计院集团有限公司

中铁第五勘察设计院集团有限公司是集工程设计、工程勘察、工程咨询、工程监理、工程检测、科研开发、专业化施工于一体的综合性甲级勘察设计院。具有工程勘察综合类甲级资质，在铁路综合甲（Ⅰ）以及公路、市政、建筑等行业具有14项设计、咨询、监理国家甲级资质，并持有工程总承包（桥梁工程专业承包一级、爆破与拆除工程专业承包一级、土石方施工专业承包一级等）证书、商务部对外承包工程经营资格证书和北京市科技研究开发机构证书等。业务范围涵盖铁路、公路、城市轨道交通、建筑、市政等行业。集团现有专业技术人员604人，其中教授级高级工程师18人，高级工程师235人，取得职业资格181人次。2005年，通过了ISO 9001:2000质量体系认证，2006年被北京市质量协会评为"质量信得过"单位。

多年来，先后承担了国内外40多个大中型铁路项目和北京、西安、杭州、深圳等城市地铁项目的勘察设计；完成了100多项大中型建筑项目的规划设计；独立进行过20多座大桥、特大桥的设计；开展了200多项工程建设投资咨询业务；50多条铁路干线的工程技术咨询、建设监理和施工技术研究；100多项各类大中型工程检测、监测任务。在科技创新方面，取得了高速铁路900吨架桥机等具有世界先进水平的科研成果，获得的科技进步奖和优秀工程勘察设计奖达300多项，其中国家和省部级奖项占三分之一以上。

该集团2007年城市轨道交通方面：承揽了哈尔滨地铁土建初步设计；杭州地铁1号线文泽路站、下沙东站设计；西安地铁2号线八里村站设计；北京地铁亦庄线宋家庄站（与5号线、10号线换乘，与地面交通枢纽接驳）、南四环站、小红门站及区间设计；北京地铁4号线北延预可研咨询；北京地铁4号线初设概算评审；北京地铁10号线二期工程可研预审；北京地铁1、2号线设备系统消隐改造；共完成北京地铁大兴线3个标段、亦庄线2个标段，北京地铁9号线郭公庄站及车辆段等项目投标工作；完成了杭州地铁文泽路站、下沙东站的A版施工图，西安地铁八里村站的围护结构、主体结构的施工图；完成了北京地铁亦庄线3站3区间、深圳地铁5号线3站2区间的初步设计；共计9座车站，总建筑面积12.6万m^2，6段区间，总长6950 m。

代表介绍：

娄德兰，男，汉族，大学学历，教授级高级工程师，现任中铁第五勘察设计院集团有限公司（以下简称"中铁五院"）董事长、院长。先后从事铁道工程爆破技术的研究和技术咨询、企业管理工作，撰写论文30余篇、撰写论著1部，获得国家级、省部级科技进步奖10多项。1994年，荣获首届全国青年科技标兵称号；1997年被评为铁道部青年科技拔尖人才；1998年被评为教授级高级工程师；2008年初被授予

“2007 年度北京优秀质量人”光荣称号。

在他担任铁五院院长的几年中，铁五院顺利完成了业务的拓展和转型，明确了市场定位，企业生产规模连续创历史新高，成为在铁路和城市轨道交通勘察设计市场中的一颗“新星”。

联系方式：

单位名称：中铁第五勘察设计院集团有限公司

单位地址：北京市大兴区康庄路 9 号　邮编：102600

单位网址：http://www. t5y. cn

电话：010 - 51011506 010 - 51011530　传真：010 - 60256246

3.13　乌鲁木齐城市综合交通项目研究中心

乌鲁木齐城市综合交通项目研究中心前身是乌鲁木齐外环路项目建设执行办公室。目前是新疆唯一的一家从事交通研究工作的专业机构。2007 年主要承担的研究项目为：乌鲁木齐轨道交通建设规划等系列规划，城市综合交通规划、公共交通规划、ATC 职能公交系统研究、公交管理规划等项目。

代表介绍：

许广良：乌鲁木齐市城市综合交通项目研究中心主任，教授级高级工程师。

联系方式：

单位名称：乌鲁木齐市城市综合交通项目研究中心

单位地址：乌鲁木齐市昆仑路 82 号　邮编：830063

电话：0991 - 4692536　传真：0991 - 4615901

4　服务咨询

4.1　港铁技术咨询（深圳）有限公司

为了更好拓展国内咨询业务，为国内顾客提供优质便捷的咨询服务，香港铁路有限公司于 2002 年 11 月 25 日在国内注册成立了港铁技术咨询（深圳）有限公司。作为港铁公司的全资附属子公司，是港铁向国内传递经验和技术的桥梁，全面代表港铁开展国内咨询业务，致力于为国内城市交通同行提供全方位、多层次、实用有效、物有所值的咨询服务。

众所周知，香港铁路有限公司不仅拥有三十年多年的成功运作经验，亦拥有在多个国家、多个领域的丰富的咨询服务经验。咨询服务作为港铁的主营业务之一，具有完备的管理体系和人员配置。作为港铁的全资附属子公司，沿袭了港铁的企业文化、经营理念，在咨询业务开展方面，更是依托港铁成功的咨询服务体系。咨询服务范围包括远期策划、施工、建造、营运及维修、铁路改善工程和地产发展、非车费收入之营运、培训、市场营销、财务和信息科技等多个方面。

自成立以来，一直致力于提升咨询服务质量，提升公司整体实力和市场竞争力。经国家发改委批准获得工程咨询资格，成为城市轨道交通方行业首次获批的外资咨询公司。目前，公司咨询业务稳步发展，已先后为北京地铁、天津地铁、津滨轻轨、广州地铁、深圳地铁、成都地铁、长春客车厂等多家企业提供咨询服务。

秉承港铁"提升顾客生活素质，切合他们的需要，以及积极参与并融入我们所服务的社区"的理念，我们希望通过咨询服务，与国内城市轨道交通同行分享港铁的运作经验，共同发展提高，为城市轨道交通事业的蓬勃发展做出贡献。

4.2 MSI 环球有限公司

MSI 环球有限公司是新加坡陆路交通管理局（简称陆交局）隶属的咨询服务公司。基于多年广泛的实践经验和卓越的成绩鉴定，MSI 环球在陆路交通管理咨询服务领域享有盛誉并理解客户特别需求建造现代化的陆路交通。

陆交局超过两千名专业工程人员，有多年的陆路交通网络开展与建设实践经验，为顾客提供理想的一个一站式的陆路交通顾问与咨询服务。

MSI 环球的服务领域重在陆路交通管理，包括交通规划、全过程工程项目管理、地铁机电系统工程、自动收费系统、陆路基础设施管理、智能交通系统和交通需求管理包括电子收费。

MSI 环球服务分布世界各国区域，主要服务业绩在亚洲邻国，包括马来西亚，菲律宾、泰国、澳洲、中国、印度、中东、英国欧洲等国家。

代表介绍：

沈伟明，现任新加坡陆路交通管理局（简称陆交局）轨道交通总署长。负责陆交局地铁与轻轨全过程建设包括策划，设计要求管理，建造，机电系统测试和调试。参与新加坡90年一、二期东西线南北线地铁建设包括无兰南北地铁延伸线。1999年完成武吉班让轻捷运工程并于1995年后，升任为东北地铁线机电工程总监。东北地铁线在2003年中顺利通车，成为世界第一条成功投入运营的无人驾驶重轨地铁系统。同时，分别于2002－2004期间完成另两条轻轨系统。2001年，新加坡地铁环线开始动工，他是总负责环线项目所有机电工程，总合同价新元18亿元。2007年，被任命为陆交局轨道总署长，监督执行所有轨道交通工程，除了在建环线，以及刚开工不久的市区地铁线建设工程，招标等前期工程。现在负责项目总价值超过新元210亿元。

联系方式：

单位名称：MSI环球有限公司

单位地址：No. 1, Hampshire Road, Singapore 219428　邮编：219428

单位网址：http://www. msi－global. com. sg

电话：0065－63962208　传真：0065－6396－1152

4.3 亚新国际工程顾问集团

亚新国际工程顾问集团创业于1975年，主要是为政府及私人企业提供包括基础建设、土地开发、建物结构、环境工程及信息科技等方面综合性国际化的专业技术与管理技能的全方位专业服务；服务范围包括各项目的整体方案研拟、可行性研究、经济效益评估及适法性分析、工程规划及设计、营建管理等不同程度面的执行。目前，亚新集团已有七百余位具有不同专业领域的技术人员，各分公司依地理位置主要分布于大中华地区（北京、上海、香港、台北），湄公河流域地区（曼谷），及东南亚地区（新加坡、槟城），借着从事专业活动的沟通与互动，将这些地区紧密的结合创造一个共和体，构建分享一个完整的专业服务网络。

亚新集团在都市快轨交通工程项目上的主要业绩包括：

高速铁路

台湾高速铁路

路线规划，现场调查，细部设计：（C220，C230，C240，C250，C280，C291，C295，C296，机厂 D250）

统包商独立检核顾问（C260，C270，机厂 D250，新竹车站）

检测维修计画规划

减震措施规划设计及施工监造（台南科学园区）

中国客运专线

武广客运专线（协同荷兰 Arcadis 公司共同参与第四标段施工监理工程）

大众捷运系统

可行性评估：台湾桃园、新竹、台南捷运系统规划

总顾问及初步设计：台湾台中捷运及中正机场捷运；泰国曼谷捷运—蓝线（Blue Line）

细部设计：台湾台北捷运（包括木栅、淡水、中和、南港、土城、信义、松山、内湖和新庄芦洲线）及高雄捷运（橘线及红线）；新加坡捷运（南北线 405 标）；曼谷铁路通勤系统

地工风险管理：台湾台北捷运（共 67 km 长，包括 6 条路线及 63 个车站），桃园国际机场联外捷运系统（CA441A\CA450\CA450A 标）

施工监造：台湾高雄捷运（橘线及红线）；曼谷 BTS（高架轻轨）素坤逸延伸线

代表介绍：

莫若楫，原籍浙江吴兴，于 1953、1955 及 1961 年分自台湾大学、美国爱奥华州立大学及麻省理工学院获得土木工程学士、硕士及博士学位。1961 至 1975 年执教于美国耶鲁大学及亚洲理工学院副校长兼教务长。1975 年起在香港、台湾、上海、北京及东南亚国家创建亚新工程顾问集团公司。

莫君在教学、研究及工程实务均有丰富的经验及贡献。曾发表一百余篇论文，并担任多种国际期刊编委、大学评鉴委员、新加坡南洋理工大学岩土工程顾问委员会主委，及香港科技大学兼任教授。

1967 年创办东南亚大地工程学会，曾任国际土壤及岩土工程学会副会长及理事，现为英国、美国、新加坡、香港、台湾、亚太注册工程师，并获颁亚洲理工学院荣誉博士，日本地盘工学会及亚澳道路工程协会荣誉会员，并入录世界名人录、美国工程名人录、美国科学名人录等。

联系方式：

单位名称：亚新工程顾问（国际）有限公司

单位地址：香港九龙亚皆老街 113 号 18 楼 1810 室

单位网址：http://www.maaconsultants.com

电话:(852) 2527 - 0747　传真:(852) 2861 - 2081

4.4　万商天勤律师事务所

万商天勤律师事务所是一家主要从事城市基础设施、建筑、房地产、公司证券、重组与收购、金融、保险、环境保护、资源与能源、外商投资、国际贸易、政府法律事务等业务的大型综合律师事务所,总部设在北京,在深圳、上海等地设有办公室,拥有律师和专业人员二百余人。

万商天勤在交通基础设施领域的法律服务处于业内引领地位,为北京市交通委员会发布的交通基础设施特许经营项目第一批法律服务团队,能够为交通基础设施项目提供真正意义上包括融资、建设、运营的全过程、全方位专家级法律服务。

万商天勤先后代表国内外投资人、项目公司、政府机构等成功为数十个 BT、BOT、TOT、BOOT 等交通基础设施特许经营项目提供有效法律服务,项目涉及机场、高速公路、地铁、轻轨、桥梁、港口、码头等诸多领域。万商天勤提供法律服务的地铁项目:北京地铁 5 号线、天津地铁 1 号、2 号、3 号线及沿线地产项目、深圳地铁 4 号线等。

万商天勤拥有一支杰出的专业复合型律师团队,均毕业于国内外知名院校,同时拥有法律以及证券、金融、保险、建筑、管理、外语、知识产权等专业背景,具有广泛的社会各部门工作经验,在地铁项目投融资、拆迁补偿、建设工程招投标、项目管理、索赔与反索赔、工程结算、运营等领域具有丰富的诉讼、仲裁及实践谈判经验。

代表介绍:

王霁虹,律师,万商天勤律师事务所合伙人,中国国际经济贸易仲裁委员会仲裁员,中华全国律师协会环境与资源法专业委员会秘书长,中国房地产协会法律专业委员会副主任。

王霁虹律师作为中国城市基础设施建设领域的知名律师,先后为诸多国家重点建设项目特别是特许经营项目提供全过程、过程法律服务,服务项目包括大型公建项目、轨道交通项目、路桥项目、能源项目、市政项目等多个领域,服务内容涵盖了自建设工程的前期融资、项目公司的成立、公司并购、招投标、合同谈判与签约,到工程索赔、反索赔、后期运营等多方面。代表项目:国家体育馆及奥运村项目(BOT)、北京地铁 5 号线(TOT)、天津地铁 1 号、2 号、3 号线(BOT)、深圳地铁 4 号线(BOT)、山西晋侯高速公路(BOT)、福建武邵高速公路(BOT)、成都成名高速公路(BOT)、成都成简快速路(BT)、重庆朝天门长江大桥(BT)、吉林江湾大桥(BT)、天津滨海国际机场等。

王霁虹律师在该领域丰富的诉讼、非诉讼经验,使其作为业内专家多次参与国家建设部、铁道部等政府机关有关规范性文件的起草、修订,担纲诸多政府课题的研究,多次为有关主管城市建设的政府官员进行授课;多次担任评标专家,参与在北京产权交易所、天津产权交易中心进行的产权交易的评标工作;多次作为首席仲裁员、仲裁员,主持或参与案件的审理,积累了丰富的仲裁及相关经验。

联系方式:

单位名称:万商天勤律师事务所

单位地址:北京市朝阳区东四环中路 39 号华业国际中心 A 座 3 层　邮编:100025

单位网址:http://www.vtlaw.cn

电话:010－82255588 传真:010－82255600

5 设备厂商

5.1 长春轨道客车股份有限公司

长春轨道客车股份有限公司成立于 2002 年 3 月,其前身长春客车厂,始建于 1954 年,是国家"一五"期间的 156 个重点建设项目之一。经过 50 多年的建设和发展,公司已经成长为我国最大、最强的铁路客车和城轨客车研发、制造和出口基地。建厂以来累计生产铁路客车 28 000 多辆,占全国铁路客车总产量和保有量的 50% 左右;累计获得各类城轨车订单 2 200 多辆,占国内城轨车市场的 80% 左右,全国 11 个拥有城轨交通的城市中有 9 个城市在使用长客股份的产品。部分产品出口到伊朗、巴基斯坦、孟加拉、斯里兰卡等多个国家和地区。10 年来,公司累计出口产品 1400 多辆,合同总金额已超过了 17 亿美元。2007 年公司经营业绩再创新高,全年共完成新造车 949 辆,其中国内铁路客车 420 辆,国内城轨车 358 辆,出口车 171 辆。实现销售收入 46.21 亿元,较上年增长 22.4%;实现利润 1.44 亿元,较上年增长 174%;实现劳动生产率 50.61 万元/人·年,较上年增长 30.4%。各项指标均创造了历史最好水平。

与国内同行企业相比,长客股份公司的企业规模最大,现有员工 8 000 人,厂区占地面积 152.6 万 m^2,具有年产 500 辆铁路客车、800 辆动车组和 800 辆城轨车的生产能力;装备水平最高一公司拥有各种先进设备3000多台(套),整体装备水平处于国际领先水平。

在铁路客车领域,随着200 km/h和300 km/h两个动车组两个引进项目的陆续完成,长客股份将同时拥有世界最先进的200 km/h和300 km/h两个动车组制造技术平台。在城市轨道车辆领域,形成了单轨、双轨不同的轨道运行方式;旋转电机、直线电机不同牵引方式;碳钢、不锈钢、铝合金不同材质;A、B、C不同车型的生产格局,也使中国的城市轨道车辆在类型和品种上成了世界城轨的缩影。

2007年公司"CRC牌轨道客车"被评为中国名牌产品。目前,长客股份公司秉承北车集团"诚信为本,创新为魂"的企业精神,践行"培育精细品质,打造民族品牌"的企业核心理念,大力推进"引进消化吸收和再创新"的战略发展思路,努力把公司建设成为国际一流的轨道车辆制造企业。

代表介绍:

董晓峰,现任长春轨道客车股份有限公司董事长、党委书记,先后被授予"振兴长春老工业基地贡献奖"、"吉林省优秀企业经营管理人才"、"振兴长春老工业基地功臣奖"等荣誉称号,全国"五一"劳动奖章。

自2004年担任中国北车集团长春轨道客车股份公司董事长以来,董晓峰同志带领领导班子和全体员工,以"建设国际一流轨道客车制造企业"为目标,以"培育精细品质,打造民族品牌"为理念,开拓进取,发奋图强,使企业发生了脱胎换骨的变化,为民族轨道交通装备制造业的发展、为中国铁路和城市轨道交通建设、为振兴吉林老工业基地做出了重要贡献。

他坚持"发展是硬道理",企业经营业绩不断刷新历史纪录,现在公司不仅是国内公认的行业龙头企业,而且也已经成为国际轨道车辆制造领域的著名企业;坚持市场先行,率先提出了打造铁路客车、城轨客车"两大核心业务",努力构建国内铁路客车、国内城轨车和出口车"三大市场格局"的战略构想,目前公司三足鼎立的市场新格局初步形成,这对公司规避经营风险、拓展发展空间,具有十分重大的意义;坚持科技兴企,使企业核心竞争力显著增强;坚持科学治企,推行了项目管理、在公司内部建立模拟市场机制、推行了被世界500强广泛采用的企业管理信息系统——企业资源计划(ERP)SAP系统,全面优化业务流程,公司管理水平实现了新突破;坚持走国际化道路,目前公司产品已经远销伊朗、巴基斯坦、伊拉克、澳大利亚、孟加拉、新西兰等十几个国家,十年来公司累计出口创汇额达17亿美元以上,其中半数以上是近几年实现的,企业出口创汇迈出新步伐。

联系方式:

单位名称:长春轨道客车股份有限公司

单位地址:长春市青荫路435号　邮编:130062

单位网址:http://www. cccar. com. cn

电话:0431－87902301　传真:0431－82938740

5.2 庞巴迪公司

庞巴迪公司是一家世界领先的创新交通运输解决方案供应商,作为全球财富500强企业,其生产范围覆盖支线飞机、公务喷气机以及铁路和轨道交通运输设备、系统和服务等。庞巴迪总部设在加拿大蒙特利尔,业务遍及五大洲的60多个国家,并在21个国家设有制造企业。庞巴迪以其远见卓识、坚定不移和创新精神,同时通过设计和制造满足客户要求的高质量、高可靠性和高性价比的产品取得了全球领先地位。

作为航空业和轨道交通业界的领袖(两者都是对人们生活和工作至关重要的行业)庞巴迪可帮助打造可持续的交通运输解决方案。事实上这也正是庞巴迪对自己的独特定位。以其在全球的运营和在两个交通领域内的最广泛的产品线,庞巴迪拥有实际上无可匹敌的稳定性和运作灵活性,并以此使客户、股东、合作伙伴和员工获益。截至2007年1月31日的财政年底,公司营业收入达148亿美元,股票在多伦多证券交易所上市(交易代码BBD)。

庞巴迪宇航(集团)是全世界飞机设计制造以及提供服务方面的领导者。庞巴迪宇航(集团)生产支线飞机,公务飞机和水陆两栖飞机并提供相关服务。

庞巴迪宇航(集团)现有50多架庞巴迪的支线及公务飞机在中国服役,用户包括中国联航、山东航空公司、海南航空公司、云南航空公司等。庞巴迪公务飞机在中国占有48%位居第一的市场份额。

庞巴迪运输(集团)是全球铁路设备制造和服务行业的领导者,产品范围包括铁路客运和城市轨道交通车辆以及完整的运输系统。同时生产机车、货运车辆、转向架、牵引和控制系统以及铁路信号和控制解决方案。

作为全球最大的铁路及轨道交通设备制造商,庞巴迪与中国的合作可以追溯到1954年为铁道部提供铁路运输设备。多年来,庞巴迪运输一直十分关心并积极参与中国城市轨道交通建设并且承诺向中国转让世界一流水平的技术和先进的管理方法。目前,庞巴迪运输在中国有三个合资企业。

代表介绍:

张剑炜，2005 年 9 月被任命为庞巴迪公司驻中国首席代表。张剑炜原任庞巴迪运输（集团）副总裁兼中国首席代表，现其职责扩展到宇航业务，其中包括领导、管理和协调庞巴迪与中国各政府机构的关系；同时在管理庞巴迪与其他重要机构的关系上提供战略支持。

张剑炜先生于 1998 年底被任命为庞巴迪运输副总裁。在该职位上，他负责开发庞巴迪运输在中国的新业务并协调庞巴迪运输在中国的全部业务活动，包括协助三家合资制造公司和三家独资公司的管理，并与各产品分部协同工作，保证中国业务协调一致的战略举措。

张先生于 1995 年以项目经理的职位开始了他在庞巴迪的职业生涯。此后，他曾担任各种不同的职务，不断得到快速升迁。1997 年他被提升为项目及业务开发总监，并于 1998 年底被提升为中国业务开发副总裁。

在投身庞巴迪之前，张先生曾担任过多个学术界的职务，如助教和助理教授。另外，在 1975 年至 1982 年间，他还曾任中国地方政府的高级官员。

张先生 1982 年毕业于天津大学，获得（内燃机）工学士学位。他于 1991 年获得了加拿大蒙特利尔大学的工商管理硕士学位（MBA），并于 1996 年获得蒙特利尔大学管理博士学位（Ph. D.）。他的专业是企业战略。除博士论文外，他在加拿大和法国还发表过多篇管理科学方面的文章。

张先生现任多家董事会的董事并且是多家专业杂志的常务理事和顾问委员会的成员。

联系方式：

张剑炜总裁 兼中国首席代表

单位名称：庞巴迪中国

单位地址：北京市朝阳区光华路 1 号嘉里中心写字楼南楼 2828 室　邮编：100020

电话：+86 10 8529 6800　传真：+86 10 8529 9109

5.3 衡水丰泽工程橡胶科技开发有限公司

衡水丰泽工程橡胶科技开发有限公司是研制、生产和开发工程橡胶产品的重点企业，公司集科技开发与生产经营于一体，为止水、排水、桥梁工程提供高科技含量、高质量品位的配套产品。生产的桥梁支座、桥梁伸缩装置系列产品已被本辽、伊通、赤大、赤通、青莱、商界、西汉、禹登、泌桐、少洛、沪蓉西、武荆、台缙、泉三、浦南佛等高速公路及内蒙古镫口黄河大桥、合肥金寨路高架桥、昆明绕城高速、福州绕城高速、西安三环、天津快速路、武汉天河机场高架桥、延安火车站网架、杭州市民中心网架、武汉游泳馆网架等工程所采用,生产的止水带系列产品已用于南水北调中线北京段、河北段、河南段,南水北调东线济平干渠,天津引滦入津,北京地铁 4 号线,奥运场馆及下地商城,武广、郑西、宜万、合宁、武康铁路专线等国家大型重点工程所采用,取得了社会效益和经济效益双丰收。

公司地处衡水市高新技术开发区,占地面积 42 000 m^2,建筑面积 17 000 m^2,年生产能力 20 000 吨,是国内同行业大规模企业之一。公司具有一批高素质的管理人才和科技人才、同时还具有一批精干的营销队伍和售后服务队伍。一流的检测设备和生产设备,加之合理的制造工艺是公司产品质量的保证,2007 年公司实现销售收入 18 154 万元。公司严格按照 ISO 9001:2000 质量体系和 GB/TZ4001 – 2004 环境体系运行,产品质量稳定可靠。

衡水丰泽工程橡胶科技开发有限公司以建立合理的法人治理结构、健全有效的运行机制、建设积极健康的企业文化为目标,以“众志成城、锲而不舍”的企业精神和“科技率先、引领市场、以人为本、诚信卓越”的经营理念,向规模化、科学化、现代化、专业化、特色化方向奋进。

代表介绍:

孙诚,衡水丰泽工程橡胶科技开发有限公司董事长兼总经理,从事工程橡胶行业 22 年,先后参加清华大学、北京大学 EMBA 培训班培训,对企业管理有较丰富的经验,对工程橡胶行业有较充分的认识,对行业内企业有较多的了解,对市场运作、产业开发有独到之处,2005 年获得了中共衡水市委、衡水市人民政府授予的“优秀企业家”称号。2003 年孙诚以独特的视角和创新的观念,带领大家策划和创建了衡水丰泽工程橡胶科技开发有限公司,公司创建伊始,就确立了合理的法人治理结构,构建了积极健康的企业文化框架,制定了企业发展战略和管理纲要,对企业、产品、市场分别明确了方向,确立了定位,短短几年的时间内,公司便在同行业中脱颖而出,成为佼佼者,被称为“黑马”。

联系方式:

单位名称:衡水丰泽工程橡胶科技开发有限公司

单位地址:河北省衡水市开发区永兴西路 2189 号　邮编:053000

单位网址:http://www.fzgcxj.com

电话:0318－2668986　传真:0318－2178897

5.4　上海华魏光纤传感技术有限公司

上海华魏光纤传感技术有限公司成立于2001年,注册于中国上海,注册资金1 429万人民币,专业从事分布式光纤传感技术的研究开发,为交通、市政等基础设施建设领域,电力、石油、煤炭等能源领域,石油化工、有色冶金等重化工业领域提供温度、振动、压力等监测的总体解决方案和应用服务。

经过近8年的发展,公司已经建立了遍布全国的专业销售和技术服务网络,在北京、成都、广州、西安、武汉、沈阳设立了分支机构,及数十家合作伙伴的市场网络。

二十一世纪光技术和产业澎湃发展,光传感技术是传统电子传感技术的替代技术,为近十年来发展最快的应用技术之一,而在我国尚处于初始阶段,市场和技术发展的空间巨大。

光纤分布式传感技术与传统电子传感技术相比有无可比拟的技术优势,应用范围和需求极为广泛,由于其技术难度,全球仅数家公司掌握。上海华魏公司参与完成了国内如三峡等许多知名工程、市政重点工程的建设任务,成为分布式光纤温度监测系统专业方面的国内市场先驱者和领导者,在公司经营上更实现了营业收入、销售利润、企业资产的连年同步倍增的发展轨迹。公司还被央视等机构联合评选为“2008年中国十大成长企业”。

华魏公司作为科技创新型企业,为了实行国际化发展战略、把握新兴产业的机会,不断提升自主创新能力和探索专利产业化道路,实践产学研结合新途径,开发具有自主知识产权的、以分布式光纤传感技术为核心的系统,努力成长为全球最专业的分布式光纤传感系统总体解决方案的提供和应用服务商。

代表介绍:

皋魏,上海华魏光纤传感技术有限公司总经理。创立上海博贸自动化设备有限公司,并取得德国博世公司上海地区代理资格。(代定)

创立上海华魏自动化设备有限公司,最先将国外先进的分布式光纤传感技术引入国内市场,长期致力于推动分布式光纤传感技术在基础设施建设、重化工业、能源等领域的应用服务,传感产业中光技术替代电子技术的践行者。

联系方式:

单位名称:上海华魏光纤传感技术有限公司

单位地址:上海卢湾区打浦路 1 号金玉兰广场西楼 1010 室　邮编:200023

单位网址:http://www.boomdts.com

电话:021－53960211　传真:021－53960210

5.5 深圳市大族精密机电有限公司

深圳市大族精密机电有限公司是国内首家直线电机专业制造商。公司主要研发生产直线电机、力矩电机、音圈电机、伺服控制系统等高科技精密机电产品。2007 年公司直线电机产品销售额达人民币 3 200 多万元。电机系列产品引进国外先进设计制造技术工艺和测试手段,采用高科技设备及优质材料,其性能达到国际先进水平,可广泛应用于轨道交通行业、石油行业、物流行业、数控机床行业、电子与半导体设备行业、医疗器械行业、纺织机械行业、精密检测仪器行业和民用行业等不同领域,并形成系列化和标准化。同时,公司可根据客户特殊需求,提供专业设计定制服务。

公司近几年来获得国家、省和市等奖励显著,包括深圳市科技和信息局的《2007 年度深圳市科技创新奖》和《软件产品登记证书》等、深圳市人民政府的《深圳市市长奖》和《深圳市民营领军骨干企业》等、广东省的《广东省科技技术奖》、《广东专利奖证书》和《广东省名牌产品》等、科学技术部火炬产业开发中心的《重点高新技术企业证书》等等。

代表介绍:

付晓辉,男,工学博士,深圳市大族精密机电有限公司总经理。主持了多款直线电机的研制与开发,主要成绩包括:组织和指导开发各种直线电机及运动系统,其中四大系列(平板电机、U 型电机、音圈电机、振镜电机)七个型号直线电机已投产,开发了由直线电机构成的单轴、双轴、三轴 XY 平台系统及其他新型电机,并在工业自动化设备行业得到成功应用和推广。主持设计的多款电机申报了国家专利达三十多项,其中振镜电机还取得了 PCT 专利;3D 音圈电机获得了 2007 年度深圳市科技创新奖。

联系方式:
单位名称:深圳市大族精密机电有限公司
单位地址:深圳市南山区科技园北区朗山二路赛霸电子一号楼　邮编:518057
单位网址:http://www.hanspme.com
电话:0755-26981756　传真:0755-26981579

5.6　萨克斯汽车零部件系统(上海)有限公司

萨克斯汽车零部件系统(上海)有限公司于1998年度成立,是德国采埃孚集团在中国投资的一个大型汽车零部件项目,位于上海莘庄工业区。公司于2003年10月成立了铁路减振器新工厂,占地约37000 m^2,建筑面积5700 m^2,主要生产和销售铁路及商用车减振器。2006年8月,德国总部增资900万欧元,同年9月扩建动力传动部门,新工厂于07年2月完工。目前公司总注册资本为1681.8万欧元,总建筑面积约为11000 m^2。

铁路方面,萨克斯公司全面参与了中国高速列车CHR3、25T,25G客车、西门子上海地铁项目、CBRC上海地铁项目、长春上海地铁项目,以及北京、长春、沈阳、大连、天津、广州、深圳、香港地铁项目,其他大型国内项目还有大连东芝车、株洲DJ4、戚墅堰东风11、资阳DF8B。此外,出口项目也在不断增加,如四方纳米比亚机车、四方土库曼斯坦客车、资阳苏丹机车、韩国现代Rotem、韩国仁川地铁等国外各大项目。

动力传动新工厂主要从事于生产商用车离合器、工业用液力变矩器及乘用车用双质量飞轮,其客户主要有苏州金龙、郑州宇通、东风汽车和陕西重型汽车。

公司铁路减振器生产设备拥有多项极具竞争力的技术:最先进的管子和活塞杆焊接、焊接质量检验、液压件组装和试验、橡胶件压装、减振器整体油漆等。厂内设有一个样品车间,两个疲劳试验台。生产车间装有空调设备以满足液压件组装对场地清洁的要求,并于2007年3月引入了集团GPS生产管理模式。同时,应用最高新高架技术的大型仓库和先进物流软件系统保证了对来自减振器最终用户,如地铁公司和当地铁路部门的备件需求的快速反应。生产线设备满足与德国同样的最新技术标准和环境标准,铁路减振器生产能力位居世界前三位。

萨克斯公司还有着一整套售后服务的网络体系,以区别于同行业企业,这来源于处于世界减振器生产第一位的德国萨克斯的强大支持,使我们处于竞争的领先地位,并更好地为我们的客户服务。

代表介绍:

叶国弘，博士，男，1960 年出生于上海，毕业于德国亚琛工业大学，曾于 1993 - 1998 担任过德国菲斯特 * 萨克斯公司中国项目经理及上海办事处中国代表；1998 年至今担任萨克斯汽车零部件系统（上海）有限公司总经理，2003 年至今同时兼任采埃孚（中国）投资有限公司总裁。

联系方式：

单位名称：萨克斯汽车零部件系统（上海）有限公司

单位地址：上海市闵行区元江路 4440 号　邮编：201111

单位网址：http://www.zfsachs.com.cn

电话：021 - 2416 9458　传真：021 - 2416 9402

5.7 艾默生网络能源有限公司

艾默生公司创建于 1890 年，总部设在美国密苏里州圣路易斯市，是全球最悠久的跨国公司之一。经营领域涉及网络能源、过程控制、工业自动化、环境调节、家电和工具五大领域。公司业务遍布全球 150 多个国家，在世界各地拥有 60 多个子公司及 11 万多名员工，名列世界 500 强，2007 财年的销售额达 226 亿美元，2005 年荣获《财富》全美最受赞赏企业之一，更在电子行业中名列第二。

艾默生网络能源有限公司是美国艾默生公司下属子公司，在中国设有 28 个办事处及 29 个用户服务中心。艾默生网络能源有限公司拥有业界最宽、最完整的网络能源产品线，拥有业界领先的网络能源技术、研发、产品制造及服务平台。艾默生网络能源有限公司致力于将科技与应用工程技术完美结合，致力于为客户提供最有竞争力的端到端一体化网络能源柔性解决方案，致力于为客户创建竞争优势。

艾默生公司完整的产品线有能力为轨道交通核心负载和设备用房提供高可靠性的 UPS、精密空调、通信电源、配电、监控系统、ATS 自动切换开关、STS 静态切换开关等产品，以及在此基础上可用性达到 99.99999% 的动力一体化解决方案。目前，在轨道交通线路的通信系统、信号系统、综合监控系统、BAS（Building automatic system 设备环境监控系统）、AFC（Auto fare collection 自动售检票系统）、PIS（Passenger information system 乘客资讯显示系统）、屏蔽门等系统里，都有艾默生公司的产品和系统为其提供着安全可靠的动力支撑和运行保障。

艾默生网络能源有限公司是全球通信/IT 行业网络能源产品、动力一体化整体解决方案及一体化服务的主流供应商，具有40年的UPS应用和UPS系统整合改造经验，在青藏铁路、大秦铁路、深圳地铁等都有良好的应用，是轨道交通行业的UPS整改和动力一体化专家。目前艾默生在轨道交通领域的典型客户包括北京地铁、深圳地铁、广州地铁、上海地铁、南京地铁、重庆轻轨等。

代表介绍：

冷崇军，艾默生网络能源有限公司交通拓展部总经理，网络能源行业资深专家。重庆大学工学学士，无线电专业，十五年从业经验。从最初的工厂技术员，到电源代理公司项目经理以及后来在华为公司的经历和现在艾默生公司的主要专业方向一直都是网络能源产品和市场。长期以来，致力于中国交通行业网络能源发展战略与实施研究，并成功地协助多个国家级重点交通工程的网络能源部分的筹建和实施。

艾默生网络能源有限公司是全球通信/IT行业网络能源产品、动力一体化整体解决方案及一体化服务的主流供应商，一直很关注轨道交通行业的发展。公司各类产品和方案在地铁轻轨、铁路、高速公路、民航机场、航空公司、港口航运等都有广泛应用。

联系方式：

单位名称：艾默生网络能源有限公司

单位地址：广东省深圳市南山科技园科发路1号　邮编：518057

单位网址：http://www.emersonnetwork.com.cn

电话：0755－86010808　传真：0755－86010245

5.8 北京大成通号轨道交通设备有限公司

北京大成通号轨道交通设备有限公司（简称大成通号公司），前身为“北京大成计算机技术有限公司”，自1988年开始参与地铁信号设备制造，为北京地铁2号线（环线）提供了DTJX－Ⅲ型机车信号设备，从此大成公司开始与北京市地下铁道总公司联合对信号设备进行了多项开发与研究，并参加了北京地铁复八线信号设备国产化的工作。1997年在原国家计委提出城市轨道交通设备国产化政策的背景下，对原公司的资源进行了重新组合，建立了现在冠名的大成公司，现有员工160余人，拥有注册资本1010万元，并在北京市新技术产业开发试验区中关村科技园区取得了高新技术企业资格。

作为英国西屋铁路系统公司在国内指定的唯一设备生产制造商，大成公司具备以下实力：

1. 在轨道交通信号领域拥有丰富的项目经验

2. 具有一支富于多个项目经验的专业工程骨干队伍

3. 拥有先进的制造设备，齐全的工艺装备及各类检测试验仪器

4. 提供一整套的项目管理服务

5. 成功的系统设计、详细的工程规划、严格的工程维护

6. 严格执行质量管理程序

公司项目及产品应用业绩：

1. 天津地铁 1 号线信号系统改造(7.4 km)

2. 北京城铁线(13 号线)

3. 北京八通线

4. 天津地铁 1 号线

5. 北京地铁 5 号线

6. 香港 APM 项目

7. 重庆 2 号线 TD 开发项目

公司 2007 年开发的新产品：

1. XTR-A7 机车信号综合测试仪，可适用于主体机车信号、通用机车信号等各种型号的机车信号测试，目前已在我国铁路系统进行推广使用。

2. 成功开发生产模拟列车接口配线设备。

3. 成功开发生产车地双向通信设备 BIDI。

4. 成功开发生产 ATP—TD 系统设备。

联系方式：

单位名称：北京大成通号轨道交通设备有限公司

单位地址：北京市西直门北大街 45 号 4 号楼 501 室　邮编：

单位网址：http://www.bdcs.com.cn

电话：010－62262682　传真：010－62261163

5.9 北京交大微联科技有限公司

北京交大微联科技有限公司(简称微联公司)是以生产计算机联锁设备、微机监测系统、FZj－CTC 型分散自律调度集中系统、列控中心设备、ATS 系统和 CBTC 系统为主营产

品的高新技术企业;是具有铁道部颁发的计算机联锁设备研制生产特许证的四家企业之一。

公司的业务范围主要涉及国铁、地铁、地方铁路以及香港城市轨道交通领域等。

公司目前在国内大铁路具有500余站的应用业绩,涉及全路13个铁路局。包括多项国家铁路重点工程的多条重要干线,如:大秦线、浙赣线、京广线、京沪线以及陇海线、津秦沈电气化改造工程等。

同时,公司积极运筹与国外著名厂商包括日立公司、日本信号公司、法国阿尔法公司、香港地铁公司等国际知名企业合作,日前在南京地铁2号线、深圳地铁2号线和杭州地铁1号线的车辆段、停车场联锁有所突破,并与电气化局集团联合体共同中标重庆市轨道交通3号线一期工程信号系统工程。

自2005年开始,公司与香港两大地铁公司—香港地铁公司和九广铁路公司展开合作,在香港新机场摆渡线一期和二期工程以及罗湖车站的信号系统改造总包工程中,通过了国际权威机构的独立第三方的ICE和ISA审查。作为国内同类产品厂商,率先通过了欧洲安全标准审查。按国际标准成功进军香港城市轨道交通市场！迈出了进军国际市场的第一步!

微联公司始终遵循“顾客满意是公司的目标,持续改进是公司的追求”的质量方针,竭诚为用户奉献“一流的产品,一流的服务”。

资质:

公司资质

2000年5月,公司被北京市科学技术委员会批准为高新技术企业;

2002年3月,率先获得铁道部工业产品制造特许证,成为具备进行铁路车站计算机联锁设备研制生产资格的四家企业之一;

2002年4月,通过ISO 9001:2000质量管理体系认证;

银行信誉等级AAA级

JD—IA型计算机联锁资质

2000年5月,铁道部科技司颁发的技术鉴定证书;

2000年8月,标准站场联锁软件通过铁道部铁路计算机联锁检测中心的制式测试;

2000年8月,标准站场联锁软件通过铁道部产品质量监督检验中心的防雷测试;

2001年7月,分别通过铁道部产品质量监督检验中心的电磁兼容测试和铁道部科技司组织的对现场仿真测试系统的审查;

2006年4月,通过铁道部产品质量监督检验中心的电磁兼容测试;

2006 年 4 月，标准站场联锁软件通过铁道部产品质量监督检验中心的防雷测试；

2006 年 5 月，标准站场联锁软件通过铁道部铁路计算机联锁检测中心的制式测试；

2006 年 8 月，JD－IA 型计算机联锁获得铁道部颁发的产品行政许可认定证。

EI32—JD 型计算机联锁资质

2003 年 11 月，通过铁道部科技司的技术审查；

2004 年，分别通过铁道部铁路计算机联锁检测中心的软件测试和铁道部产品质量监督检验中心的防雷测试；

2008 年 7 月，通过铁道部铁路计算机联锁检测中心的二版标准站计算机联锁软件测试。

FZj—CTC 型分散自律调度集中系统

2005 年 4 月，通过铁道部科学技术司组织的技术审查。

Lkd1－J1 列控中心系统

2006 年 3 月，通过铁道部产品质量监督检验中心的防雷测试；

2006 年 3 月，通过铁道部产品质量监督检验中心的电磁兼容测试；

2006 年 7 月，通过铁道部科学技术司的技术审查。

获奖：

2006—2007 年度，北京市火炬计划项目证书；

最具价值的高新技术产品荣誉证书；

北京市高新技术成果转化项目认定证书；

新产品证书；

CTCS—2 列控系统研究及应用表彰证书。

承担的重大项目：

京广线 200 km/h 提速配套计算机联锁系统

京沪线 200 km/h 提速配套计算机联锁系统

浙赣线 200 km/h 提速配套计算机联锁系统

大秦线 2 亿吨配套计算机联锁系统

陇海线计算机联锁系统

郑徐线计算机联锁系统

津秦沈计算机联锁系统

产品及其应用：

公司自主研制生产的 JD－IA 型双机热备计算机联锁系统，在国内一直居于领先水平。先后参加了多项国家铁路重点工程，包括哈大电气化改造共计13站、沟海线电气化改造共计10站、沈哈提速改造共计9站、津秦沈电气化改造共计21站以及陇海线等多个车站。得到了北京局、沈阳局、哈尔滨、西安局和郑州局等铁路局的首肯。目前该型号产品在铁道部所属18个路局已经投入使用的车站总数超过300个。

2002年公司和日本信号株式会社合作，研制开发了EI32—JD型2×2取2容错计算机联锁系统，该系统联锁主机和采集驱动系统采用日本信号株式会社生产的高可靠2×2取2设备，联锁软件采用在JD—IA型计算机联锁系统中使用的联锁软件；操作表示系统采用公司开发的双机热备系统；系统间的所有通信采用双网结构。自2003年在北京铁路局张辛车站开通以来，广泛应用于各个铁路局，其中包括国家和铁道部重点项目的大秦线、浙赣线、京广线、京沪线、郑徐线等共计超过250个车站，从投入运营地车站设备地运行情况来看，该设备运行稳定可靠，日常维护简单，获得了用户的一致好评。这种设备在干线铁路和时速160 km以上区段采用的设备，被列为铁道部技术标准。北京交大微联科技公司是目前仅有两家拥有铁道部生产许可此产品的制造厂家之一。目前市场占有率超过50%。

公司还参加了铁道部组织的微机监测设备的攻关工作，和其他兄弟单位一道开发出了目前铁路广泛应用的TJWX—2000型微机监测系统。在TJWX—2000型微机监测系统的基础上，结合公司计算机联锁系统的特点，推出了监测系统和电务维修系统二合一的微机监测系统，该系统完全符合部颁微机监测系统的技术条件。并在全路超过100个车站被采用。

为了配合铁路跨越式发展，提高铁路信号设备的自动化水平，公司参与了《分散自律调度集中系统技术条件(暂行)》(CTC)的制度工作，同时公司积极组织CTC的开发，于2005年1月中旬通过了铁道部专家组的初步审查，并于2007年5月在国家和铁道部重点项目的大秦线全线投入使用。

2007年4月18日的铁路第六次大提速采用了国内自主研发的列控中心设备，公司自主研发的列控中心设备LKD1—J型列控中心系统有18套在京沪线被使用。标志着微联公司的技术研发能力和产品化能力已经到达同行业领先水平！

目前，国产化2×2取2容错计算机联锁系统、CTCS2、车站用屏蔽门系列等一些列新产品、新技术正在开发中。

2007年取得的成绩：

2007年，公司营业额突破2个亿，继续保持高速稳定的增长。在继续保持铁路市场大规模、稳定的发展的同时，加强了与国外著名厂商包括日本日立公司、日本信号公司、法国阿尔法公司、香港地铁公司等国际知名企业合作和城市轨道交通市场的开拓工作,积极运筹,并在日前中标南京地铁2号线车辆段、停车场联锁,深圳地铁2号线车辆段、停车场联锁,杭州地铁1号线车辆段、停车场联锁,并与电气化局集团联合体共同中标重庆市轨道交通3号线一期工程信号系统工程,主要承担正线联锁及国产化工作。这对于北京交大微联科技有限公司的发展具有战略性的意义。

代表介绍:

张伟,赴日访问学者,现任北京交大微联科技有限公司总经理。先后在交大科技产业总公司、中飞电子新技术公司从事技术工作和经营管理工作,在企业管理和市场营销方面有丰富的经验;参加了多项科研项目的研究工作,包括《钢轨打磨列车国产化前期研究》、《捣固车、清筛机、配渣车大型养路机械操作培训系统》等世行和亚行贷款项目;是北京交大微联科技有限公司的创始者之一,组织并策划完成了北京交大微联科技有限公司拳头产品之一"JD—IA 型计算机联锁系统"和 EI32—JD 型计算机联锁系统的市场开拓工作,成功完成国家终点建设项目京广线、京沪线、浙赣线、陇海线、大秦线、津沈线等13个铁路局的市场开拓工作;主持完成了微联公司 ISO 9000 质量管理体系建设和认证工作,逐步建立了微联公司的管理制度体系并负责实施。在其领导下,公司规模日益扩大,营业额逐年翻番递增。

联系方式:

单位名称:北京交大微联科技有限公司

单位地址:北京市海淀区高梁桥斜街44号一区89号楼4、5层　邮编:100044

单位网址:http://www.bjjdwl.com.cn

电话:010-51866888　传真:010-51866160

5.10 英国西屋铁路系统公司

英国西屋铁路系统公司(简称西屋公司)是一个有120多年历史的铁路信号专门公司。它的产品和系统不仅适用在英国铁路和地铁系统,并且遍及全世界。

西屋公司生产的铁路信号包括地石设备、车载设备以及 SCADA 系统。西屋公司的信号系统包括车站联锁,以及 ATC 系统(包括 ATS、ATP、ATO 子系统),地铁系统包括 FBSS、DTG—TC、DTG—R 和移动闭塞系统。

西屋公司已完成了北京地铁1号线信号改造,西单站信号,复八线信号,13号线信号,八通线信号合同,在北京奥运会前,将完成北京5号线信号合同和天津1号线信号合同。

代表介绍：

孙泉：英国铁路信息工程师研究会会员，电气和技术研究会会员；英国特许注册工程师。现任英维思西屋铁路技术咨询服务（北京）有限公司总工程师。在铁路信号领域，有45年的设计、调试和管理经验，包括中国、英国和其他国的铁路信号系统。

联系方式：

单位名称：英维思西屋铁路技术咨询服务（北京）有限公司

单位地址：北京市海淀区北太平庄路18号城建大厦B座1307室　邮编：100088

单位网址：http://www.westinghouserail.co.uk

电话：010－82255440　传真：010－82255778

5.11　南京恩瑞特实业有限公司

南京恩瑞特实业有限公司是中国电子科技集团公司第十四研究所控股的有限责任公司，注册资本5000万元人民币，位于风景优美的南京江宁经济技术开发区，是江苏省高新技术企业。公司拥有一支优秀的管理、技术队伍，现有员工263人，其中工程技术人员146人。公司致力于在通用雷达、轨道交通、仪器仪表、移动通信、卫星通信、系统集成等领域为用户提供完善的研究、设计、开发、制造与服务。

公司控股方是从事雷达、通信、电子系统工程的大型综合性电子技术研究所，拥有天线与微波国家级重点实验室、EMC实验室、综合环境试验中心、柔性加工中心等优质资源；拥有一支包括3名中国工程院院士在内的优秀员工队伍，员工5000多人，其中科研人员2600多人，为公司新产品开发提供了良好的技术条件，有力推动了公司快速、健康发展。

公司通过了GB/T 19001—2000质量体系、AS9100航空质量体系认证，崇尚“尽责、创新”的核心价值观，遵循“掌握国际先进技术、创建行业知名品牌、提供顾客优质服务、实现业绩持续提升”的方针，坚持“为顾客创造价值，实现各合作方共同发展”的经营理念。

资质：江苏省高新技术企业认定证书、质量体系认证证书、重合同守信用企业证书、中华人民共和国进出口企业资格证书、航空质量体系认证证书、建筑业企业二级资质证书、建筑智能化系统集成专项工程设计甲级资格证书、计算机信息系统集成二级资质证书、江苏省卫星地面接收设施安装许可证。

获奖：2004年度江苏省科技进步三等奖，2004年度中国电子科技集团科技进步三等奖。

承担的重大项目。

1. 在1999年，第十四研究所成为国家计委确定的城市轨道交通设备国产化信号系统专项中的两家国产化总成单位之一，承担了国家计委总投资额7 000万元的“城市轨道交通信号系统国产化专项”；

2. 2001年十四所得到了江苏省政府的支持，承建了总投资额1 600万元的“江苏轨道交通信号工程技术研究中心”；

3. 2002年通过竞争获得了江苏省科技攻关项目“城市轨道交通综合自动化系统”，并于2005年通过了项目鉴定；

4. 2007年承担江苏省科技成果转化专项资金项目“城市轨道交通列车自动控制系统”，实施期限三年；

5. 2008年承担国家电子信息产业发展基金无偿资助项目“基于CPCI总线技术的ATO系统研发及产业化”，实施期限两年。

产品及其应用：

信号系统：上海地铁8号线、上海地铁6号线、南京地铁南北线一期工程、南京地铁一号线南延线工程、南京地铁二号线一期工程、南京地铁二号线东延工程。

公安通信：

南京地铁南北线一期工程公安通信保障系统。

轨道交通总承包：

巴基斯坦卡拉奇1号线的总承包、约旦轻轨总承包。

2007年取得的成绩：

南京地铁1号线南延线工程；南京地铁2号线一期工程；2007年承担江苏省科技成果转化专项资金项目“城市轨道交通列车自动控制系统”，实施期限3年；约旦轻轨总承包项目EPC工程总承包

代表介绍：

李文明，1964年出生，1984年本科毕业于东南大学，1987年研究生毕业于南京电子工程研究中心，研究员高工，十四所副总工程师恩瑞特公司副总经理。

李文明同志在十四所工作期间，长期从事卫星通信系统的研究，参加过多项卫星通信工程，获得过国家科技进步一等奖、二等奖，在通信、信号处理、数据处理等领域有较高的理论水平和丰富的实践经验。九十年代初，做为项目负责人，承接海事卫星北京站测控与通信系统(400 万)项目，获国家科技进步一等奖;2000 年开始，做为项目负责人，承接城市轨道交通自动控制系统国产化专项(7 000 万)，包括 ATC 国产化开发和 ATC 系统仿真测试中心建设;负责江苏省轨道交通信号系统工程技术研究中心(1 600 万);担任南京地铁 1 号线信号系统(6 000 万)项目经理;承接并组织实施上海 8、6 信号系统(1 200 万)。2006 年成功承接了巴基斯坦卡拉奇轨道交通 1 号线 EPC 总承包项目(2.97 亿美元)，正在组织实施;2007 年成功承接了约旦轻轨总承包项目 EPC 合同(1.41 亿美元)，正在组织实施。

联系方式:

单位名称:南京恩瑞特实业有限公司

单位地址:南京市江宁经济开发区将军大道 39 号　邮编:211106

单位网址:http://www.nriet.com.cn

电话:025 - 52787082　传真:028 - 52787080

6 学　校

6.1 北京交通大学

北京交通大学是教育部直属、由教育部和铁道部共建的全国重点大学，是全国首批博士、硕士学位授予高校，是首批进入国家“211 工程”建设的高校，1997 年被评为首批全国本科教学工作优秀学校，2005 年被确定为教育部大学英语教学改革示范点项目学校之一，2004 年 6 月经教育部批准正式设立研究生院。

目前学校有通信与信息系统、信号与信息处理、交通信息工程与控制、交通运输规划与管理、产业经济学、桥梁与隧道工程、铁路与铁道工程、载运工具运用工程 8 个国家级重点学科，建有信息与通信工程、交通运输工程、产业经济学、土木工程、机械工程、控制科学与工程、电气工程、力学、计算机科学与技术、工商管理、系统科学等 11 个博士后科研流动站，有信息与通信工程、交通运输工程、管理科学与工程、土木工程、光学工程、机械工程、电气工程、力学、计算机科学与技术、系统科学和工商管理 11 个一级学科博士点、60 个二级学科博士点、120 个硕士点，有 MBA、工程硕士和会计硕士三类专业学位，5 个学科被列入国家"长江学者奖励计划"。《北京交通大学学报》被评为全国综合性科学技术类核心期刊,《北京交通大学学报(社科版)》被评为全国理工农医院校社会科学学报优秀期刊,《都市快轨交通》入选中国科技核心期刊。

北京交通大学大力实施人才强校战略,努力建设一流的师资队伍。全校有专任教师1582人,其中教授273人,副教授583人,博士生导师204人,具有博士学位的教师占47.85%,具有硕士以上学位的教师占85%。学校有中国科学院院士3名,中国工程院院士6名,国家级和部级突出贡献中青年专家56名,国家自然科学基金委杰出青年基金获得者3人,新世纪优秀人才支持计划10人,教育部优秀青年教师教学和科研奖励计划5人。近年来教师出国进修、访问和学术交流达500多人次,学校还与国家留学基金委签订了青年骨干教师出国研修资助项目,每年有近百名教师以各种方式出国进修学习。

北京交通大学科研力量雄厚,产学研合作日益增强。学校的科学研究领域不断拓宽,在科研及产业化方面均取得了可喜成绩。学校现有38个研究所和研究中心及41个实验室;拥有教学、科研仪器设备固定资产4.3亿元。学校图书馆藏书136.5万册,有缩微、声像、光盘等各种影像、电子图书资料21.34万册,有中文数据库17种,西文数据库26种,建成铁路交通运输特色数据库,有设备完善和技术先进的电子阅览室和音像室。有"轨道交通控制与安全"国家重点实验室、"电磁兼容"国家级认证中心1个,已建成全光网与现代通信实验室、交通运输智能技术与系统实验室、发光与光信息技术等3个教育部重点实验室,运输自动化与通信实验室、铁路信息科学与工程实验室、信息存储、显示与材料实验室、光纤技术及铁路应用工程研究中心、交通运输智能技术与系统实验室等5个铁道部重点实验室,城市轨道交通自动化与控制、通信与信息系统、现代信息科学与网络技术等3个北京市重点实验室。

近年来承担了包括国家高技术"863"计划、"973"项目、国家发改委、科技部科技攻关项目及自然科学基金重点项目在内的各类科研课题422项。学校注重发挥铁路科研的优势和特色,坚持围绕铁路现代化建设及跨越式发展需要开展科技工作。近年来,学校承担的科研项目在铁路系统所占的份额一直保持着全国高校的领先位置。北京交通大学科技园2001年成为北京市市级大学科技园以来,在轨道交通产学研领域取得了明显成果。

"饮水思源,爱国荣校",如今,有着百余年辉煌历史的北京交通大学,肩负着新的历史使命,学校以"知行"为校训,以谦虚谨慎、开拓进取的精神,乘风破浪,根据交通大学百年华诞时江泽民同志"继往开来,勇攀高峰,把交通大学建设成世界一流大学"的题词,向着国内一流、国际知名的研究型大学的目标迈进。

联系方式:

单位名称:北京交通大学

单位地址:北京市海淀区上园村 3 号　邮编:100044

单位网址:http://www. bjtu. edu. cn

电话:010－51688446

6.2　齐齐哈尔铁路工程学校

齐齐哈尔铁路工程学校创建于 1946 年,原隶属于铁道部,2004 年 8 月,转归黑龙江省教育厅直属。学校系首批国家级重点中专学校,2007 年学校被国家评为全国教育系统先进集体。近年来连续被命名为"国家建设行业技能型紧缺人才培养培训基地"、"国家计算机应用与软件技术专业领域技能型人才培养培训基地"、"省农村劳动力转移培训基地"、"省中职计算机师资培训基地"等称号。

学校占地 13 万 m^2,各层次在校生 1 万多人。学校拥有四栋教学楼,五栋宿舍楼,实验馆、图书馆、田径运动场等完备的教学基础设施和公寓化宿舍、食堂、浴池、超市等齐全的生活服务设施。学校计算机中心拥有现代化计算机 700 余台;校园网以主干百兆光纤接入因特网;同时拥有各种现代化实验仪器 829 台(套),现代化教学设施完备。学校现有教职工 261 人,具有高级职称的有 120 多人,拥有 15 位省级学科带头人和多位铁路系统内外知名专家,在教学、科研和科技服务领域均有一定建树。近年来,教师共编写出版通用教材及专、译著 60 多部,发表论文 300 多篇,获省、部级教育教学科研成果奖 100 多项。

学校设有交通工程、建筑工程、装潢艺术、机电工程、信息工程、商贸管理六大类 30 多个专业,其中铁道工程专业为铁道部重点专业、优秀办学点。经过几代人的努力,学校已经发展成为融普通中专、高中、联办高职、普通专科、成人本、专科教育及短期培训为一体的多功能、多层次、多元化综合性学校。建校 60 年来,已向社会输送三万余名毕业生,他们分布在全国近 30 个省区,其中绝大多数已经成为各单位的领导和业务骨干。

为使教学更加符合现场实际、跟上科技发展的步伐,学校在认真调研的基础上,对各专业课程体系、教学计划进行了全面的调整和重新整合,2007 年学校通过各方面筹集基金,新建数控、计算机软件开发、建筑工程、铁道工程、测量等多个校内外实习实训演练基地。

为做好毕业生的就业安置工作,学校通过建立就业协作网络、组织人才招聘会、发挥优秀毕业生的示范作用、加强学生的就业指导等手段,为学生就业铺设了绿色通道。学校积极联系适合毕业生就业的行业和企业,主动与各铁路局、中铁工程局、齐齐哈尔第二机床厂、黑龙江省火电公司、齐铁车辆集团等100多家单位建立校企联合基地,为毕业生的顺利就业奠定了坚实的基础。近年来学校的毕业生就业率已连续五年在省内名列前茅,铁道工程、公路与桥梁等主干专业的毕业生已连年呈供不应求态势。

代表介绍:

冯晓东,于2003年担任齐齐哈尔铁路工程学校校长,他善于用经营的眼光来经营职业教育,并且取得了突出的成绩。他充分发挥学校优势、扩大办学规模、加强管理、深化各项改革节支降耗,提高办学效益,为学校发展积累了后劲。注重实践教学环节,积极争取国家投资和自筹资金新建了数控技术、计算机软件应用、铁道工程信号、建筑工程、测量等五个实训基地。自筹资金三千多万元新建了学生宿舍楼,对计算机中心、食堂、教室、宿舍等进行了全面装修,大大改善了学生的学习生活环境。他到校以后非常重视学生实习和就业工作,积极的与省内外其他高校和企业建立合作关系,开展校校联合和校企联合办学,实行学生实习就业一体化,在他的努力下,学校已经与10多个铁路局、中铁工程局、隧道局及黑龙江火电公司等100多家企业建立了校企联办就业基地。在抓学历教育的同时他还非常注重短期培训,现在每年为企业在职职工开展短期培训达2000人次/年的规模。在他的领导和推动下,学校的学生就业工作也取得了喜人的成绩,毕业生一次就业率一直保持在95%以上,一些重点专业毕业生已经连续八年供不应求。目前学校已经形成了多功能、多层次的办学格局。2007年我校被评为"全国教育系统先进集体"荣誉称号。

联系方式:

单位名称:齐齐哈尔铁路工程学校

单位地址:黑龙江省齐齐哈尔市铁锋区工校街34号　邮编:161000

单位网址:http://www.qqhrgc.com

电话:0452-2697015　传真:0452-2922659

6.3 哈尔滨铁道职业技术学院

哈尔滨铁道职业技术学院隶属于世界500强的中铁工程总公司,为总公司所属的唯一一所高职院校。是黑龙江省10所示范性高等职业院校重点建设单位之一,为黑龙江省振兴东北老工业基地"城市设施人才培训中心"。

哈尔滨铁道职业技术学院是黑龙江省示范性高等职业院校重点建设单位,拥有中央财政支持的重点专业—城市轨道交通工程技术；地方财政支持的重点专业——工程造价；中央财政支持建设的示范性实训基地2个——城市轨道交通工程技术和道路桥梁工程技术实训基地；国家级精品课程1门——《轻轨与地铁施工技术》；省级教学名师二人：城市轨道交通学院院长于景臣和城市轨道交通学院副院长张冰；2006年被劳动和社会保障部等四部委联合授予"国家技能人才培育突出贡献奖"。

学院现占地41.87万平方米，校舍建筑面积20.1万平方米，实验仪器设备总值8 521.99万元，馆藏图书50余万册，学院在山东烟台、黑龙江鹤岗等地设有固定实训基地，设有五个二级学院，专业有：城市轨道交通工程技术、城市轨道线路维护技术、盾构技术、铁道通信信号、检测技术及应用、建筑工程技术、建筑装饰工程技术、道路桥梁工程技术、铁道工程技术、桥隧施工与维护技术、工程造价、工程测量技术、工程监理、物流管理、电脑艺术设计、动漫设计与制作、计算机网络技术、软件技术18个专业，专任教师316人，其中高级以上职称174人，学院全日制在校生8 020人。

学院办学历史悠久，教学改革成果突出，能够根据社会发展对人才的需求增设专业，并具有一定的前瞻性，尤其是城市地铁建设处于低谷时期于2002年开设了城市轨道交通工程技术专业，为交通土建行业输送了一批又一批优秀人才。城市轨道交通工程技术专业于2003年被教育部嶙选为国家教育教学改革试点建设专业。学院现为中国职业教育学会轨道交通协会理事单位、黑龙江省职业技能鉴定工程测量工考核基地、中国铁路工程总公司职业技能鉴定考核站。

近几年来，学院以创建省示范性高职院校为奋斗目标，以高职院校人才培养工作水平评估为契机，遵循"立德树人，学做合一，强化素质培养"的教育理念，走"外树形象，内强素质"的内涵发展之路，遵循职业教育发展规律，积极推行基于工作过程的课程开发和精品课程建设，按照岗位设置课程，突出实践教学，实行考教分离和"双证书"制度，创新"校企合作、工学结合"的人才培养模式，构建了校企深度融合的"4.1.1"人才培养模式和"4.3.3"人才培养特点，实现了"毕业即就业，就业即上岗，上岗即顶岗"的培养目标，为社会培养了大批生产一线"施工型"、"能力型"、"成品型"的技术与管理人才。

学院的招生和就业面向全国31个省市自治区，在招生和就业市场竞争异常激烈的时期，近三年学院的新生报到率分别为87.95%、92.12%、93.99%，就业率分别为89.6%、90.35%、91.27%，居全国同类院校及全省高职院校前列。

代表介绍：

韩仁海，哈尔滨铁道职业技术学院院长，教授级高级工程师。毕业于北方交通大学（现为北京交通大学），获双学位。获哈尔滨工程大学硕士学位。兼中铁三局东北办事处主任。

多年来,韩仁海同志一直为他热爱的事业不懈追求忘我奉献。学院晋升高职六年以来一年迈一个新台阶,软硬件建设取得了显著的变化,使一个濒临倒闭的中专院校成为高职院校中的佼佼者。他本人因为在高职教育领域取得的成绩,被聘为教育部办学水平评估组专家,黑龙江高等学校设置评审委员会专家,黑龙江职业教育研究会副秘书长,黑龙江省建筑联合会副会长,中国铁路工程总公司高级职称(教师系列)评审副主任。先后被教育部等七部委评为“全国职业教育先进个人”,获得“中国职业教育杰出校长”提名奖、黑龙江省职业教育“十佳院校长”,中铁三局劳动模范等光荣称号。

联系方式:

单位名称:哈尔滨铁道职业技术学院

单位地址:哈尔滨市南岗区保健路 123 号

邮编:150081

单位网址:http://www.htxy.net

电话:0451-57839200